여성을 억압하는 세계

여성을 억압하는 세계
차별, 폭력, 불평등의 흔적들

초판 1쇄 발행 2025년 6월 27일

—

지은이 마사 누스바움
옮긴이 강경희
펴낸이 이방원

책임편집 이희도   **책임디자인** 박혜옥
기획 김명희·박준성   **마케팅** 최성수   **경영지원** 이병은

—

펴낸곳 세창출판사

신고번호 제1990-000013호 **주소** 03736 서울특별시 서대문구 경기대로 58 경기빌딩 602호
전화 02-723-8660 **팩스** 02-720-4579 **이메일** edit@sechangpub.co.kr
홈페이지 http://www.sechangpub.co.kr **블로그** blog.naver.com/scpc1992
페이스북 fb.me/Sechangofficial **인스타그램** @sechang_official

—

ISBN 979-11-6684-408-9 03160

여성을 억압하는 세계

차별
폭력
불평등의
흔적들

마사 누스바움 지음

강경희 옮김

Martha C. Nussbaum
Women and Human Development

일러두기

1   이 책은 Martha C. Nussbaum, *Women and Human Development: The Capabilities Approach*(Cambridge University Press, 2000)를 우리말로 옮긴 것이다.

2   단행본은 겹낫표(『 』)로, 논문이나 단행본으로 출간되지 않은 글은 홑낫표(「 」)로, 영화와 음악은 홑화살괄호(〈 〉)로 묶었다.

3   외래어 표기는 국립국어원 원칙을 따랐으며 일부 관례로 굳어진 것은 예외로 두었다.

4   각주는 모두 옮긴이 주, 미주는 모두 지은이 주다.

5   법률 용어는 법제처 법령용어한영사전을 참고했다.

사라 누스바움Sara Nussbaum을 추모하며

1912-1999

우리는 남편의 집에서 살기 위해 우리 가족의 집을 떠나왔다. 우리가 이 집에서 **우리의** 이름을 언급하면, 그들은 "오, 가족이 **하나 더** 있네"라고 말한다. 그렇지만 일하러 나갈 때는 "당신이 벌어들인 것은 우리의 것이다"라고 말한다. "당신이 이 가족의 집에서 살기 때문에" 또는 "당신이 **이** 가족의 땅에서 일하기 때문에"라고 말한다. 그 땅에 우리의 이름을 등록하자. 우리가 항상 다른 누군가의 가족으로 있는 것처럼 느끼지 않기 위해 그렇게 하자.

산토크벤Santokbehn, 농업 노동자, 아마다바드Ahmedabad

당신네 대가족은 나를 둘째 며느리라고 부른다. 지난 수년간 나는 줄곧 나 자신을 둘째 며느리일 뿐이라고 생각해 왔다. 15년이 지난 오늘, 나는 바닷가에 홀로 서서 나에게 또 다른 정체성이 있음을 알게 되었다. 그것은 내가 우주 그리고 우주의 창조자와 관계를 맺고 있다는 사실이다. 그것은 내가 당신네 가족의 둘째 며느리로서가 아니라 나 자신으로서 당신에게 이 편지를 쓸 수 있는 용기를 주었다.
나는 쉽게 죽을 사람이 아니다. 이것이 내가 이 편지에서 말하고 싶은 바다.

라빈드라나트 타고르Rabindranath Tagore, 「아내로부터 온 편지」(1914)

나는 길에 짐승과 사람에게 그늘을 드리울 벵골보리수를 심었다. 나는 망고밭을 만들고 우물을 파고 9마일마다 쉼터를 지었다. … 그리고 나는 짐승과 사람이 물을 마시기 위해 이용할 수 있는 장소를 곳곳에 만들었다. … 이런 편의는 중요하다. … 나는 나의 백성이 담마Dhamma(도덕법)를 따를 수 있도록 하기 위해 이런 일을 했다.

아소카, 황제, 기원전 3세기(로밀라 타파르Romila Thapar가 번역한 칙령)

우리는 단지 파이 한 조각을 원하는 것이 아니다. 우리는 맛을 선택하고 스스로 그것을 만들 수 있는 방법도 알기를 원한다.

엘라 바트, 설립자, 자영업 여성 협회SEWA(1992)

차례

머리말

이 연구는 인간의 역량을 근본적인 정치적 원리의 기초로 다룬다. 이를 위해 개발도상국 여성의 삶에 초점을 맞춘다. 개발도상국 여성의 삶은 분명히 정치적 원리에 관하여 생각할 때, 이 접근법을 사용할 수 있는 영역 중 하나일 뿐이다. 다만 내 논의는 이 접근법의 몇몇 다른 함의도 포함할 것이다. 여성에 관한 연구 내에서조차, 이 책의 내용은 잠재역량 접근법Capabilities Approach으로* 더욱 철저하게 다루어 밝혀낼 수 있는 쟁점들 중 몇 가지만을 다룰 것이다. 따라서 종교와 가족은 상세하게 다루지만, 재산권과 교육처럼 동등하게 중요한 여타 주제는 그 정도로 상세히 다루지 않았다.

다른 면에서도 이 책의 설명은 제한적이다. 공공 정책을 형성할 목적으로 광범위한 분야의 독자층을 위해 잠재역량 접근법을 설명하기 때문이다. 이

---

* 기존 번역서들은 'capabilities approach'를 '역량 접근법'이라고 옮겼지만, 이 책에서는 '잠재역량 접근법'이라고 옮겼다. 이 접근법의 철학적 뿌리인 아리스토텔레스의 'dunamis(잠재태, 가능태)'에 내포된 의미를 살리기 위해서다. 다만 이 접근법의 중심 용어인 'basic capabilities'는 '기본역량'으로, 'internal capabilities'는 '내적역량'으로, 'combined capabilities'는 '결합역량'으로, 'central capabilities'는 '핵심역량'으로 옮겼다. 'capability'는 문맥에 따라 '잠재역량' 또는 '역량'을 사용하겠지만 이 책에서 '역량'은 모두 '잠재역량'을 의미한다. 누스바움은 역량의 복수성을 강조하여 개별 역량을 지시할 때를 제외하고는 역량들(capabilities)이라는 복수를 사용한다. 그러나 번역에서는 단수와 복수의 구별을 엄격하게 지키지 않고 문맥에 따라 교차 사용했다.

접근법의 내 버전은 철학적이며, 철학적 논증을 벗겨 낸다면 아무것도 제안할 수 없다. 따라서 나는 여기에 그 논증을 포함하겠지만, 때로는 간략하고 압축적인 형식으로 제시될 것이다. 마땅히 상세하게 분석되어야 하는 여러 철학적 쟁점, 특히 정당화, 실재론, 그리고 객관성이라는 쟁점이 (그들 중 일부는 각주에 인용된 문헌에서 보다 상세하게 다룬다고 하더라도) 개략적으로만 그려질 것이다.

마지막으로 나는 내 버전의 잠재역량 접근법만을 논의할 것이다. 나는 아리스토텔레스와 마르크스에게 있는 역사적 선례, 행복human flourishing[**]에 관한 밀의 아리스토텔레스주의적인 시각, 유고슬라비아의 인본주의적 마르크스주의, 그리고 다양한 형식의 현대 토마스주의Thomism와 같이 연관된 관점들을 위해 시간을 할애하지 않을 것이다. 또한 경제학의 역량 접근법 선구자인 아마르티아 센의 저술을 상세하게 분석하지도 않을 것이다. 그리고 나는 『인간 개발 보고서』에 사용된 역량 접근법과 척도들의 다양한 측면을 토론하는 지금까지의 광범위한 경제 문헌을 다루지 않을 것이다.

이러한 생략은 장기적인 전략을 반영한 것이다. 이 책에서 나는 넓은 층의 다양한 독자들이 접근하기에 용이한 단 한 줄의 페미니즘 주장을 제시하고자 한다. 장기적으로 나는 여기에서 생략한 모든 주제를 논의하여 역량에 대해 더욱 포괄적이고 학술적인 책을 출간할 것이다. 철학자들이 이 책에서 다루는 면면에 관해 품을 수 있는 여러 질문에, 그리고 경제학자들이 중대하다고 보는 다른 기술적인 질문technical questions에 그 책이 답할 수 있기를 바란

[**] 'flourishing'과 'human flourishing'은 행복으로 옮겼다. 누스바움은 그리스어 'eudaimonia'의 행복 개념을 고수하고, 인간이 궁극적으로 추구하는 삶의 모습인 행복은 'eudaimonia'를 그대로 사용하거나 'human flourishing'으로 영역해서 사용한다.

다. 또한 그 책은 더 넓은 범위의 구체적인 정치 문제를 다룰 것이다. 이 책이 10킬로미터 경주라면, 그 책은 마라톤과 같다. 이 책은 독자와 저자 모두에게 대단한 체력을 요구하지는 않지만, 그 자체로 시작과 마침이 있는 완결된 내용이다. 내가 지지하는 접근법들을 전달하기 위해 매우 두드러지게 논쟁하고 있는 쟁점들에 대한 나의 견해를 충분히 말했다고 믿는다. 그럼에도 몇몇 영역에서 더 충분한 논의를 갈망하는 독자는 마라톤을 기다리기를 바란다.

시카고에서

1999년 2월

감사의 말

내가 헬싱키에 있는 유엔 대학교 산하의 세계개발경제연구소WIDER 연구 고문이 되었던 1986년, 그때 시작한 연구가 결국 이 기획이 되었다. 이전에는 대부분의 미국 학자와 마찬가지로 나도 비교적 단절된 삶을 살았다. 나는 개발도상국의 문제에 관해, 그리고 더욱 일반적으로는 서구적이지 않은 전통과 삶의 양식에 관해 별로 교육을 받지 못했다. 사무실 옆방의 스리랑카와 인도 출신 이웃들과 소포클레스 그리고 아리스토텔레스에 관해서는 편하게 이야기할 수 있었다. 그러나 마하바라타 또는 불교 윤리에 관해서는 전혀 아무 말도 하지 못했다. 나는 사회 정의에 초점을 맞춰 연구하기 시작했지만, 지구적 정의의 문제에 관해서는 상대적으로 거의 생각하지 못했다. 페미니즘 철학이 내 연구에 특정한 초점이었던 것도 아니다. (매해 여름 한 달간 거무르며) 세계개발경제연구소에서 보낸 8년간 시급한 문제를 깨닫고 철학이 그것을 해결하는 데 공헌할 수 있다는 확신이 들면서 내 연구에 변형이 일어났다. 또한 내가 세계개발경제연구소에 들고 갔던 철학적 관심사의 특이한 조합이 부채보다는 실제로 자산일 수 있음을 보기 시작했다. 고대 그리스 철학자들은 사람들의 비참함과 씨름했다. 그들의 생활 수준은 미국이나 유럽보다 현시대의 인도에 훨씬 더 가까웠다. 따라서 그들의 제안은 어떤 면에서는 개발도상국의 문제를 진단하고 개선하는 데 아주 잘 들어맞는다. 나는 구체적인 환경에 대한 생생한 지각의 윤리적 중요성을 강조하는 아리스토텔레스가, 형식적인 모델을 만들고 추상적으로 이론화하는 데 지나치게 골몰한 나머지 빈곤한 사람들의 일상적인 실상을 포착하지 못했던 분야에 나름 기여할 수 있다고 생각했다.

이 연구의 초창기에 도움을 준 세계개발경제연구소의 이사인 랄 자야와르데나Lal Jayawardena에게 크게 감사한다. 그는 철학이 개발경제학의 토대를 다져야 한다는 낯선 아이디어를 믿었다. 특히 아마르티아 센Amartya Sen에게 감사한다. 그는 이 기획을 정식화할 수 있도록 도움을 주었다. 그의 연구는 통찰과 영감의 원천이었고 계속 원천이 되었는데, 특별히 정의를 향한 열정을 이성에 대한 사랑에 결합하는 방식 때문이었다. 스티븐 마글린과 프레데리크 마글린Stephen and Frédérique Marglin은 보편주의에 대한 그들의 공격에 응수하도록 나를 자극했고, 이로 인해 현재 기획의 그 측면에 착수하게 되었다. 세계개발경제연구소에서 연구한 수년 동안 내 아이디어를 정식화할 때 마사 첸Martha Alter Chen, 데이비드 크로커David Crocker, 장 드레즈Jean Drèze, 조나단 글러버Jonathan Glover, 발렌타인 목하담Valentine Moghadam, 은키루 은제구Nki-ru Nzegwu, 오노라 오닐Onora O'Neill, 시디쿠르 오스마니Siddiq Osmani, 힐러리 퍼트남과 루스 안나 퍼트남Hilary and Ruth Anna Putnam, 존 로머John Roemer, 마가리타 발데스Margarita Valdés, 루프 레카 베르마Roop Rekha Verma, 그리고 이외에 세 번에 걸친 회의에 참여한 이들로부터 엄청난 도움을 받았다. 일련의 논문들에서 견해를 심화 발전시킬 때 존 롤스John Rawls, 헨리 리처드슨Henry Richardson, 캐스 선스타인Cass Sunstein, 그리고 폴 웨이트만Paul Weithman이 보내 준 격려와 비판에 특별히 감사한다. 쟁점과 그것의 시급함에 대한 나 자신의 감각 역시 센의 다른 가족들(아미타Amita, 인드라니Indrani, 카비르Kabir, 피코Picco, 툼파Tumpa, 그리고 바부Babu)과 함께 보낸 시간을 통해 형성되었다.

근대성과 전통 그리고 인도 여성의 상황에 관하여 매우 예리하게 관찰한 아미타에게 감사하며 강의 초안을 논평해 준 바부에게 감사한다.

1997년 3월 나는 여성 개발 기획을 살펴보기 위해 인도에 갔다. 추상적이기보다는 실제적이며 구체적인 책을 쓰고 싶었고, 내 나라가 아닌 다른 나라에서 직업이 있는 빈곤한 여성의 문제에 관하여 논하기에는 내가 아는 것이 거의 없다는 것을 알았기 때문이었다. 나는 그 문제에 관하여 그들로부터 들어야 했다. 이것이 나의 첫 번째 인도 방문은 아니었으나, 여성 개발 기획에 관하여 내가 할 수 있는 한 최대한 많이 배우는 데 초점을 둔 방문으로는 처음이었다. 마사 첸에게 가장 크게 감사한다. 그녀는 나의 방문 전체를 총괄하고 그녀가 아니라면 만날 수 없는 사람들을 만날 수 있도록 주선해 주었다. 미국 그리스도교 선교사의 딸인 첸은 인도에서 성장했고, 지금은 미국과 인도를 오가며 살고 있다. 그녀는 미국인이라고 할 수 있을 만큼 양쪽 문화에 충분히 익숙하다. 경계를 넘어서는 인간의 열망이라는 쟁점에 대한 그녀 특유의 통찰은 내가 이 아이디어를 발전시키는 일에 지극히 중요한 부분이었다. 그녀가 지닌 지식은 발판이 확실했고, 그녀에게는 능통한 언어 실력과 현장 조사에 대한 전문성과 인격적인 다뜻함이 있었다. 그 덕분에 화씨 100도의 열기 속에서 콜라바Kolaba의 빈민가를 신용 즈합 징수원들과 돌아다닐 때, 습도 높은 3월에 트리반드룸에서 불법 거주민을 방문할 때, 자영업 여성 협회 은행과 조합의 일상 업무를 관찰할 때 내가 보냈던 여느 날들과는 다르게 편안하고 신나는 날들이 되었다. 마티Marty는 빈곤 여성의 목소리를 대변하고, 무엇보다도 책이 그들 자신이 되도록 글을 쓴다. 나는 그녀가 그 일에 열심이라는 것을 알고 있었다. 그래서 내가 듣고 배워 가는 일에 그녀가 도움이 될 것이라고 확신했다. 나는 아직 여러 면에서 초보이지만, 그녀는 내가 충분히 감사를 표할 수 없을 만큼 많은 일을 했다.

나는 보다 많은 프로젝트가 진행되고 있는 다른 지역을 방문하기 위해 1998년 12월에 인도에 다시 왔다. 다시 한번 마사 첸의 도움과 조언에 감사를 표한다. 또한 비나 아가왈과 릴라 굴라티의 제안에, 그리고 여행하고 연락하는 일에 값을 매길 수 없는 도움을 준 비나에게 감사를 표한다.

또한 다양한 지역에서 만난 분들의 친절한 도움과 시간을 내준 관대함에 특별히 감사를 표한다. 1997년 일정과 관련하여 엘라 바트Ela Bhatt, 레나나 자브발라Renana Jhabvala, 그리고 아마다바드의 자영업 여성 협회 미라이 차터지Mirai Chatterjee에게 감사한다. 트리반드룸의 직장 여성에 대한 그녀의 연구 현장을 보여 준 릴라 굴라티에게 감사한다. 빈곤 여성의 일상적 삶에 대한 그녀의 훌륭한 연구는 나에게 상당한 영감을 주었다. 마하부브나가르Mahabubnagar 외곽의 사막에 있는 연구 현장을 방문하는 동안 나와 동행한 예들라 파드마바티Yedla Padmavathi에게 감사한다. 그녀는 교육을 통한 여성의 권한 부여 진작을 위해 국가 정부에서 운영하는 마힐라 사마키야 프로젝트에 참여했다. 그녀의 연구는 기본적인 사회 간접 자본과 학교가 완전히 부족한 지역에서 변화를 일으키는 어려움에 대한 새로운 차원을 보여 주었다. 또한 나에게 그들이 하는 일에 대해 말해 주느라 상당히 많은 시간을 할애한 마하부브나가르 현장의 모든 직원에게 감사한다. 변호사 단체의 인디라 자이싱Indira Jaising은 속인법과 여타 법적 현장의 측면에 관하여 조언과 통찰을 제공했다. 자고리Jagori 여성 프로젝트의 아바 바이야Abha Bhaiya는 내가 가정 폭력과 신체 보전의 여타 쟁점에 관하여 배우는 데 도움을 주었다. 안나프루나 마힐라 만델의 이사인 프레마 푸라오Prema Purao는 열악한 자영업 여성과 함께하는 그녀의 작업을 들려주기 위해 뭄바이에서 나를 만났다. 나는 그들의 작업 현장 중 하나인 대출금 회수 방문에 나를 데리고 간 직원들에게 매우 많이 감사한다. 쉴라 파텔Sheela Patel은 내가 뭄바이의 길거리 노숙자를 위한 프로젝트를 이해할 수 있도록 도움을 주었다. 유니세프의 수다 무랄리Sudha Murali는 현재 벌어지고 있는 안드라프라데시의 아동 노동 문제에 관해 알아갈 수 있도록 도움을 주었다. 델리의 페미니즘 출판사 여성을 위한 칼리Kali for Women의 리투 메논Ritu Menon은 지극한 관대함으로 내가 이 아이디어 일부를 설명할 수 있도록 강연을 준비해 주었고 많은 사람에게 나를 소개해 주었다. 또한 비나 아가왈, 프라풀 비드와이Praful Bidwai, 비나 다스Veena Das, 데바키 자인Devaki Jain, 조야 하산Zoya Hasan, 타니카 사카르Tanika Sarkar, 르밀라 타파르Romila Thapar. 그리고 패트리샤 우베로이Patricia Uberoi를 포함하여 나를 만나 인도에 관한 조언을 주었던 수많은 훌륭한 경제학자와 사회학자에게 매우 많이 감사한다. 안타라 데브 센Antara Dev Sen(피코Picco)은 언제나 통찰력 있는 해설가이자 따뜻한 친구였다.

1998년 일정과 관련하여 라자스탄Rajasthan주의 도시 우다이푸르Udaipur의 비영리단체 아스타Astha의 지니 쉬리바스타바Ginny Srivastava, 빈와르 싱 찬다나Bhanwar Singh Chandana, 그리고 난 랄 판데이Nan Lal Pandey에게 특별히 감사한다. 이 단체는 농촌 지역의 여성, 특히 부족 여성과 함께 구내 산업과 정치적 개입을 통해 그들의 경제적 상황을 개선하도록 돕는 일을 했다. 여성들의 교육에 관심을 두고 (비샤카Vishaka와 여타 지역 단체가 지휘하는) 그 지역에서 행하는 일부 활동을 볼 수 있도록 도움을 준 자이푸Jaipur의 사르다 자인Sarda Jain에게 특별히 감사한다. 비하르Bihar에서는 여성들의 교육 및 경제적 권한 부여 영역에서 여러 상이한 프로젝트를 조직한 비영리단체 아디티Adithi의 설립자 비지 스리니바산Viji Srinivasan에게 감사한다. 그녀는 무자파르푸트Muzaffarpur 및 비하르 북부의 다른 지역을 방문할 때 나를 데리고 갔다. 바로 그 일정에서 계몽적인 논의를 보여 준 시타 나라심한Sita Narasimhan에게 감사한다. 그밖에 성산업 종사자의 딸들과 함께하는 자신의 일에 관해 이야기를 들려준 무자파르푸르Muzaffarpur의 돌리Dolly와 그 외의 동료 교육자들에게 감사한다. 그녀의 삶과 나의 삶에 있는 역량의 차이에 관하여 곰곰이 생각하도록 나에게 도전을 준 (가수이자 성노동자인) 아스마Asma에게 감사한다. 서벵골에서는 샨티니케탄Santinketan에 있는 비스바 바라티Vishva-Bharati 대학교 철학과에 감사하고 싶다. 특히 내가 거기에서 강의할 때 환대해 주고 귀중한 논평을 준 마야 다스Maya Das, 비조이 무케르지Bijoy Mukherjee, 그리고 아샤 무케르지Asha Mukherjee에게 감사한다. 콜카타에서는 자다브퍼Jadavpur 대학교의 여성 연구 프로그램과 내가 거기에서 강연할 때 그 행사를 주관한 셰팔리 모이트라Sheftali Moitra, 아누라다 찬다Anuradha Chanda, 그리고 자소다라 박치Jasodhara Bagchi에게 감사한다. 또한 환대와 도움이 되는 비평을 준 아미야 쿠마르 박치Amiya Kumar Bagchi와 자소다라 박치에게 감사한다. 특히 아미타 센Amita Sen의 따뜻함과 환대, 그리고 타고르의 교육 이념의 역사에 관하여 나에게 이야기를 들려준 그녀의 관대함에 감사한다.

강연의 초안을 논평한 비나 아가왈, 제레미 벤딕-케이머Jeremy David Bendik-Keymer, 호미 바바Homi Bhabha, 조슈아 코헨Joshua Cohen, 토머스 단드레아Thomas D'Andrea, 존 데이John Deigh, 데이비드 에스틀룬드David Estlund, 메리 키무라Mary Kimura, 앤드류 코플만Andrew Koppelman, 리처드 크라우트Richard Kraut, 안젤리카 크렙스Angelika Krebs, 찰스 라모어Charles Larmore, 캐서린 맥키넌Catharine MacKinnon, 미셸 메이슨Michelle Mason, 제레미 미놋Jeremy Mynott, 우마 나라얀Uma Narayan, 수전 몰러 오킨Susan Moller Okin, 헤를린데 파우어-스

투더Herlinde Pauer-Studer, 에릭 포스너Eric Posner, 리처드 포스너Richard Posner, 마크 램지어Mark Ramseyer, 헨리 리처드슨Henry Richardson, 스티븐 슐호퍼Stephen Schulhofer, 데이비드 슈트라우스David Strauss, 캐스 선스타인, 수전 울프Susan Wolf, 그리고 익명의 심사의원에게 무한한 감사를 전한다. 소니아 카티알Sonia Katyal은 값을 매길 수 없는 귀중한 연구 보조와 생산적인 논평을 제공했다. 그녀의 양쪽 문화 경험에 관해 나눈 대화는 또 다른 통찰의 원천이었다. 내가 케임브리지에 머무는 동안 보여 준 아마르티아 센, 퀜틴 스키너Quentin Skinner, 그리고 가레스 스테드먼 존스Gareth Stedman Jones의 따뜻한 환대와 도움이 되는 논평과 자소다라 박치, 디에무트 부베크Diemut Bubeck, 그리고 드랜시스 올슨Frances Olsen의 여타 귀중한 논평에 무한한 감사를 전한다. 케임브리지 대학교의 실리 강의Seeley Lectures에서 발표한 강연에 더하여 나는 존스 홉킨스 대학교의 탈하이머 강의Thalheimer Lectures에서 세 번, 노트르담 대학교의 헤스버그 강의Hesburgh Lectures에서 두 번, 노스웨스턴 대학교Northwestern University에서 세 번, 스탠퍼드 대학교Stanford University에서 두 번 발표했다. 그리고 애리조나 대학교the University of Arizona, 터프츠 대학교Tufts University, 미시간 대학교the University of Michigan, 일리노이 대학교the University of Illinois at Chicago, 펜실베이니아 대학교the University of Pennsylvania, 시카고 대학교의 법-철학 그룹the Law-Philosophy Group at the University of Chicago, 비엔나의 인간과학 연구소the Institut für die Wissenschaften vom Menschen in Vienna, 크레이턴 대학교Creighton University, 로스엔젤레스 캘리포니아 대학교 법이론 워크숍the UCLA Legal Theory Workshop, 시카고 대학교의 인간 개발 워크숍the Human Development Workshop at the University of Chicago, 국립 인문학 센터의 다문화 세계의 인권에 대한 세미나a seminar on Human Rights in a Multicultural World at the

National Center for the Humanities, 오스트리아 키르히베르크-암-베흐젤의 비트겐슈타인 심포지엄the Wittgenstein Symposium in Kirchberg-am-Wechsel, Austria, 디트로이트의 웨인 주립 대학교Wayne State University in Detroit, 머서 대학교Mercer University, 라이스 대학교Rice University, 호주 국립 대학교the Australian National University, 그리고 하버드 대학교Harvard University에서 단독 강연을 했다. 특히 수디르 아난드Sudhir Anand, 줄리아 아나스Julia Annas, 리처드 아르네손Richard Arneson, 다니엘 브러드니Daniel Brudney, 메리 앤 케이스Mary Ann Case, 후안 콜Juan Cole, 시오랑 크로닌Cioran Cronin, 노먼 다니엘스Norman Daniels, 스티븐 다월Steve Darwall, 존 데이John Deigh, 리처드 엡스타인Richard Epstein, 샘 프리먼Sam Freeman, 앨빈 돌드먼Alvin Goldman, 데이비드 골로브David Golove, 로버트 구딘Robert Goodin, 미투 굴라티Mitu Gulati, 바버라 허먼Barbara Herman, 스탠리 호프만Stanley Hoffman, 프랜시스 캠Frances Kamm, 케네스 카스트Kenneth Karst, 에린 켈리Erin Kelly, 엘리자베스 키스Elizabeth Kiss, 앤서니 라덴Anthony Laden, 제인 만스브리지Jane Mansbridge, 찰스 밀스Charles Mills, 크리스토퍼 모리스Christopher Morris, 데이비드 오언David Owen, 잭 새먼스Jack Sammons, 제롬 슈니윈드Jerome Schneewind, 토머스 스캔론Thomas Scanlon, 쇼나 시프린Seana Shiffrin, 래리 템킨Larry Temkin, 로리 왓슨Lori Watson, 그리고 폴 웨이트만Paul Weithman에게 이 강연들에서 매우 도움이 되는 비평을 해 준 것에 감사한다. 나는 이렇게 많은 사람들이 도와준 것을 행운으로 여기고, 그들의 제안과 질문에 응답하면서 더 좋은 논증을 하기 위해 힘썼다.

2장은 1997년 11월 투손Tucson에 있는 애리조나 대학교의 진 햄프턴Jean Hampton 기념회에서 그녀를 추모하기 위해 발표했다. 42세의 이른 나이에 뇌졸중으로 비극적인 죽음을 맞은 진은 내가 교수로 있던 하버드 대학교의 대학원생이었다. 그녀는 거기에서 페미니즘과 철학의 관계를 논하는 토론 집단의 동료 회원이었고 이 나라의 뛰어난 도덕철학자 중 하나였다. 페미니스트들 편에서 사회계약 전통의 가치를 강조하기 때문에 페미니즘 사상에 대한 그녀의 공헌은 매우 중요하다. 그녀의 강한 의지, 유머, 창의성, 그리고 합리성에 대한 전념은 그녀의 저서와 글에 살아 있고, 페미니스트들에게 그리고 정의에 관해 생각하기를 원하는 누구에게든 계속 영감을 줄 것이다.

이 원고를 작업하는 마지막 기간에 나는 하버드 대학교 러드클리프 대학의 번팅 연구소Buntig Institute of Radcliffe College에서 진행한 세미나에서 이것을 발표하는 행운을 얻었다. 세미나는 학문적인 주제에 일주일 동안 몰입하여 비학문적인 전문 여성을 다시 초빙할 목적으로 고안되었다. 변호사, 은행가, 의사, 재단 이사, 정신분석가, 미국 공군의 가족 지원 서비스 이사, 보험사 임원, 그리고 MBA 교환 프로그램 이사가 참여했다. 그들의 거주국은 미국뿐만 아니라 스위스, 프랑스, 루마니아도 포함된다. 그들이 학문적인 토론에서 보여 준 그들의 지성, 실전 경험, 그리고 순전한 현실감이 내게 큰 감동을 주었고 아이디어를 발표하는 나의 방식 일부에 관하여 더 나은 생각을 하도록 만들었다. 그들은 또한 여성 역량의 지원자이자 여성 문제에 관한 좋은 생각의 배양소인 여성 단체에 대한 나의 선호를 확인시켜 주었다. (나는 내 인생에 있었던 일 중에서 이것이 이 책에 등장하는 인도 여성들의 자기 묘사의 많은 부분에 생기를 불어넣은 집단 연대감에 가장 가까울 것이라고 짐작한다.) 아이디어를 제안하고 멋진 상호교류를 설계한 번팅 연구소의 이사인 리타 브록Rita Brock에게 깊이 감사한다. 쉬는 시간을 할애하여 힘을 내도록 우리 모두를 격려해 준 밈 넬슨Mim Nelson에게 깊이 감사한다. 누구보다도 나에게 우정과 깨달음을 준 손드라 알바노Sondra Albano, 케이 볼웨어-밀러Kay Boulware-Miller, 페리 브랜트Mary Brandt, 마거릿 이글Margaret Eagle, 르네 그롤Renee Grohl, 실비아 그셀-페슬러Silvia Gsell-Fessler, 주디스 멜린Judith Melin, 클레어 오브라이언Claire O'Brien, 패트리샤 피터슨Patricia Peterson, 엘런 포스Ellen Poss, 체리 테일러Cherie Taylor, 마리아 테데스코Maria Tedesco, 그리고 아비바 위텐버그-콕스Avivah Wittenberg-Cox에게 깊이 감사하며, 앞으로도 계속되기를 바란다.

특히 통역을 통해서 무지한 타지인과 말하기 위해 근무 시간을 할애한 인도의 직장 여성에게 감사한다. 그들은 종종 자신의 집에 나를 초대하여 가족에게 소개시켜 주었다. 이 책에서는 그들의 삶이 실재이다. 나는 그런 실재를 삭제하지 않는 철학을 저술하는 것이 가능하기를 바라고 가능할 것이라고 믿는다.

시카고 대학교 로스쿨의 셔어Shure 기금 그리고 엘시 오Elsie O.와 필립 상Philip D. Sang 교수 기금의 연구 지원에 감사한다.

내가 깊이 존경했고 사랑했던 그리고 존경하고 사랑하는 여성에게 이 책을 바친다. 작고한 나의 시모 사라 누스바움Sara Nussbaum은 갈리시아Galicia에서 태어나 두 살에 비엔나로 이주했다. 그녀는 비엔나 대학교에서 수학하며 독문학과 영문학으로 박사학위를 받았다. 재능 있는 학생이었던 그녀는 프리드리히 바이스만 세미나Friedrich Waismann's seminar에 참석했고 모리츠 슐릭Moritz Schlick이 총에 맞은 날에도 현장에 있었다. 그녀는 의학 공부를 위해 비엔나에 왔던 미국인 2세인 남편 네이선 누스바움Nathan Nussbaum과 함께 안슐루스Anschluss 사건 직전에 비엔나를 떠났다. 그녀는 전쟁 중에 미국 검열국에서 독일인 수감자의 편지를 번역하는 일을 했고, 공립학교 교사로 일했다. 나중에 네 명의 자녀를 양육하는 데 집중하기 위해 정식 경력의 계획을 포기했지만, 그녀는 여전히 열정적인 지성인이자 예술 애호가였다. 그녀는 종종 철학

강의를 들으러 왔고, 때때로 미국철학협회 모임에 참석하기도 했다. 그녀는 따뜻하고 비범한 사람이었으며 너무나도 활기 있는 사람이어서 그녀가 살아 있지 않다는 것을 믿기가 어려웠다. 그녀는 87세의 나이로 1999년 2월 3일에 세상을 떠났다.

서론
페미니즘과 국제 개발

1. 개발과 성평등

세계 곳곳에서 여성들은 인간 삶의 근본적인 기능에 대한 지원 부족을 겪는다. 그들은 남성에 비해 영양 상태가 좋지 못하고, 덜 건강하며, 물리적 폭력과 성 학대에 더 취약하다. 또한 남성에 비해 글을 배울 확률이 매우 낮고, 여전히 전문적이거나 기술적인 교육을 받기가 쉽지 않다. 그들이 직장에 들어가려고 시도하면 가족이나 배우자의 협박, 고용에서의 성차별, 그리고 직장 내 성희롱을 포함하여 상당한 장애물에 부딪힌다. 이것들 모두 효과적인 법적 소구력 없이 빈번히 일어난다. 비슷한 장애물이 종종 정치적 삶에서 효과적인 참여를 방해한다. 많은 국가의 여성은 법 앞에서 완전하게 평등하지 않다. 그들은 남성과 동일한 재산권, 동일한 계약 체결권, 그리고 결사·이동·종교의 자유에서 동일한 권리를 갖지 못한다.[1] 고된 직장 일과 가사와 자녀 돌봄이라는 '이중 책임double day'의 부담 때문에 놀이를 위한 그리고 상상력과 인지 능력의 함양을 위한 기회가 부족하다. 이 모두는 감정의 안녕emotional well-being에서서히 타격을 주는 요인이다. 여성은 남성에 비해 두려움에서 해방되어 유익한 유형의 사랑을 즐길 기회가 적다. 종종 그렇듯이, 특히 어린 시절에 선택의 여지 없이 결혼하고 결혼 생활의 부당함을 소구하지* 못한다. 이러한 모든 방면에서 불평등한 사회적·정치적 환경 때문에 여성은 인간 역량 면에서 불평등을 겪는다.

요약하자면 여성은 너무나 자주 법과 제도로부터 존중받을 만한 존엄성이 있는 사람으로, 목적으로 정당하게 대우받지 못한다고 말할 수 있다. 그 대신 그들은 단지 다른 사람의 목적을 위한 수단, 예를 들어 재생산자, 돌봄 제공자, 성적 배출구, 가족의 일반적 번창을 위한 행위자로만 취급된다. 이러한 도구적 가치가 때로는 매우 긍정적이지만, 실제로는 때때로 부정적일 수 있다. 여아가 태어나면 그 가족은 그녀가 좌우간 떠날 것이고, 노년에 부모를 부양하지 않을 것이라고 간주하면서 그녀를 없어도 되는 존재로 취급한다. 불가피하게 떠날 때도 그녀는 지참금과 결혼 비용이라는 상당한 지출에 가족을 연루시킬 것이다. 그렇다면 남자아이를 돌보는 것과 동일한 방식으로 여자아이에게 건강과 교육을 제공하는 일이 무슨 소용이 있겠는가? 여아 출산을 놓고 종종 기뻐하기보다는 슬퍼한다고 해서 무슨 놀라운 일이겠는가? 이것을 표현한 오랜 인도 속담이 있다. "딸이 태어났다/남편에게 가거나 죽거나/그녀는 이미 떠났다."

그녀의 도구적 가치가 시집에서 긍정적이라고 하더라도 그곳 역시 그런 딸을 목적으로 존중하는 장소가 되지 않는다. 시집 식구들은 그녀를 사랑하

---

* 'recourse'는 법과 제도가 불평등을 해결하는 도구로서 그 기능을 제대로 해야 한다는 주장을 함축하고 있다는 의미를 살리기 위해 '소구'로 옮겼다.

는 아들의 단순한 부속물로, 손주(특히 손자)를 위한 수단으로, 추가 가사 노동자로, 그녀의 부모로부터 지참금 지불이라는 명목으로 돈을 빼내는 장치로 간주하기 쉽다. 그녀가 학대받지는 않는다고 하더라도 따뜻하게 대우받거나, 교육을 받을 가능성은 현저히 적다. 남편이 친절하다면, 그가 그녀와 그의 부모 사이에서 완충 역할을 할 수 있다. 그가 불친절하다면, 여성은 시집에서 받은 학대를 쉽게 소구하지 못하고 유효한 출구 선택지도 없을 확률이 높다. 그녀의 친정은 그녀가 돌아온다면 아마 받아 주지 않을 것이고, 그녀에게는 구직에 필요한 기술이 없을 것이며, 법은 그녀의 곤경에 별로 관심이 없을 것이다. 남편이 죽는다면, 세계 대부분에서 과부에게 낙인을 찍는 것으로 보아 그녀의 상황은 더욱 악화될 것이다. 과부는 목적이 사라진 도구이며, 마치 죽은 상태나 다름없다.

이것은 드물게 일어나는 특이한 범죄 사례가 아니라 흔하게 일어나는 현실이다. 유엔 개발 계획United Nations Development Programme의 『1997년 인간 개발 보고서Human Development Report 1997』에 따르면 기대수명, 재산, 그리고 교육을 포함한 복합적인 척도를 볼 때 남성을 대우하는 만큼 여성을 대우하는 나라는 없다.[2] 게다가 개발도상국은 특히 절실한 문제점을 안고 있다. 젠더 불평등은 빈곤과 긴밀하게 연관되어 있다.[3] 빈곤이 젠더 불평등과 결합될 때 그 결과는 핵심적인 인간 역량의 심각한 실패다. 개발도상국 전체에서 성인 문맹 비율이 남성보다 여성이 60% 더 높다. 초등 수준에서조차 여성의 학교 등록률은 남성보다 13% 낮다. 여성의 임금은 남성 임금의 75%에 불과하다. 우리에게는 성폭행, 가정 폭력, 그리고 성희롱에 대해 신뢰할 만한 통계가 없다. 많은 국가에서 가정 폭력과 성희롱에 주의를 거의 기울이지 않으며, 결혼 생활에서의 성폭행은 범죄로 간주되지 않고, 심지어 낯선 사람이 저지른 성폭행

마저도 거의 처벌이 이루어지지 않아서 많은 여성이 그 범죄 신고를 주저하기 때문이다.[4]

건강과 영양이라는 가장 기본적인 영역을 보면 많은 개발도상국에서 여성을 차별하는 증거가 넘쳐 난다. 연구자들은 동등한 영양과 건강 돌봄이 있는 곳에서 여성이 남성보다 약간 더 오래 사는 것이 표준이라고 주장한다. 따라서 우리는 여성 대 남성의 성비가 102.2 대 100 정도(사하라 이남 아프리카의 실제 성비)일 것이라고 예상한다.[5] 많은 나라에서 여성의 비율은 훨씬 더 낮다. 예를 들어 인도는 여성 92.7에 남성 100으로 금세기 초에 인구 조사가 시작된 이래로 가장 낮은 비율이다. 우리가 그러한 비율을 연구하여 "국가C의 성비가 사하라 이남 아프리카와 동일하다면, 현재 국가C에 존재하는 여성보다 얼마나 더 많은 여성이 있을 것인가?"라고 질문했을 때, 우리는 경제학자 아마르티아 센이 '실종 여성missing women'이라고 생생하게 묘사했던 여성의 수를 파악할 수 있다. 오늘날 세계에는 수백만의 실종 여성이 있다.[6] 이 개략적인 지수를 사용할 때, 실종 여성의 수는 동남아시아 240만, 중남미 440만, 북아프리카 240만, 이란 140만, 중국 4400만, 방글라데시 370만, 인도 3670만, 파키스탄 520만, 서아시아 430만이다. 이제 한 나라의 실제 여성 수에 대한 실종 여성 수의 비율을 고려한다면, 파키스탄 12.9%, 인도 9.5%, 방글라데시 8.7%, 중국 8.6%, 이란 8.5%, 서아시아 7.8%, 북아프리카 3.9%, 남미 2.2%, 동남아시아 1.2%다. 인도에서는 어린이들 사이에서 사망률 차이(남아에 비해 여아 사망 수가 훨씬 크다.)가 특히 뚜렷할 뿐 아니라 남성에 비해 높은 여성 사망률은 30대 후반까지의 모든 연령에 적용된다.[7]

요약하자면 여성은 인간다운 삶을 충분히 영위하기 위한 필수 지원의 부족을 겪는다. 이러한 지원 부족은 흔히 그들이 여성이라는 이유로 발생한다.

그러므로 여성은 이론적으로 평등하다고 하는 인도와 같은 입헌 민주주의 국가에서 살아갈 때조차 실제로는 이등 시민이다.

2. 잠재역량 접근법: 개요

나는 국제 정치와 경제 사상이 페미니즘적이어야 한다고 주장한다. 다시 말해 세계 거의 모든 국가에서 (다른 어떤 문제보다도) 여성들이 성별 때문에 직면하는 특수한 문제, 즉 빈곤과 개발에 관한 일반적인 쟁점을 이해하지 않고는 제대로 대처할 수 없는 문제에 주의를 기울여야 한다고 주장한다. 국제 개발 접근법은 이러한 문제를 인식하고 해결책을 권하는 능력으로 평가되어야 한다. 나는 뛰어난 여타 접근법보다 이 영역에서 더 낫다고 보이는 접근법 하나를 제안하고 옹호한다. 이 접근법은 철학적이며, 나는 이 문제에 제대로 접근하기 위해 왜 철학적 이론화가 필요한지를 보여 주고자 한다.[8] 이것은 핵심적인 인간 기능에 관한 정치적 자유주의 형식과 밀접하게 연관된 보편적인 설명에 기초한다. 나의 주요 과제 중 하나는 개발도상국 여성 문제에 접근하는 유용한 기초로 이 보편주의 유형을 옹호하는 것이다.

이 기획 전체의 목표는, 인간존엄성 존중을 위해 모든 국가 정부가 최소한의 수준으로 유의하여 이행해야 할 기본적인 헌법 원칙에 대한 철학적 토대를 제공하는 것이다. (실행에 관한 쟁점은 복잡하므로 1장 7쪽에서 별도로 논의한다.) 나는 기본적인 사회 최소라는 개념에 맞는 최선의 접근법은 **인간 역량**human capabilities, 즉 사람이 실제로 될 수 있고 할 수 있는 것에 초점을 맞춘 접근법에서 제공해야 한다고 주장한다. 이는 인간의 존엄성에 어울리는 삶이라는 직관적 아이디어에 기반한 방식이다. 나는 **핵심 인간 역량**central human capabilities 목록을 규정할 것인데, 핵심역량을 구체적으로 정치적 목표로 만들고, 어떤 특정한 형이상학적 토대가 없는 방식으로 제시하는 **정치적 자유주의**political liberalism 유형의 맥락에서 목록을 설정한다. 이런 면에서 나는 다른 관점에서는 선에 관하여 매우 상이한 포괄적인 개념을 지닌 사람들 사이에서 그 역량들이 **중첩적 합의**overlapping consensus의 대상이 될 수 있다고 주장한다.[9] 그리고 해당 역량이 모든 각 사람을 위해 추구되어야 한다고 주장한다. 각각을 목적으로 대우하고 누구도 다른 사람의 목적을 위한 단순한 도구로 취급되어서는 안 되기 때문이다. 따라서 나는 **각인 목적의 원칙**principle of each person as end에 기초한 **각인 역량의 원칙**principle of each person's capability을 채택한다. 여성은 너무나 자주 그 자체로 목적이 있는 존재로 대우받기보다는 다른 사람을 지원하는 수단적인 존재로 취급되어 왔다. 따라서 이 원칙은 여성의 삶을 고려할 때 특별한 결정적 의미를 지닌다. 마지막으로 내 접근법은 **각 역량의 최저 수준**threshold level of each capability 아이디어를 사용하여, 그 이하에서는 시민이 진정으로 인간다운 기능발휘functioning를 할 수 없다고 주장한다. 사회의 목표는 시민을 역량 최저치 이상으로 끌어올려야 한다는 관점에서 이해되어야 한다.

잠재역량 접근법이 그와 다르게 관련되어 더 약하게 사용되는 경우가 있다. 그것은 **삶의 질 비교**(사람들이 얼마나 잘 지내고 있는지)가 국가 간 가장 잘 드러나는 부문에서 구체화된다. 이런 식으로 사용하면 1인당 GNP와 효용과 같은 여타 표준 측정치와 경쟁한다. 이러한 개념의 역할은 주목할 만한데, 비교 부문을 처음에 올바르게 파악하지 못하면 사회 최소에 대한 좋은 개념에서 진전을 이루지 못할 것으로 보이기 때문이다. 그런데 우리는 더 나아가 이 접근법을 사회 최소 또는 최저를 설정하는 근본적인 헌법 원칙의 철학적 기초로 활용하기를 꺼려할 때조차, 나라와 나라를 비교하기 위해 이런 약한 광식으로 사용할 수도 있다. 한편 역량을 비교에 사용하는 일은 궁극적으로 비교 연구에서 발견한 것을 무엇에 사용할지를 알려 주는 확정적인 규범 개념이 없다면 쓸모가 많지 않다. 개발경제학에서 삶의 질을 측정하는 대부분의 개념은 적절한 사회적 목표(부의 최대화, 효용 최대화 등)를 이루는 규범 이론에 암묵적으로 결부되고, 이 규범 이론은 명시적으로 개념에 결부된다.* 내 주장의 주요 과제는 역량을 단순히 비교에 사용하는 것을 넘어 부분적 정의 이론인 규범적인 정치적 제안을 구성하는 데 있다. (이것을 완전한 정의 이론이 아니라고 말하는 근거는 4절에 있다.)

잠재역량 접근법은 전적으로 보편적이어서 어느 국가에서나, 어느 시민에게나 중요하며 각각 곡적으로 다루어져야 한다. 개발도상국 여성은 두 가지 면에서 이 기획에 중요하다. 심각한 역량 실패 때문에 전반적으로 고통을 겪는 사람이라는 면에서, 그리고 그들의 상황이 이 접근법과 여타 접근법이 문제를 해결하는지 또는 해결하지 못하는지를 보여 주어 주의를 끄는 시금석을 제공한다는 면에서 그렇다. 이러한 여성 문제가 계속 보인다는 것으로 코아 표준 GNP와 효용 기반 접근법에 결함이 있다고 이해할 수 있다. 여성 문제는 그들의 정당한 권리로서 당연히 절박하다. 따라서 여성 문제에 초점을 맞춘

---

* 어떤 목표를 이루기 위한 규범 이론은 암묵적인 개념을 포함한다. 그런데 이 암묵적 개념은 목표를 이루는 구체적 사안에 명시적으로 결부된다. GNP를 비교 개념으로 한다면 사회적 부를 이루기 위해 경제 생산성을 높여야 한다는 규범이 정당화된다. 그리고 생산성을 높이기 위한 방법을 탐색할 때 다른 요소(간접적인 영향을 미치는 요소)는 배제되고 GNP 수치를 올리는 직접적인 수단에 집중하는 결과로 이어지기 쉽다.

이 연구가 개발경제학과 국제 인권 운동에서 초기에 성평등을 소홀히 했던 것을 보상하는 데 도움이 되기를 바란다.

이 기획은 개발도상국에 초점을 두기 때문에 페미니즘 정치철학에서 다소 이례적이다. 이미 페미니즘 경제 사상과 페미니즘 행동주의에서 통례인 이러한 초점이 페미니즘 철학에서 더욱 일반화되었고, 그렇게 되는 것이 마땅하다. 나는 페미니즘 철학이 개발도상국에서 여성의 절박한 필요와 이익관심에 점차 더욱 주목해야 한다고 믿는다. 개선을 위한 적합한 권고를 마련하기 전에 그들과 대화하여 그들의 구체적인 물질적·사회적 맥락을 제대로 이해해야 한다. 이러한 국제적인 초점은 페미니즘 정치철학이 고용 차별, 가정 폭력, 성희롱, 그리고 성폭행법 개혁과 같은 전통적인 주제에서 물러설 것을 요구하지 않는다. 이는 모두 서구 여성과 마찬가지로 개발도상국 여성에게도 핵심적이다. 그러나 페미니즘 철학이 생산적인 방식으로 개발도상국에 접근하려고 한다면 그 의제에 새로운 주제를 추가해야 한다. 이러한 주제에는 굶주림과 영양, 문해력, 토지권, 가정 밖에서 일자리를 구할 권리, 아동 결혼, 그리고 아동 노동이 있다. (이 주제들 중 일부는 부유한 국가에 사는 가난한 여성의 삶에 대한 철학적 접근을 구상하는 데도 필수다.) 일반적으로 개발도상국과 선진국 모두에서 열악한 취업 여성의 문제가 사태의 중심을 점점 더 많이 차지하고, 중산층 여성 특유의 문제는 이들에게 자리를 내주어야 마땅하다고 보인다.

페미니즘 철학은 보편적인 규범적 접근에 자주 회의적이다. 나는 페미니즘 철학 실천을 위한 매우 보편적인 틀을 서술하는 것이 가능하다고 주장한다. 이 틀은 정의, 평등, 그리고 권리에 관한 비교 문화적 규범에 전념하는 동시에 지역 개별성에 민감하고, 환경이 선택지를 형성하는 방식뿐만 아니라 신념과 선호를 형성하는 여러 방식에도 전념한다. 나는 보편적 페미니즘이 다름에 둔감하거나 제국주의적일 필요가 없으며, 일반적인 인간의 능력과 그것의 개발이라는 관점에서 구상한 특정 유형의 보편주의가, 실제로는 다름에 관한 우리의 사고에 자리 잡아야 하는 최선의 틀을 우리에게 제안한다고 주장한다.

1장에서 나는 인간 역량이라는 아이디어를 사용하여 기본적인 정치적 원리의 토대에 접근하는 방식을 면밀히 그려 내고map out 이를 옹호한다. 나는 이 접근법이 다원주의와 문화적 차이에 민감한 보편주의 형식을 산출하는 것을 논증한다. 이런 방식으로 우리가 비교 문화적으로 보편적인 것에 대항하는 가장 강력한 반대에 답할 수 있기 때문이다. 나는 또한 다양한 자유주의 형식과 내 접근법의 관계를 설명하고 역량 아이디어에 연결하여 정치적 자유주의 형식을 옹호한다. 그다음 기본적 인권 개념과 이 접근법의 관계를 설명한다. 그리고 정치적 정당화와 정치적 실행의 관계에 관한 설명을 저시한다.

그런데 한 개념의 매력적인 특징을 펼쳐 보이는 것은 정당화 과제의 일부일 뿐이다. 2장에서 나는 이 접근법이 주관적 복지주의에 기초한 접근법에 비해 우수하다고 주장함으로써 그 과제의 심화 부분 하나, 즉 각 사람이 지각한 잘-살기well-being가 사회적 선택에서 기본이 되어야 한다는 생각을 다룬다. 복지주의적 개념은 전방위적이고 경제에 크게 영향을 미치므로 개발에 미치는 영향력도 크다. 그만큼 철학적으로도 실천적으로도 역량 관점과 복지주의 사이의 관계를 분명하게 생각하는 것이 중요해 보인다. 나는 선호-왜곡preference-deformation의 문지가 복지주의 접근을 규범적인 정치 이론의 기초로 받아들일 수 없게 만든다고 주장한다. 우리에게는 핵심적인 정치적 선, 즉 잠재 역량 접근법이 우리에게 제시하는 종류의 선에 관한 실질적인 설명이 필요하다. 적응적 선호-형성adaptive preference-formation 현상을 인식하는 것이 수용할 수 없는 유형의 개입주의를 수반하지 않는다. 이 인식을 정치적 자유주의 비전과 정치적 목표로서의 역량(실제 기능이 아니라)에 대한 초점과 결합한다면 그렇다. 그러나 복지주의 접근법이 인간의 욕구에 유의한다면 무언가를 바로잡을 수 있다. 나는 내 잠재역량 접근법을 인간의 선에 대한 플라톤주의 설명과 대조하여 그 무언가가 무엇인지를 말하고자 한다.

3장과 4장은 여성의 삶에서 특히 두드러지는 두 가지 구체적인 문제 영역을 탐구한다. 결실을 얻을 수 있는 몇 가지 탐구 영역이 있다. 교육과 재산은 성폭행, 가정 폭력, 성희롱만큼이나 분명히 선택할 만한 영역이다.[10] 나는 종교와 가족을 선택했는데, 그것의 복잡성 때문이기도 하고 (어떤 면에서는 그것이 다른 모든 문제를 포함한다.) 철학 특유의 복잡한 문제를 제기하기 때문이기도 하다. 종교에 관한 장은 종교와 성평등 사이의 관계를 분석하여 그러한 갈등을 정치적·법적으로 다루기 위한 전략을 개발한다. 이 문제를 다루는 좋은 접근법은, 종교가 인간다운 기능발휘의 귀중한 영역을 위협할 때 종교에 대한 비판적인 면밀한 검토와 (여성을 포함하여) 인간의 의미 탐구에 종교가 중요하다는 인식을 균형 있게 평가해야만 한다고 나는 주장한다. 여기에서 미국 헌법 전통은 개발도상국의 다원주의적 민주주의 문제에 적합하게 적용할 수 있는 유용한 통찰을 제공한다. 내 해결책에 필요한 자료 대부분은 이미 인도 헌법에 명시되어 있다. 마지막으로 4장은 가족 사랑과 돌봄이라는 까다로운 질문을 따져 묻는다. 완전한 평등과 가족 정의라는 정치적 목표를 진작하면서 여성이 사랑과 돌봄의 제공자로서 가치가 있다는 생각을 유지하는 것이 어떻게 가능한지를 묻는다. 이 문제를 따지는 일은 먼저 사랑에 관한 적합한 철학적 이해(또는 최소한 일반 개요)를 설명하고, 그다음 겉보기에 '본성적' 실체natural entity로 보이는 가족의 사회적·정치적 기원을 검토하는 것이 요건이다.

나는 유망한 헌법 전통이 있음에도 여성이 큰 불평등을 겪고 있는 국가인 인도의 사례에 철저하게 초점을 맞춘다. 여성과 개발에 관한 일부 저술은 풍부하거나 깊이 있는 맥락을 설정하지 않고, 얇게 기술하는 정도로 여러 상이한 문화권의 범례를 끌어넣는다. 나는 이 방식이 현명하지 않다고 생각한다. 그 맥락이나 역사를 설정하지 않고는 사건이나 법의 의미를 제대로 파악할 수 없기 때문이다. 인도에 초점을 맞춘다면 나는 연구만큼이나 개인적인 관찰과 친숙함에 기초하여 서술할 수 있다. 게다가 내가 더 넓은 영역을 다루려고 했다면 할 수 없었을 방식으로 학술적 논쟁을 평가할 수 있다. 자와할랄 네루 Jawaharlal Nehru의 유명한 연설은 인도와 연결하여 여기에서 제시하는 정치적 이상과 그것을 더 넓게 적용하는 것 사이의 관계에 관한 최선의 사유 방식을 시사한다.

인도에 대한 봉사는 고통을 겪는 수백만에 대한 봉사를 의미합니다. 그것은 빈곤과 무지와 질병과 기회 불평등의 종식을 의미합니다. 우리 세대에서 가장 위대한 사람의 야망은 모든 사람의 눈에서 눈물을 모두 닦아 내는 일입니다. 그것은 우리의 능력을 넘어서는 일이지만, 눈물과 고통이 있는 한 우리의 일은 끝나지 않을 것입니다. 그 꿈은 인도를 위한 것이지만 세계를 위한 것이기도 합니다. 오늘날 모든 국가와 사람들은 매우 긴밀하게 엮여 있어서 그들 중 누구도 따로 떨어져 살 수 있다고 상상할 수 없기 때문입니다. 평화는 분할될 수 없다고 여겨져 왔습니다. 더 이상 고립된 파편으로 쪼개질 수 없는 이 하나의 세계One World에서 자유도 현재의 번영도 재앙도 그렇습니다.[11]

마찬가지로 이 이상적인 정치적 제안은 인도의 범례에서 정향되었지만 모든 국가에 해당한다.

외국인이며 중산층인 나는 내가 서술하는 그곳에서 볼 때 이중으로 외부인이다. 그러나 인도에 관한 인도인의 학문 대부분 역시 적어도 어떤 의미에서는 외국인의 연구물, 즉 자신이 서술하는 삶에서 멀리 떨어져 있지 않은 중산층 삶을 사는 사람의 연구물이다. (빈곤과 복지* 개혁에 관한 미국인의 학문 대부분 역시 마찬가지다.) 나는 호기심과 결단력을 통해 이러한 장애물을 극복할 수 있다고 믿는다. 특히 사람들의 말을 귀 기울여 듣는다면 그럴 수 있다고 믿는다. 그렇긴 해도 아마 때때로 인도에 살고 있는 학자가 말려드는 문화적·종교적·정치적 논쟁 한가운데서 외국인은 중립성이라는 조력 형태를 유지할지도 모른다. 확실히 자신이 속한 문화의 상류층보다는 관련이 별로 없는 외국인으로서 더욱 따뜻한 대접을 받는다. 내가 내 연구실에서 부유한 대학 공동체와 인접한 우드론Woodlawn 지역(가난한 아프리카계 미국인 동네)으로 한 블록 걸어 들어갔다면, 나는 인도의 노동 계급 가정에서 보았던 따뜻하고 신뢰할 만한 환영회를 보지 못했을 것이다. 불평등이 고착화된 상황에서 이웃이 된다는 것에는 인식론적 문제epistemological problem가 있을 수 있다.

이 책은 규범적인 철학 이론의 특정 유형 개발을 목표로 하는 철학적 기획이다. 나는 경험주의 사회과학자도 아니고, 이 책은 지속적인 경험 연구 기록을 의도하지도 않는다. 그러나 나는 경험적 사실과 내가 본 것에 반응하려고 노력한다. 나는 철학적 이론화가 실천적인 정치적 가치를 지니며, 그 자리

---

*   'welfare'는 사회 정책과 관련되어 있다는 점에서 '복지'로, 'well-being'은 삶 전반과 관련되어 있다는 점에서 '잘-살기'로 옮겼다.

는 보다 경험적인 여타 탐구 유형으로는 채워질 수 없다고 믿는다. 이론의 실천적 가치 중 일부는 추상적이고 체계적인 특성에 있다. 나는 전 세계적으로 추상을 폄하하는 페미니스트는 그런 일을 할 만큼 현명하지 않다고 생각한다. 어떤 종류의 추상 없이는 사고나 발언이 있을 수 없다. 정치철학 전통의 특성인 추상 유형은 올바른 방식으로 현실에 상응하는 범위를 벗어나지 않는 한 (항상 그랬던 것은 아니다.) 대단히 중요하다.[12] 특히 포스트모더니즘 문학 이론의 영향을 받은 일부 페미니즘 철학은 현실로부터 정신mind을 유리시키는 추상 유형을 수반한다. 그래서 이는 실제 여성들의 삶을 더 잘 보거나 이해하는 데 도움을 주지 않는다. 실제 사례와 경험적 사실에 초점을 맞추는 것이 정치 이론이 삭제하거나 경시해서는 안 되는 두드러진 특징을 식별하는 데 도움이 될 수 있다. 그래서 나는 궁극적인 목표가 아무리 이론적이더라도, 현실에 반응하고 독자가 관련된 현실을 상상할 수 있도록 돕는 방식으로 서술하려고 노력했다. 그러므로 나는 4절에서 내가 마주한 두 가지 개별적인 삶을 소개하며 논증을 시작할 것이다. 그것이 두드러진 문제들이 무엇이고 그것들이 서로를 어떻게 압박하는지를 이해하는 데 도움이 될 것이다. 이러한 삶은 이어지는 장에서 많은 논의를 구체적으로 하기 위한 예시적 초점을 제공한다.[13] 5절에서는 오늘날 인도 여성들이 직면한 몇 가지 문제에 대해 보다 일반적이고 사실적인 설명을 배경으로 이 개별적인 삶을 다룰 것이다.

3. 잠재역량 접근법: 센과 누스바움

그러나 우리가 논증을 시작하기에 앞서 잠재역량 접근법을 서로 다른 관점에서 소개해야만 한다. 1장과 2장에서 구체적으로 논의하며 더 완전하게 드러나겠지만, 기능발휘와 역량을 기반으로 하는 접근법은 아마르티아 센의 개발경제학에서 주창되었기 때문이다. 내 버전의 접근법은 1986년에 시작한 세계개발경제연구소World Institute for Development Economics Research에서 센과 공동 연구를 하는 기간에 파생되었다. 그때 우리는 아리스토텔레스 학문 맥락에서 수행해 오던 나의 발상과 경제학에서 수년 동안 수행해 오던 그의 발상이 놀라울 만큼 유사하다는 것을 인식했다. 따라서 여기에서 논의되는 모든 문제에 우리가 동의한다고 간주할 수도 있고, 현재의 주장에서 논란이 되는 제안은 이미 충분히 책임 있게 논증하고 있는 센에게 떠맡기게 될 수도 있다. 그러므로 우리 각자의 접근법에서 공통점과 차이점이 무엇인지 서술하려는 시도가 중요하다고 본다.

센은 역량 개념을 일차적으로 삶의 질(혹은 그가 때때로 말하는 생활 수준)을 가장 생산적으로 비교할 수 있는 공간을 지칭하는 데 사용한다. 사람의 만족도나 사람이 얼마나 많은 자원resources을 자유자재로 사용할 수 있는지 묻는 대신, 우리는 그들이 실제로 할 수 있거나 될 수 있는 것에 관하여 묻는다. 또한 센은 역량의 공간에서 사회적 평등과 불평등에 관한 질문이 가장 활발히 제기될 수 있다고 주장한다.

나는 역량 공간the capability space에 관한 센의 주장과 그것을 뒷받침하는 논거에 전적으로 동의한다. 그중 많은 부분이 여기에서 반복될 것이다. 그러나 이 책에서 나의 목표는 역량 공간을 단순히 비교하는 용도로만 사용하는 것을 넘어선다. 역량의 최저 수준이라는 개념이 어떻게 시민들이 정부에 요구할 수 있는 핵심적인 헌법 원칙의 기초를 제공할 수 있는지에 대한 설명을 명료화하기 위해서다. 내 설명에서 최저 개념은 완전한 역량의 평등이라는 개념보다 더 중요하다. 내가 주장하듯이, 모든 시민이 최저 이상에 있을 때 우리가 무엇을 해야 하는지에 관한 질문을 합당하게 미룰 수 있다. 최저 개념이 이미 과중하고 어디에서도 실현되지 않은 표준을 제시하기 때문이다. 따라서 내 제안은 최저 이상의 분배에 대한 여러 상이한 설명과 양립할 수 있도록 의도되었다. 그렇기 때문에 이것은 정당한 분배에 대한 완전한 이론이라기보다는 부분적 이론이다. 센은 어디에서도 최저 개념을 사용하지 않는다. 나는 그가 온전한 역량 평등에 실제로 찬성하는지를 언급했다고 생각하지 않는다. 다만 이 점에 대해 그의 제안이 열린 결론이라면 우리의 의견은 상당 부분 일치할 수 있다.

강력하게 동의하는 또 다른 영역은 정치적 자유에 우리 둘 다 중요한 역할을 부여한다는 점이다. 센은 롤스의 자유 우선성을 명시적으로 지지한다. 나의 관점은 모든 역량이 동등하게 근본적이라는 입장을 견지하며, 그들 사이에 사전적 질서lexical ordering를 언명하지 않는다. 그러나 경제적 필요를 충족시키기 위해 자유를 부인해서는 안 된다고 강력하게 주장하는 한에서 우리의 의견은 완전히 일치한다.

마지막으로 우리는 우리가 얻으려고 애쓰는 역량이 어느 누구에게나 귀중하다고 이해되어야 하며, 국가가 안녕한지를 물을 때 우리가 고려해야 하는 것은 각자의 역량이라는 점을 강조하는 데 동의한다. 센은 내 **각인 역량의 원칙**만큼 명시적으로 무언가를 표명한 적이 없다. 그러나 가족의 유기적 모델에 대한 그의 비판을 예로 들자면 그가 각인을 목적으로 대우하는 이 강조점을 지지한다는 것은 명백하다.

그러나 내 접근법은 몇 가지 주목할 만한 면에서 센의 접근법을 벗어난다. 무엇보다도 센과 나는 문화 상대주의의 빈약함과 개발 정책 분야에서 보편적 규범의 필요에 관하여 적극 동의한다. 하지만 그는 많은 반보편적 접근법의 서술적 부적합성을 보여 주는 비서구 문화에 관한 역사적 논증을 제외하고는 상대주의에 대립하는 논증을 명시적으로 펼친 적이 없다. 내가 1장의 **문화 논증**argument from culture에서 문화란 토론과 논쟁의 현장이라는 점을 강조하며 답하는 방식에 그가 동의한다는 것은 분명하다 그러나 그가 일반적인 정신에는 동감한다고 하더라도, 내가 1장에서 제시한 상대주의 논증에 대한 여타의 답변을 승인할지는 그다지 명확하지 않다.

센은 내 논증에서 중심적인 역할을 하는, 진정으로 인간다운 기능발휘라는 마르크스나 아리스토텔레스의 아이디어를 잠재역량 접근법의 토대로 삼으려고 시도한 적이 없다. 그가 때때로 접근법을 명료화하는 데 마르크스와 아리스토텔레스 양쪽을 모두 언급하지만, 그 사상가들이 그의 개념을 형성하는 데 중심 역할을 했는지는 불분명하다. 중심 역할을 했다고 하더라도 인도 좌파에 대한 논쟁 분위기를 조성하는 역할을 통해서 간접적으로 했을 것이다. 따라서 어떤 삶이 인간존엄성에 어울리는지에 관한 논증, 그리고 인간의 힘을 고사시키는 데 관련된 재해와 비극에 관한 논증, 그리고 이에 더해 모든 철학적 정당화 논의에 관한 논증이 그와 일치하는 것은 아니라고 보아야 한다. 그렇다고 해서 그가 이 논증을 반대한다는 의미는 아니다.

가장 중요한 차이는 센이 핵심역량 목록을 만든 적이 없다는 것이다. 그는 많은 범례를 제시하고, 인간 개발 보고서는 최소한 내 목록의 몇몇 항목에 상응하는 방식으로 정리한다. 그러나 정치적 원리를 창출하기 위해 실제로 목록을 만들고 그 사용법을 서술한다는 생각은 그의 것이 아니며, 그가 그 기획이나 구체적인 내용을 승인하는 것으로 간주해서는 안 된다.

내 설명에 도입한 다른 구별점, 예를 들어 기본역량, 내적역량, 결합역량이라는 세 가지 역량 유형의 정의는 센에게서 발견되지 않는다. 다만 그가 범례를 다룰 때 유사한 지적을 할 때도 있다. 기능발휘가 아니라 역량이 적절한 정치적 목표라는 발상은 그가 때때로 범례를 통해 지지하는 생각이다. 그러나 그는 그것을 일반적인 이론의 주안점으로 승인한 적이 없다. 내가 이 질문을 다루는 방식은 특정한 정치적 개념과 특정적으로 정치적인 중첩적 합의의 기초로서 그 목록을 명료화하는 것과 밀접하게 연결되어 있다. 센은 아직 포괄적 자유주의와 정치적 자유주의를 대조하여 논의한 적이 없으며, 그가 실제로 어떤 유형의 자유주의에 찬성하는지 불분명하다. 종교에 대한 그의 입장은 복잡하다. 때때로 그는 3장에서 내가 세속적 인본주의 페미니즘이라고 규정하는 쪽으로 기울어진다. 그러나 인도의 상황에 관하여 서술할 때는 현재 만연한 세속주의 유형, 즉 종교에 상당한 정치적 역할을 부여하는 세속주의를 지지한다.

센이 두드러지게 사용하는 구별 집합은 내 버전의 잠재역량 접근법에는 없다. 자유와 성취의 구별과 함께 잘-살기well-being와 행위력agency의 구별은 역량에 관한 그의 최근 저술 대부분을 구조화한다. 나는 이러한 구별에 드입된 개념이 중요하다는 점에서는 센에게 동의하지만, 모든 중요한 구별은 역량이나 기능의 측면에서 파악될 수 있다고 믿는다. 예를 들어 우리는 건강을 생각할 때 건강할 수 있는 역량이나 기회를 실제적인 건강한 기능발휘와 구별해야 한다. 사회는 우선 사용 가능한 것을 만들어 주고 개인에게 유관한 기능발휘를 선택하지 않을 자유를 제시할지도 모른다. 그러나 여기에 잘-살기/행위력 구별을 사용한다고 해서 여분의 명료함이 더해졌다고 보지는 않는다. 건강한 기능발휘는 수동적인 만족 상태가 아니라 그 자체로 능동적인 방식이다. 센이 이 점에 확실하게 동의한다고 하더라도, 나는 '잘-살기'라는 개념과 공리주의의 연합 때문에, 그가 그려내는 잘-살기를 누리는 방식이 능동적으로 할 수 있고 될 수 있는 것에 연관되지 않는다고 일부 독자들이 추정할까 봐 두려한다. 그러므로 나는 내 용어를 공리주의 전통의 용어와 더욱 강력하게 분리하고자 한다. 그리고 (위에서 논의한 역량 수준 사이의 구별과 더불어) 더 간단한 구별 집합을 고수한다고 해서 어떤 중요한 철학적 쟁점이 흐려진다고 생각하지 않는다.

우리에게는 권리와 역량 사이의 관계에 대한 약간의 견해차가 있다. 그 차이는 현재의 기획에 손상을 주지 않는 더 중대한 것에 연결되어 있다. 복잡한 비공리주의 형식의 결과주의a complex non-Utilitarian form of consequentialism를 옹호하는 센은 측면 제약side-constraints을* 충족시키는 방식으로 권리를 이해해야 한다는 견해를 비판한다. 나는 권리의 자리에 핵심역량을 둔 버전으로 그 견해를 옹호한다. 다른 유형의 사회적 이익을 추구하기 위해 핵심역량을 침해할 수 없다. 그렇지만 실질적으로 우리의 견해는 매우 밀접하다. 센이 사용한 분석과 다르기는 하지만 권리가 측면 제약을 충족시킨다는 주장을 공격하기 위해 나도 권리에 대해 분석하기 때문이다. (1장 6절을 보라.)

마지막으로 상상력과 감정의 정치적 중요성을 암묵적으로 강조하기 위해 내가 이따금 사용하는 서사적 방법을 어떤 식으로든 센은 서술한 적이 없다. 나는 다른 곳에서 그 주제에 관한 견해를 충분히 상세하게 발전시켰다. 그러므로 그것을 결코 그에게 귀속시켜서는 안 된다. 이제 그 서사 자료로 넘어가 보자.

---

* 측면 제약(side-constraint)은 개인의 목표 추구와 관련한 도덕적 제약을 의미한다. 노직이 주장한 권리 개념으로 타인의 권리가 행위자의 행위를 제한하는 제약이 되어야 한다는 것이다.

4. 행복하기 위해 노력하는 두 여성

　구자라트의 아마다바드는 마하트마 간디가 그의 비폭력 저항 원칙에 따라 노동조합을 조직한 섬유 공장 도시다. 관광객은 섬유 박물관과 간디 아쉬람ashram을 보기 위해 그곳을 방문한다. 그러나 오늘날에는 또 다른 저항 운동의 본거지로도 주목받고 있다. 여기에는 5만 명 이상의 회원을 보유한 자영업 여성 협회Self-Employed Women's Association가 20년 넘게 비공식 부문의 여성 노동자들이 신용, 교육, 그리고 노동조합을 통해 그들의 삶의 조건을 개선하도록 돕고 있다. (인도에서는 상당 비율의 노동력이 가내 공업, 농업 노동, 그리고 다양한 유형의 자영업을 의미하는 일명 '비공식 부문informal sector'에서 일한다. 일하는 여성 중 94%는 자영업자다.)[14] 도시를 양분하는 오염된 강의 한쪽에는 자영업 여성 협회가 처음 설립되었던 낡은 건물이 있는데, 현재는 직원 사무실로 사용하고 있다. 강 건너편은 대리석 사무실 건물에 새롭게 자리를 잡은 교육실과 자영업 여성 협회 은행이 있다. 손님과 직원 모두 여성이다. 여성들은 "이 은행은 우리 어머니의 집 같다"고 즐겨 말한다. 협회의 설립자 엘라 바트Ela Bhatt가 여성의 어머니는 그녀를 진지하게 대하고, 그녀의 비밀을 지켜주며, 그녀가 그녀의 문제를 해결하도록 돕는다고 말하기 때문이다.[15]

　바산티Vasanti는 옛날 사무실 건물의 회의실 바닥에 앉아 있다.[16] 왜소하고 피부색이 짙은 30대 초반의 여성이다. 그녀는 매력적인 짙은 청색 사리sari를 입고 긴 머리카락을 깔끔하게 말아 올려 트레머리를 하고 있다. 부드럽고 둥근 체형이며, 걷는 것보다 앉아 있는 것이 더 편안해 보인다. 치아가 고르지 않고 변색되기는 했지만, 그 외에는 적당히 건강하게 보인다. 내 동료 마사 첸은 나중에 바산티가 선량한 (힌두) 카스트인 라지푸트Rajput라고 알려 주었다. 나는 그것을 어떻게 알 수 있는지 이해하지 못했다.[17] 바산티는 그녀보다 나이가 많은 (그리고 낮은 카스트인)[18] 친구 코킬라Kokila와 함께 왔는데, 코킬라는 토기장이이자 지역 회의장 관리인으로서 경찰이 가정 폭력 사건을 식별하도록 돕는 키 크고 다혈질인 공동체 조직자다. 바산티는 말할 때 종종 아래를 보며 조용조용 말하지만, 그녀의 눈에는 생기가 있다.

바산티의 남편은 도박꾼이자 알코올 중독자였다. 그는 집안 살림할 돈으로 술을 마시곤 했는데, 그러다 돈이 떨어지자 지방 정부가 제공하는 현금 장려금을 받기 위해 정관수술을 받았다. 그래서 바산티는 그녀를 도울 자녀가 없다. 결국 그녀의 남편이 신체적 학대를 시작했을 때, 그녀는 더 이상 남편과 함께 살 수 없어서 친정으로 돌아왔다. 싱어Singer 재봉틀 부품을 만들었던 그녀의 아버지는 돌아가셨지만, 그녀의 형제들이 아버지 가게로 사용했던 곳에서 자동차 부품 사업을 운영한다. 한때 아버지의 것이었던 기계를 사용하고 가게에서 살면서 바닥에 누워 잠을 잔다. 처음에 그녀는 사리 상의에 고리 구멍을 만드는 일을 하여 돈을 조금 벌었다. 그녀의 형제들은 생활유지비 청구를 목적으로 그녀의 남편을 법정에 데리고 가기 위해 변호사를 선임했다. 그녀가 속한 경제 계층에서는 상당히 이례적인 조치였다. 그러나 소송은 눈에 보이는 결론 없이 몇 년간 지속되었다. 그러는 동안 그녀의 형제들은 그녀가 사리 끝단을 박는 기계를 살 수 있도록 그녀에게 대출을 해 주었다. 하지만 그녀는 그들에게 의존하고 싶지 않았다. 그들은 결혼했고 자녀가 있어서 더 이상 그녀를 부양하고 싶지 않을 수 있기 때문이다. 그래서 그녀는 자영업 여성 협회의 도움을 받아 그녀 스스로 형제들에게 돈을 갚기 위해 은행 대출을 받았고, 지금까지 협회 대출금을 거의 모두 상환했다. 그녀는 이제 한 달에 500루피를 벌며 품위 있는 생활decent living을 하고 있다.[19] 또한 저축 계좌 두 개를 가지고 있고, 자영업 여성 협회 조합에 더 많이 참여하기를 열망한다. 그녀는 보통 여성은 단결이 잘 되지 않고, 부유한 여성은 가난한 여성을 착취한다고 말한다. 그에 반해 그녀는 협회에서 공동체 의식을 발견했다. 그녀가 사회 계급고 기질이 매우 다른 여성인 코킬라와 우정을 나누는 즐거움을 알게 되었다는 것은 의심할 여지가 없다.

이제 바산티는 활기 있게 지내며 우리 눈을 똑바로 보면서 자신 있고 분명하게 말한다.[20] 그녀는 인도 여성이 많은 고통을 겪고 있다고 말한다. 그리고 나도 내 삶에서 꽤 많은 슬픔을 겪었다. 그러나 고통에서 우리의 강함이 생겨난다. 이제 우리 스스로는 좀 더 나아졌으니 다른 여성을 위해 뭔가 좋은 일을 하여 우리가 좋은 인간이라고 느끼기를 원한다.

자얌마는 인도 남단 케랄라의 트리반드룸에서 오븐처럼 뜨거운 3월 하순에 그녀의 오두막 밖에 서 있다.[21] 그녀를 볼 때 가장 먼저 눈에 띄는 것은 굽은 등과 강한 근육질의 움직임이다. 그녀는 이가 빠지고 시력이 흐려지고 머리카락은 가늘지만, 군대를 전투 지휘하는 연대장이었을 수 있다. 그녀가 자신의 역사를 자녀 그리고 이웃과 벌였던 치열한 다툼이라고 말하는 것에 나는 놀라지 않았다. 그녀가 담배를 물자 그녀의 턱이 튀어나온다. '지정scheduled'* (힌두) 카스트[22]는 아니지만 낮은 카스트인 에자바Ezhava에** 속한 자얌마는 두 가지 면에서 손해를 본다. 사회적 지위가 좋지 않은데도 가장 낮은 카스트를 위해 정부가 마련한 차별 철폐 프로그램에는 자격이 안 된다. 그녀는 여전히

---

*   1950년 인도 헌법에서 지정한 카스트로 피차별 카스트 집단과 소수민족 집단을 가리키는 공식 표현이다.

**   인도 케랄라 지역을 기원으로 하는 힌두교 공동체다.

트리반드룸 외곽의 정부 땅에 있는 불법 거주지에 살고 있다. 나는 트리반드룸에서 최악의 빈곤을 겪고 있다고 들었지만, 일반적으로 높은 케랄라의 생활 수준으로 보아 그 거류민은 뭄바이나 일부 농촌의 가난한 지역에 비해 상대적으로 부유한 것 같다. 정착지의 오두막은 깨끗하고 시원하며, 일부는 진흙으로 일부는 벽돌로 된 단단한 벽이 있고, 사진과 어린이 미술품으로 장식되어 있다. 몇몇 오두막에서는 히아신스로 뒤덮인 호수의 아름다운 풍경이 보인다. 많은 집에 지역 정부 프로그램이 제공하는 화장실이 있으며, 정착지에는 물과 전기가 안정적으로 공급된다. 정착민들은 원래 불법 거주자였지만 지금은 그 땅에 대해 어느 정도 소유권을 가지고 있다. 바로 바깥쪽 잘 정비된 도로에 버스 정거장이 있고, 멀지 않은 곳에 병원이 있고, 정착지 자체에 밝은 분위기의 초등학교가 있다. 나이가 된 아이들 모두 학교에 입학하는 것 같고, 교복을 입은 아이들은 말끔하고 자랑스러워 보인다. 건강하고 영양 상태가 좋아 보이는 아이들은 정착지 주변의 방문객을 안내한다. (인도의 많은 지역에는 학교가 없으며 물과 전기 공급이 안정적이지 않다.)

최근 은퇴할 때까지 약 45년 동안 자얌마는 매일 벽돌 가마에 가서 하루에 8시간씩 500-700장의 벽돌을 머리에 이고 날랐다. (그녀는 하루에 5루피 이상을 벌지 못했고 일은 날씨에 좌우되었다.) 자얌마는 판자를 머리에 이고 균형을 잡아 한 번에 스무 장씩 벽돌을 쌓은 다음, 목의 힘으로 벽돌의 균형을 유지하면서 빠르게 걸어 가마로 갔다. 거기에서 목을 돌리지 않고 벽돌을 내려서 가마에 벽돌을 넣는 남성에게 두 개씩 건네주어야 했다. 벽돌 산업에 종사하는 남성은 보통 얼마 동안 이런 종류의 중노동을 하고, 그다음에는 벽돌 성형이나 가마 적재와 같은 숙련된 (그러나 덜 고된) 작업으로 승진하여 중년 및 고령에도 계속 일할 수 있다. 그런 일은 더 안전하고 쉽지만 임금이 최대 두

배 정도 더 높다. 여성은 이런 승진에 고려 대상이 되지 않으며 관련 기술을 배우도록 허용되지 않는다. 인도의 소규모 사업 대부분과 마찬가지로 벽돌 가마는 가내 공업으로 규정된다. 따라서 노동자들은 어떤 노동조합의 보호도 받지 못한다. 모든 노동자가 형편없는 급여를 받기는 하지만, 여성은 특수한 불이익을 겪는다. 그럼에도 노동자들은 건설이나 농업과 달리 정규직을 제공하는 그 일에 매달린다. 또한 가마는 대개 노동자의 자녀를 채용하므로 자얌마는 일터에 자녀를 데리고 가서 함께 일할 수 있다. 그녀는 부적절한 대우를 받고 있다고 느끼지만 그것을 바꿀 방법을 알지 못한다.

따라서 60대 중반이 되어 더 이상 벽돌 나르는 것과 같은 육체적으로 고된 일을 할 수 없게 되자 자얌마는 생계를 위한 직장을 기대할 수 없게 되었다. 그녀의 남편은 어떤 방식으로든 가족을 별로 부양하지 않았는데, 지금은 그가저도 죽어서 없다. 남편의 노년기에, 그녀는 늙은 남편을 돌보느라 일할 수 있는 시간을 많이 잃었다. 그녀는 가정의 하인이 되는 것을 꺼려했다. 그녀가 속한 공동체는 그러한 일을 부끄럽고 치욕스러운 일로 간주하기 때문이다. 자얌마는 정치적인 설명을 덧붙였다. "당신이 하인이 된다면, 당신의 적인 계급과 결탁하는 것이다." 남편이 죽고 없지만 그녀는 정부에서 과부 연금widow's pension을 받을 수도 없다. 마을 사무소는 그녀에게 부양 능력이 있는 아들들이 있기 때문에 자격이 되지 않는다고 말했지만, 사실 그녀의 아들들은 그녀를 부양하지 않았다. 이 지역의 남성들이 나이든 친척의 돌봄과 생활유지에 기여하리라고 믿을 수 없으며, 자얌마의 아들 중 오직 한 명만 이 지역에 살고 있다. 동시에 자녀가 어릴 때 딸브다는 아들에게 더 많이 투자했기 때문에, 그녀를 보다 기꺼이 도우려는 딸들의 기술과 기회는 매우 제한적이다. 예외가 하나 있다면, 그녀의 손녀 중 하나가 가장 낮은 카스트를 위한 교육 부문의 차별 철폐 프로그램을 통해 실제로 간호 자격증을 취득했다는 것이다. (그녀의 어머니는 풀라야Pulaya 남성과 결혼했다.) 그러나 병원 시스템이 부패하여 그녀가 간호사로 일할 기회를 얻으려면 2500루피를 선불로 내야 한다. 그래서 키 크고 자부심 넘치며 훌륭한 이 여성은 가사노동을 하며 하루 종일 집에 있다. 그녀는 간호 자격증을 상자에 보관했다가, 슬퍼하면서 방문객들에게 보여 준다.

이러한 모든 불운(그리고 다른 불운)에도 불구하고 자얌마는 강인하고 도전적이며 건강하다. 말하기를 즐기는 것 같지는 않지만, 방문객에게 주변을 보여 주고 라임 주스와 물을 대접하는 것도 잊지 않는다.

바산티와 자얌마는 매우 다른 삶을 살았다. 한 사람은 중하위 계층의 가난 끝자락에 있고, 한 사람은 경제 사다리의 가장 밑바닥에 있다.[23] 바산티의 수입은 자얌마가 최고 수준으로 고용되었을 때 벌었던 수입의 다섯 배다. 자얌마는 담보가 없기 때문에 은행 대출을 받을 희망이 전혀 없다. (그녀의 토지 소유권은 어느 정도 비용을 들여 법정에서 입증해야만 한다.) 저축 계좌 두 개를 갖는다는 생각은 그녀에게 너무 먼 이야기다. 그러나 여러 면에서 그들의 삶은 인도나 개발도상국 대부분의 여성들 사이에서 극히 흔한 유사한 패턴을 드러낸다. 둘 다 여성이 공식적으로 남성과 동등한 국가, 즉 동등한 정치적 권리와 명목상 동등한 사회적 고용 기회가 있는 국가에서 자랐다. (인도 헌법 자체에서 성별에 근거한 차별을 금지하고 있다.) 그리고 둘 다 어느 정도는 일반적인 빈곤의 문제로 고통을 겪는다. 이 빈곤은 여성이라는 이유만으로 생겨난 문제가 아니다. 하지만 둘 다 성차별로 인한 박탈을 겪었고, 성차별은 이 여성들이 경험하는 빈곤에 만연한 요인이다. 따라서 그들이 겪는 빈곤의 어떤 측면이라도 성차별을 설명하지 않은 채 제대로 이해할 수 있다고 말하는 것은 타당하지 않다. 노동자로서 자얌마의 삶 전체는 벽돌 산업에서 엄격한 성별 계층화와 하위 계층 여성은 공식적인 교육과 고등 기술 개발의 기회를 거의 얻지 못하는 현실에 의해 규정된다. (남성이라고 해서 항상 이런 기회를 얻는 것은 아니지만, 가족 내에서 이런 기회를 얻는 아이가 있다면 여러 가지 이유로 거의 틀림없이 남성일 것이다. 따라서 사실상 남성이 경제적 기회를 더 많이 갖는다. 딸의 수입은 일반적으로 그녀의 친정이 아니라 결혼 가정에 속한다. 그리고 일부 지역과 계층에서는 딸에게 의존하는 것을 수치스럽게 생각한다.)[24] 바산티는 이와 다른 중산층 압력, 즉 조혼, 기혼 여성의 가정 내 역할 제한, 정규 교육과 유용한 직업 훈련의 결핍이라는 압력에 놓여 있었다. 그녀는 분명히 매우 지적이고 수완 있는 여성이지만, 문맹이기 때문에 실제로 중산층 직업에 들어갈 기회를 얻지 못했다.

두 사람은 모두 여성이 남성에게 깊이 의존하고, 남성이 종종 자신의 책임을 가볍게 여기는 세상에 살고 있다. 자얌마의 남편은 보통 (얼마 되지 않는) 자신의 수입을 담배와 술, 그리고 자신만을 위한 외식에 탕진하고, 격그를 마치고 온 자얌마에게 집안일을 떠넘길 뿐만 아니라, 자녀와 집을 위한 핵심적인 재정 지원을 담당하도록 했다.

이것은 케랄라에서 흔한 퍼턴이고, 자얌마의 아들들도 답습한다. 바산티의 남편은 우울감에 빠지는 흔한 패턴, 즉 알코올 중독과 가정 폭력을 과시한다. 이 문제들은 구자라트주가 여성 단체의 압력에 응답하여 음주 금지법을 통과시킬 만큼 충분히 만연했고 종종 서로 결합되어 있었다. 그는 바산티를 거의 돕지 않았고, 게다가 정관수술로 돈을 받아 술을 마시는 영리한 전략으로 그녀를 부양할 수 있는 자녀를 박탈하기까지 했다. (이는 여성을 위해 더 나은 일이라고 여겨지는 정부 프로그램의 어두운 면을 드러낸다.) 그녀는 남편을 떠나기 위해 다른 남성에게 의존해야 했다. 비록 이 경우에는 결국 그녀

가 스스로 설 수 있도록 그녀의 형제들이 변호사를 선임하고 대출을 받아 주
는 이례적인 도움을 주기는 했지만 말이다. 그녀에게 부양료를 위한 명백한
소송 사유가 있었지만, 디킨슨식 법률 제도의 비효율적인 부분이 그녀를 제대
로 돕지 못했다. 결국 두 여성 모두 교육의 결핍으로 심각한 제한을 겪었고, 이
결핍은 적어도 부분적으로 그들의 성별 때문이었다.

자얌마와 바산티가 직면한 문제는 인도의 특정 카스트와 지역 환경에서
여성이 처한 사회적 상황에 특정되어 있다. 자얌마가 사회적으로 어떤 위치에
있는지에 대해 다양한 수준의 특수성과 일반성을 고려하지 않는다면 그녀의
선택과 제약을 이해할 수 없다. 풀라야가 아니라 에자바에 속한다는 것, 다른
주가 아니라 케랄라주에 산다는 것, 농촌이 아니라 도시에서 지낸다는 것, 기
독교인이 아니라 케랄라주의 힌두교인이라는 것.[25] 이것들이 무엇을 의미하는
지, 왜 그녀가 매일 저녁에 기도하고 그것을 중요하게 생각하는지, 그리고 물
론 더 일반적으로는 유럽이나 미국이 아니라 인도에서 태어났다는 것이 무엇
을 의미하는지 이해해야 한다. 무엇이 적절한 행동인지를 제한하는 규칙이 많
은 상류 카스트이면서 적절한 생계 수단을 찾기 힘든 이중적 구속에 놓여 있
다는 점에 대한 이해가 없다면 바산티를 이해할 수 없다.[26] 또한 구자라트의
가족계획 프로그램, 자영업 여성 협회 운동의 진행 상황, 구자라트 여성 운동
을 불러일으킨 간디주의적 자기 충족성self-sufficiency 전통에 대한 배경, 그리
고 매우 개별적인 여러 다른 일들에 관하여 알지 못한다면 그녀의 이야기를
이해할 수 없다. 이러한 개별성이 외부인으로서는 이해하기 어려운 방식으로
여성 각자의 내적 삶을 조형한다는 데는 의심할 여지가 없다.

한편 어떤 면에서는 미국의 가난한 여성 노동자의 환경과는 너무나 다르
지만, 이렇게 극도로 구체적인 환경에 우리가 인식하고 상상할 수 있는 두 여

성이 있다. 세계 여러 지역의 많은 여성(그리고 일반적으로 많은 가난한 사람들)의 문제와 비교할 때 그들이 안고 있는 문제는 우리가 전혀 인식할 수 없을 정도로 그렇게 다르지 않다. 자얌마의 끈기와 단호함, 공동체 봉사 욕구와 자신이 좋은 인간임을 보여 주려는 바산티의 욕구, 독립과 경제적 자기 충족을 향한 두 사람 모두의 강렬한 욕구, 가족에 대한 자얌마의 복잡한 자부심, 여성 친구에 대한 바산티의 애정, 자신의 이름으로 돈과 재산을 가지려는 두 사람의 욕구, 일반적으로 자신의 삶의 조건에 대한 수행 능력과 숙련과 통제력 추구, 우리는 세계 여러 지역 여성들에게서 공통적으로 이러한 노력을 본다. 노동하는 몸은 어떤 의미에서 전 세계적으로 동일한 몸이며, 식량과 영양과 건강 돌봄의 필요도 동일하다. 따라서 트리반드룸의 여성 육체노동자가 앨타배마나 시카고의 여성 육체노동자와 여러 면에서 유사하다는 것은 그리 놀랍지 않다. 그녀의 노력과 의식이 확립되는 상황이 이상해 보이더라도, 그녀의 의식이나 정체성이 전혀 낯설게 느껴지지 않는다. 마찬가지로 각 사회에서 가정 폭력의 환경이 구체성을 갖는다고 해도 구타당하는 몸은 어떤 의미에서 전 세계적으로 동일하다. 각 환경에서 아주 명백하게 낯선 것조차도 다른 층위에서 보면 그렇게 생소하지 않다. 벽돌 가마에서 여성이 그 모든 중노동을 하고 더 적은 급여를 받는다는 것은 상식에서 매우 벗어난다고 알고 있다. 그렇지만 여러 형태의 고용 성차별에서 유사한 형식의 비합리성이 나타난다.[2] 우리는 자얌마가 이것을 그러려니 하고 받아들이는 것 같아 특이하다고 보지만, 차별로 고통받는 여성이 불평등에 대항하여 싸우기 위해 항상 조직을 구성할 수 있지는 않다는 것을 알고 있다. 다시 말하지만 바산티가 다시 학교에 가지 않는다는 사실이 특이하게 보이지만, 여성은 기본적으로 아내와 어머니이며 남성은 밖에서 일한다는 보다 일반적인 생각은 조금도 생소하지 않다. 그녀가 교육을 받음으로써 더 나은 삶의 방식을 누릴 수 있다는 어떤 신호도 볼 수 없다는 점으로 보아, 그녀가 학교에 가기를 원하지 않는 것처럼 보인다는 사실조차 그렇게 놀라운 일이거나 외계 의식의 표지가 아니다. (앞으로 보겠지만, 여성이 은행 창구에서 그리고 조합 조직자로서 일하며 그들의 삶을 더 낫게 하는 데 문해력이 활용된다는 것을 알았을 때, 자영업 여성 협회 조직의 많은 여성은 빠른 속도로 글을 깨우치게 되었다.)

사실 이들의 삶에 대하여 생각하는 서구 페미니즘 철학자가 겪는 가장 큰 장애물은 그들의 이질성보다는 빈곤에 대한 구체적인 세부 내용과 역학일지도 모른다. 서구 페미니즘 철학은 대개 대출을 받고, 글을 배우고, 재봉틀을 구매하는 일에 초점을 맞추지 않았다. 그런 초점이 페미니즘 정치와 개발경제학 그리고 정치학과 같은 여타 학문 분야에 공통적인데도 말이다. 자얌마의 가정에서 보았듯이 누가 차에 우유를 넣고 누가 설탕만 넣는지와 같은 결정이 중대한 선택이라는 사실은, 페미니스트 철학자들이 지역과 정치 제도와 종교 같은 방대한 사실들보다 이해하기 어려운 것일 수 있다. (나도 전혀 의식하지 못했지만, 미국 철학자 대부분은 차에 들어가는 설탕의 금액이 우유의 금액보다 더 저렴하다는 것을 의식하지 못한다. 그렇다고 해서 내가 전 세계의 빈곤 가정에 일반적인 수준으로 돈을 아껴쓰기 시작하지는 않을 것이다.)[28] 따라서 이 페미니즘의 철학적 기획은 인도 여성(특히 가난한 여성)의 상황을 일반적인 방식으로 독자에게 안내하면서 시작해야 한다.

5. 인도: 이론에는 있지만 현실에는 없는 성평등

인도 여성의 상황은 세계에서 내부의 다양성과 복수성이 이보다 큰 국가가 없기 때문에 특별히 꺼내기 어려운 주제다. 다음 내용에서 나는 그러한 차이점(카스트, 종교, 지역적 배경, 부와 계층, 그리고 그 밖에 다른 것들) 중 일부를 서술할 것이다. 다만 다음과 같은 몇 가지 기본적인 사실을 염두에 두어야 한다.

인도는 1997년 8월 15일 영국으로부터의 독립 50주년을 기념했다. 인도는 8억 4630만 명의 인구를 지닌 세계에서 가장 큰 민주주의 국가다. 인도는 의원내각제 민주주의 국가이며, 불가촉천민 폐지와 평등 및 차별금지에 대한 정교한 조항을 포함하는 기본권을 명시하고 있다. 인도의 법체계는 기본적으로 관습법 전통을 성문 헌법의 제약과 결합하기 때문에 어떤 면에서 (모델로 하고 있는) 미국 체계와 유사하다. 미국과 마찬가지로 대법원은 기본권의 최종 해석자이며, 선례의 출처로 미국 헌법학(그리고 서면 법률)을 사용한다. (예를 들어 미국에서 지금까지 상당한 논란이 되고 있는 대부분의 사생활 법리privacy jurisprudence는 실질적 적법 절차에 대한 매우 유사한 이해를 통해 인도 헌법에 통합되었다.)

인도 헌법은 매우 여성 친화적인 문서다. 성별에 기초한 차별금지 권리는 동등한 법의 보호를 받을 권리와 마찬가지로 정당한 기본권 목록으로 보장된다. 미국과 마찬가지로 이것은 체계화된 젠더 기반 위계와 양립할 수 없다고 해석된다. 적법 절차 없이는 어떤 시민도 '생명이나 자유'를 박탈당해서는 안 된다고 명시한 제21조는 그리스월드 대 코네티컷Griswold v. Connecticut 그리고 로 대 웨이드Roe v. Wade와 같은 미국 판례와 관련된 모든 범위의 사생활 권리 판결privacy right judgments에 수반된다고 해석된다. 그리고 이 사생활 권리는 아내가 결혼 가정을 떠났을 때 '부부의 권리 회복'*을 의무화하는 빅토리아 법에 의문을 제기하는 데 소환되곤 한다.[29] 특히 흥미로운 점은 입안자들이 차별금지와 권리를 박탈당한 많은 집단을 개선하기 위한 체계화된 차별철폐 조치 프로그램이 양립할 수 있다고 명시했다는 사실이다. 따라서 젠더와 카스트 모두에 해당하는 차별철폐 조치의 원칙이 헌법에 명기되어 있다. 인도는 미국 법에 때때로 편만해 있는 노골적인 형식적 평등을 이해한 적이 없다. 다만 평등에는 물질적·제도적 필수전제조건이 있고 모든 종류의 체계적인 위계를 제거하는 것이 요건이라는 점을 최대한 이해하고 있다는 인식을 공유해 왔다. (제17조는 불가촉천민을 폐지한다. 즉 "어떤 형태로든 그 관행은 금지된다.")[30]

인도에는 대체로 빅토리아 식민시대의 유물인 통일된 형법전이 있다. 최근 페미니스트들은 여성의 쟁점을 진전시키기 위해 이 빅토리아식 법전의 일부 측면을 이용해 왔다. 예를 들어 정숙에 관한 빅토리아의 법은 성희롱 소송에서 (논쟁적인) 승리를 거두는 데 이용되었다.[31] 그러나 여성을 정숙한 사람이나 불량한 사람으로 보는 법전의 빅토리아식 이해는 결국 완전한 성평등에 장벽이 된다. 인도 페미니스트들은 성폭행법 영역에서는 일부 진전을 이루었다. 폭력의 위협 아래에서 이루어진 동의는 이제 더 이상 동의로 간주되지 않는다. 미국의 성취를 뛰어넘는 창의적이고 혁신적인 개혁을 이루어, 그러한 소송의 입증을 피고인이 부담하도록 함으로써 경찰 구금 중 성폭행이 급격히 억제되었다. 그러나 미국 성폭행법에서 성취한 가장 중요한 일부분(예를 들어

---

*   http://www.writinglaw.com "부부권리의 회복은 남편과 아내 사이의 혼인관계의 재수립을 의미하는데, 결혼의 주된 목적은 당사자들이 결혼을 완성하고 서로의 사회적 안락함을 향유하는 것이기 때문이다."

여성의 과거 성경험에 관한 질문을 허용하지 않는 것)은 인도에서 성취되어야 할 문제로 남아 있다.

법체계에 관한 한 인도와 미국 사이에는 엄청난 구조적 차이가 하나 있다. 인도에는 (각 지역 내에서조차) 통일된 민법전이 없다. 영국에 의해 국가 전체의 기준으로 통일시켜 명문화되고 그렇게 유지하고 있는 상법을 제외하고, 민법은 다양한 종교적인 법체계 영역, 즉 힌두교인, 무슬림, 파르시Parsi, 그리스도교인의 영역이 여전히 남아 있다.[32] 재산, 결혼, 그리고 이혼에 관하여 각기 세속적인 법이 있으나, 그것들은 체계를 형성하지 않는다. 3장에서 이유를 논하겠지만 일단 종교적 체계의 하나로 분류되면 개인이 세속의 법을 그 자체로 가용하기가 그리 쉽지 않다. 종교적 체계에서 세속 법정으로 항소할 수는 있지만, 기관의 경계가 극히 불분명하여 많은 어려움이 뒤따른다.

법에서 경제로 주제를 돌리면, 인도는 전반적으로 『1997년 인간 개발 보고서』의 인간 개발 지수에서 세계 175개국 중 138위를 차지한 최빈국이다. 내가 언급했듯이 이 측정은 장수(출생 시 측정된 기대 수명), 지식(성인 문해력과 평균 학교 교육 기간), 그리고 소득(소득 증가에 따라 수익이 감소한다는 소득 효용에 관한 앳킨슨 공식Atkinson formulation 사용)이라는 세 가지 요소를 포함한다.[33] 출생 시 평균 기대 수명은 (미국, 캐나다, 일본, 그리고 유럽 대부분에서 거의 80세인 것과 대조적으로) 61.3세,[34] 영아 사망률은 (1960년 1000명당 165명에서 크게 감소했음을 나타내기는 하지만) 1000명당 74명으로 높다. 여성의 기본적인 영양과 건강은 남성에 비해 훨씬 열악하다. 성비는 20세기 초 측정을 시작한 이후 1대1에 도달한 적이 없다. 1901년에는 남성 100명에 여성 97명으로 높았으나, 비율이 꾸준히 떨어져서 1971년에 대략 100:93으로 낮아지고, 약간 오르다가 1991년에는 다시 더 떨어져서 100:92.7

에 이르렀다.[35] 건강 및 영양 전문가는 주로 이런 불균등한 비율을 능동적인 영아 살해보다는 소년 소녀의 영양 차별과 불평등한 건강 돌봄 탓이라고 지적하지만, 일부 지역에 영아 살해의 강력한 증거들이 있다.[36] 이 가설은 상당한 지역 차이로 입증된다. 예를 들어 케랄라에는 남성보다 여성이 많은 반면, 우타르 프라데시, 비하르, 라자스탄 같은 다른 지역은 훨씬 더 열악하다. 비하르 전체의 성비는 100:90이고, NGO가 꼼꼼하게 신뢰할 만한 인구 조사를 수행한 농촌 지역에서는 100:75라는 경악할 수치가 나왔다.[37] 성별-선택적 낙태sex-selective abortion에 관한 강력한 증거도 있다. 인도 여성 연구 협회Indian Association of Women's Studies의 최신 연구에 따르면 매년 1만 명의 여자 태아가 낙태되고 있다.[38] 일반적으로 인도에서의 삶의 기회life chances*가 선진국에 크게 뒤처지지만, 분명히 여성은 불평등한 장애물에 직면해 있다.

교육 분야에서 남녀 격차는 더욱 심각하다. 1991년 성인 여성의 문해율은 39%로 64%인 남성에 비해 낮다(중국은 여성이 68%, 남성은 87%다).[39] 이러한 통계는 지역 정부가 부풀리는 경향이 있고 명확한 문해 척도를 세우기 어려워서 해석에 곤란함이 있다. 그러나 교육이 국가의 책임이라는 사실에도 불구하고, 인도 전역에서 기초 교육이 극도로 열악하고, 특히 여성의 기초 교육은 엇비슷한 문제들이 일어나는 중국보다 훨씬 더 부진했다는 점은 분명하다. 이런 열악한 상황이 불가피하거나 깨뜨릴 수 없는 패턴은 아닌 것 같다. 다른 빈곤한 지역들 중에서도 극히 우수한 성과를 내는 곳이 있기 때문이다. 자얌마가 속한 케랄라주는 성인 문해율이 90%이고 청소년들의 문해력은 거의 보

---

*   삶의 기회는 개인이 삶의 질을 향상할 기회를 의미한다. 1920년 막스 베버가 소개한 사회학 이론이다. 이것은 특정 요인이 주어졌을 때 개인의 삶이 특정 방식으로 바뀔 가능성을 설명하는 확률론적 개념이다.

편적이다. 주목할 만한 이 기록은 100년에 걸쳐 주와 일반 대중이 결행한 능적 개입의 결과다.[40] 이는 18세기로 거슬러 올라간 (부분적으로는 예수회에서 영감을 받은) 오랜 교육 전통을 기반으로 구축되었다. 그러나 케랄라는 매우 이례적이다. 인도의 모든 주에는 초등 교육을 의무화하는 법이 있지만, 이 법은 현실과 거의 관련이 없다. 많은 지역이 신뢰할 만한 전기, 의료, 수도, 정비된 도로가 부족하듯이 어떤 학교든 전적으로 부족하다. 많은 지역 공무원들이 부패했기 때문에, 많은 지역에서 교사들은 월급을 받고 있지만 가르쳐야 할 지역에 실제로 나타나지 않는다. 일부 농촌 지역은 여성 문해율이 5% 정도에 불과하다.[41] 국가 정부는 선의를 가지고 있지만, 이러한 격차를 해소하는 데에는 별로 힘써 오지 않았다. 다만 일부 더욱 가난한 주에 성인 교육 프로그램을 도입했고, 여러 NGO들이 성인 교육 프로그램과 근로 소녀를 위한 일과후 프로그램을 운영하고 있다.[42] 최근에 교육받을 권리를 정당한 기본권으로 만드는 헌법 개정안이 제출되었다.[43] 이 개정안이 통과되면 좋은 의도에 맞게 정부가 더 적극적인 조치를 취하게 될 것이라고 기대한다.

아동 노동은 이 문제를 가중시킨다. 수많은 빈곤 가정들, 특히 농촌의 가정들은 자녀가 하는 일에 의존한다. 아이들은 종종 이른 나이인 5-6세에 목축 일을 하기 시작하는데, 12세가 되면 대부분 낮 동안 일을 한다. 이 상황은 남아와 여아 모두에게 해당하기는 하지만, 여성은 불균형한 고통을 겪는다. 가사 노동은 흔히 집안을 유지하는 데 필수라고 여겨지고, 자얌마처럼 어머니는 집안에서 장시간의 육체노동을 수행하기 때문이다. 일반적으로 가족 중 자녀 한 명만 학교에 보낼 수 있다면, 가난한 가정은 남자아이를 선택할 확률이 매우 높다. 세계은행과 같은 외국 기관들과 국내 정치적 조치, 그리고 국내 및 국제기구들의 아동 노동 반대 압력이 있음에도, 국가 정부는 너무나 많은 가난한 가족들이 그들의 생존을 아동 노동에 의존하고 있기 때문에 적극적으로 개입하기를 꺼려한다. 많은 NGO들은 현재 여건에서 아동 노동에 대해 분명한 반대 입장을 취하기를 주저한다. [그 대신] 그들은 일하는 아이들을 위해 일과 후 보충 학교를 운영하고, 일하는 아이들이 약간의 재산과 저축을 손에 넣을 수 있도록 돕고, 그들에게 사회 변화를 위해 어떻게 노력해야 하는지 가르치기를 선호한다. 예를 들어, 내가 비하르라는 농촌에서 방문했던 한 모임은 염소를 치며 하루를 보내는 여자아이들에게 기초 교육을 제공하고, 여자아이들이 자신의 염소를 살 수 있도록 저축을 돕고, 여성의 삶에 불평등한 가치를 구성하는 데 큰 부분을 차지하는 지참금 제도에 다른 지역 여성이 어떻게 저항할 수 있었는지를 알려 주었다. 현재 상황에서는 이러한 접근이 무단결석 학생 지도원(있다고 한다면)을 시켜 여자아이들이 일을 그만 두고 학교에 가도록 만드는 것보다 훨씬 더 도움이 된다.

인도 여성의 상황을 대하는 어떤 접근이든 위와 같은 사실에서 시작해야 한다. 단순히 지휘봉을 흔들며 '보편적인 의무 초등 교육'이라고 외칠 문제가 아니라는 것을 이해해야 한다. 이런 시점에서 대부분의 지역이 남녀 모두를 위한 중등 교육처럼 더 발전된 목표를 내세우는 것은 현실적이지 않다. 여성의 삶의 질을 개선하려는 어떤 시도도 가혹한 경제적 현실에 부딪힌다. 그럼에도 특히 케랄라 같은 특정 지역들이 이러한 현실에도 불구하고 어떻게 괄목할 진전을 이루어 냈는지는 주목할 만하다. 그중 인상적으로 성공한 프로그램이 바로 무상 급식이다. 이 프로그램은 자녀를 학교에 보내는 것이 아동 노동에 내보내는 것보다 많은 가정에 경제적으로 더 큰 이득을 준다.

여성은 완전히 평등한 시민권이라는 면에서도 많은 장애물에 부딪힌다. 아동 결혼은 불법이지만 특히 일부 지역에서는 전통적으로 매우 흔한 현실이다.[44] 그것에 반대하는 법은 집행되지 않으며 전반적으로 여자아이의 삶에 굴곡을 형성한다. 예를 들어 라자스탄에서 비사카Vishaka 조직과 함께 방문했던 여자아이들은 여덟 살 또는 아홉 살에 이미 결혼했다. 따라서 그들은 아직 남편의 집으로 이사하지는 않았지만 피할 수 없는 자신의 미래를 알고 있고, 어린 아내로서 이러한 자각은 교육, 의복, 특히 놀이를 대하는 그들의 태도를 형성한다. 그들은 남자아이들이 하는 방식으로 뛰어다니며 어린 시절을 즐기려고 하지 않는다. (그들의 순결에 대한 가족의 방어적 태도는 이 상황을 악화시킨다. 즉 밖에서 노는 것이 거의 허용되지 않는다.)

가정 폭력이 너무 만연해서 3개 주에서 여성 압력 단체에 대한 응답으로 알코올 금지법을 채택했다. 그럼에도 바산티와 코킬라의 이야기가 여전히 보여 주듯이 경찰은 이 범죄를 적극적으로 조사하지 않으며, 결혼 생활 내의 성폭행조차 불법이 아니다.[45] 사실상 인도에는 어디에도 여성보호소가 존재하지 않는다. 앞서 언급했듯이 성폭행은 현행 법체계에서 부당하게 다루어지고 있으며, 성폭행 건수는 증가하는 추세다. 여성이 낮은 카스트이거나 '정숙하지 않다'는 이유로 무죄 판결을 보장받는 사례가 쉽게 발견된다. 심지어 특정 사건에서 강제 성폭행의 증거가 넘쳐날 때도 마찬가지다.[46]

성폭행은 정치적 변화를 위해 운동하는 여성에 대항하는 무기로 이용되기도 한다. 1993년 여성 복지를 위한 라자스탄주의 사틴Sathin 운동의 일원인 반와리 데비Bhanwari Devi는 아동 결혼에 반대하는 캠페인을 벌이다가, 그때 그 관행을 지지하는 지역 남성들에게 집단 성폭행을 당했다. 그 남성들이 영향력 있는 지역 지도자였기 때문에 경찰은 사건 등록을 거부했고, 필수 의료 검사를 받기에는 너무 늦어 버렸다. 자이푸르의 하급 법원은 모든 피고인에게 무죄 판결을 내렸다. 반와리가 이 판결에 항소했고 라자스탄 상급 법원은

1996년 항소 청문에 동의했지만, 그 사건의 청구는 아직 심리되지 않고 있다.

또한 인도에서는 아동에 대한 성적 학대가 명백히 증가하고 있다. 통계 자료에 따르면 1992년과 1995년 사이 이런 사건의 수가 23.4% 증가했다. 그러나 사건 대부분이 여전히 보고되지 않고 있으며, 특히 가족 내에서 일어난 사건이 그렇다.[47] 일부 악명 높은 아동 학대 사건은 남자아이도 관련되어 있지만 매일 여자아이 두 명이 성폭행을 당한다고 추정되고 있다.[48]

6. 같음과 다름

우리는 바산티와 자얌마 같은 여성들이 행복하기 위해 노력하는 환경은 이처럼 수많은 사실들로 구성되어 있다는 사실들을 최대한 숙지해야 한다. 이러한 환경은 사람들의 외적 선택지만이 아니라 내적 삶에도 영향을 미친다. 그들이 할 수 있는 것뿐만 아니라 바라는 것, 사랑하는 것, 두려워하는 것에도 영향을 미친다. 바산티도 자얌마도 대학 학위를 취득할 생각조차 하지 않는다. 그것은 무엇이 가능한지에 대한 그들의 감각에는 완전히 낯선 것이며, 아무리 의지가 강하고 능력이 있으며 결단력이 있어도 생각할 가치가 없는 일이다. 이와 달리 하이드 파크 슈퍼에서 이따금 나의 식료품을 계산해 주는 캐셔 미간Meeghan은 온 종일 일하면서도 루즈벨트 대학교에서 학사 학위를 마치고, 하워드 대학교 사회과학 대학원에 이미 합격한 상태다. 워싱턴에서 스스로 살아갈 수 있도록 일을 구하는 것이 얼마나 쉬울지는 알 수 없지만, 그녀는 "그건 중요하지 않아. 아무튼 나는 해낼 거야"라고 말한다. 이 두 가지 모두 바산티와 자얌마의 결단력과 의지와 비슷하면서도 비슷하지 않다. 우리는 그러한 선택지 차이가 생각 차이를 구성하는 정도를 과소평가해서는 안 된다. 그러나 이 차이가 다른 사람의 상상력으로는 전혀 이해할 수 없는 인도의 '본질essence'을 만들어 낸다고 과대평가해서도 안 된다. 인간적 행복에 반드시 필요한 기본적 열망은 계층과 맥락의 차이를 가로질러 인식될 수 있지만, 객락이 선택과 열망을 어떻게 형성하는지를 이해하는 것은 여전히 중대하다.

문화의 경계를 넘나드는 사고방식에는 둔감한 측면이 있다. 이러한 방식의 일부는 전 세계에 걸친 식민주의적 특성이다. 그것은 전형적으로 식민 권력의 방식이 진보적이고 계몽적이지만, 식민지 국민의 방식은 원시적이라고 가정한다. 이러한 판단 오류는 오늘날에도 여전히 발견된다. 심지어 페미니스트 사이에서도 때때로 개발도상국 문화를 일률적으로 반동적이라 특성화하고 자신들의 문화를 진보적이라 여기면서, 서구의 성차별주의 역사와 '동양'의 진보적 전통을 간과하는 모습이 발견된다. 복잡성에 대한 그러한 무지는 민감한 많은 사상가를 모든 형태의 보편주의에 회의적이게끔 만들었다. 그러나 물론 보편주의에 이런 결함이 불가피한 것은 아니며, 게다가 보편적 가치는 식민주의 자체를 적합하게 비판하는 데 필수적이기까지 하다.

둔감한 보편화obtuse universalizing의 다른 형태는 현재 세계 경제에서 발견된다. 거기에서는 때때로 사람들이 세계 시장에서 단적으로 합리적 행위자이며 그들의 전통이나 맥락이 어떻든 효용 최대화를 추구한다고 가정된다. 이러한 접근법은 욕구와 선호를 구성하는 전통과 맥락과 그것들의 역할을 경시하고, 서로 다른 국가의 시민에게 있는 상이한 선 개념과 이 개념에 따라 살아갈 수 있어야 한다는 그들의 절박한 필요를 경시하기 때문에 둔감하게 군다. 그래서 많은 민감한 사상가는 모든 보편화 접근법이 둔감할 수밖에 없고 그저 유해한 세계화 과정의 공모자일 뿐이라고 생각한다. 그러한 사상가는 앞으로의 세계가 모든 흥미로운 차이와 가치의 풍부한 질감에 있는 특색을 잃어 버리고 우리가 모두 맥도날드로 함께 가는 모습을 그들 앞에 그려 보고 있다. 그러나 보편적 접근 일부가 둔감하다는 사실이 보편적 접근 모두를 규탄의 대상으로 만들지는 않는다. 다원주의와 다름에 대한 존중은 그 자체로 보편적인 가치이지만, 모든 곳에서 지켜지지는 않는다. 다만 이러한 가치에는 규범적 명료화와 옹호가 필요하며, 그것이 내가 이번 기획에서 제안하려는 것 중 하나다. 보다 일반적으로 말하자면, 급속한 세계화 시대, 비도덕적non-moral 이익관심이 국경을 가로질러 우리를 함께 모이게 하는 시대에 우리에게는 또한 국가가 만들어 낼 수 있는 효용을 강화하는 선택에 제약을 가하면서 우리를 더 적절하게 단결시킬 수 있는 도덕규범에 관하여 성찰하는 일이 특히 시급한 과제다. 다원주의 국가에서 효용이 기본적인 정치적 원리의 원천으로 부적합하다고 해서 (나는 분명히 그렇다고 믿는다.) 그런 기본 원칙에 문화를 가로지르는 원천이 없다거나, 국가들 사이에 광범위한 합의를 얻을 수 없다는 것을 의미하지 않는다. 그런 규범을 찾는 일은 시급한 과제다. 우리가 그것을 찾지 않는다면, 우리 자신이 비판적으로 성찰하지 못한 채 윤리적 논증의 면밀함을 견디지 못할 이익관심과 과정에 지배당할 것이다.

급속한 경제 변화의 시대에 특히나 취약한 위치에 놓인 여성의 상황을 고려할 때 비판적인 도덕 원칙이 특히 시급하게 다뤄져야 한다. 우리가 각 사람을 존중받을 가치가 있는 사람으로, 단지 수단이 아니라 목적으로 여긴다면, 우리는 구자라트의 급속한 경제 성장을 어떤 단순한 방식으로도 칭찬할 수 없다. 그것이 힘없는 많은 사람을 뒤처지게 만들고, 많은 자영업 여성의 생계를 잃게 했기 때문이다. (전통적인 레이스 제조 산업은 공장 생산 레이스로 인해 위협을 받고 있으며, 이 문제를 해결하는 방법을 두고 많은 정치적 논란이 있다.) 게다가 경제 성장만으로는 문해력과 건강 돌봄의 상황을 개선하지 못한다.[49] 이렇듯 성장이 유일한 과녁이 될 때 상대적으로 방치 상태에 놓인 모든 시민에게 영향을 미치는 쟁점들이 있다. 한편 우리는 시민들의 잘-살기에 이바지하는 경제 성장 추구를 악마화해서도 안 된다. 노조에 영감을 받아 임금을 통제했던 케랄라는 많은 고용주를 그 지역에서 몰아내고 불필요하게 높은 실업률을 초래했다. 이러한 실패가 건강과 교육 분야의 긍정적인 성취와 필연적으로 상관성이 있지는 않지만, 사람들의 삶을 악화시켰다.

요약하자면 우리는 경제 변화를 호의적으로 생각하기에 앞서 각각의 모든 시민을 위해 정치가 무엇을 추구해야 하는지를 물어야 한다. 경제 성장에 어떤 제약을 두어야 하는지, 경제가 사람들을 위해 무엇을 해야 하는지, 그리고 모든 시민이 인간이라는 이유로 어떤 자격을 부여받아야 하는지를 물어야 한다. 바산티와 자얌마 같은 시민이 기회와 자유 면에서 완전한 선택지를 가지고 살 수 있어야 하고, 그리하여 인간존엄성에 어울리는 삶을 살 수 있어야 한다. 이 정치적 목표가 모든 경제적 선택을 제약해야 한다. 정의는 사회적 성찰에서 우선순위를 점한다. 일부 경제학자들이 생각하는 것과는 달리 정의는 단순히 "다른 할 말이 없을 때" 언급하는 무엇이 아니다.[50] 여성 정의에 대한 고려는 국제 개발에 관한 여러 토론에서 불균형적으로 침묵당해 왔다. 그렇다면 유일한 바로잡음은 모든 사람을 위한 기본적인 정치적 원리를 구축하는 것을 목표로 두는 기획에서 정의가 핵심 초점이 되어야 한다는 것이다.

1장
보편 가치 옹호

나는 자유로운 인간의 정신human mind에서 나 자신이 아름답다는 것을 발견했다.

므리날, 라빈드라나트 타고르, 「아내로부터 온 편지」[1]

인간의 눈이 투박한 비인간non-human의 눈과는 다른 방식으로 자신을 만족시키는 것은 분명하다. 그리고 인간의 **귀**는 투박한 귀와는 다른 방식으로 … 투박한 실제 필요에 사로잡힌 **감각**에는 단지 **제한된** 감각만 있을 뿐이다. 굶주린 사람에게는 인간다운 형태의 음식이 존재하는 것이 아니라, 그저 음식이라는 추상적 존재가 있을 뿐이다. 음식이 가장 투박한 형태로 있을 수 있으며, 그 속에서 이런 섭식 행위가 **동물**의 그것과 어떻게 다른지 논한다는 것은 불가능하다.

마르크스, 『1844년 경제학 철학 수고Economic and Philosophical Manuscripts of 1844』

1. 비교-문화 규범에 대한 도전

국제 페미니즘은 문화·국가·종교·인종·계층의 경계를 고차하는 규범적 권고를 만드는 데 재빠르게 관여하며 민첩하게 움직인다. 따라서 그 과제에 적합한 서술적이고 규범적인 개념을 찾아야 한다.[2] 나는 모든 국가에서 헌법적 보장을 위한 토대를 제공할 수 있는 기본적인 정치적 원리에 관하여 생각할 때, 정치적 목적의 중심에 인간 역량이라는 확실한 보편 규범이 있어야 한다고 주장할 것이다. 또한 국가들을 비교하는 데 규범을 적법하게 사용하기 위해, 이러한 규범이 인간의 삶의 질을 향상시키는 데 서로서도 얼마나 충분히 관련되는지를 물어야 한다고 주장할 것이다. 그렇기 때문에 너 기획은 시작부터 비교-문화적 대조를 수행하고 옹호할 수 있는 일련의 비교-문화 범주를 개발하는 데 전념한다. 이 일은 지성적이면서도 정치적인 모험으로 가득하다. 다음과 같은 질문을 받을 것이다. 이 범주들이 어디에서 생겨났는가? 그리고 삶에서 그 범주들 자체가 명시적으로 인식되지 않는데 어떻게 그것이 적절하다고 정당화될 수 있는가? 무엇이 옳고 그른지에 대해 자신의 의견을 확실하게 가지고 있는 사람들에게 이론가들이 무언가를 주제넘게 강요하고 있다는 불편한 의심이 자라난다. 그리고 이론가들이 종종 압제 국가 출신이거나 가난한 국가에서 상대적으로 특권을 누린 계층 출신이라는 사실을 상기할 때 이 의심은 더욱 거슬리며 불쾌하게 느껴진다. 그렇다면 이 모든 철학화philosophizing는 단순히 식민 지배나 계급 지배를 위한 또 하나의 권력 행사가 아닌가?

당연히 평범한 일상 용어를 직설적으로 사용하는 규범적인 정치 이론은 없다. 만약 일상 용어를 사용했다면 일상에서 자주 뒤엉키고 검토되지 않은 사고와 지각을 체계화하고 비판적으로 면밀하게 검토하는 데 관련된 이론으로서 그 특수한 과제를 수행할 수 없었을지도 모른다. 이런 과제를 위한 이론에는 일상 대화에서는 별로 친숙하지 않지만 무엇보다 중요한 분석적 개념이 필요하다. 물론 이론가들은 그 개념들이 현실에 상응하며, 우리가 현실을 면밀히 검토하는 데 도움이 된다는 것을 보여 줄 수 있어야 한다. 18세기 독일인은 '목적의 왕국'에 관해 이야기하며 산책하지 않았고, 기원전 4세기 그리스인은 '중용의 성향'에 관해 쉽게 말하지도 않았다. 일부 사상가들은 일상언어에서 벗어나지 않는 편이 더 나을 것이라고 설명하며 윤리학의 모든 철학적 이론화가 회의적이라고 주장한다.[3] 여기서 그 요점을 완전히 논증할 수는 없다. 하지만 나는 이론에 대한 이 전면적인 공격이 심각하게 잘못되었으며, 이론의 체계적인 논증이 우리의 혼란한 생각을 정리하고, 부당한 사회적 현실을 비판하며, 우리가 빈번하게 부정의와 협력하도록 만드는 일종의 자기 기만적 합리화를 방지하는 데 중요한 실천적 기능을 한다고 확신한다. 이론이 철학적이지 않은 일반인에게도 상당한 실천적 가치가 있다는 것은 너무나 명백하다. 자신에게 무슨 일이 일어나고 있는지를 볼 수 있는 틀과 삶의 배경에 불특정하게

도사리고 있을 학대를 비판할 일련의 개념을 이론이 제공하기 때문이다. 자얌
마가 마르크스의 계급투쟁 언어를 사용한 것은 (그것을 승인하든 그렇지 않
든) 이 점을 보여 주는 바로 명백한 예시다. 많은 사람들이 그런 개념을 그들
이 일상에서 귀중하게 여기는 무언가를 해 줄 수 있는 것으로 간주하지 않았
다면, 케랄라주는 지금처럼 (민주적) 공산주의 정부에 의해 통치되지 않았을
것이다. 개발도상국의 마르크스주의에 반대하여 무슨 말이든 할 수 있지만, 실
천적 관련성이 없다는 이유로 그것을 비난하기는 어렵다.

그러나 실천에 유용하다는 이유로 이론을 옹호한다고 하더라도 한 문화
에서 유래한 개념을 다른 문화의 현실을 서술하고 평가하는 데 사용한다는 것
은 여전히 골칫거리일 수 있다. 서술된 문화가 서술한 자의 문화에 의해 식민
지로 억압받았다면 문제가 더욱 커진다. 물론 그러한 역사가 특정 서술자가
식민화와 억압에 가담했다는 의미를 내포하지는 않는다. 예를 들어 한 원주민
여성이 식민주의를 지지하면서도 식민주의를 단호하게 비판할 수 있다.[4] 그러
나 이런 사실에도 불구하고 오늘날 바산티와 자얌마 같은 사람들의 삶을 평가
하기 위해 정의, 인권, 또는 인간다운 기능발휘라는 보편 언어를 사용하는 국
제 페미니스트들의 모든 시도는 서구화와 식민화라는 비난에 부딪힐 수밖에
없다. 심지어 해당 국가에서 살면서 일하는 페미니스트가 보편 범주를 도입한
경우에도 마찬가지다. 그런 여성은 그들의 문화에서 소외되어 서구의 정치 의
제를 유행처럼 모방한다고 흔하게 평가되기 때문이다. 그들은 비평가가 되는
순간 자신의 문화에 소속되려 하지 않고 서구 엘리트의 꼭두각시가 된다는 말
을 듣는다.[5]

흥미롭게도 그러한 비난이 마르크스주의를 상대로 제기되는 일은 훨씬
덜하다. 마르크스주의 이론 자체는 분명히 서구 엘리트 문화의 문화적 자원을

이용해서 창안되었지만, 보통은 사람들의 경제적 착취 경험에 강력한 태생적 뿌리를 두고 있다고 이해되었기 때문이다. 오늘날 전체주의 사회에서는 민주주의와 정치적 자유를 위해 투쟁하는 사람들에게 '서구화'한다는 비난이 제기되기도 한다. 그러나 우리는 일반적으로 그런 비난자들을 회의주의로 대응해야 한다는 것을 알고 있기에 문화 전통에 들어온 이질적인 서구 침입자로 그 개념들을 선전하는 일이 누구의 이익을 위한 것인지를 묻는다. 예를 들어 독재적인 싱가포르 지도자 리콴유Lee Kuan Yew가 자유 개념이 아시아 문화에 이질적이라고 선언했을 때, 그는 지지를 일부 얻었지만 격렬한 비판에도 직면했다.[6] 그러나 페미니스트들이 평등과 자유라는 개념에 호소할 때 (심지어 그 개념들은 그들이 살고 있는 나라, 예를 들어 인도 헌법처럼 그들의 헌법에 실제로 포함되어 있다.) 그들은 빈번히 서구화되어 자신의 문화를 충분히 존중하지 않는다고 비난받는다. 마치 외지인이 그 평화로운 땅을 침범하기 전에는 인간적인 고통도 없고 불만족스러울 이유도 없고 비판할 일도 없었던 것처럼 말이다. 우리는 행복하고 조화로운 문화에 대한 향수 어린 이미지가 누구의 이익에 종사하는지, 그리고 누구의 저항과 비참함을 삭제하는지를 물어야 한다. 인도 페미니즘 철학자 우마 나라얀Uma Narayan은 어머니의 어려웠던 삶을 이렇게 묘사한다. "내가 페미니즘 시각으로 내 문화를 비판하는 것을 일축하려는 사람들 모두에게 하고 싶은 말이 있다. 그들은 내가 '서구화'되었다고 몰아세운다. 그러나 내 어머니의 고통 역시 내가 읽은 모든 책들의 책갈피 사이에서 사각댄다. 내 '서구화'는 부분적으로는 그 책들에서 이루어졌다. 그리고 그 고통은 내가 여러 번 망명하기 위해 짐을 쌌던 모든 가방 속에 스며들어 있다." 이와 동일한 고통이 비엔나와 베이징 같은 국제 여성 회의에서 출현한 단합된 항의의 목소리에서 분명하게 드러난다. 이 회의에서는 여성의 기본권과 관련하여 주목할 만한 수준의 합의가 문화의 경계 없이 이루어졌다.

　그런데 한편으로 '서구화'라는 비난은 변화를 밀고 나가는 세력을 폄하하기 위한 수상한 정치적 책략처럼 보인다. 확실히 말하자면 서구 사상이 들어와 여성들을 흔들어 놓기 이전에는 인도에서 여성들이 모두 행복했다고 주장하는 반대자에게 할애할 시간은 없다. 반대자들은 여성의 교육을 위해, 퍼다 purdah[*]를 끝내기 위해, 여성의 정치 참여를 위해 벌인 토착 운동을 포함하여 현실을 통째로 무시하고 있다. 그것은 19세기와 20세기 초에 걸쳐 힌두교 전통과 이슬람 전통 모두에서 직접 힘을 얻었고, 어떤 면에서는 영국과 미국의 페미니즘 운동보다 앞서 진행되었다.[7] 마찬가지로 1990년대에 정치적 자유, 성평등, 그리고 차별금지라는 사상이 인도의 사상이라는 것을 부인하는 모든 반대자는 현실과 동떨어져 있는 것이다. 그런 사람은 인도에 헌법이 있어서는 안 된다고 단적으로 말하고 있는 것이기 때문이다. 인도의 헌법은 첨예한 정치적 분열이 존재했고 계속 존재하는데도 불구하고 결국 압도적인 합의로 채택되었다. 50년 후에도 헌법에 명시된 기본권 중 어느 하나를 폐지하자는 저안은 너무나 분명하게도 열렬한 정치적 지지를 받기 어려울 것이다. (실제로 철폐와는 반대 방향으로 운동이 진행되고 있다. 소구할 수 있는 기본권 목록에 6세에서 14세까지의 모든 어린이가 무상 의무 초등 교육을 받을 권리를 추가하자는 제안이 널리 지지받고 있다.)[8] 이와 같이 건립자들이 여성의 평등과 그 외의 기본적인 자유를 헌법에 포함시키기 위해 격론을 벌일 만큼 진지하기 그것을 받아들였음에도, 자유를 위한 그들의 투쟁이 "양도할 수 없는 권리"[9]라

---

[*]　퍼다는 이슬람 국가에서 여성들이 남성들의 눈에 띄지 않도록 별도 공간에 살거나 얼굴을 가리는 것이다.

는 언어를 눈에 띄게 사용했음에도 반대자는 이러한 사상이 그저 이질적인 식민지 사상일 뿐이라고 주장하는 것 같다. 네루와 그의 독립 투사 동료들에 관해서도 얼마나 미심쩍고 비루한 이야기가 전해지고 있는지! 심지어 그들이 독립을 위해 목숨을 거는 위험을 감수하며 독립국 인도를 위한 헌법을 작성할 때조차도 그들을 식민 세력의 앞잡이일 뿐이라고 했다. 따라서 이런 반대는 인도 역사와 인도의 법에 대해 무지하다는 것을 보여 주고 있으므로 진지하게 받아들여서는 안 된다. 정보가 부족하고 죄책감에 짓눌린 서구인들만이 그런 반대에 관심을 보일 것이다. 또한 1951년에 인도가 통과시켰던 평등권 수정안을 미국은 통과시키지 못했고, 기회의 평등이라는 인도의 목표가 그에 상응하는 미국의 경우와는 달리 모든 종류의 체계적인 사회 위계와 양립할 수 없다고 일관적으로 이해되고 있었다면, 성평등을 미국의 이념이라고 인정해 버린다는 것은 매우 터무니없는 일이다.[10]

다른 한편으로 우리가 보편적인 틀로 여성의 삶의 질을 평가하기 위해 구체적인 체계를 제안하면, 진지하게 대답할 가치가 있고, 어느 정도 좀 더 유의할 만한 형식의 반론에 직면할 것이다. 그 반론은 우리가 선택하는 특정 범주가 특정한 이론 전통에 젖어 있는 우리 자신을 반영할 가능성이 크고, 아마도 어떤 면에서는 인도인의 삶을 평가하기에는 상당히 잘못된 범주일 수 있다고 제시하기 때문이다. 그렇다면 우리는 서로 다르지만 관련성이 있는 여러 틀이 아니라, 보편적인 틀을 사용하는 것이 과연 적절한지를 물어야 한다. 또한 단일한 보편적인 틀을 제안한다면, 우리가 알고 있는 인간의 다양성을 공정하게 다룰 수 있을 만큼 충분히 유연한지를 물어야 한다.

이 도전은 국제 개발 기획이 문화적 다양성과 특수성을 충분히 조율하지 못해서 자주 잘못되었기 때문에 진지하게 받아들여져야 한다. 예를 들어 개발

종사자들이 (전형적으로 서구적인) 개인 연대의 주요 단위가 핵가족이고 여성은 일차적으로 이성 커플의 일원으로 다른 여성과 관계를 형성한다고 가정할 때, 종종 경제 발전을 위해 매우 생산적인 여성의 연대 의식과 단체 소속의 기존 전통이 무시된다.[11] 심지어 여성의 집단 연대 의식에 대한 지역 전통이 거의 없고 한 여성과 다른 비가족nonfamily 여성과의 교제가 거의 단절된 곳에서조차 서구식 핵가족에 기반한 접근 방식은 지역의 여성 단체를 건설하여 창출할 수 있는 변화의 유익한 가능성을 무시한다. [여성 단체는] 인도와 방글라데시의 개발 기획이 성공적으로 개척했던 전략이다.[12] 다시 말해, 서구 페미니스트들이 사티sati*나 지참금 살해dowry deaths** 같은 인도의 쟁점을 다룰 때는 그들의 역사적·문화적 맥락을 충분히 이해해야만 생산적으로 논할 수 있다.[13] 마찬가지로 페미니스트들이 여성과 관련하여 힌두교나 이슬람 전통을 비판한다고 하더라도 전통을 전통에서 가장 거슬리는 부분인 여성혐오적 요소와 등식화하여 그 전통의 다양성과 복잡성을 경시한다면, 그 페미니즘은 빗나가기도 하고 모욕적이기도 할 것이다.[14] 일반적으로 모든 생산적인 페미니즘은 사람들이 실제로 직면하는 쟁점과 복잡해질 가능성이 높은 이 쟁점들의 실제 역사에 주의를 기울여야 한다.

---

*   사티는 죽은 남편을 화장하는 장례에 살아 있는 부인을 함께 태우는 힌두교 관습이다. 사티라는 이름은 시바신의 첫 번째 아내인 사티가 남편의 명예를 지키기 위해 화염 속으로 들어가 자신을 산 제물로 바쳤다는 인도의 신화에서 유래한 것이다. 이 신화로 인해 인도인들은 사티를 가장 이상적인 아내상으로 여기게 되었다고 한다. 1829년 영국 식민지정부가 사티를 금지하는 법률을 제정했고, 1987년 10월 인도 정부는 사티금지법(Sati Prevention Act)을 제정했다.

**   지참금 문제로 살해되거나 자살한 기혼 여성의 사망을 의미한다. 인도는 지참금 살해를 예방하기 위하여 1961년 지참금 금지법을 제정하여 지참금을 주거나 받는 것을 금지했다.

그러나 여성이 직면한 문제를 이해하거나 중산층 사람들이 당연하게 여기는 인간 삶의 일부 측면에 관심을 기울이기 위해 지역에 대한 지식이 필요하다고 말하는 것은 한 가지 일에 불과하다. 사람의 존엄성, 신체 보전, 기본적인 정치적 권리와 자유, 기본적인 경제적 기회 등과 같이 매우 일반적이고 확실한 가치가 개발도상국에서 여성의 삶을 평가하는 데 사용하는 적절한 규범이 아니라고 주장하는 것은 상당히 다른 문제다. 더욱 논쟁적인 이 지점을 어떻게 논증할 수 있을까?

2. 세 가지 논증: 문화, 다양성, 개입주의

내가 말했듯이 서양과 동양이 귀중하게 여기는 것 사이에는 전체적으로 차이가 있다. 그리고 (그런 예시에 초점을 맞추어) 단순히 인도 문화가 서구에서 소중히 여기는 권리와 자유를 귀중하게 여기지 않는다는 주장은 중요하게 다룰 논쟁 대상이 아니다. 여성의 삶의 질을 평가하기 위한 보편적 틀을 제안할 때, 우리가 보다 유의해서 직면하여 진지하게 대답할 만한 가치가 있는 세 가지 주장이 있다.

첫 번째는 **문화 논증**argument from culture이다. 이것은 보다 미묘하고 진정한 버전의 반서구화 주장이다. 인도 문화는 힌두와 이슬람 전통 모두 수세기 동안 여성의 삶을 규정해 온 정숙, 복종, 순응, 그리고 자기희생이라는 강력한 규범을 담고 있다. 우리는 논증도 하지 않고 그것을 여성이 훌륭하고 행복한 삶을 구축할 수 없게 만드는 나쁜 규범이라고 가정해서는 안 된다. [반서구화를 주장하는] 반대자들은 서구 여성이 높은 이혼율과 자신을 소진하는 경력주의로 인해 만족을 느끼는 일이 별로 없다고 덧붙인다. 페미니스트들은 자신과 같은 삶만이 결실을 거둔다고 가정하여 제3세계 여성들을 낮추어 본다.

이 지점에 대한 나의 모든 답변은 내가 하는 제안에서 분명해질 것이다. 이 제안은 여성이 제자리에서 경제적·정치적 기회를 확고히 가지고 있음에 이의가 없다면, 전통적 삶을 영위하기 위한 여성의 어떤 선택도 가로막지 않는다. 사실 내 제안은 여성이 그러한 선택을 할 수 있는 공간과 부모가 자녀에게 그들의 전통에 대한 가치를 가르칠 수 있는 공간을 보호한다. 그렇지만 우리는 반대자가 전통을 지나치게 단순화한다는 점도 다시 한번 주목해야 한다. 반대자는 전통에 맞서는 여성의 도전과 힘을 무시하고, 손상을 가하는 전통에 대항하는 여성의 항의를 무시하며, 일반적으로 이 규범들에 대해 여성들 자신이 어떻게 생각하는지 묻는 것을 잊는다. 이 규범들은 전형적으로 여성의 경제적·정치적 권한을 거의 총체적으로 박탈하는 토대에서, 전통에 따른 남성 텍스트와 남성 지도자의 종교적·문화적 권위를 통해 공표된다. 우선 우리는 이혼과 직장에서 겪는 어려움이 확실히 고통스러운 일이지만, 밖에 나가면 구타를 당할까 봐 굶주림에도 불구하고 일할 수 없거나, 글을 읽지 못하고 취업에 필요한 기술이 없어서 학대받는 결혼 생활에서 벗어날 수 없는 것보다는 훨씬 덜 고통스러운 일이라고 말해야 한다.[15] 정숙과 순결의 전통이 여성의 의지에 반하여 표준 이하의 삶으로 여성을 몰아넣는다. 바산티도 자얌마도 그런 전통을 옹호하는 쪽에 가깝지 않다. 보다 부유한 여성들은 집 밖에서 일하는 방식을 정숙하지 못하다고 여긴다. 그러나 두 사람 모두 생존 투쟁에 여력이 없고 그것 외에 다른 선택을 할 수가 없다. 다만 바산티의 경우 카스트 규칙으로 인해 그녀가 수행할 수 있는 노동의 유형에 제한을 받는다. 그런데 우리 나라얀은 부유한 중산층 뭄바이 가족에서 전통적인 양육을 받았다고 서술한다.

그녀의 어머니는 그녀에게 성인 남성의 권위에 절대 의문을 제기하지 말라고 하셨고 여성의 복종, 침묵, 순결의 규범을 가르쳤다. 동일한 불행을 겪은 어머니의 말을 듣는 내내, 그러한 유폐의 전통이 초래한 고통에 대해 매우 명료한 항의가 끊임없이 이어진다. 그녀는 자신의 전통을 침묵의 복종과 격렬한 항의라는 전혀 다른 두 여성의 목소리를 지닌 양면적인 것으로 이해하는 것이 이상한 일이냐고 묻는다. "'침묵'으로 감내하는 당신의 모습"이 "부분적으로는 내가 소리를 내도록 자극했다"라고 그녀는 어머니에게 말한다.[16] 항의를 무시하고 공적 규범만을 인도의 전통으로 서술하는 것은 잘못된 일이다.

여성들이 그러한 관습에 만족하는 것처럼 보인다고 해도 우리는 더 깊이 탐구해야 한다. 법이 보장하는 재산권이 없고, 정규 교육을 받지 못하며, 이혼에 관한 법적 권리가 없고, 집 밖에서 일자리를 구하려면 구타당할 확률이 매우 높은 사람이 정숙, 순결, 그리고 자기 권리 포기의 전통을 승인한다면, 우리가 이것을 그 문제에 관한 종결로 간주해야 하는지는 분명하지 않다(2장에서 논증할 것이다). 여성 개발 단체는 대개 처음에는 저항에 부딪힌다. 변화가 사태를 악화시킬 것을 여성들이 두려워하기 때문이다. 나는 마하부브나가르Ma-habubnagar에서 지프jeep로 약90분 거리에 있는 안드라프라데시Andhra Pradesh의 사막 지역에서 한 여성 단체를 만났다. 그들은 여성 단체 건설을 목표로 하는 일명 마힐라 사마키야Mahila Samakhya 정부 기획에 참여하기를 초기에는 거부했다고 내게 말해 주었다. 그들은 그것이 아무것도 바꾸지 못하는 시간 낭비라고 생각했다는 것이다. 게다가 남편이 거칠게 반응할까 봐 두려워했다. 남편이 초기에 그 집단은 일하지 않고 노닥거리면서 시간을 보낼 구실일 뿐이라고 말했기 때문이다. 그러나 시간이 지나면서 그들은 집단 토론과 행동으로 얻을 수 있는 이점이 많다는 것을 알게 되었다. 이제 그들은 보다 정기적으로 보건 담당자의 방문을 받고 있으며 교사에게 모임 출석을 요구한다. 남성들도 이런 변화를 환영한다. 아내들이 자신의 요구를 깔끔하게 명료화하고 지적 정부로부터 허가를 얻어 내는 것을 보면서 아내를 새롭게 존중하게 된다. 한때 좋아 보였던 순종 전통이 곧 그렇게 보이지 않게 되었다. 여성들도 순결 전통을 소중히 여기지 않는다. 이가 모두 빠지고 나이 든 한 여성이 최근에 한 단체와 함께 델리에 갔다가 북부에서 여성이 격리되는 정도를 보고 충격을 받았다고 내게 말했다. 그녀는 그곳의 여성이 사실상 여성 같지 않았고 "양과 버팔로" 같았다고 한다. 그들은 그저 집 밖을 엿보기만 할 뿐 세상에서 어떤 행동도 취하지 않는다는 것이다. 어떤 이론적 견해도 없었지만 이 문맹 여성은 격리가 진정으로 인간다운 기능발휘와 양립할 수 없다는 생각을 명료화했다.[17] 그녀가 북부에서 좋아했던 것은 트럭을 모는 여성과 펌프를 수리하는 여성의 모습이었다고 했다. 이 모습이 그들의 마을에서 그들이 무엇을 할 수 있는지를 그녀에게 보여 주었기 때문이다. 이것이 전적으로 전형적인 여성 개발 단체의 이야기이고, 선택지 없는 여성이 그들이 영위하는 삶을 실제로 승인한다는 결론을 내리기 전에 우리가 반추해 보아야 할 일이다.[18]

게다가 남성의 부당한 취급에 대항하는 여성의 항의는 인도 전통에서 매우 오래된 주제다. 이것은 『마하바라타Mahābhārata』 2권에 나오는 드라우파디Draupadi가 성희롱에 대해 열변을 토하면서 항의한 장면으로 거슬러 올라간다. 그녀의 남편 판다바Pandava[19] 중 하나가 주사위 게임에서 졌을 때, 승자들이 그녀의 머리채를 잡고 게임장으로 끌고 가서 그녀의 옷을 벗기고 흡족해하며 그녀를 노예라고 부른다. 그녀는 기적적인 방식으로 정의를 획득한다. 그녀의 사리가 끝없이 새로운 천을 만들어 내는 바람에 그들이 그녀의 옷을 아무리 열심히 벗기려 해도 그녀는 완전히 옷을 입은 채로 있게 되었다. 사실 이 이야기는 자영업 여성 협회 여성들에게 시금석 역할을 한다. 그들은 그들의 설립자(깊은 신앙을 지닌 여성) 엘라 바트가 남성 노동조합 지도자들에게 받았던 모욕적인 취급에 대한 투쟁과 비교하는 데 이 이야기를 끌어들인다.[20] 이것 역시 인도의 전통이며, 그 이야기의 기저에 놓여 있는 인간존엄성이라는 보다 일반적인 아이디어다.

그리고 성폭력에 대한 드라우파디의 항의가 어떤 면에서는 깊게 자리 잡은 여성의 순결 관습[21]을 확인하는 것처럼 보일 수 있지만, 힌두교 전통에는 여성의 독립성에 대한 더욱 급진적인 규범이 있다. 라빈드라나트 타고르의 소설 「아내로부터 온 편지」의 여주인공 므리날Mrinal은 19세기에서 20세기 초 벵골인Bengali의 인본주의 사상 관념을 표현하는 방식으로 남편으로부터 독립을 선언한다.[22] 물론 타고르의 소설은 경화된 관습이 자기표현과 사랑을 추구하는 인간에게 끼친 피해에 천착한다. 그러나 그러한 사상은 벵골인의 근대성에 한정되지 않는다. 벵골 르네상스는 독립적인 도덕 논증뿐만 아니라 힌두 전통의 측면에 대한 면밀한 해석에도 기반을 두고 있다. 그것은 힌두인에게 전통에 담긴 가장 고결한 것으로 귀환하기 위해 동시대의 미신과 경직된 규칙을 거부하라고 요청한다.[23] 그리고 므리날은 역사적 패러다임을 명시적으로 끌어들인다. 가수가 되기 위해 결혼 생활과 왕실을 떠난 16세기 라지푸트Rajput 여왕 미라바이Meerabai가 "즐겁게 반항적인 노래"를 불렀다고 하면서 므리날은 "미라바이 역시 나와 같은 여성이었다"고 남편에게 말한다.[24]

그런 비판적 사고는 무슬림 전통에서도 오래되었다. 1905년 무슬림 페미니스트 로케야 사카와트 호사인Rokeya Sakhawat Hossain은 그녀의 판타지 소설 『술타나의 꿈The Sultana's Dream』에서 여성의 격리를 조롱한다. 거기에 나오는 등장인물들은 남성이 위험한 존재이기 때문에 퍼다에 갇혀 있어야 한다고 주장한다.

"남성들은 어디에 있나요?" 내가 그녀에게 물었다.

"그들에게 맞는 장소, 그들이 있어야 하는 곳에 있어요."

[술타나는 그녀의 나라에서는 여성들이 격리된다고 말한다.]

"그렇지만 술타나 님, 무해한 여성을 가두고 남성을 풀어 준다는 건 너무 불공평합니다. … 어떤 미치광이들이 정신병원에서 탈출해서 남성, 말, 그리고 다른 생명체들에게 온갖 나쁜 짓을 하기 시작한다고 가정해 보세요. 그럴 때 당신 나라의 남성들은 어떻게 할까요?"

"그들을 잡아다가 다시 정신병원에 가두려고 할 거예요."

"그러면 당신은 정신이 말짱한 사람을 정신병원 안에 가두고 미친 사람을 풀어 주는 것이 현명하다고 생각하지 않는군요."

"물론 그렇게 생각하지 않지요!" 나는 가볍게 웃으며 말했다.

"사실 당신 나라에서 바로 이런 일이 벌어지고 있는걸요! 끝없이 나쁜 짓을 하거나 적어도 할 능력이 있는 남성들은 풀려나고 결백한 여성들은 제나나zenana에* 갇혀 있으니까요! … 당신들은 자신에 대한 의무를 소홀히 하고 자신의 이익관심에 눈을 감는 바람에 자연권을 잃어버렸어요."[25]

이 명료한 항의는 인도 무슬림 전통 내에서 성평등 사상의 오랜 전통에 의존하고, 더 나아가 그 전통을 규정한다.[26] 이제 자기-함양self-cultivation과 권

---

* 힌두교 가정에서 집의 안쪽인 제나나에는 여성 가족이 거주한다. 손님과 남성을 위한 바깥쪽은 마르다나(mardana)라고 한다.

리-추구rights-seeking에 대한 이런 규범들이 여성의 순종 규범의 기초에 대한 광범위한 재검토를 야기한다. 예를 들어 여성들은 다른 여성에게 전통에서 실제로 무엇이 중요한지, 그리고 실제로 중요한 그 특징이 격리와 베일 착용을 정당화하는지를 물어보라고 촉구한다.[27]

사실 가끔은 과거에 대한 무비판적 숭배가 더 '이질적'일 수 있고 항의의 목소리가 더 '토착적'이거나 '고유한' 것일지도 모른다. 그런 용어들에 조금이라도 어떤 의미가 있다면 말이다. 베이징에서 1995년에 열린 페미니즘 컨퍼런스에서[28] 내가 만난 중국 여성들은 유교적 돌봄의 가치가 페미니스트를 위한 좋은 규범이라고 칭찬한 논문에 대해 다음과 같이 반응했다. "그건 서구의 논문입니다. 그녀가 홍콩 출신이 아니었다면 그렇게 말하지 않았을 겁니다"(사실 그 젊은 발표자는 홍콩 출신이었다). 그들이 말하고자 한 것은 그 발표자가 유교적 가치가 구축한 세계에서 살아 본 적이 없기 때문에 그녀에게 그 전통이 아름답게 보일 수 있다는 것이다. 그들에게 유교적 가치는 고용에서의 성차별과 그들이 중요하게 여기지 않는 다른 일들을 위한 변명거리였다. 모두가 그렇지는 않지만, 전통을 아름답게 보는 시각은 많은 인도 여성이 '훌륭한' 또는 '순수한' 여성의 규범을 보는 방식이기도 하다. 힌두와 이슬람의 전통주의 지도자들은 여성의 성애에 대한 통제를 문화적 연속성의 중심적 측면으로 해석하면서 그 규범을 현재 대단히 강조하고 있다.[29]

또한 우리는 구시대적이거나 변화에 저항하는 요소를 문화 전체와 등식화하는 것이 흔히 제국주의와 쇼비니즘Chauvinism의 책략이라는 점을 기억해야 한다. 인도의 영국인들은 그들이 쉽게 퇴보라고 묘사할 수 있는 인도 문화의 요소들을 지속적으로 강조해 왔다. 그들은 이것을 '인도 문화'로, 그리고 비판적 가치(특히 여성의 진보에 찬성하는 가치)를 영국 수입품으로 동일시하려고 애썼기 때문이다. 역사적으로 이것은 사실이 아니었지만, 여러 사람의 마음에서 지배를 정당화하는 역할을 했다. 동시에 영국인은 인도에서 과학과 기술이 발달하여 그들이 헤게모니를 계속 잡는 데 위협이 되는 일을 막기 위해 인도 문화의 반과학적 요소를 적극 홍보했다. 네루는 후에 이것을 다음과 같이 표현한다. 영국인은 "나라의 분열적이고 모호하고, 극우적이고, 종파적이고, 그리고 기회주의적인 요소들"을 자극했다.[30] 외국인 관찰자가 이러한 영국인의 구성물을 '인도적인 것'에 관한 방식인 듯 승인하는 것은 심각한 잘못일 것이다.

보다 일반적으로 말하자면 인도에 단일한 문화 규범만을 귀속시키는 모든 이야기는 기이할 정도로 불충분할 수밖에 없다. 이는 여성에 대해서도 마찬가지다. 대부분의 미국 페미니스트는 '미국 문화'에 관하여 그런 식으로 일반화하지 않는다. 설령 그렇게 한다 해도 (당연히 그들 자신도 포함하여) 그들이 공격하는 문화 외에 다른 요소들이 있다는 것을 충분히 의식하고 있다. 그들은 미국 전통에 극우적 요소가 존재한다고 해서 그들 자신의 비판이 부적절하다고 결론짓지 않는다. 그런데 인도는 아마도 세계에서 가장 다양한 단일 국가diverse single nation일 것이다. 만약 그런 정합적인 개념이 있다면 말이다. 17개의 국가 공식 언어, 자체 법률 시스템을 갖춘 뛰어나게 제도화된 네 종교 (그리고 여타 작은 종교 단체들), 거대한 지역 차이와 계급 및 카스트 차이, 그리고 도시와 농촌의 차이, 모계 전통과 부계 전통의 차이, 세속주의와 종교성의 차이, 합리주의와 신비주의의 차이가 있다. 인도 여성이 어떤 규범을 선택하든 관계없이 축적된 전통에 대한 적합한 이야기라면 이 모든 차이가 포함되어야만 할 것이다. 인디라 카람체티Indira Karamcheti는 이렇게 서술한다. "나도 다른 누구도 고유한 제3세계 여성의 대표성을 학계나 다른 곳에 전달할 수 없다. 인도에서조차 대표성을 지닌 **그** 인도 여성the Indian woman은 존재하지 않으며, 오직 인도 여성들Indian women만이 존재할 뿐이다. 그리고 개인의 이야기는 인도 여성의 고유성authenticity이라고 가정된 어떤 이야기보다도 훨씬 더 흥미롭다."[31]

또 다른 보다 일반적인 점을 강조해야 한다. 문화는 역동적이고, 변화는 모든 문화에 매우 기본적인 요소라는 점이다. 서구 사회와 비서구 사회를 대조할 때 종종 서구 문화는 역동적이고 비판적이며 현대화된 것으로 묘사되는 반면, 동양 문화는 변화하지 않거나 논쟁에 부딪치지 않는 것처럼 문화의 가장 오래된 요소와 동일시된다. 나라얀Narayan은 자신의 할머니의 생활 방식과 자신의 생활 방식 사이의 관계를 바라보면서 이렇게 말한다. "나는 '우리의 전통적인 생활 방식'을 **변화**라는 구성 요소 없이 설명하는 것은 불가능하다는 것을 알게 되었다. 이 변화는 당연하게 여기는 가운데 '보이지 않는' 변형을 초래한다."[32] 비판 역시 실질적으로 모든 문화에 깊이 뿌리내리고 있지만,[33] 극히 논쟁적인 국가인 인도의 문화만큼은 아니다.[34] 유명하고 전형적인 예를 하나 들자면 벵골의 종교 사상가 람모한 로이Rammohun Roy는 죽음의 공포를 상상하면서 "모든 사람이 당신의 견해에 반박할 것이고, 당신은 대답할 수 없을 것"이라는 사실이 특히 끔찍하다고 일갈한다.[35] 이것 또한 인도 문화다. 내가 아는 벵골-핀란드 커플은 그들이 살고 싶은 곳에 대해 서로 의논할 때, 남성은 누군가가 왜 혼자 숲을 떠돌고 싶어 하는지를 이해하지 못하고, 여성은 누군가가 왜 하루 종일 혼잡한 카페에 앉아 논쟁하고 싶어 하는지를 이해하지 못한다.

규범적 기준은 그것이 적용되는 사회 내에서 유래해야 한다는 문화 상대주의의 아이디어에 호소함으로써 문화 논증을 개조하는 시도를 할 수 있다.

나는 그런 식으로 시도되는 인양 작전은 완전히 실패할 것이라고 믿는다 사람들이 실제로 어떻게 도덕적 판단을 하는지에 관한 서술적 논제로 본다면, 상대주의는 명백히 거짓이다. 사람은 아이디어를 차용하는 데 능숙하다. 대영 도서관에서 시작된 마르크스주의 사상은 쿠바, 중국, 캄보디아의 행동에 영향을 미쳤다. 민주주의 사상은 중국에 기원을 두고 있지 않지만, 이제는 극히 중요한 중국의 사상이다. 소아시아 작은 지역의 반체제 종파인 유대교에 기원을 둔 그리스도교 사상은 이제 지구의 모든 지역에서 행동에 영향을 미치고 있으며, 이슬람 사상도 마찬가지다. 아리스토텔레스가 말했듯이 "사람들은 일반적으로 조상의 방식이 아니라 선을 찾아 나선다."[36]

우리가 어떻게 도덕적 판단을 내려야 하는지에 관한 규범적 논제로서 상대주의에는 몇 가지 문제점이 있다. 첫째, 인터넷과 미디어를 통해 온갖 문화의 사상이 다른 모든 문화 내부에서도 나타나는 현대 사회에서는 상대주의가 아무런 영향을 끼치지 못한다. 페미니즘, 민주주의, 평등주의적 복지주의의 아이디어가 이제는 알려진 모든 사회 '내부'에 있다. 여러 형태의 도덕 상대주의, 특히 이전 시대의 문화인류학에서 파생된 도덕 상대주의는 비현실적인 문화 개념을 사용한다. 그들은 다양성이 있는 현실에서 동질성을, 논쟁이 있는 현실에서 동의 또는 복종을 상상한다.[37] 내가 관찰한 인도가 여기에 해당한다. 일단 우리가 인도의 전통이 충분히 복잡하다는 개념을 갖게 되면 인도 '내부적' 이 아닌 것은 거의 없다. 둘째, 규범적 상대주의 논제를 참이라고 생각해야 하는 이유가 명확하지 않다. 우리는 왜 우리가 찾을 수 있는 최선의 생각이 아니라 현지의 생각을 따라야 하는가? 마지막으로 규범적 상대주의는 자기-전복적self-subverting이다. 상대주의는 우리에게 지역 규범을 따르라고 요구하지만, 대부분의 경우 그 지역 규범 자체는 강하게 비상대주의적이기 때문이다. 대부분의 지역 전통은 자신을 상대적이 아니라 절대적으로 참이라고 여긴다. 그래서 상대주의는 우리에게 현지의 것을 따르라고 요청하면서도, 상대주의를 따르지 말라고 요청한다.

많은 사람들 특히 학생들은 상대주의를 다양성에 대한 관용과 혼동하고, 다른 사람의 방식에 대한 존중을 보여 준다는 이유로 매력적이라고 생각한다. 그러나 물론 그렇지 않다. 대부분의 문화는 적어도 다양성을 어느 정도 존중하는 만큼 수세대에 걸쳐 다양성에 관해 상당한 불관용도 드러내 보였다. 우리가 각 전통을 최종어로 만든다면, 우리 자신은 불관용 문화를 제한하도록 우리를 도와줄 수 있는 관용과 존중이라는 보다 일반적인 규범을 박탈당한다. 일단 우리가 이것을 이해하면, 상대주의자가 되려는 우리의 관심이 급격히 줄어들 것이다.

문화 논증은 실패한다. 그리고 도덕 상대주의에 호소함으로써 구제될 수도 없다. 그러나 이 지점에서 보편 가치에 반대하는 다른 두 논증을 들어볼 필요가 있다. 나는 그것을 **다양성의 선 논증**argument from the good of diversity과 **개입주의 논증**argument from paternalism이라고 부를 것이다.

다양성의 선 논증은 우리가 모두 단일한 일련의 범주에 동의하지 않고 여러 상이한 가치 언어를 말하기 때문에 부분적으로 우리의 세계가 풍부하다는 점을 상기시킨다. 우리가 세계의 서로 다른 언어들을 가치 있고 아름답다고 생각하는 만큼, 어떤 언어든 사라져 버린다는 것은 일반적으로 인간의 삶을 표현하는 자원을 감소시키는 나쁜 일이다. 이처럼 우리는 또한 각각의 문화 체계에는 특유의 아름다움이 있으며, 모든 사람이 미국의 가치 체계를 취한다면 세계가 빈약해질 것이라고 생각할 수 있다.

여기에서 우리는 [반서구화를 주장하는] 반대자가 펼치고 있는 두 주장을 주의해서 구별해야만 한다. 반대자는 다양성이 그 자체로 좋다고 주장할 수 있다. 또는 단순히 미국 가치 체계에 문제가 있어서 나머지 세계가 미국의 물질주의와 공격성을 모방한다면 몹시 나빠질 것이라고 말할 수 있다. 물론 이 두 번째 주장은 아직 보편 가치에 대해 아무런 말도 하지 않고 있지만, 그 내용은 일부 미국 가치에 대해 비판적이어야 한다고 시사한다. 따라서 우리의 전체 계획에 대한 실제 도전은 첫 번째 주장에 있다. 그것에 답하기 위해 우리는 문화 다양성이 실제로 언어 다양성과 어느 정도까지 유사한지를 물어야 한다. 이런 유비의 난점은 언어 그 자체는 사람들에게 해를 끼치지 않지만, 문화 관행이 흔히 해를 끼친다는 데 있다. 우리는 가정 폭력이나 절대 군주제나 성식기 절단에 관해 생각을 달리하면서도 콘월어Cornish나 브르타뉴어Breton를 보존해야 한다고 생각할 수 있다. 네루는 토지 소유권과 관련된 구식 봉건 관행에 간디가 동감하는 것을 비판하며 이 점을 잘 지적했다. 네루는 버크Burke에 대한 토머스 페인Thomas Paine의 비판을 끌어들여 "'그는 깃털을 동정하지만 죽어 가는 새는 잊어버린다'"라고 썼다. 그리고 "간디지Gandhiji는 확실히 결코 죽어 가는 새를 잊지 않는다. 그런데 왜 깃털에 그렇게 집착하는가?"라고 덧붙였다.[38]

그렇다면 결국 그 반론은 보편 가치를 탐색하는 일의 기초를 위태롭게 하지 않고, 오히려 그 일을 요구한다. 반론은 우리에게 해당하는 문화적 가치가 보존할 가치가 있는지 아니면 혹시라도 새를 죽이는 쪽인지를 물어보라고 권한다. 그리고 이것을 묻는 일에는 최소한 매우 일반적이고 보편적인 평가 틀이 필요하다. 이 틀을 통해 우리는 어떤 것이 용납될 수 없고, 새를 죽이는 데 관여되어 있는지를 가릴 수 있다. 나는 단지 그러한 매우 일반적인 틀을 제안할 것이다. 이 틀은 다양성에 상당한 여지를 허용하지만, 동시에 어떤 관행이 사라져야 하는지 말해 주는 일반적인 척도도 설정한다. 자얌마의 벽돌 가마 현장에서 볼 수 있는 노동 분업과 같은 전통적 관행이나 바산티의 남편이 보여 주는 아내 구타의 전통적 관행은 단순히 그곳에서 행해지고 있거나, 오래되었다는 이유로 보존할 가치가 있는 것이 아니다. 전통적 관행을 보존하기 위한 주장을 펼치려면, 그것들의 공헌을 그것들이 초래하는 해로움과 비교하여 평가해야 한다. 그리고 이러한 평가를 위해서는 문화의 세부 내용을 취사선택하는 기준이 될 가치들이 필요하다. 따라서 이 논증은 인간존엄성과 그 외의 기본적 가치와 양립하는 다양성 유형을 보존할 타당한 근거를 제시하지만, 보편적 평가를 위한 일반적인 보편의 틀을 찾는 우리의 탐구를 위태롭게 하지 않고 오히려 지원한다.

덧붙이자면 페미니스트들이 가장 반대해 온 남성 지배의 관행에서 보존할 만한 흥미로운 다양성이 있는지는 분명하지 않다. 구타당하고 영양실조에 걸리면 낙담하게 된다는 것은 어디에서나 유사한 일이다. 토지권, 정치적 발언권, 그리고 고용 기회에 대한 거부도 마찬가지다. 다양한 문화에 보존할 만한 다양성 가치가 있다고 하더라도, 우리는 노예제 전통과 다를 바 없는 성 위계 전통에서 그것을 찾아서는 안 될 것이다.

마지막으로 **개입주의 논증**argument from paternalism이 있다. 이 논증은 우리가 세계의 다양한 사회를 위한 보편 규범을 척도로 삼아 사람들에게 무엇이 좋은지를 말한다면, 그것은 행위자로서의 그들의 자유를 (그리고 민주 시민으로서의 역할을) 제대로 존중하지 않는 것이라고 말한다. 사람들은 자신에게 무엇이 좋은지를 가장 잘 판단할 수 있다. 사람들이 자신의 선택에 따라 행동하는 것을 막는다면 그들을 어린아이 취급하는 것이나 다름없다. 이것은 중요한 지적이며, 실현 가능한 비교-문화 제안이라면 반드시 염두에 두어야 한다.

그래서 나는 2장 전체를 기본적인 정치적 원리를 선택할 때 실제 선호가 지닌 역할에 집중할 것이다. 그러나 우리는 이미 사람들의 선택을 존중하는 데 전념하는 것이 보편 가치를 승인하는 것과 양립할 수 없는 일은 아니라고 말할 수 있다. 사실 그 전념은 최소한 하나의 보편 가치, 즉 스스로 생각하고 선택할 기회를 갖는다는 가치를 명시적으로 승인하는 것처럼 보인다. 개입주의에 관한 생각은 다원주의 사회에서 시민들이 실제로 삶을 살아가는 다양한 방식을 존중할 강력한 근거를 제시하며, 따라서 가장 중요한 종류의 자유 그리고 선택과 양립할 수 있는 보편주의 형태를 선호하게 된다. 그런데 종교적 관용, 결사의 자유, 그리고 여타 주요한 자유는 그 자체로 보편 가치다. 가치는 다른 사람들이 스스로 선택하기를 원하지 않는 사람들에 대립하여 가치를 인식하고 보호할 보편적인 설명이 필요하다. (다른 사람들이 스스로 선택하기를 원하지 않는 사람들이 있으며, 그런 사람들에게 이와 같은 보편 가치들을 인식시키고 보호할 보편적인 설명이 필요하다.)

개입주의의 쟁점은 시민 대 국가의 관계 그리고 다양한 국가와 국제적 체계 사이의 관계에 관하여 생각할 때 서로 다른 방식으로 제기된다. 후자의 관계는 책임성에 대해 복잡한 쟁점을 제기하고, 심지어 권리를 강력하게 주장하는 보편주의자는 국제 인권 기구가 민주적으로 책임 있는 국민 국가nation states에 대해 규범을 시행하려고 할 때 그 기구의 민주적 신뢰성에 관해 합법적으로 우려할 수 있다. 나는 이 장의 후반부(7절)에서 책임성 쟁점으로 돌아가 모든 시민의 역량을 확보하기 위한 국민 국가의 역할을 논의할 것이다. 지금은 첫 번째 쟁점, 즉 여성을 불평등하게 대우하는 전통적 관행이 있는 국가의 내부 집단에 대한 국민 국가의 대우에 초점을 맞출 것이다. 그런데 이 문제를 생각할 때 우리는 종교적 관용, 결사의 자유, 그리고 여타 자유라는 보편 규범이 필수적이라고 주장할 수 있다. 반자유주의적인 하위 집단이 적법한 다원주의 형태를 위협하지 못하도록 방지하기 위해서다. 인도는 기본권과 자유라는 예정된 계획 자체에 전념했기 때문에 고도의 다원주의 사회로 남아 있는 것이다. 그런데 이러한 자유가 일부 시민을 위험에 빠뜨릴 정도로 인도 다원주의는 심각한 위험에 처해 있다.

우리는 더 나아가 기존의 많은 가치 체계 자체가 고도로 개입주의적이며 특히 여성에게 그렇다고 주장할 수 있다. 그 가치 체계는 여성의 선을 증진한다고 주장하며 여성에게 무엇을 해야 하는지를 알려 준다. 또한 여성을 법적으로 불평등하게 대우하고, 완전한 시민 능력이 부족하며, 남성과 동등한 재산권, 결사의 자유, 고용권이 없는 것처럼 대우한다. 전통적 관행의 형태뿐만 아니라 다양한 종교 체계의 속인법 형태로 이러한 체계와 마주칠 때가 있다. 인도에서는 확실히 마주치는 일이다. 이때 유감스럽지만 국가가 옹호하려는 평등과 자유라는 보편 규범 때문에 그 체계를 받아들일 수 없다고 말한다면, 어떤 의미에서 그것은 개입주의적이다. 사람들에게 그들의 삶을 어떻게 꾸려가야 하는지를 서로서로 알려준다고 말하는 것은 그들의 실제 욕구에 반하는 방식일지도 모른다. 이런 점에서 모든 권리장전은 가족, 집단, 관행 또는 사람들을 불충분하거나 불평등한 존중으로 대우하는 법률 조목에 대해 '개입주의적'이다. 개입주의가 사람들에게 전통적으로 행동했고 행동하고 싶어 하는 방식으로 행동할 수 없다고 단적으로 말하는 것을 의미한다면 말이다. 그런 의미에서 인도 헌법이 이제부터 재산과 시민 능력 문제에서 불평등하게 여성을 대우하거나, 카스트나 성별로 사람을 차별하는 것은 불법이라고 사람들에게 말할 때, 그것은 '개입주의적'이다. 보다 일반적으로 말하자면 모든 법체계는 일부 사람들이 원하는 몇몇 일을 하지 못하게 그들을 막기 때문에 '개입주의적'

이다. 그러나 이것은 법의 지배에 반대하거나 더 일반적으로 일부 사람들이 다른 사람을 압제하려는 시도에 반대하는 좋은 논증이 되기 어렵다. 이 사례들은 정의라는 쟁점이 결부되기 때문에 통상적인 개입주의 논쟁 사례(안전띠와 헬멧 착용법과 같은)와는 다르다. 사람이 피해를 입는다. 다시 말해 자신의 좋음을 추구하는 일부 자유는 다른 사람의 적법한 추구를 방해한다. 우리는 할 수 있는 한 개입주의를 싫어하는데, 우리가 좋아하는 다른 무언가, 이른바 근본적으로 중요한 문제에서 각 사람이 선택할 자유가 있기 때문이다. 동등에 기초하여 이러한 중심 가치에 서명하면서 개입주의의 일부 형태를 거부하는 것은 충분히 일관적이다. 존 스튜어트 밀John Stuart Mill처럼 다른 사람에게 해를 끼치지 않는 사적 선택의 관점에서 개입주의를 강하게 반대하는 이들도 그 행위가 다른 사람에게 해를 끼친다면 즉시 국가의 개입을 찬성했다. 게다가 밀은 분명히 여러 형태의 전통적인 성위계가 "위해의 원칙"에 어긋난다고 생각했다.[39]

이 외에도 우리는 다양한 선택의 자유에 물질적 전제조건이 있으며, 이것이 결핍되었을 때는 단지 모조 선택a simulacrum of choice이 있을 뿐이라는 점을 주목해야 한다. 어떤 의미에서 자얌마는 학교에 가기로 선택할 수 있지만, 그녀가 처한 경제적 사정으로는 이것이 불가능하다. 어떤 것도 바산티가 형제들로부터 경제적으로 독립할 수 없다고 말하지 않지만, 자영업 여성 협회가 없었다면 그녀가 지금 누리는 독립은 불가능했을 것이다. 안드라프라데시 사막 지역의[40] 어린이들에게는 학교에 갈 권리가 있지만, 부패한 지방 정부가 교사 수급을 보장하지 않기 때문에 많은 지역에 제대로 기능하는 학교나 교사가 없다. 인도의 모든 시민은 동등에 기초하여 자유롭게 그들의 종교 활동을 할 수 있고 헌법이 그렇게 보장한다. 그러나 공동체간 폭력으로 분열된 지역에서, 경찰이 무능하거나 부패한 곳에서, 경찰 구금 중 성폭행이 만연하는 사태가 일반적으로 받아들여지는 곳에서[41] 헌법을 지적하는 일은 전혀 의미가 없다. 인도의 모든 여성은 헌법에 따라 동등한 권리를 갖는다. 그러나 성폭행 방지법의 집행이 효과적이지 않고[42] 성희롱에 대한 대법원 지침이[43] 없으며, 여성 문해력 향상, 경제적 권한 부여, 고용 기회 증진을 목표로 하는 프로그램이 부재할 경우, 그러한 권리는 그들에게 실제로는 없는 것과 마찬가지다. 여성 폭력을 다루는 법률에 관한 최근 보고서에는 다음과 같은 기록이 있다. "대다수 인도 여성에게 이러한 법령은 무의미하다. … 법과 절차에 관한 기초 지식의 부족, 사법 제도의 지연과 무감각, 정의를 실현하는 데 관련된 비용이 모두 이것에 기여했다."[44]

　요약하자면 자유는 단지 문서에 기입된 권리의 문제가 아니라 그러한 권리를 행사할 수 있는 위치의 문제다. 그리고 이를 위해서는 여성의 청구가 적법한지에 관한 법적·사회적 수용을 포함하여 물질적·제도적 자원이 필요하다. 국민의 권리를 효과적으로 보장하려는 국가는 이런 기본적 권리 자체의 중요성만을 내세워서는 안 된다. 부와 소득의 분배, 재산권 분배, 법적 제도에의 접근성에 대한 입장을 취해야 할 것이다. 요약하자면 존 롤스가 다양한 자유의 '공정한 가치fair value'라고 부른 것을 시민에게 보장하기 위해 자원을 사용한다는 입장을 취해야 할 것이다. 모두가 학교를 다닐 수 있도록 충분한 양의 세금을 통해 수입을 증대하거나, 빈곤한 피고인 또는 피해자에게 무료로 법적 지원을 제공하는 일을 예로 들 수 있다. 이것은 더욱 보편주의적이고 어떤 의미에서는 일부 사람들이 선택한 활동에 개입하는 개입주의적인 조치를 의미하지만, 우리는 사실상 무정부 상태에 살고 있는 농촌 아이들이 자신이 바라는 대로 자유롭게 살고 있다고 결코 말할 수 없다.

이런 경우에 우리는 서구식 부담과는 별개로 그러한 재분배 조치가 미국보다 인도 전통에서 더욱 확실하게 뒷받침된다는 점을 주목한다. 미국은 흔히 차별 철폐 조치와 심지어 재분배 과세조차 수용할 수 없는 개입주의로 간주한다. 이와 대조적으로 인도 헌법 전통은 재분배와 차별 철폐 조치를 통해 완전한 시민 평등을 촉진하는 데 필요한 정책이 자유 그리고 차별 금지와 전적으로 양립할 수 있다고 주장한다.

따라서 개입주의 논증은 우리가 타인의 자유에 대한 동등한 가치를 보호하기 위해 설정한 한계 내에서, 사람들이 자신의 가치 개념을 추구할 충분한 자유를 허용하는 보편 규범 설명을 선호해야 한다고 지시한다. 개입주의는 모든 보편적 설명을 거부할 타당한 근거를 제공하지 못한다. 그리고 우리의 설명에 따르면 개입주의는 자유 자체뿐만 아니라, 자유를 진정으로 가용하는 데 결정적인 역할을 하는 경제적 권한부여 형식도 포함하여, 보편적 설명을 구성할 몇 가지 강력한 근거를 제공한다.

그 논증이 제시하는 바가 하나 더 있다. 우리가 찾고자 하는 설명은 그들 각각을 단순히 타인의 목적을 위한 행위자나 지지자가 아니라 목적으로 존중하며 한 사람 한 사람 각자 모두의 자유와 기회를 보존해야 한다는 것이다. 개인이 정치 사상의 초점이 되어야 한다는 생각은 때때로 페미니스트에 의해 무시당해 왔다. 그 생각이 협력과 사랑의 반대편에서 돌봄과 공동체 방기를 내포하고 자기 충족성과 경쟁을 향한 남성의 서구식 편향에 결부되어 있다고 보기 때문이다. 우리는 서구의 특정 자유주의 이론가에게 실제로 협력, 공동체, 그리고 사랑을 방기한 죄가 있는지에 관하여 긴 시간 동안 논쟁할 수 있다. 나는 공동체주의 사상가들이 롤스와 칸트 그리고 심지어 밀과 같은 인물에 대해 비판한 내용에 많은 오해가 있다고 생각한다.[45] 하지만 우리가 여기서 그 쟁점을 추적할 필요는 없다. 우리는 다만 개인individual person 자체에 초점을 맞추는 유형에 특정 형이상학적 전통이나 사랑과 돌봄에 대한 편견이 필요하지 않다는 점을 유의하면 된다. 이 유형은 각 사람이 하나의 삶을 살아갈 뿐이며, 하나 이상의 삶을 사는 것은 아니라는 인식에서 자연스럽게 생겨난다. A의 그릇에 담긴 음식이 마술처럼 B의 위장에 영양을 공급하지 않는다. C의 신체가 느낀 쾌락이 D가 경험하는 고통을 덜 고통스럽게 만들지 않는다. E의 경제 활동으로 창출된 수입이 F의 식량과 주거에 도움을 주지 않는다. 일반적으로 말하자면 한 사람에게 넘치는 행복과 자유가 마술처럼 다른 사람의 행복이나 자유를 만들어 내지 않는다. 일반 또는 평균의 잘-살기를 향상하는 데 목표를 두는 프로그램이 빈곤층의 삶의 질을 개선하기 위해 직접적으로 나서지 않는다면 그들의 상황을 개선하지 못한다. 이 소견과 모든 페미니스트가 어떤 형태로든 공유하는 사고, 즉 각 개인이 목적으로서 가치 있고 존중받아야 한다는 사고를 결합한다면, 우리는 전체나 평균만이 아니라 각자 모든 사람의 기능발휘를 살펴보아야 한다는 결론을 내릴 수밖에 없다.[46] 우리는 이것을 **각인 목적의 원칙**이라고 부를 수 있다.

비나 다스Veena Das[*]는 각 사람에게 고유한 존엄성이 있으며 잘-살기에 관한 질문은 총체가 아니라 한 사람씩을 고려해야 한다는 매우 직관적인 이 생각조차 서구의 침입이라고 주장한다. 인도 여성은 가족 구성원의 잘-살기와 구별되는 단적인 개인 자신의 잘-살기 개념을 형성할 수 없기 때문이라는 것이다.[47] 만약 다스가 단순히 인도 여성이 흔히 가족을 위한 희생을 좋은 일이라고 판단하고 그들 자신의 잘-살기를 타인의 잘-살기에 종속시킨다는 뜻으

---

[*]　비나 다스(1945–), 인도 국적의 존스 홉킨스 대학교 인류학 교수.

로 말한 것이라면 충분히 그럴듯하지만, 내가 권고했던 개인에게 정치적 츠점을 맞추는 유형에 대한 반대라고 하기는 어렵다. 정치가 각 사람을 목적으로 대우해야 한다는 생각고- 어떤 사람들이 다른 사람을 위해 희생하기로 선책할 수 있다는 생각이 서로 양립 불가능하지 않기 때문이다. 그러나 다스가 정말로 인도 여성이 자신의 굶주림과 자녀나 남편의 굶주림을 구별할 수 없고 그들 자신의 신체와 건강을 다른 사람의 신체와 건강과 실제로 구별할 수 없다고 주장하려는 것이라면, 그녀를 지탱할 버팀목은 없다. 자얌마는 확실히 어떤 면에서는 타인을 우선하고 자신을 두 번째로 놓는다. 예를 들어 차를 마실 때 그녀는 설탕을 넣지만 남편과 자녀에게는 설탕보다 비싼 우유를 넣는다. 그런데 그 행동에서조차 그녀는 자신의 잘-살기와 타인의 잘-살기를 구별한다. 일반적으로 말하자면 그녀는 가족 구성원 각각에게 얼마를 지출할 수 있는지를 물으면서 다양한 가족들의 별개성separateness에 의식을 집중하여 살림 예산을 책정한다. 또한 그녀는 자신의 몸으로 정확히 어느 정도의 노동을 수행할 수 있는지 잘 알고 있고, 벽돌을 나르는 일은 벽돌 성형으로 승진하여 만족해하는 남성 동료 노동자의 몸이 아니라 자신의 몸이 하는 일이라는 것을 모두 명확히 의식하고 있다. 게다가 자신에게 신체가 멀쩡한 아들이 있다는 이유로 연금을 거부당했을 때는 격분하기도 했다. 그녀의 자녀가 어떤 상태에 있든 관계 없이 스스로를 위한 무언가에 권리가 있기 때문이다. 다스 자신은 여성의 잘-살기와 다른 사람의 잘-살기 사이에 긴장이 있음을 강조하는 사회 계층에 속해 있으며, 여기에서 그녀가 인도 여성과 많은 대화를 나누지 않았다고 믿기는 어렵다. 어쨌든 극도로 가난한 사람은 특히 각 사람의 잘-살기에 대한 별개성을 민감하게 의식할 것이다. 굶주림과 고된 육체노동은 자신이 다른 사람이 아니라 자기 자신이라는 것을 아주 잘 상기시켜 주기 때문이다. 벽골의 작가 마니크 반디오파다이Manik Bandyopadhyay는 그의 단편 소설 『하위 계층 여성의 문제A Female Problem at Low Level』에서 이것을 다음과 같이 표현한다.

> 중산층 가족babu family의 딸이 성인이 되어서도 가족의 사소한 재난에서 개인의 재앙을 보는 것처럼 빈민가 소녀인 노동자의 딸이 그녀의 아버지나 형제에게 정신적으로 의존할 수는 없다. 그녀는 자신의 정신력에 의존하여 스스로를 부양하곤 한다.[48]

이 설명에 따르면 가족 내 이해관계의 유기적 연결성에 대한 지각은 중상위 계층babu에게 있는 의식의 양상일 가능성이 훨씬 크다. 이들의 의식은 생존하기 위해 실제로 분투하는 사람들에게는 이질적이다. (농민 출신이 아닌 다스가 자신의 배경을 특수한 '인도의 본질'로 오해했을까?)

물론 사람들은 종교적 신념, 특정하자면 불교 신념을 받아들일 수 있다. 이 신념은 사람들이 실제로 전혀 개인으로 분리되어 있지 않으며 객체와 사람objects and people이 서로 구별된다는 생각 전체가 환상이라는 입장이다. 그러나 무엇보다도 불교 형이상학이 비서구 종교 전체의 전형이라고 하기는 어렵다. 많은 전통이 순수, 자기-훈련, 그리고 영적 성취의 근원으로서 개인에게 골몰한다. 게다가 불교는 자의식에서 일상적 관행을 급진적으로 비판하며, 명상을 통해 사람들이 일상에서 계속 거주하는 물리적 대상의 세계에서 벗어나라고 요구하는 것으로 불교 자체를 묘사한다. 따라서 정치적 초점을 개인에 두는 것은 계몽적인 명상과 성찰의 세계가 아니라, 일상 세계에서 정치의 기초를 충족한다는 뜻이기 때문에, 불교도에게도 모욕적이거나 불공정하지 않다. 불교도는 어떤 수준에 이르면 신체가 환상이며, 세계 전체의 고통의 양을 최소화하는 것이 더 올바른 목표라고 믿지만, 한 사람 한 사람의 신체 고통을 덜어 주는 일이 적절하다고 받아들일 수 있다.[49]

모든 시민이 관심과 존중을 받을 만한 가치가 있다는 데 동의하고, 바로 그런 특성이 있다는 의미에서 그들이 별개의 삶을 살아가도록 용인한다면, 우리는 정치가 사람들을 다른 이의 대리인이나 부양자로 취급해서는 안 되며, 그들의 삶의 임무가 남의 인생 계획을 실행하는 것이어서는 안 된다고 결론지어야만 한다. 정치는 각 개인을 목적으로, 스스로의 행위와 가치의 원천으로 대우해야 하며, 그들이 나름의 계획을 세우고 자신의 인생을 살아갈 행위자가 될 수 있도록 동등한 기회를 보장하기 위해 모든 필수적인 지원을 제공해야 한다. 우리는 모든 사람을 목적으로 대우하기 위해 정치적 목적의 중심이 되는 일부 가치에 대해 입장을 취해야 하며, 여성을 어린아이로, 재산과 계약 문제에 무능한 사람으로, 가계의 단순한 부속물로, 자신의 삶을 살아가는 사람이 아닌 재생산자와 돌봄 제공자로 취급하는 통념에 대항해야 한다. 하지만 우리가 이런 입장을 취할 때 고전적 형태의 개입주의를 비난하지 않아야 한다. 각자 모든 시민을 목적으로 대우하고 모든 시민이 자신의 방식으로 좋음을 찾아갈 수 있도록 기회를 주기 위해 그런 입장을 취하는 것이기 때문이다.

3. 표준 경제 접근법의 결함

다시 요약해보자. **문화 논증**은 전통적 위계 방식의 삶을 선택하고자 하는 여성을 위한 공간을 남겨 놓아야 한다는 점을 상기시킨다. 그러나 그것은 부당한 문화적 관행을 비판하기 위해 보편적인 설명을 사용하는 것에 대해서는 아무런 반대도 하지 않았다. 하지만 실제로 비판 활동이 인도 문화 자체에 깊이 내재되어 있음을 우리에게 상기시켰다. 보다 일반적으로 말하자면 문화는 역동적이고 논쟁으로 가득하다. **다양성의 선 논증**은 우리가 승인하는 모든 제안에 관하여 중요한 무언가, 즉 인간 활동에서 귀중하게 여길 만한 다양한 형태가 번성할 수 있는 공간을 제공해야 한다고 말해 준다. 우리는 별로 탄탄하지도 않은 근거를 가지고 다양성을 밟아 없애거나 위험에 빠뜨려서는 안 된다. 그러나 일부 전통적 관행이 해롭고 악하며 일부는 다양한 문화의 다른 요소들에 대해 다소 적극적으로 적대적이라는 사실에 비추어 볼 때, 우리가 탐구한 관행을 평가하는 기준 집합a set of criteria을 개발하기 위해 다양성 자체에 우리의 관심을 집중할 수밖에 없다. 이를 위해 우리는 어떤 것이 수용 가능하고 보존할 가치가 있는지, 어떤 것이 그렇지 않은지를 묻는다. **개입주의 논증**은 좋은 시민들에게 있는 여러 다양한 개념을 존중하고 타인에게 위해를 주지 않는 한 각자가 자신에 비추어 (종교적이거나 윤리적인) 좋음을 추구할 수 있는 정치적 분위기를 조성하도록 촉구한다. 이런 의미에서 이것은 **포괄적 자유주의**라기보다는 **정치적[자유주의]**라고 부르는 쪽으로 우리를 강하게 밀어붙인다. 다시 말해 우리는 전제적이기보다는 촉진적인,[50] 즉 바람직한 총체적 양식의 기능발휘로 사람들을 압박하기보다는 선택의 공간을 창출하는 보편을 원한다. 그리고 개입주의 논증을 정말 제대로 이해한다면 이는 비교-문화적 보편에 반하는 논증이 아니다. 그것은 선택자로서의 사람의 존엄성을 존중하는 것이 전부이기 때문이다. 이러한 존중은 우리에게 광범위한 자유와 물질적 조건을 보편적으로 옹호할 것, 그리고 신체의 별개성bodily separateness이라는 경험적 사실을 인식하는 방식으로 사람을 별개의 목적separate ends으로 존중할 것을 요구한다. 우리는 각자 모든 삶에 자유와 자기-결정self-determination

이라는 전제조건이 어떻게 가능할 수 있는지를 묻는다.

따라서 우리가 다원주의 사회에서 모든 시민을 진정으로 존중하려 한다면, 보편 가치가 단지 수용 가능할 뿐만 아니라 절실히 필요하다고 생각할 만한 몇 가지 좋은 이유가 이미 있는 것이다. 그렇지만 우리는 이게 국제 개발 연구에서 국가나 지역의 삶의 질을 평가하는 가장 유력한 세 가지 접근법을 살펴봄으로써 이 질문에 또 다른 방향에서 접근할 수 있다. 이러한 접근법에 있는 결함이 일반적으로도, 개발도상국 빈곤 여성의 상황에 대한 접근으로도 기본적인 정치적 원리의 철학적 토대를 세우는 보편적인 규범 설명으로 전환할 이유를 더 많이 제공한다. (사람들이 얼마나 잘 살고 있는지를 우리에게 알려 주는 일은 덜 까다로운 규범적 과제다. 나는 어떤 하나의 설명이 이 과제에 실패한다면, 삶의 질의 기본적인 사회 최저치에 대한 규범적 설명을 제공하는 더 까다로운 과제에 한층 더 유력한 이유로 실패할 것이라고 본다.)

삶의 질 평가에서 가장 두드러진 접근법은 단순히 1인당 GNP를 묻는 것인데, 이것은 이 수치의 최대화를 비교-문화적 대조를 위한 가장 적절한 사회적 목표와 기초로 다룬다. 이 접근법은 부와 소득의 분배에 관해서는 전혀 묻지 않았고, 게다가 유사한 합계치를 보이는 나라들에서 상당한 분포 변동이 나타나기 때문에 문제를 그다지 해명해 주지 못한다는 것이 이제 분명해졌다. 찰스 디킨스의 『어려운 시절』에 나오는 경제학 선생님은 서커스단 소녀 시시 주프Sissy Jupe에게 교실이 국가이고 "이 국가에 5천만 달러가 있다"고 상상해 보라고 한다. 다음으로 이 국가가 부유하지 않은지, 그녀 자신이 '번영하는 국가'에 있지 않은지를 묻는다. 시시는 혼란스러워 눈물을 흘리며 "누가 그 돈을 가지고 있는지, 그리고 그것 중 얼마가 내 것인지"를 알기 전에는 그 질문에 어떻게 대답해야 할지 알 수 없다고 답한다. 그러나 그녀가 곧 알게 되듯이 그것은 "수치에 있지 않다." 그리고 그 주제의 역사에서도 오랜 기간 그렇지 않았다. 한 사람이 다른 사람과 구별된다는 시시의 직관적 감각은 집계된 자료만으로는 한 국가가 얼마나 잘 살고 있는지 규범적 평가를 내리기에 충분하지 않다는 것을 알려준다. 우리는 각자를 별개의 삶으로 고려하면서 각자가 얼마나 잘 살고 있는지를 알아볼 필요가 있다.

시시의 비판은 불완전하다. 우리에게는 분배 정보 외에도 부와 소득과 항상 분명한 상관관계에 있지 않은 중요한 선에 관한 정보가 필요하다. 기대 수명, 유아 사망률, 교육 기회, 고용 기회, 정치적 자유, 인종 그리고 젠더 관계의 질과 같은 중요한 선 말이다. 1인당 GNP가 매우 높은 국가들조차 종종 이런 여타 구별된 선들에는 터무니없을 정도로 부실한 모습을 보였다. 아파르트헤이트 체제의 남아프리카 공화국이나 극히 제한적인 정치 체제의 싱가포르를 생각해 보라. 우리 기획은 GNP 성과가 비슷한 국가들이 종종 젠더 평등의 다양한 측면에서 상당한 차이를 나타낸다는 것을 각별히 중요하게 다룬다. 파키스탄, 짐바브웨, 그리고 온두라스는 1인당 GNP가 거의 동일하지만, 여성의 문해율은 파키스탄 23%, 짐바브웨 60%, 온두라스 71.6%에 달한다. 그런데 여성 소득 비율은 파키스탄 20%, 온두라스 24%, 짐바브웨 35%다. 인도와 케냐는 1인당 GNP가 같지만, 여성의 문해율은 인도 36%, 케냐 67.8%이며 여성에게 돌아가는 소득 지분은 인도 25.7%, 케냐 42%다.[51] GNP 설명에 무엇이 빠져 있는지를 알 수 있다면, 바로 그것이 보편적인 방식으로 기본적인 선의 지도를 면밀하게 그리는 쪽으로 예리해질 수 있도록 우리를 유도한다. 그렇게 함으로써 우리는 사회를 가로질러 삶의 질을 보다 유익하게 비교할 수 있는 기본선 목록을 활용할 수 있다.

이것을 대신해서 우리가 만족도 표현을 측정하여 인구의 전체 효용 또는 평균 효용에 관해 묻는 더 직접적인 공리주의 접근법을 택한다고 가정하자. 여기서 우리는 각 개인을 존중하는 문제에 다시 직면한다. 합계치는 어디가 꼭대기이고 어디가 타당인지를 우리에게 알려주지 않기 때문이다. 그런 의미에서 그것은 "누가 그 돈을 가지고 있으며, 그중 내 것이 얼가인지"를 대략적인 GNP 접근법 이상으로 알려주지 않는다. 가상의 여론조사에서 안드라프라데시 시민 대다수가 그들의 교육 기회에 만족한다고 가정하자. 그런 결과는 종종 기능을 하는 학교가 전혀 없는 사막 지역의 상황이 재난에 가까운 수준으로 나쁘다는 정보를 우리에게 주지 않는다. 우리는 바닥 상황이 훨씬 더 좋은 케랄라에서 비슷한 평균의 만족 수치를 얻는다고 상상할 수 있다.[52] 물론 그러한 합계도 남성과 여성의 시각이 상이하다는 정보를 주지 않으며, 전체 또는 평균이 꽤 좋아 보이는 가운데 여성이 처한 열악한 상황을 은폐할 수 있다. 우리가 최악의 처지에 있는 사람들이나 여성의 처지를 개선하고 싶을 수도 있고 아닐 수도 있지만, 분명 그들이 어떻게 살고 있는지도 모르면서 결정을 내려서는 안 된다. 평균 효용은 부정확한 숫자이며, 상이한 유형의 사람들과 그들의 상대적인 사회적 위치에 관해서 충분히 알려주지 않는다. 우리가 각 사람을 목적으로 대우하는 데 전념한다는 기본적인 정치적 원리를 선택한다면 위와 같은 이유로 공리주의는 특히 나쁜 접근법이다. 여성의 위치가 어떤 서술에서든 권력의 위계에서 중요한 부분을 차지한다는 점을 고려하면 이 문제는 우리가 여성의 상황에 초점을 맞출 때 더욱 악화된다.

게다가 공리주의자들은 대개 구별되는 삶들뿐만 아니라 구별되는 삶의 요소들도 전반적으로 통합한다. 따라서 전체 또는 평균 효용 안에는 자유, 경제적 잘-살기, 건강, 교육에 관한 정보가 포함되어 있다. 그런데 이것들은 그두 어느 정도까지는 독립적으로 변형하는 별개의 선이고[53] 그것들 모두 중요하다고 여겨져야 할 이유가 있다. 단순하게 총계가 특히 큰 다른 것을 성취하기 위해 그것들 중 하나를 포기해서는 안 된다. 존 롤스가 공리주의를 반대하는 데 사용하는 중심 논증 중 하나는 다양한 선들 사이의 교환을 인정하기 때문에 정치적·종교적 자유를 충분히 보호하지 못한다는 것이다. 공리주의는 최대의 사회적 총합(또는 평균)을 산출하기 위해 이런저런 선들 사이의 교환을 장려한다.[54] 다시 말하지만 이것은 공리주의가 위험에 빠뜨리는 어떤 기회들이 소외되거나 박탈된 사람들에게 특히 절박한 중요성을 지닐 수 있기 때문에, 그들에 대해 제대로 생각하는 데 문제를 일으킬 것이다.[*]

효용에 의존하는 데 수반되는 더 심한 문제가 있다. 그것은 바로 효용이 유관한 정보를 모두 포함하지는 않는다는 것이다. 우리가 알고 싶은 것은 개인이 자신에게 일어난 일을 어떻게 느끼는지, 즉 불만족스러운지 만족스러운지다. 그러나 우리는 그들이 실제로 무엇을 할 수 있고 무엇이 될 수 있는지도 알고 싶어 한다. 우리의 여론 조사에서 (자얌마에게는 교육적 성취가 없지만) 자얌마가 자신의 교육적 성취에 만족한다고 말한다면, 그것은 자신의 인생 전체에서 수행해 온 유형의 노동이 자신에게 딱 맞는 일이므로 불필요한 기술을 배울 이유를 알지 못하기 때문일 것이다. 그것이 타당한 답변일 수 있다. 그러나 어떤 의미에서 그것은 몇 가지 질문을 제기한다. 자얌마가 교육을 더 많

---

[*] 존 롤스, 『정의론』, 황경식 옮김, 이학사, 2003, 제3장 28절 참고. 롤스는 평균 효용의 난점 세 가지를 지적한다. 첫째는 평균 효용의 원칙을 수락할 만한 독자적인 근거가 없다는 것이고 둘째는 개인을 특수한 이익관심이나 가치관을 가진 인간이 아니라고 가정한다는 것이다. 세 번째 문제인 개인의 능력, 성격, 목적 체계의 다양성에 따른 효용의 차이에 대해서는 통일된 기대치를 적용할 수밖에 없다는 입장을 수용한다. 이것은 개인이 어떤 사람이 되기를 원하는지를 결정하는 준거가 없다고 가정한다는 것이다. 세 번째 문제를 해결하기 위해 롤스는 효용의 원칙을 차등의 원칙으로 보완한다.

이 받았더라면 다른 선택지가 있었을 것이고 그 기술이 불필요하지도 않았을 것이기 때문이다. 그녀는 습관 때문에, 자신이 속한 계급과 세대의 어떤 여성도 학교에 가는 것을 본 적이 없기 때문에, 그리고 아마도 인간은 이미 엎질러진 물을 놓고 울기보다는 현실적으로 주어진 삶에 맞추어 판단을 조정하기 때문에 그렇게 생각한다. 이 질문은 매우 중요하므로 2장에서 충분히 논의될 것이다. 이런 조건화된 만족이 극빈 지역의 여아 교육을 증진하지 않을 이유를 케랄라 정부에 제공하지 않았음을 논증할 것이다. 사실 케랄라는 가장 적극적으로 교육을 추진했다. 이 쟁점을 제대로 토론하기 위해서는 반드시 사람들의 만족과 불만족을 살펴볼 필요가 있다. 하지만 교육과 인구 통제, 교육과 정치적 권한 부여, 교육과 고용 기회 사이의 연결에 관하여 알려진 모든 것을 활용할 필요도 있다. 우리의 탐구를 효용의 공간에 가두는 것은 우리 앞에 놓인 질문에 관련성이 높은 정보를 활용하는 데 방해가 된다.

개발에 대한 공리주의 접근법의 결함을 생각해 보면 특정한 중심 능력과 기회에 대한 실질적 설명을 하는 쪽으로 움직여진다. 이는 사회 전반에 걸친 삶의 질을 비교하기 위한 유관 공간이 되며, 주어진 사회가 시민을 위해 무엇을 했는지 또는 하지 않았는지를 평가하는 관련 기준점이 된다. 우리의 비판은 그러한 목록이 복수의 구별되는 항목들을 포함할 것과 이 항목들을 단순히 단일한 동질적 선에 대한 양적 차이의 제공으로 취급하지 않을 것을 제안한다. 그리고 평가는 사람들이 이 선들과 그들의 관계에 관하여 어떻게 느끼는지에만 초점을 맞추지 않을 것이다. 그들이 실제로 무엇을 할 수 있고 무엇이 될 수 있는지에 관한 정보도 살펴보아야 하기 때문이다.

삶의 질을 평가하는 세 번째 주요 접근법으로 들어가기 전에 공리주의 접근법의 변형 하나를 언급해야 한다. 그것은 게리 베커Gary Becker의 가족 모델로 전 세계에 모델을 만들고 정보를 수집하는 데 막대한 영향을 미쳐 왔다. 베커는 (규범 목적이 아니라 서술 목적으로) 가족 단위의 목표는 효용의 최대화이고 (선호 또는 욕구의 만족으로 해석된) 그 효용은 가족이 (그리고 아마도 국가와 같은 더 큰 집단이) 어떻게 사는지를 물을 때 관련된 비교 공간이 된다고 생각한다. 그런데 가족 내에서는 그는 다른 노선을 취한다. 그는 가족이 이타주의 동기로 함께 유지되는 집단으로 이해되어야 한다고 주장한다. 특히 가장은 가족 구성원에게 자원과 기회를 적합하게 분배하는 자애로운 이타주의자라고 가정한다.[55] 이 가정의 결론은 가족 내 각자 모든 개인이 어떻게 사는지를 심지어 효용의 관점에서도 물을 필요가 없다는 것이다. 우리는 전체에 관해서만 물을 필요가 있고, 그 분배가 이타적이라고 가정한다. 이런 이유로 베커의 모델에 영향을 받은 개발연구자는 전형적으로 가구 구성원 개인보다는 가구에 관한 정보를 찾아 나선다. 예를 들어 인도의 과부가 어떻게 사는지에 관한 자료는 찾아보기 어렵다. 자료에서 그들은 통상 다른 사람이 이끄는 가족 구성원으로 표시되기 때문이다. 베커의 모델 자체가 단지 서술적이고 예측적인 목적만 있다고 하더라도, 이런 식으로 다른 사람에 의해 사용된다면 그것은 분명한 규범적 함의를 갖는다. 왜냐하면 우리가 과부들을 구별된 사람으로 먼저 주목하고 그들이 어떻게 사는지 물어보지 않는 한, 과부들의 처지를 개선하기 어렵기 때문이다.

　베커는 경제학 전문가들의 의제에 가족 문제 전체를 올려놓는 데 대단히 귀중한 공헌을 했다. 그러나 그의 모델은 몇 가지 결정적인 면에서 부적합하다. 그 모델은 현실보다는 낭만적인 가족상을 상정한다. 베커가 인정하듯이 실제 삶에서 가족은 자원과 기회에 대한 모든 종류의 투쟁으로 이루어진다. 누구는 차에 우유를 넣고, 누구는 단지 설탕만 넣는다. 누구는 학교에 가고 누구는 가지 못한다. 누구는 연명 치료를 받고 누구는 받지 못한다. 바산티의 남편은 그녀를 때리고 정부에서 받은 돈으로 술을 마셨다. 자얌마의 남편은 임금 대부분을 자신을 위한 술과 외식에 사용하기 때문에 가구 수입에 거의 기여하지 않았다. 바산티의 형제는 어느 정도 교육을 받아 아버지의 사업을 물려받을 기회를 얻었지만, 그녀는 어려운 시기를 극복할 수 있는 교육이나 기술 없이 어린 나이에 결혼했다. 자얌마의 집에서는 여성이 남성보다 음식을 덜 먹고 훨씬 적은 양의 단백질을 섭취하는 것이 일반적이며, 여아 교육 문제는 제기되지도 않는다. 베커는 그런 갈등에 관심이 있고 그것을 해결하려고 노력한다. 그러나 그의 모델의 이론적 자원은 그 과제를 수행하기에 불충분하다. 베커는 최근 분노나 죄책감 같은 다른 동기를 모델에 추가할 필요가 있다고 말했다.[56] 그러나 그러한 변화에도 불구하고 삶 전반에 걸친 총계를 계산하는 효용에 기초한 모델은 규범적 원칙으로 선택하기에는 부적합한 기초임이 드러날 것이다. 각각의 가족 구성원을 철저하게 별개로 다루는 갈등-기반 모델이 훨씬 더 의미가 크다.[57] 유기체적인 접근법이 대단하기는 하지만 가족에 대한 새로운 '협상 모델'은 이 접근법을 능가하는 이점이 돋보인다. (4장에서 더 자세히 살펴볼 것이다.)

GNP 접근법과 효용 최대화 접근법(그리고 실제로는 효용 최대화 접근법의 변형들)처럼 베커 모델은 충분히 개별적이지 않기 때문에 규범적 사고를 할 수 있는 적합한 기초를 제공하는 데 대체로 실패한다. 다시 말해 그것은 각 사람이 어떻게 살고 있는지를 이해하기 위해 사람들을 한 명씩 살피지 않는다. 가장이 이타적이라는 가정이 사실이라고 하더라도 이것은 절차적으로 좋은 방식이 아니다. 다른 가족 구성원을 자애로운 이타주의자가 기꺼이 베푸는 것을 받는 수혜자로 여기는 것은 존중과 자원을 모두 받을 만한 자격이 있는 삶을 살아가는 각자인 행위자로 여기는 것과 같지 않기 때문이다. 그런데 우리가 가장이 가족 구성원 모두에게 필요한 것을 허용하지 않고 때때로 그들의 잘-살기에 매우 무관심하다는 인식을 갖게 되면 그들을 수혜자로 여긴다는 것이 훨씬 더 부적합해 보인다. 여성이 종종 그러한 구도에 순응하고 그에 따라 자신의 선호를 조정하는 경향이 있는 한, 베커 모델이 정확한 예측을 제공할지도 모른다. 그렇지만 일단 선호가 정의와 사회적 선택을 안내하는 데 얼마나 신뢰할 수 없는 것인지를 인식한다면, 우리는 그것이 규범적 사고에 나쁜 기초를 제공한다는 결론을 내려야만 한다. 우리는 가족 구성원이 그들의 상황에 대해 어떻게 느끼는지뿐만 아니라, 그들이 실제로 무엇을 할 수 있고 무엇이 될 수 있는지를 물어야 한다.

세 번째가 더욱 현저하게 유망한 주요 대안인데, 일군의 기본적인 자원을 검토하고 공정한 사회적 할당을 위한 진보적인 기준으로 자원을 분배하는 것에 관해 묻는 접근법이다. 그러한 접근법으로는 존 롤스의 것이 가장 유명하다. 그는 『정의론A Theory of Justice』과 후속 연구에서 포괄적인 삶의 계획과 관계없이 모든 합리적 개인이 그 계획을 이행하기 위한 전제조건으로 욕구하는 '주요선primary goods' 목록을 발전시킨다.[58] 롤스의 목록은 이질적이다. 이 목록은 시민의 자격으로 그들이 사회적 환경에서 가질 수 있는 자유, 기회, 그리고 능력power을 포함한다.[59] 개인의 능력과 관련된 사회의 특징인 자기-존중self-respect의 사회적 기반과 구조적으로 유사하다. 롤스는 자기-존중을 "가장 중요한 주요선"이라고 부른다.[60] 그러나 동시에 이 목록은 무엇보다도 부와 소득과 같은 사물 항목thing-like items을 포함한다. 이 항목은 빈곤층을 규정할 때 사용되기 때문에 특히 중심 역할을 한다.[61] 기본적인 아이디어는 시민들이 다른 무엇을 추구하든 중심이 되는 이 기본적 자원의 중요성과 그 공정한 분배를 위한 대략적인 기준에 관하여 유효한 정치적 합의에 도달할 수 있어야 한다는 것이다. 롤스가 만든 가족 모델의 방식에 관한 특수한 쟁점은 4장에서 논의할 것이다. 지금은 주요선을 다루는 데 가구household가 중요하게 보이는 곳에서만 그것을 언급하면서, 롤스가 주요선에 접근하는 일반적 특징 몇 가지에 집중할 것이다.

롤스의 접근법은 지금까지 우리가 염려한 모든 것의 관점에서 볼 때 매우 유망하다. 다원주의와 개입주의에 관련된 염려에 깊게 주의를 기울이는 동시에 모든 시민의 기본적 자유와 기회의 중요성과 선택의 중심 영역에 있는 물질적 기초의 중요성에 대해 입장을 취한다. 이 모든 면에서 롤스의 모델은 국제 무대에서 삶의 질을 더 깊이 있게 사고할 수 있는 뛰어난 기초를 제공하는 것 같다.

롤스 자신은 이 지점에서 개인의 정치적 개념과 주요선에 대한 설명이 오직 특정 서구 전통의 정치철학 내에서 이루어진 합의에 토대를 두고 있다고 간주하며 한발 물러선다.[62] 그러나 현실적으로 주요선 중 어떤 것도 특별히 서구적이라고 생각할 이유가 없으며, 삶의 계획을 형성하고 수정하는 힘 또한 무엇을 중요하게 여기는지에 대한 서구 특유의 감각을 표현하는 것이 아니다. 계획을 세우고 실행할 수 있다는 생각은 적대적인 환경에서 살아가기 위해 인간이 투쟁하는 가운데 철학적 뒷받침 없이도 생겨난다. 이런 생각은 확실하게 인도 여성 운동의 자생적인 뿌리다. 이 운동에서 성찰, 선택, 계획하기, 그리고 통제라는 개념보다 더 중요하게 강조되는 개념은 없으며, 이런 활동이 재산권, 토지 권리, 고용 접근성 등에 대한 물질적 기초를 포함하고 있다는 것은 명백하다. 형제에게 의존하지 않으면서 스스로를 부양하고 자신의 계획을 이행할 수 있는 위치를 쟁취하기 위한 바산티의 투쟁은 일반적인 현상에 속하는 한 예시에 불과하다. 자영업 여성 협회 운동은 전체적으로 개인의 존엄성과 독립성이라는 아이디어, 즉 그녀 자신의 물질적·사회적 환경에 대한 통제를 중심 과제로 삼는다. 엘라 바트가 말했듯이 여성은 그저 파이 한 조각만을 원하는 것이 아니다. 그들은 스스로 그 맛을 선택하고 만드는 방법을 알고 싶어 한다.

여성이 계획을 세우고 실행한다는 아이디어가 서구에서 수입된 것이 아니라, 여성의 일상적인 상황 이외의 것으로부터 영감을 받았다면 그것의 뿌리는 간디에게 있다. 이 아이디어는 영국에 대항하는 식민지 투쟁으로서 인도의 자기 충족성에 대한 간디의 생각을 가족과 마을의 수준에 맞춰 변형한 것이다. 가족과 마을에서 여성들도 유사 식민지 억압으로부터 해방되기 위해 투쟁한다.[63] 존 스튜어트 밀John Stuart Mill은 가족 내 여성의 복종에 대한 투쟁이 봉건제에 대항하여 민주주의가 벌인 투쟁과 동일한 관심사를 표현하는 동형임을 강조한다.[64] 자영업 여성 협회의 여성은 (그리고 인도 전역에서 유사한 운동을 하는 다른 많은 근로 여성은) 독립적으로 그와 같은 연결 고리를 만든다. 개인이 삶을 통제하고 계획한다는 아이디어는 식민주의가 아니라 식민주의에 대항하는 투쟁의 표현이다. 사람들에게는 그들이 세계의 주변으로 밀려나거나 무력한 상태로 살고 싶어 하지 않는다는 것을 말해 줄 서구 철학자가 필요하지 않다.

그러나 롤스의 접근법은 롤스 자신이 제안하고자 했던 것보다 국제적 사고의 기초로 더 믿을 만하기는 했지만, 그럼에도 몇 가지 심각한 어려움을 안고 있다. 자원을 기준으로 누가 더 잘살고 못사는지 측정하는 롤스의 모델은 삶에서 두드러지게 나타나는 사실, 즉 개개인이 자원에 대한 필요와 자원을 기능발휘로 전환하는 능력에서 크게 차이가 난다는 사실을 경시한다. 이러한 차이 중 일부는 철저하게 신체적이다. 필요한 영양소는 나이와 직업과 성별에 따라 다르다. 임산부나 수유부에게는 임신하지 않은 여성에 비해 더 많은 영양소가 필요하다. 어린이에게는 성인보다 더 많은 단백질이 필요하다. 사지를 움직이는 데 문제가 없는 사람에게는 이동 자원이 거의 필요하지 않지만, 사지에 장애가 있는 사람에게는 같은 수준의 이동성을 얻기 위해 훨씬 더 많은 자원이 필요하다. 우리가 모든 개인을 높은 수준의 신체적 성취에 이르게 할 수 있는 부유한 국가에 살고 있다면 이러한 변형의 많은 부분을 간과할 수 있다. 그러나 개발도상국에서는 필요에 따른 이러한 변형에 고도로 주의를 기울여야만 한다. 다시 말하지만 해당 변형의 일부는 사회적이고, [사회는] 전통적 위계와 연합되어 있다. 만약 한 국가의 모든 시민을 교육적 성취에서 일정한 기본 수준에 이르게 하고 싶다면 전통적 위계나 편견 때문에 방해에 직면하는 사람들에게 더 많은 자원을 쏟을 필요가 있다. 이렇게 하면 세계 여러 곳에서 남성의 문해력보다 여성의 문해력에 비용이 더 많이 든다는 사실이 증명될 것이다. 자원 기반 접근법은 방해를 진단할 만큼 충분히 깊게 들어가지 못한다. 방해는 자원이 적합하게 분산되어 있는 것처럼 보일 때도 혼존할 수 있으며, 어떤 의미에서 개인에게 있는 기회(무상 공교육, 투표권, 노동권과 같은 기회)를 이용하는 것을 스스로 소홀히 하는 원인이 된다. 우리가 자원 지수index of resources만으로 효과를 내려고 한다면 몇 번이고 잘-살기와 관련성이 높은 불평등을 강화하게 될 것이다. 이것은 우리가 여성의 삶의 질을 고려하고자 할 때 특히 심각한 결함이 된다. 전통 속에서 박탈과 무력감을 겪는 처지에 있었던 여성에게는 더 힘이 있다면 더 쉽게 달성할 수 있는 수준의 역량에 도달하기 위한 특별한 주의와 지원이 필요하기 때문이다.

　따라서 롤스주의 접근법조차 결국 행복을 위한 모든 각 개인의 투쟁을 충분히 존중하지 못한다. A와 B가 같은 양의 자원을 사용할 수 있다는 이유로 그들을 동등하게 부유하다고 대우하는 것은 결정적으로 A의 별개로 구별되는 삶을 경시하고, A의 환경과 B의 환경이 상호교환 가능하다고 내세우는 꼴이 된다. 교환 가능한 경우가 아닐 수 있는데도 말이다. A의 투쟁을 정당하게 다루려면, 우리는 자유, 기회, 그리고 물질적 잘-살기를 위해 투쟁하도록 만드는 사회적 맥락의 방해물을 의식하면서 그 맥락에서 투쟁을 이해해야 한다. 자유와 기회에 관한 논의에서 롤스는 정의 이론이 자유뿐만 아니라 동등한 가치 그리고 형식적인 기회의 평등뿐만 아니라 진정으로 공정한 기회의 평등을 분배하기 위해 구별된 삶들의 상이한 상황을 인식해야 한다는 점을 잘 의식하고 있음을 보여 준다. 그러나 그는 부와 소득을 지수화 과제의 중심이 되는 주요 선으로 강조하는 바람에 그 자신이 개인을 존중하는 부분을 충분히 드러내지 못한다.

요약하자면 우리는 각 개인의 행복을 위한 투쟁을 존중하는, 즉 각 사람을 그 자체로 목적이자 행위와 가치의 원천으로 대우하는 접근법을 원한다. 이러한 존중의 요소는 최소한 성인과 일부 핵심적인 선택의 영역에서 개인에게 중요한 선택 유형과 유의미한 관계에 필요한 넓은 공간을 남겨 두어 선에 관해 독재적으로 되지 않을 것을 의미한다. 그렇지만 바로 이 존중은 정치와 전통에 의해 부과된 폭정에서 벗어나 개인이 자신의 뜻을 따라가도록 허용하는 조건에 대해 입장을 취하는 것을 의미한다. 이를 위해서는 일반성과 개별성이 모두 필요하다. 다시 말해 전체를 아우르는 몇 가지 척도와 사람들이 제대로 살기 위해 애쓰는 환경 그리고 문화의 다양성에 대한 세부 지식이 필요하다. 공리주의와 자원 기반 접근법의 단점은, 우리가 만족감이나 단순한 자원의 현존이 아니라 개인이 실제로 무엇을 할 수 있고 무엇이 될 수 있는지에 초점을 맞춘다면 가장 적절한 방식으로 입장을 취할 수 있음을 시사한다. 효용이나 자원에 기반한 일반적인 척도는 맥락적 변형, 즉 환경이 자원을 의미 있는 인간다운 활동으로 전환하는 개인의 선호와 능력을 형성하는 방식에 둔감한 것으로 드러난다. 오직 기능발휘와 역량에 폭넓게 관심을 둘 때만 인간의 노력과 그것의 물질적·사회적 맥락 사이에 있는 복잡한 상호관계를 정당하게 다룰 수 있다.

4. 핵심 인간 역량

그러므로 보편에 관한 가장 흥미로운 고민은 그것이 보편의 한 특정 유형을 선호하도록 우리를 유도한다는 데 있다. 이제 나는 이 모든 관심사에 대한 합당한 답, 즉 정부와 국제기구에 유효한 안내를 제공할 수 있는 답을 **잠재역량 접근법**capabilities approach의 한 버전에서 발견할 수 있다고 주장할 것이다. 아마르티아 센Amartya Sen이 삶의 질을 평가하기 위해 경제학에서 창안한 이 접근법은[65] 현재 유엔 개발 계획의 『인간 개발 보고서』를 통해 상당한 영향력을 지니게 되었다.[66] 이 접근법의 내 버전(인간의 기능발휘에 대한 아리스토텔레스의 생각과 그것을 사용하는 마르크스에 관한 사유를 통해 센의 연구와는 독립적으로 시작된 버전)은[67] 여러 면에서 센의 것과 차이가 있다. 접근법의 철학적 토대에 대한 강조점과 핵심역량이 무엇인지를 밝힐 준비가 되어 있다는 점에서 그렇다.[68] 센은 삶의 질 평가가 이루어지는 공간에 경계를 정하는 역량의 역할에 초점을 맞춘다. 반면 나는 헌법 보장을 뒷받침하는 기본적인 정치적 원리의 토대로서 그 생각을 보다 시급한 방면에 사용한다. 나는 여기서 이러한 차이점을 깊이 논하지는 않겠다. 다만 내가 현재 옹호하려고 하는 그 접근법을 단순히 전개해 나갈 것이다. 어떤 보편적 접근이든 마찬가지로 실제적 관련성이 있는 방식으로 개발될 때만 쓸모가 있다. 따라서 우리는 이 접근법의 구조뿐만 아니라 여성의 삶에 적절히 초점을 맞출 수 있는 방식으로 그 내용을 구체화하는 방법에 관해서도 고민해야 한다. 그렇지 않으면 유망한 접근법이라도 여성이 실제로 직면하는 문제들을 무시함으로써 잘못될 수 있다. 하지만 잠재역량 접근법은 우리에게 여성들이 처한 물질적·사회적 배경에서 현실의 삶을 검토하도록 지시한다. 그렇기 때문에 이 접근법으로 이러한 [물질적·사회적] 난관을 극복할 수 있다는 희망을 품을 만한 이유가 있다.

잠재역량 접근법의 중심 질문은 "바산티가 얼마나 만족하는가?" 또는 "그녀가 사용할 수 있는 자원이 얼마나 되는가?"가 아니다. 대신에 "바산티가 실제로 무엇을 할 수 있고 무엇이 될 수 있는가?"를 묻는다. 우리는 인간의 삶에서 중심적 중요성으로 보이는 유효한 기능 목록에 정치적 목적을 두는 입장을 취하기 때문에 "그 사람이 이것을 할 수 있는가, 없는가"를 묻는다. 우리는 그녀가 하는 일에 대한 만족도뿐만 아니라 그녀가 실제로 하는 일과 할 수 있는 위치(그녀에게 어떤 자유와 기회가 있는지)에 관해서도 묻는다. 그리고 단지 주위에 널려 있는 자원에 관해서만 묻는 것이 아니라, 바산티가 완전히 인간다운 방식으로 기능할 수 있도록 하는 데 그 자원들이 얼마나 유효한지에 관해서도 묻는다.

이 질문에 어느 정도 답을 발견했으므로 우리는 이제 밀접하게 관련된 두 가지 방식으로 이 접근법을 연구한다. 첫째, 우리는 확실한 중심핵 영역에서 기능할 수 있는 역량의 관점을 기준으로 바산티의 삶의 질을 측정하고, 그녀의 삶의 질을 다른 사람과 비교할 것이다. 지역·계층·국가 간 삶의 질 차이에 관한 설명을 산출하기 위해 서로 다른 삶으로부터 자료를 모아 집계할 때, 우리는 항상 핵심역량의 범위 안에서 비교하고, 이런 방식으로 빈곤층과 적합한 중산층을 규정한다. 둘째, 우리는 인간다운 기능발휘의 확실한 중심핵 영역에서 공공의 정치적 배치public political arrangement를 위한 정의의 필요조건은 시민을 역량의 일정한 기본 수준에 이르게 하는 데 있다고 주장할 것이다. 사람들이 제도적으로 이 중심핵 영역의 어떤 부분에서든 최저 수준 이하로 떨어진다면, 이것은 초미의 관심이 필요한 부당하고 비극적인 상황으로 간주되어야 한다. 다른 면에서 문제가 없다고 하더라도 말이다.

이 접근법의 배후에 있는 직관적인 아이디어는 두 가지다. 첫째, 어떤 기능은 그것의 존재 여부가 인간다운 삶의 존재 또는 부재를 나타내는 표지로 이해되기 때문에 인간의 삶에 특히 중심적이다.[69] 둘째, 마르크스가 아리스토텔레스에게서 발견한 것으로, 이 기능을 단지 동물적인 방식이 아니라 진정으로 인간다운 방식으로 발휘해야 하는 무언가가 있다는 것이다. 우리는 너무나도 피폐해서 인간존엄성에 어울리지 않는 삶이 있다고, 동물처럼 전혀 자신의 인간적 능력을 개발하고 실행할 수 없이 생계를 꾸려가는 삶이 있다고 자주 판단한다. 마르크스의 예를 보면 굶주린 사람은 음식을 완전히 인간다운 방식으로 먹지 못한다. 여기서 인간다운 방식이란 실천 추론과 사회성이 스며든 방식을 의미한다. 그 또는 그녀가 생존하기 위해 음식을 움켜잡는다. 인간이 음식을 먹을 때의 여러 사회적·이성적 요인이 그들에게서 보이지 않는다. 마찬가지로 마르크스는 인간의 감각이 적정한 교육으로, 놀이와 자기표현을 위한 여가로, 타인과의 가치 있는 교제로 함양되지 않는다면 단지 동물적 수준에서만 작동할 수 있다고 주장한다. 우리는 여기에 마르크스가 승인하지 않았을 표현의 자유와 결사의 자유 그리고 신앙의 자유와 같은 몇 가지 목록을 추가해야 한다. 중심핵 아이디어는 인간이 '무리' 또는 '떼'로 살아가는 동물처럼 세계에 의해 수동적으로 형성되거나 떠밀려가는 존재가 아니라, 타인과의 협력과 호혜 속에서 자신의 삶을 능동적으로 형성하는 존엄성 있고 자유로운 존재라는 것이다.[70] 진정 인간다운 삶은 실천이성과 사회성이라는 인간적 능력으로 철저하게 형성된다.

인간존엄성에 관한 이런 아이디어에는 광범위한 비교-문화적 공명과 직관적인 힘이 있다. 우리는 어떤 문화에서든 그것을 비극 작품의 중심부에 놓인 아이디어라고 생각할 수 있다. 운에 맞서는 비극 인물에 대해 생각해 보라. 우리는 그런 인간에게 가해지는 참상을 보며, 모래알이 날리는 폭풍을 보는 것과는 매우 다른 방식으로 반응한다. 우리는 인간을 목적 그 자체로 가치가 있다고 간주하기 때문에, 일종의 경외심을 불러일으키는 무언가로 인해, 이 사람이 우연의 조류에 떠밀려 가는 모습을 보는 것이 끔찍하다고 여긴다. 그리고 동시에 우연이 완벽하게 그 사람의 인간성을 빼앗지 못했음을 목격할 때 감탄한다.[71] 아리스토텔레스가 기록하듯이 "고귀함이 빛난다." 그러한 반응은 우리에게 경외심을 불러일으키는 사람을 보호할 강력한 동기를 제공한다. 우리는 그 사람에게 활동력, 목표, 그리고 기획이 있다고 본다. 그는 자연의 기계적인 작동을 초월하여 경외감을 불러일으키는 존재인 동시에, 많은 중심적인 기획을 성취하기 위해 지원이 필요한 존재이기도 하다.[72] 이 아이디어에는 다소 종교적이고 세속적인 여러 형태가 있다. 우리가 다른 문화권의 비극적인 이야기에 감응할 수 있다는 사실은 인간다운 가치와 행위력에 관한 이 아이디어가 문화적 경계를 가로지른다는 것을 보여 준다.

극단적으로 중심 기능을 위한 역량이 너무 심각하게 부족한 경우에, 우리는 그 사람이 실제로 인간이 아니거나 더 이상 인간이 아니라고 판단할지도 모른다. 매우 심각한 형태의 정신 장애 또는 노인성 치매가 그렇다. 그러나 나는 이런 경계(의료 윤리에서는 중요하지만)보다는 한 사람의 역량을 마르크스가 '진정한 인간'이라고 부르는, 즉 인간에게 어울리는worthy 수준이 되게 하는 더 높은 최저치에 곤심을 둔다. 이 아이디어에는 인간의 가치나 존엄성의 개념에 대한 고려가 포함된다는 점에 유의해야 한다. 마르크스는 (아리스토텔레스를 따라) 인간의 주된 힘에는 물질적 지원이 필요하며 그것 없이는 그들 자신으로 존재할 수 없다고 강조함으로써 몇 가지 중요한 점에서 칸트에게서 벗어난다. 그러나 그는 또한 칸트로부터 영향을 받았고, 그가 아리스토텔레스의 전승을 표현하는 방식은 그 사람의 불가침성과 존엄성이라는 칸트식 개념에 의해 독특하게 형성되었다.

이 접근법은 각 사람을 가치 보유자로, 그리고 목적으로 이해한다는 것에 주목해야 한다. 마르크스는 그의 부르주아 선조들처럼 타인의 목적에 어떤 개인의 목적을 종속시키는 것은 잘못이라고 심도 있게 주장한다. 사람을 타인이 사용하는 단순한 대상으로 취급하는 것은 착취가 무엇인지를 말해 주는 중심핵이다. 따라서 개인 한 사람 한 사람의 선을 도모하는 것이 아니라, 사회 전체를 유기체로 고려하여 선을 추구하는 것은 마르크스식 접근법뿐만 아니라 부르주아 철학에도 모순된다.* 이 접근법이 추구하는 것은 사람들이 각자 존중받을 만하다고 대우받고, 각자가 실제로 인간답게 살 수 있는 위치에 놓이는 사회다. (여기서 최저치라는 개념이 등장한다. 우리는 각 영역에서 역량의 특정 수준 이하에서는 사람이 진정으로 인간다운 방식으로 살 수 없다고 같한다.) 그러므로 우리는 **각인 목적의 원칙**을 명료화하여 **각인 역량의 원칙**이라

---

* 마르크스식 접근법은 사람이 다른 사람을 수단으로 대하는 데는 반대하지만 사회 전체를 위해서 개인을 수단화하는 전체주의적 특성이 있다. 누스바움은 그 지점을 우려한다.

고 바꾸어 말한다. 추구되는 역량은 우선 첫째로 집단, 가족, 국가 또는 여타 협력 기관을 위한 것이 아니라 각자 모든 사람을 위한 것이다. 그런 기관은 인간적 역량을 증진하는 데 대단히 중요할 수 있고, 이런 방식으로 우리의 지지를 얻을 자격이 있을지도 모른다. 그러나 그들에게 그럴 만한 가치가 있는 것은 그들이 사람들을 위해 일하기 때문이고, 그들의 궁극적인 정치적 목표는 항상 **각인**each person의 역량을 증진하는 데 있다.

나는 우리가 광범위한 비교-문화적 합의를 도출할 수 있는 진정으로 인간다운 기능발휘의 중심 요소를 확인할 수 있다고 믿는다. (이것을 이해하는 방식 중 하나는 비극의 플롯이 문화의 경계를 교차하는 방법에 관하여 생각하는 것이다. 세계에 대한 형이상학적 이해의 차이에도 불구하고 어떤 박탈은 끔찍하다고 생각된다.) 이 핵심역량 목록이 구조와 실질 모두에서 롤스의 주요선 목록과 다소 차이가 있기는 하지만, 유사한 정치적 자유주의 정신에서 제시된 것이다. 즉 완전한 인간다운 삶에 대해 매우 다른 관점을 지닌 사람들도 정치적 목적을 위해, 중심적인 헌법 보장의 도덕적 기초로서 승인할 수 있는 목록이다. (우리가 보게 되겠지만, 이 목록이 실제 기능이 아니라 기능발휘를 위한 역량이나 기회의 목록이고, 부분적으로는 사람들이 귀중하게 여기는 여타 기능을 추구할 수 있는 공간을 보호하기 때문이다.)

이 목록은 헌법 보장으로 구현될 수 있는 기본적인 정치적 원리의 토대를 제공한다. 이 목적을 위해, 이 목록은 그 사람이 추구하거나 선택하는 것과 상관없이, 어떤 인간의 삶이든 중심이 되는 중요성이 있다고 설득력 있게 주장할 수 있는 인간적 역량을 따로 분리한다. 핵심역량은 단지 더 나은 삶을 추구하기 위한 도구인 것만은 아니다. 핵심역량은 그것을 포함하는 삶을 완전히 인간다운 삶으로 만들기 때문에 그 자체로 가치가 있다. 그뿐만 아니라 사람들이 계획하고 행하는 모든 것에서 특히 침투적이고 중심적인 역할을 하는 것으로 여겨진다. 그런 의미에서도 핵심역량은 롤스의 최근 (정치적-자유주의적) 이론에 있는 주요선의 역할에 비견할 만한 역할을 한다. 핵심역량은 어떤 삶의 방식을 선택하는 것을 가능케 하는 데 특수한 중요성을 지니므로, 다원주의 사회에서 정치적 목적을 위해 특별히 지지받아야 한다.[73]

핵심역량 목록은 완전한 정의 이론이 아니다. 다양한 영역에서 품위 있는 사회의 최소치를 결정하는 데 기초를 제시하는 목록이다.[74] 나는 사회적·정치적 제도의 구조가 최소한 이러한 인간 역량의 최저 수준을 증진할 목적으로 선택되어야 한다고 주장한다. 하지만 역량의 최저 수준을 제공하는 것이 목표로는 절박하더라도 정의에는 충분하지 않을 수 있다. 나는 사회의 최소치와 평등에 대한 우리의 관심 사이의 관계를 논의하며 나중에 이것을 더욱 정고하게 다룰 것이다. 정의에 관해 그런 추가적인 요건을 결정하기 위해서는 또 다른 탐구를 기다려야 한다. 게다가 역량의 최저 수준을 가장 잘 확보할 방법을 서술하기 위해서는 사적 행위자의 동기에 비견되는 공적 영역의 적절한 역할과 공적 영역이 그 목록에 있는 역량을 추구하는 사적 행위자의 활동을 통제할 권한이 어느 정도 있는지에 관해서도 훨씬 더 많은 논의가 필요하다. 우리는 역량의 공간이 그런 비교를 하는 데 실제적 관련성이 있는 공간이며, 핵심역량의 영역에서 기본적인 사회의 최소치가 모든 시민에게 보장되어야 한다는 데 동의할 수 있다. 반면 핵심역량을 증진하는 데 정부와 공공 계획이 어떤 역할을 수행해야 하는지에 대해서는 이견이 있을 수 있다. 이 질문에 일반적인 답을 하려면 내 탐구 범위에서 벗어나는 경제적 질문에 답해야 하기 때문에, 나는 여기에서 일반적인 답을 하지 않을 것이다. 다만 3장과 4장에서 몇몇 개별 영역의 역량 증진을 위한 법의 적절한 역할을 논의할 것이다. 정의 이론

에서 다루는 다른 많은 질문 역시 역량에 관한 이런 설명으로는 결정되지 않은 채로 남아 있다.[75]

　　이 목록은 수년에 걸친 비교-문화 논의의 결과이며, 초기 버전과 후기 버전을 비교하면 다른 목소리들이 입력되어 여러 방면에서 그 내용이 형성되었음을 볼 수 있을 것이다. 따라서 이 목록은 이미 그 목록 자체가 무엇을 제안하는지를 나타낸다. 다시 말해 이 목록은 인간 삶에 대해 매우 다른 관점을 지닌 사람들 사이에서 일종의 **중첩적 합의**overlapping consensus[76]를 이루어 낸 것이다. 2장에서 나는 이 목록이 어떻게 발전되어 왔는지에 관한 사실이 부수적으로 그것을 정당화하는 데 도움을 주었음을 논증할 것이다. 진정으로 인간다운 기능발휘라는 직관적 개념과 그것이 무엇을 수반하는지가 정당화에서 주요한 비중을 차지하지만 말이다. 내가 '중첩적 합의'라고 말할 때, 그것은 존 롤스가 의미한 바를 뜻한다. 즉 사람들은 어떤 특정한 형이상학적 세계관이나 포괄적인 윤리적·종교적 견해, 또는 사람이나 인간 본성에 대한 특정 견해를 받아들이지 않고도, 이 개념을 정치적 개념의 독립적인 도덕적 중심핵freestanding moral core으로 받아들일 수 있다. 사실 이 영역에서 상이한 견해의 지지자들이 서로 다른 그들의 출발점을 유지하면서 정치적 개념의 도덕적 중심핵을 어느 정도 다르게 해석한다는 것은 예상할 수 있는 일이다.[77] 따라서 무슬림은 "남성과 여성이 단일한 형이상학의 본질적 본성을 공유하기 때문에 정치적 개념에서 여성이 시민으로서 동등하다"고 말할 수 있다. 이와 달리 일부 유대인과[78] 그리스도교인은 "여성은 남성과 상이한 본질적 본성을 지니고 있다는 사실에도 불구하고 시민으로서 동등하다"고 말할 수 있다. 토마스주의 가톨릭 신자는 '실천이성'을 토마스 아퀴나스의 아리스토텔레스식 선택 개념을 염두에 두고 해석할 수 있다. 다른 사람들은 일상 경험에서 계획하고 결정하는 일에 기반하여 보다 비형식적인 방식으로 선택에 관해 생각할 것이다. 핀란드인은 숲 속의 고독한 관조가 삶에서 중요한 역할을 한다고 보고 삶에 대한 포괄적 개념의 관점에서 놀이와 여가를 해석할 수 있다. 콜카타 주민은 아마 다양한 포괄적인 교제를 염두에 둘 것이다. 내가 해석하기로 아리스토텔레스는 인간다운 기능발휘에 대한 그의 설명의 중심핵을 자연목적론natural teleology이나 어떤 비도덕적non-moral 원천에서 연역된 것이 아니라, 독립적인 도덕 개념으로 이해한다.[79] 아리스토텔레스에 관한 내 해석이 정확한지 여부와는 상관없이, 내가 제안한 신아리스토텔레스식neo-Aristolelian 견해는 그러한 정신에서 의도된 것이며, (아리스토텔레스와는 명백히 다르게) 좋은 삶에 관해 포괄적 개념이 아니라 정치적 목적을 위해서만 선택된 부분적인 도덕적 개념이다.

인간다운 기능발휘와 잠재역량이라는 직관적 개념이 우리의 직관에 대해 지속적인 성찰과 검증을 요구하기 때문에, 우리가 정치적 목적을 위한 관성적 평형에 도달하려 할 때, 목록의 어떤 특정 버전이라도 가장 신뢰할 만한 우리의 직관에 비추어 검증되어야 한다는 소크라테스식 제안으로 보아야 한다. (정치적 정당화의 이 쟁점에 대해서는 7장에서 더 논의할 것이다.)

목록의 일부 항목은 다른 항목보다 좀 더 고정된 것처럼 보일 수 있다. 예를 들어 신체 보전 권리가 그 목록에서 제외된다면 당황스러운 일이 될 것이다. 우리가 선함goodness에 대해 신중하게 판단한다면 신체 보전은 고정점fixed point처럼 보이기 때문이다.[80] 한편 인간다운 기능발휘에서 둔해력이 어떤 역할을 하는지 그리고 다른 종과 자연 세계와 우리의 관계가 어떤 역할을 하는지에 대해서는 논쟁의 여지가 있을 수 있다. 이런 의미에서 이 목록은 개방적이고 유동적인 성격을 지닌다. 그래서 항상 논쟁의 대상이 되고 재구성될 수 있다. 또한 목록에 있는 항목이 서로 다른 사회에서 어느 정도 상이하게 구성된다는 것을 부인하지도 않는다. 사실 이 목록에 대한 아이디어의 요소는 **다중 실현가능성**multiple realizability이다. 그 항목들은 해당 지역의 신념과 환경에 따라 더 구체적으로 지정될 수 있다. 따라서 그것은 세부 항목에 합당한 다원주의를 위한 여지를 남겨 두고 설계되었다. 각 핵심역량들의 최저 수준은 시민이 정치적 목적을 위한 합의를 모색함에 따라 더 정밀하게 결정될 필요가 있다. 이 최저 수준은 해석과 숙고를 통해 도출되므로 각 헌법 전통 내부에서 실행되리라고 예상할 수 있다. (근본적인 헌법 권리 대부분은 초기에 높은 수준의 일반성으로 서술되지만, 그렇다고 해서 실행 불가능하거나 재판에 회부할 수 없다는 의미는 아니다. 해석과 선례의 전통이 유관한 세부 항목을 규정한다.) 마지막으로 문해력, 기초 과학 교육과 같은 문제에 관한 비교적 구체적인 의견에서 이 목록은 영구적인 것이 아니라, 현대 세계에 맞게 의도된 것이다.[81]

다음은 현재 버전의 목록이다.[82]

인간 기능의 핵심역량 Central Human Functional Capabilities

1. 생명 Life 평균적인 수명만큼 인간적인 삶을 살 수 있다. 수명이 다하기 전에 죽거나 살아갈 가치가 없다고 격하되어서는 안 된다.

2. 신체 건강 Bodily Health 양호한 건강을 누릴 수 있다. 이것은 생식을 위한 건강,[83] 적합한 영양 공급, 적합한 주거 공간을 포함한다.

3. 신체 보전 Bodily Integrity 자유롭게 장소를 이동할 수 있다. 신체에 대한 주권을 갖는다. 성폭력, 아동 성학대, 가정 폭력을 포함한 폭행으로부터 안전할 수 있다. 성적 만족 기회와 생식 문제에 대한 선택의 기회를 갖는다.

4. 감각, 상상, 사고 Senses, Imagination, and Thought 감각을 사용하고 상상하고 사고하고 추론할 수 있으며, 이것을 "진정으로 인간다운" 방식으로 할 수 있다. 즉 문해력과 기초 수학 그리고 과학 훈련을 포함하지만, 결코 이것에 제한되지 않는 적합한 교육으로 정보를 얻고 함양한다. 종교·문학·음악 등에서 자신의 선택에 의한 자기 표현적 작품works과 결과events를 경험하고 제작하는 것과 관련하여 상상력과 사고력을 활용할 수 있다. 정치적·예술적 표출에서 표현의 자유 그리고 종교 활동의 자유를 보장하여 보호받는 방식으로 자신의 정신mind을 사용할 수 있다. 자신의 방식으로 삶의 궁극적 의미를 추구할 수 있다. 쾌락을 경험하고 불필요한non-necessary 고통을 피할 수 있다.

5. 감정 Emotions 우리 자신 외의 사물과 사람에게 애착을 느낄 수 있다. 우리를 사랑하고 돌보는 사람을 사랑할 수 있으며 그들의 부재에 대해 슬퍼할 수 있다. 일반적으로 말하자면 사랑과 슬픔과 갈망과 감사와 정당한 분노를 경험할 수 있다. 압도적인 두려움과 불안 또는 학대나 방치라는 트라우마로 인해 감정 발달이 방해받지 않는다. (이 역량의 지원은 감정 발달에 중대하다고 보일 수 있는 인간적 연합의 형성을 지원한다는 의미다.)

6. 실천이성 Practical Reason 선 개념을 형성하고 자신의 삶을 계획하는 일을 비판적으로 성찰할 수 있다. (이것은 양심의 자유에 대한 보호를 수반한다.)

7. 협력관계 Affiliation ① 다른 사람들과 함께 그리고 다른 사람을 향해 살 수 있다. 타인에 대한 염려를 인식하고 보여 주며, 다양한 형태의 사회적 상호작용에 참여할 수 있다. 다른 사람의 상황을 상상하고 그 상황에

연민을 느낄 수 있다. 정의와 우정 모두를 위한 역량을 가질 수 있다. (이 역량을 보호하는 것은 그런 형태의 협력관계를 구성하고 육성하는 기관과 집회 그리고 정치적 언론의 자유를 보호한다는 의미다.) ② 자기존중self-respect과 모욕받지 않을non-humiliation 사회적 토대에서 살 수 있다. 즉 다른 사람과 동등한 가치를 지닌 존엄성 있는 존재로 대우받을 수 있다. 이것은 최소한 인종·성별·성적 지향·종교·카스트·민족·출신 국가에 근거한 차별금지를 수반한다.[84] 직장에서 인간답게 일할 수 있고, 실천 이성을 발휘하며 직장 동료와 상호 인정하는 유의미한 관계를 맺을 수 있다.

8. 다른 종 Other Species 동물, 식물, 그리고 자연 세계를 염려하고 관계를 맺으며 살 수 있다.[85]

9. 놀이 Play 웃고, 놀이하고, 여가 활동을 즐길 수 있다.

10. 환경 통제 Control over One's Environment ① 정치적 측면: 자신의 삶을 지배하는 정치적 선택에 효과적으로 참여할 수 있다. 정치 참여 권리를 가지며 자유로운 언론 그리고 결사를 보장받는다. ② 물질적 측면: 단지 형식적으로만이 아니라 실제 기회의 관점에서 재산(동산과 부동산 모두)을 보유할 수 있다. 다른 사람과 동등한 기반에서 재산권을 갖는다. 다른 사람들과 동등한 기반에서 고용 추구권을 갖는다. 영장 없이 압수·수색을 받지 않는다.[86]

이 목록은 철저하게 **별개의 요소로 구성된**separate components 목록이다. 우리는 그중 하나의 필요를 다른 항목에 더 많은 양을 제공하는 방법으로 충족시킬 수 없다. 모든 항목에 중심적인 중요성이 있고 모두 질적으로 구별된다. 목록의 이러한 환원 불가능한 복수성은 합당하게 이루어질 수 있는 교환에 제한을 둔다. 따라서 양적인 비용-편익 분석의 적용 가능성에도 제한을 둔다. 물론 비용-편익 분석을 사용할 수도 있지만, 이 접근법과 연계하여 사용한다면, 복수성이 있는 구별된 선들 각각 모두에 중심적인 중요성이 있다는 사실을 비중 있게 다루는 것이 결정적으로 중요하다. 따라서 시민이 중심 영역 중어느 하나에서 최저치 이하로 밀려나는 선택에는 비극적 측면이 있다. 그 비극적 측면이 단순히 막대한 비용으로 설명될 수는 있지만, **구별적 선**distinctive good이 경시된다는 사실을 이런 식으로 깔끔하게 설명하기는 어렵다. 예를 들어 정치적 자유의 부재를 엄청난 경제 성장으로 만회할 것이라고 가정해서는 안 된다. 단일 척도를 사용하면 이런 식으로 생각하기 쉽지만 같이다.[87]

동시에 이 목록에 있는 항목은 여러 복잡한 방식으로 서로 관련된다. 여성이 환경을 통제하고 효과적으로 정치에 참여할 권리를 증진하는 효율적인 방법 중 하나는 여성의 문해력을 증진하는 것이다. 여성이 집 밖에서 일자리를 구할 수 있다면, 그것은 집안에서의 폭행으로부터 벗어날 수 있는 대안이 되어 신체 보전을 보호할 수 있도록 돕는다. 생식 건강은 실천이성과 신체 보전에 여러 가지 복잡한 방식으로 관련된다. 이것은 다른 항목을 대가로 지불하여 하나의 항목을 증진하는 일을 피해야 할 또 다른 이유를 제공한다.

이 목록에 있는 항목 중 일부는 존 롤스가 말한 '자연선natural goods'이거나 그 선을 포함한다. 이러한 선의 획득에는 운이 실질적인 역할을 한다. 따라서 정부는 모든 시민이 건강하거나 정서적으로 균형 잡힌 상태가 되기를 기대할 수 없다. 그런 긍정적인 상태를 결정하는 요인 중 일부는 자연적이거나 운에 좌우되기 때문이다. 이런 자연선의 영역에서 정부가 목표를 두고 실행할 수 있는 일은 이 역량들의 **사회적 기초**social basis of를 제공하는 것이다 잠저

역량 접근법은 자연적 자질이나 능력으로 인한 출발점의 차이를 보완하기 위해 많은 노력을 기울여야 한다고 강조한다. 그렇지만 사회가 안정적으로 제공할 수 있는 것은 여전히 선 자체가 아니라 선의 사회적 기초다. 여성의 감정 건강을 예로 들어보자. 정부가 모든 여성을 감정적으로 건강하게 만들 수 없다. 그러나 가족법, 성폭행법, 공공 안전과 같은 영역에서 적합한 정책을 통해 감정 건강에 상당한 영향을 미칠 수 있다. 이는 모든 자연선에 대해서도 마찬가지일 것이다. 그렇지만 우리가 통제할 수 없는 요소들 때문에 일부 사람들이 여전히 역량을 갖지 못할 수 있다. 그러므로 역량을 삶의 질을 비교하는 척도로 사용할 때, 우리는 관찰된 차이의 원인을 계속 탐구해야 한다. 국가나 집단 사이의 건강 차이 중 일부는 공공 정책으로 통제할 수 있는 요인 때문이지만, 다른 일부는 그렇지 않다. 기본적인 정치적 원리가 이 역량들의 완전한 사회적 기초를 사람들에게 제공한다면 그 원리들은 제 역할을 다한 것이다. (이에 대한 심화 논의는 5절을 보라.)

역량들 중에서 **실천이성**practical reason과 **협력관계**affiliation는 모두 특수한 중요성으로 인해 두드러진다. 이 두 가지 역량은 역량 추구가 진정으로 인간답게 이루어지도록 다른 모든 역량들을 조직하고 채워 가기 때문이다. 사고와 계획과 같은 인간적 특성을 활용하지 않고 감각을 사용하는 것은 불완전한 인간적 방식으로 감각을 사용하는 것이다.[88] 복잡한 형태의 담론, 염려, 그리고 다른 인간과의 상호관계 없이 자신의 삶을 계획하는 일 또한 불완전한 인간적 방식으로 처신하는 것이다.[89] 예를 들어 일이 진정으로 인간다운 양식의 기능 발휘가 되려면 실천이성과 협력관계 모두의 가용성availability이 수반되어야만 한다. 그것은 그저 기계의 한 부품이 아니라 생각하는 존재로 행동할 수 있어야 하며, 인간성의 상호 인정을 수반하는 방식으로 타인과 함께, 타인을 향해 수행될 수 있어야 한다.[90] 여성의 일은 남성의 일보다 이 특징이 훨씬 더 많이 결여되어 있다.

우리가 이런 식으로 실천이성과 협력관계를 중심에 둔다고 해서 다른 모든 것을 이 두 가지 목적으로 환원할 수 있다고 말하는 것은 아니다. 예를 들어 우리는 건강이 그저 선택의 자유를 위한 수단이라고만 말하지는 않는다. 정부가 건강한 생활이나 감각 능력처럼 중요한 항목을 축소하여 동물 수준의 양식animal-like mode으로만 사용할 수 있도록 만드는 데 그친다면, 그것으로는 부족하다고 말하는 것이다. 이성과 협력관계를 수반하는 형태로 목록에 있는 모든 항목을 사용할 수 있어야 한다. 이 목록은 우리가 별개의 역량들 각각에 맞게 어디에 최저치를 맞춰야 하는지, 어떤 세목을 수용할지에 대한 제약을 설정한다.

정치 영역에서 잠저역량 접근법의 출발점이 되는 기본 직관basic intuition 은 특정한 인간의 능력이 개발되어야 한다는 도덕적 주장을 행사한다는 것이다. 다시 말하지만 이것은 특정 형이상학이나 목적론적 관점이 아니라 **독립적인 도덕관념**a freestanding moral idea으로 이해되어야만 한다. 실제 인간의 능력이 모두 도덕적 주장을 행사하지는 않는다. 윤리적 관점에서 가치 있다고 평가되는 능력만 그렇다. (예를 들어 잔인성은 그 목록에 넣지 않는다.) 다라서 논증은 윤리적 전제에서 시작해서 그 이상의 어떤 형이상학적 전제가 아니라 오직 이 전제에서만 윤리적 결론을 도출한다.[91] 그렇게 해도 나는 특정한 인간의 능력에 대한 도덕적 주장과 관련된 우리의 도덕적 논증의 중심핵에 관해서 정치적 목적을 위해 필요한 일종의 합의를 얻을 수 있다고 생각한다. 인간은 올바른 교육적·물질적 지원이 제공된다면 이러한 인간적 기능을 모두 완전히 수행할 수 있는 생명체다. 즉 인간은 해당 문제의 기능을 수행할 수 있도록 (내가 '기본역량'이라고 부르는) 일정한 낮은 수준의 역량을[92] 지닌 생명체다. 이 역량이 목록에 있는 높은 수준의 역량으로 변형될 수 있는 양분을 박탈당할 때, 열매를 맺지 못하고 단절되어 어떤 면에서는 자신의 그림자에 불과하게 된다. 거북이에게 단지 동물 수준의 기능발휘만 가능한 삶이 주어진다고 해서 우리는 분노하지도 않고, [그것을] 황폐하고 비극적이라고 느끼지도 않는다. 인간 존재는 인간 행위와 표현의 능력을 고사시키는 삶이 주어질 때 [그것을] 황폐하고 비극적이라고 느낀다. 예를 들어 타고르의 이야기에 나오는 므리날Mrinal이 남편에게 하는 말에 그 비극이 표현되어 있다. "나는 그렇게 쉽게 죽을 사람이 아닙니다." 그녀의 시각에서 존엄성과 선택이 없는 삶, 다른 누군가의 부속물 이상이 될 수 없는 삶은 죽음의 한 유형이고 그녀의 인간성의 죽음이다. "나는 이제 막 살기 시작했습니다." 그녀는 편지 쓰기를 끝내고 "당신의 발아래에서 찢긴 므리날로부터"라고 서명한다. 이러한 비극의 감각은 문화의 경계를 가로지른다. 그리고 인간 본성에 관한 어떤 특정 형이상학의 관점에도 의존하지 않는다.

우리는 기본적인 인간 능력의 가치와 존엄성에 대한 인식에서 출발한다. 이러한 능력들을 기능발휘의 기회에 대한 청구로 보며, 이것이 상응하는 사회적·정치적 의무를 불러일으킨다고 본다. 실제로 분석에 활용되는 세 가지 유형의 역량이 있다.[93] 첫째는 **기본역량**basic capabilities이다. 이것은 보다 발전된 역량을 개발하기 위한 필수 기초로 개인이 선천적으로 갖추고 있는 것이며 도덕적 관심의 근거이기도 하다. 이 역량은 때때로 다소간 기능할 준비가 되어 있다. 보고 듣는 역량이 보통 여기에 해당한다. 그러나 종종 그것은 매우 미숙한 상태라서 바로 기능발휘로 전환될 수 없다. 이런 의미에서 신생아에게는 발화와 언어의 역량, 사랑과 감사의 역량, 실천이성 역량, 일할 수 있는 잠재성이 있다.

둘째는 **내적역량**internal capabilities이다. 이는 그 사람 자체의 개발된 상태로, 그 사람 자신에게는 필수 기능requisite functions을 발휘하기 위한 충분조건이 된다. 기본역량과 달리 이 상태는 성숙한 준비 상태다. 때때로 준비 상태는 단순히 시간과 신체적 성숙으로 갖추어진다. 적당한 영양 섭취가 필요하기는 하지만 별다른 외부 개입 없이 단순히 성장함으로써 성적인 기능발휘를 할 수 있게 된다. 거의 모든 인간의 자녀는 모국어로 말하는 법을 배운다. 그들에게 필요한 전부는 결정적인 시기에 그 언어를 충분히 듣는 것이다. 그러나 많은 경우에 내적역량은 다른 사람들과 함께 노는 것을 배우고, 사랑을 알게 되고, 정치적 선택을 실행할 수 있게 될 때처럼 주변 환경에서 지원받을 때만 개발된다. 그리고 그 역량이 일정한 지점에 이를 때 사람은 그것을 사용할 수 있다. 생식기 절제를 겪지 않은 여성은 성적 쾌락을 위한 **내적역량**을 갖추고 있다. 성인 대부분은 어디에서나 종교의 자유와 발언의 자유에 맞는 **내적역량**을 갖추고 있다.

그러나 사람들이 (보통 물질적·사회적 세계에서 많은 지원을 받아) 능력을 개발했다고 해도 그에 따른 기능발휘를 방해받을 수 있다. 그러므로 마지막은 **결합역량**combined capabilities이다.[94] 이것은 그 기능 실행에 적당한 외적 조건과 **결합한**combined with 내적역량이라고 정의할 수 있다. 생식기 절제를 받지 않았지만 어렸을 때 과부가 되고 재혼이 금지된 여성에게는 성적표현을 위한 내적역량은 있으나 결합역량은 없다(고용과 정치참여를 위한 대부분의 경우에도 그렇다).[95] 억압적인 비민주적 정권의 시민에게는 그들의 양심에 따라 사고하고 발언할 내적역량은 있으나 결합역량은 없다.[96] 그러므로 이 목록은 **결합역량** 목록이다. 한 국가의 시민을 위해 목록의 항목 중 하나를 실현하려면 단순히 그들의 내적 능력의 적절한 개발을 촉진하는 것뿐만 아니라, 실천이성과 다른 주요 기능을 발휘하기에 유리한 환경을 조성해야 한다.

내적역량과 결합역량 사이의 구분은 뚜렷하지 않은데, 내적역량을 개발하기 위해서는 보통 유리한 외적조건이 필요하기 때문이다. 실제로 종종 그 실제 기능actual function을 연습하는 일이 관건이다. 그럼에도 그 구분이 현실에서 유효한 것은 고도로 훈련된 역량조차 저해될 수 있기 때문이다. 물질적·사회적 환경에 갑작스러운 변화가 있을 때 우리는 가장 예리하게 그 구분을 이해한다. 종교의 자유와 발언의 자유를 실행하는 데 익숙한 사람이 더는 그렇게 할 수 없게 되었을 때가 그렇다. 이때 우리는 내적역량은 완전하게 있지만 결합역량은 그렇지 않다는 것을 확실히 느끼게 된다. 평생 박탈이 있는 곳에서는 그 구분을 쉽게 끌어낼 수 없다. 지속적인 박탈은 내적 준비를 작동하는 데 영향을 미친다. 언론의 자유나 종교의 자유가 없는 환경에서 자란 어린이는 이런 자유를 보호하는 국가에서 자란 어린이와 동등한 정도의 정치적·종교적 역량을 개발하지 못한다. (2장에서 이 쟁점을 상세히 논의할 것이다.) 그러나 그런 경우에도 우리는 그 구분이 두드러지는 여러 사안을 관찰할 수 있다. 물질적 필요에 내몰린 많은 여성, 집 밖에서 일하기를 몹시 원하는 많은 여성, 그리고 일부 일을 하는 데 사용할 수 있는 기술을 지닌 많은 여성이 가족이나 종교의 압력으로 인해 일을 하지 못한다. 목록에 있는 역량이 결합역량이라고 주장함으로써 나는 물질적 환경과 사회적 환경이라는 이중 중요성에 방점을 둔다. 이것은 내적역량을 훈련하는 일과 일단 훈련된 것을 그들이 스스로 표현하는 것을 모두 포함한다. 그리고 나는 이 목록에서 인정하는 자유와 기회가 순수하게 형식적인 태도로만 이해되어서는 안 된다는 것을 확증한다. 따라서 그것은 "형식적으로 평등한 자유"와 "형식적인 기회의 평등"이라는 얇은 개념보다는 "자유의 동등한 가치"와 "진정으로 공정한 기회의 평등"이라는 롤스의 생각에 상응한다.[97]

역량을 사회적 목표로 두고 초점을 맞추는 일은 **인간 동등성에 초점 맞추기**focus on human equality와 밀접하게 관련되어 있다. 즉 인종, 종교, 성별, 출신 국가, 카스트, 또는 민족ethnicity에 기초한 차별은 그 자체로 연합하는 역량의 실패, 일종의 경멸 또는 모욕으로 간주된다. 게다가 역량을 목표로 삼는 것은 대부분의 사회에 존재하는 것보다 모든 시민을 위한 물질적 평등을 더 중요하게 촉진하는 일을 수반한다. 재분배 정책 없이는 모든 시민이 진정으로 인간다운 기능발휘를 위한 역량의 최소 최저치 이상에 도달하기 어려울 것이기 때문이다. 한편 일반적인 역량 목표를 지지하는 사람들은 역량에 초점을 맞춘 사회가 추구해야 하는 물질적 평등의 정도에 관해 이견을 내놓을 수 있다. 완전한 평등주의,[98] 롤스의 차등의 원칙, 그리고 (다소 넉넉한) 사회적 최소에 더 약하게 초점 맞추기, 이 모두가 지금까지 발전시킨 제안과 양립할 수 있다. 여성의 경우, 거의 모든 세계 사회가 많은 또는 대부분의 여성에게 진정으로 인간다운 기능발휘를 위한 기본적인 최소한의 수준조차 제공하지 못하고 있다. 평등의 수준에 관한 논쟁은 차이가 실천에서 의미를 갖게 되는 나중 단계로 미룰 것이다.

5. 기능발휘와 역량

나는 기능발휘와 역량을 모두 언급했다. 이들은 어떻게 관련되는가? 이것을 명확히 하는 것은 '잠재역량 접근법'이 롤스의 자유주의와 우리가 염려하는 개입주의 그리고 다원주의와 어떤 관련이 있는지 두 가지 관련 모두를 규명하는 데 결정적으로 중요하다. 우리가 기능발휘 자체를 공공정책의 목표로 삼아 시민들이 단일하고 확정적인 방식으로 기능하도록 밀어붙인다면, 자유주의적 다원주의자는 시민들이 자신의 선 개념에 따라 결정할 수 있는 많은 선택을 우리가 배제하고 있으며, 아마도 그들의 권리를 침해하고 있다고 곧바로 판단할 것이다. 종교심이 깊은 사람은 영양을 충분히 섭취하지 않고 엄격한 금식을 선호할 수 있다. 어떤 사람은 종교적인 이유이든 다른 이유이든 성적 표현을 하는 삶보다는 독신의 삶을 선호할 수 있다. 어떤 사람은 여가와 놀이를 배제하고 열정적인 헌신으로 일하기를 선호할 수 있다. 내가 이 목록을 사용해서 그러한 삶이 인간의 존엄성에 부합하지 않는다고 선언하는가? 그리고 내가 정부에게 사람들이 원하는 것과는 상관없이 필수적인 기능발휘를 하도록 재촉하거나 밀어붙이라고 제시하는가?

이 질문에 대한 답이 '아니오'라는 것이 중요하다. 성인 시민adult citizens에 관한 한, **기능발휘가 아니라 역량이 적절한 정치적 목표**capability, not functioning, is the appropriate political goal다. 이것은 이 접근법이 실천이성에 매우 큰 중요성을 부여하기 때문이다. 실천이성은 다른 모든 기능을 동물적인 것보다는 인간적인 것으로 만들며[99] 그 자체로 목록의 중심적인 기능으로 묘사되는 선이다. 단순히 역량만이 아니라 기능발휘가 삶을 완전히 인간답게 만들어 준다는 것은 더할 나위 없는 사실이다. 삶에서 어떤 기능발휘도 하지 못한다면 아무리 기회가 주어진다고 하더라도 그 삶을 환영할 수 없을 것이기 때문이다. 그럼에도 정치적 목적으로는 역량을, 그것도 오직 역량만을 겨냥하는 것이 적절하다. 시민에게는 이어지는 자신의 삶의 진로를 결정할 수 있는 자유가 있어야 한다. 충분한 음식이 있는 사람은 언제든 금식을 선택할 수 있다. 그러나 금식과 굶주림 사이에는 큰 차이가 있으며, 내가 포착하려는 것이 이 차이다. 다시 말하지만, 정상적인 성적 만족의 기회가 있는 사람은 언제든 독신의 삶을 선택할 수 있고, 내 접근법은 이것에 반대하는 어떤 말도 하지 않는다. (예를 들어) 내가 반대하는 것은 성적 기능발휘를 선택할 개인의 기회를 박탈하는 (그리고 실제로 독신을 선택할 기회도 박탈하는) 여성 생식기 절제 관행이다.[100] 놀이의 기회가 있는 사람은 언제든 일중독의 삶을 선택할 수 있다. 다시 말하지만, 이와 같이 선택된 삶과 최대 근로 시간을 충분히 보장받지 못하거나 '이중 책임double day'*으로 인해 제약받는 삶 사이에는 큰 차이가 있다. '이중 책임'은 세계 여러 곳에서 여성이 놀이할 수 없는 원인이 된다. 나는 공공 정책이 **내적역량**에만 만족해야 하며, 적대적인 환경에서 이러한 능력을 발휘하려고 애쓰는 개인의 투쟁에 무관심해야 한다고 말하는 것이 아니다. 그런 의미에서 내 접근법은 기능발휘라는 목표에 깊이 주의를 기울이며, 정부에게 항상 그것을 염두에 두도록 지시한다. 한편 나는 개인을 기능으로 밀어붙이지 않는다. 일단 무대가 완전히 준비되면, 선택은 그들의 몫이다.

이런 식으로 진행하는 이유는 아주 단순하게 사람과 그들의 선택에 대한 존중에 있다. 우리가 행복한 삶이 무엇인지 알고 있으며 거기에서 특정 기능이 중요한 역할을 한다고 확신하더라도 사람들을 이런 기능발휘로 끌어당긴다면 그들을 존중하지 않는 것이다. 우리는 무대를 준비하고, 동료 시민으르서 그들의 선택에 대해 호의적인 주장을 제시한다. 그때 선택은 그들에게 달려 있다.

독신에 대한 내 발언에서 알 수 있듯이 부수적인 논증도 할 수 있다. 사람

* 낮에 직장 일을 마친 후 가사와 가족 돌봄을 해야 하는 이중 책임을 의미한다.

들에게 선택권이 없고, 그들이 요구 사항 때문에 행동한다면, 그들의 행위는 더는 [선택권이 있을 때와] 동일한 가치를 지니지 못하고, 결과적으로 다른 기능이 될 수 있다. 강제적인 획일성에 반대하는 종교적 관용 지지자들이 종종 제기하는 이런 지점은 다른 역량에도 적용된다. 강제된 놀이는 진정한 놀이가 아니고, 명령된 사랑은 진정한 사랑이 아니다. 이것은 특정한 선 개념에 대해 확신이 있고 독단적인 사람조차도 정치적 목표로 기능발휘보다는 역량을 선호해야 하는 이유를 시사한다. 직접적인 정치적 목표가 선택의 범위를 허용하지 않는 방식으로 설정된다면 이런 사람이 원하는 유형의 기능발휘에 결코 도달하지 못할 것이기 때문이다. 이것은 지원 논증이며, 주요 논증은 사람에 대한 존중에서 유래하는 논증이다. 그러나 이를 통해 완벽주의자인 반대자*에게도 선택은 존중할 만한 가치가 있는 무언가라고 설득할 수 있다.

내가 잠재역량 접근법을 명료화할수록 그것은 주요선 개념을 사용하는 롤스의 접근법과 매우 가까워진다. 우리는 역량 목록을 기능발휘에 맞는 기회opportunities의 목록으로 충분하다고 간주한다. 그래서 이 외에 다른 무엇을 원하든지 이 목록을 원하는 것은 항상 합리적이다. 결국 이 모든 목록을 활용하지 못하는 삶의 계획을 세웠다고 하더라도, 삶을 선택할 수 있는 기회chance가 있다는 이유로 피해를 입는 일은 거의 없다. 이 역량 목록과 롤스의 주요선 목록의 일차적인 차이는 그것의 범위와 규정성에 있다. 예를 들면 이 목록은 소득과 재산과 같은 사물 항목 자체를 삶의 목표로 두기를 거부하고, 내가 말했듯이 롤스가 '자연선'이라고 부르는 여러 선들, 특히 "건강과 활력, 지성과 상

---

*   특정한 선 개념에 확신이 있고 독단적인 사람이 여기에 속한다. 또한 앞서 언급한 특정 형이상학이나 목적론적 시각에 근거한 입장을 의미한다. 잠재역량 접근법은 독립적인 도덕적 관념에 근거한 도덕적 주장을 한다는 점에서 이들과 반대 입장에 있다.

상력"과 같은 선의 사회적 기초를 목록에 올리기로 결정한다.[101] 롤스가 자기존중의 사회적 기초를 그의 목록에 기꺼이 넣으면서도 상상력과 건강을 동일한 위치에 넣지 않은 이유는 별로 명확하지 않다.[102] 롤스가 분명하게 염려했던 일은 개인에게 건강을 보장할 수 있는 사회는 없다는 것이었고, 그런 의미에서 완전한 외적 역량full external capability을 목표로 한다고 말하는 것은 불합리할 정도로 이상적으로 보일지도 모른다. 일부 역량(예를 들어 일부 정치적 자유)은 사회에 의해 완전히 보장될 수 있지만, 많은 다른 역량은 우연의 요소가 결부되어 그렇게 보장될 수가 없다. 이에 대한 나의 응답은 자기존중도 마찬가지로 사회가 이 항목들에 대해서도 이런 자연선의 **사회적 기초**를 보장하기를 바랄 수 있고, 따라서 정치적 **목표**로서 자연선을 목록에 올리는 일은 열망과 비교의 척도로 쓸모가 있다는 것이다. 적합하게 건강 지원을 받은 개인이 병에 걸리는 일이 있다고 하더라도 실제 건강 역량에 관해 질문함으로써 사회를 비교하는 것은 여전히 이치에 맞는 일이다. 우리는 이 비교가 인간이 계획하는 다양한 투입, 즉 역량의 **사회적 기초**가 개인에게 실제로 보장된 정도의 차이를 반영한다고 가정하기 때문이다. 이러한 비교는 더 유리하거나 불리한 자연적 상황을 고려하여 조정될 수 있다. (때로는 건강 역량에 대한 정보보다 건강 성취에 대한 정보를 얻기가 더 쉽다. 어느 정도까지는 우리에게 있는 정보로 작업해야 하지만, 이 구별의 중요성은 잊지 않아야 한다.) 그러나 사회 최소의 요건은 선 자체가 아니라 오직 이 자연선의 사회적 기초다.

우리가 목록에 있는 역량을 모두 갖춘 성인을 배출하는 것을 목표로 둔다면, 이것은 종종 어린 시절에 일정한 유형의 기능발휘를 요구하게 될 것이다. 내가 주장하듯이 어린 시절에 기능을 실행하는 일은 흔히 성숙한 성인 역량을 산출하는 데 필수이기 때문이다. 따라서 초중등 교육을 의무화하는 것은 전적으로 적법하다. 이것이 이후 성인 삶의 모든 선택에 역할을 하기 때문이다. 마찬가지로 어린이들의 선택을 고려하지 않는 방식으로 건강, 감정의 안녕 emotional well-being, 신체 보전, 어린이의 존엄성을 강요하는 것도 타당해 보인다. 이때 부모가 이런 강요를 일부 행할 수 있지만, 학대와 방치를 방지하기 위해 국가가 해야 하는 적법한 역할이 있다. 다시 말해, 성인기 역량을 위해서는 어린 시절의 기능발휘가 필요하다. 국가의 성인 역량에 대한 이익관심은 이러한 역량에 장기적인 영향을 미치는 아동 대우에 [어린 시절의 기능발휘에] 대한 매우 강한 이익관심으로 이어진다. 3장과 4장에서 나는 부모와 종교의 주장이 이러한 정부의 적법한 이익관심과 충돌할 때 제기되는 [어린 시절의 기능발휘에 대한] 난해한 쟁점들을 다룰 것이다. 마찬가지로 온전한 정신적·도덕적 능력을 갖추지 못한 성인의 선택 범위를 제한하는 일이 종종 정당화될 수 있다. 이는 단순히 역량이 아니라 실제 기능(예를 들어 건강, 주거, 신체 보전의 영역에서)을 증진시키는 것이다.

때때로 국가가 목록에 있는 역량을 모두 갖춘 성인을 배출하는 역할은 협소한 방식으로 이해되곤 한다. 이는 기술적·경제적 개발에 중요한 문해력과 다른 기본 기술에 초점을 맞추고, 아마도 좁은 의미로 해석된 정치적 기술 political skills에도 관심을 기울인다. 내 주장은 그런 협소한 초점에 단호하게 반대한다. 시민을 위해 해야 할 일을 하기 위해서 국가는 모든 역량을 염려해야만 한다. 경제 성장이나 심지어 정치적 기능발휘에 별로 유용하지 않은 것처럼 보일 때도 그래야만 한다. 특히 흥미로운 사례는 놀이 역량이다. 여가다운 놀이와 자기표현의 기회가 전혀 없는 성인의 삶이 바람직하지 않다는 것은 당연히 정말 명백하다. 그런데 우리는 사람들이 기회만 있다면 놀이를 할 수 있다고 가정하기 때문에, 어렸을 때 성인기의 기능발휘를 준비하는 과정의 일부인 놀이 역량 개발을 경시하는 경향이 있다. 우리는 어린이가 자연스럽게 놀이하고 놀이에서 상상력을 발휘하여 자신을 표현한다고 짐작할 수 있다. 그러나 이것은 엄밀히 말해 참이 아니다. 여러 문화에서 어린 소녀는 놀이하도록 격려받지 못한다. 결과적으로 그들은 어떻게 놀아야 하는지를 모른다. 위험이나 불결에 대한 두려움 때문에 집 안에 가두어 두고 집안일을 하게 해서 여 소녀들은 젊은 여성이 되기도 전에 늙은 여성 같은 처지가 된다. 어린 소년은 신체적·정신적으로 모험을 하라고 격려받는다. 그들은 뛰어다니고 게임과 전략을 통해 그들을 둘러싼 환경을 탐험한다. 이런 종류의 인간적 개발은 많은 소녀들에게 전혀 허용되지 않는다. 그러므로 그런 소녀들을 위해 연구하는 여러 좋은 교육 기획에서는 적어도 문해력과 기술만큼 인간적 개발에 중요한 것으로 여겨지는 게임과 놀이에 중점을 둔다.[103] 당장 어린 소녀에게 놀이를 하라고 명령할 수는 없다. 이런 의미에서 기능발휘가 아니라 역량이 어린이를 위해서도 적절한 목표다. 그러나 혹자는 놀이 활동에 많은 시간을 할애하도록 요구할 수 있으며, 역량을 기르기 위해 기능발휘가 필요한 스토리텔링과 예술 활동을 교육 과정에 많이 포함할 수 있다.

성인의 경우에도 우리는 일부 역량이 다른 모든 역량의 개발이나 유지에 결정적으로 중요해서, 자유에 대한 적절한 고려 범위 내에서 역량보다 기능발휘를 증진하는 것이 정당화될 수 있다고 느낄 때가 있다. 따라서 현대 국가 대부분은 건강과 안전을 사람들의 선택에 전적으로 맡기면 안 되는 일로 취급한다. 예를 들어 건축 법규, 식품·의료·환경오염에 대한 규제는 모두 자유를 어느 정도 제한한다. 그런 규제들은 이 모든 영역에서 충분히 제공된 정보에 입각하여 선택하는 데 어려움이 있고, 그런 선택을 시민에게 요구하는 것이 부담이 될 뿐만 아니라, 건강과 안전이 너무나 기초적이어서 단순히 사람들의 선택에 맡길 수 없다는 생각 때문에 정당화된다고 여겨진다. 안전한 건물에 거주하는 사람에게도 여전히 위험한 행동을 할 많은 기회가 있음에도 말이다. 우리는 또한 건강이 선택과 무관하게 그 자체로 가치 있는 인간의 선이라고 느낄 수 있으며, 정부가 (전적으로는 아니지만) 어느 정도 선택을 우회하는 방식으로 건강의 중요성에 대해 입장을 취하는 것이 불합리하지 않다고 생각할 수 있다.

존엄성은 깊이 생각하기 까다로운 또 다른 영역이다. 분명 우리는 시민들이 개인의 삶에서 자신을 비하하거나 굴욕감을 느끼는 관계를 택하는 자발적인 선택을 차단하고 싶지 않을 것이다. 우리가 그러한 선택을 불행하다고 생각할지라도 말이다. 그런 의미에서 역량은 여전히 적절한 정치적 목표다. 하지만 정부가 시민을 존엄성 있게 대우하고 실제로 존중한다는 것을 보여 주는 정책에 초점을 맞추는 일은 중요해 보인다. (어떤 정책이 되었든) 시민이 존엄성 있는 대우를 받을 수 있는 선택지를 단순히 확장하는 정책(예를 들어 적은 비용으로 권리를 구매하는 것)보다, (권리를 구매하지 않음으로써) 모멸적인 대우를 받을 선택지를 허용하는 정책에 초점을 맞추는 일이 중요해 보인다. 일반적으로 어떤 기능이 다른 역량을 획득하고 유지하는 데 더 중요할수록, 우리는 시민의 선택을 적절히 존중하는 범위 내에서 실제 기능발휘를 증진시킬 자격을 더 많이 얻게 된다.

나는 실천이성과 협력관계가 전체 기획의 중심이라고 말했다. 이 둘은 다른 모든 역량이 완전히 인간다워지도록 전체적으로 영향을 미친다. 그래서 이 점에서도 우리는 성인 시민이 매우 중요한 이 두 가지 역량을 경시하는 방식으로 기능을 행하고자 한다면 불편함을 느낄 수 있다. 시민들에게 그 역량이 있다고 확신할지라도 말이다. 어떤 종류든 협력관계적인 기능발휘를 포함하지 않는 삶을 상상하기는 매우 어렵다. 종교적 은둔자의 삶은 확실히 그런 삶이 아니다. 타인을 돌보는 여러 상이한 방식이 있고, 그들을 위해 기도하고 그들의 구원에 대해 생각하는 것도 합당한 한 가지 방식이기 때문이다. 실제로 타인에 대한 염려가 전혀 없다고 명백하게 드러난 삶은 소름끼치는 삶이 될 것이고, 그런 삶을 사는 사람이 실제로 다른 사람과의 관계에서 성숙한 역량을 누린다고 상상하기는 어렵다. 다른 모든 시민과 마찬가지로 그런 시민에게도 다른 사람에 대한 관심을 분명하게 보여 주는 어떤 기능발휘의 형식을 갖추라는 요구, 예를 들어 세금을 납부하고 법을 준수하라는 것과 같은 요구가 정당화될 것이라고 우리는 확실하게 말할 수 있다.

실천이성에 관한 한 우리는 유관 기능의 부재를 더욱 쉽게 상상할 수 있다. 삶을 계획하는 방법을 버운 성인이 더 이상 삶을 계획하지 않기로 결정하고 앞으로 자신을 위해 생각해 줄 권위적인 사회(종교 집단이나 군대 등)에 가입한다고 가정해 보자.[104] 물론 그런 사람도 여전히 양치하는 방법과 식사량을 결정하는 그런 소소한 방식에서는 실천이성에 부합하여 움직인다. 그러나 주요한 삶의 선택 대부분은 그녀의 손을 벗어난다. 이 점에서 시민으로서 사람들의 역량이 자신을 희생하는 데 있지 않다고 확신한다면, 역량을 정치적 목적의 목표로 삼는다는 것이 충분히 합당해 보인다. 따라서 우리는 명령을 받았을 때 단순히 복종하지 않고, 그 명령이 정당한 명령인지를 실제로 생각할 수 있는 군인을 원한다. 우리는 대부분 그들이 복종하기를 원하지만 항상 [복종하기를] 원하는 것은 아니다.[105] 미국 사관학교는 정확히 이런 이유로 윤리적 추론 교과 과정을 제도화했다.[106] 사람이 정치적 삶에서 물러나더라도, 필요가 생긴다면 우리는 그들이 시민으로서 실천이성을 발휘할 수 있기를 원한다. 요약하자면 역량을 보호한다는 이유로 제한된 정도의 기능발휘를 요구할 때가 있을 수 있다. 최소한 사람이 책임 있는 사회적 기능을 실행할 때 그럴 수 있다.

또 다른 사례 집단에서는 어떤 기능의 부재가 사실은 그 역량 자체를 포기한 표증이라고 추측할 수 있다. 감정 건강은 보통 기능발휘의 부재에서 역량의 부재를 추론할 수 있는 영역이다. 예를 들어 한 사람이 항상 다른 사람을 의심하고 두려워하면 우리는 이 사람이 사랑할 수 있지만 사랑하지 않기로 선택했다고 말하기보다는 사랑할 수 있는 잠재성이 손상되었다고 추론한다. 다른 영역에서도 이런 질문이 종종 제기될 필요가 있다. 특정 계층의 사람들이 투표할 수 있지만 지속적으로 하지 않는다면, 우리는 그들에게 이 시민적 역할을 수행하지 못하게 하는 미묘한 물질적, 사회적 장애물이 있는지 물어야 한다. 지속적인 불평등이나 위계가 완전한 참여를 가로막는 감정의 장벽을 만들었다고 판단되면, 여성이나 소수자를 위한 일자리를 만드는 것처럼 기능발휘를 장려하는 특별한 인센티브를 제공하는 것이 정당화될 수 있다. 기능발휘가 역량의 현존을 확보하는 유일한 방법의 요건이라고 확신한다면 의무 투표조차 배제되지 않을 것이다. 물론 아주 정당한 역량 근거도 없이 투표를 강요해서는 안 되며, 종교적 면제는 확실하게 보장되어야 한다.

겉보기에 강압이 없는 것이 분명한데도 성인이 주요 역량을 영구적으로 포기하려고 할 때, 우리는 무슨 말을 해야 하는가? 항상 그런 것은 아니지만, 우리는 종종 그 역량을 보호하기 위해 개입이 정당화된다고 판단할 것이다. 심지어 자살과 조력자살 합법화를 지지하는 사람들조차도 이런 선택에는 성급한 결정을 예방하기 위한 법적 절차를 세워야 한다고 믿는다. 게다가 대부분의 사람들은 불행하거나 우울한 사람 모두에게 순순히 자살을 허용하는 것을 지지하지 않는다. 실천이성도 마찬가지다. 우리가 어떤 사람이 건전한 정신을 지니고 있다고 생각하더라도, 우리는 그가 자발적 노예 계약을 하는 것을 허용하지 않는다. 4장에서 나는 그만둘 역량, 일할 역량 등이 계약에 의해 영구적으로 포기되는 결혼은 허용되어서는 안 된다고 주장할 것이다. 물론 상대방이 이런 역량을 실행하지 않기로 선택하는 일은 항상 있을 수 있지만 같이다. 약물 사용에 반대하는 법률은 대개 약물이 장기적이고 흔히 비가역적으로 역량을 손상시킨다는 판단을 반영한다. 안전벨트와 헬멧 착용법은 더욱 논란이 되는데, 이것 역시 순간적인 부주의로부터 사람들의 장기적인 역량을 보호하는 것이 적절하다는 넓은 관점을 반영한다. 마찬가지로 위험한 의료 졸차에는 보통 일상생활에서 요구하는 것보다 더 높은 수준의 선택과 적절한 고려가 필요하다. 필수 신체 장기 판매는 불법이다. 신장과 엄격하게 필수적이지 않은 다른 장기에 관해서는 더 많은 논란이 있지만, 현재 대부분의 국가에서 이것들을 판매하는 것은 불법이다. 다시 말하지만 강압 없이 성인이 행하는 관행일 때조차 정부가 여성 생식기 절제를 금지하는 것은 타당해 보인다. 장기적인 건강 위험 외에도 그 관행은 성적 쾌락의 역량을 영구히 제거하는 데 결부되기 때문이다. 물론 개인이 원하지 않는다면 성적 쾌락을 없애기로 선택할 자유는 있어야 한다. 마지막으로 자연과 멸종 위기종의 역량은 그들이 영구히 사라지지 않도록 특수한 보호를 받는 것이 정당해 보인다. 그들이 영구히 사라지는 데 민주적 다수가 찬성하더라도 말이다.[107]

영구적인 역량 포기라는 쟁점은 생식 영역에서 특히 난해한 형태로 제기된다. 국가가 인구 과잉을 염려하여 비용이 저렴하고 효과적인 피임 방식으로 이러한 역량 포기를 적극 조장하는 정책을 빈번하게 펼치기 때문이다. 바산티의 사례는 생식 역량을 영구적으로 포기하는 선택이 종종 관련 당사자들과 충분한 상담 없이 지나칠 정도로 가볍게 이루어진다는 것을 보여 준다. 주 정부는 정관수술에 대한 인센티브를 제공했고 남편의 동의만을 요구했다. 하지만 남편의 선택으로 바산티 역시 불임이 되었다. 정부는 그런 선택을 대부분 허용할 수 있지만, 핵심 인간 역량과 관련되었을 때 이를 장려하는 것은 의문의 여지가 있어 보인다. 인구 통제를 위해서라면 다른 전략을 선호해야 한다. 여성의 문해력을 높이는 것은 출산율을 낮추는 가장 효과적인 단일 방법이며, 역량을 소멸시키는 것이 아니라 오히려 강화한다.[108]

역량을 포기하는 보다 단기적이거나 부분적인 방식도 특히 건강과 신체 보전 영역에서는 논란의 여지가 있을 수 있다. 예를 들어 피해자의 동의는 여러 유형의 신체 학대에 대한 변명이 될 수 없다. 극히 살벌한 특정 스포츠(글러브를 끼지 않고 하는 복싱인 '종합 격투기ultimate fighting'는[109] 대부분의 지역에서 불법이다. 우리는 사람들에게 오염된 제품이나 위험한 약품의 구매를 허가하지 않는다. 그들이 그것에 대해 충분히 알고 있더라도 마찬가지다. 다른 영역(예를 들어, 주류와 담배 사용)에서는 정부가 선택을 모조리 막기보다는 오히려 건강 손상에 대해 역인센티브disincentive를 제시한다. 이 모든 쟁점은 개입주의와 관련하여 적법한 염려를 제기하기 때문에 논란이 된다. 나는 개인적으로 건강과 신체 보전이 다른 모든 역량과 관련하여 너무 중요하기 때문에 어느 지점까지는 선택에 개입할 수 있는 적법한 영역이라고 본다. 각 영역에서 그 지점이 어디인지에 관해서는 당연히 불일치하지만 말이다. 이 지점에 대한 논쟁의 대부분은 기본적인 정치적 원리의 범위를 벗어나며, 각 국가의 민주 절차에 맡겨야 한다.

롤스의 주요선 목록과 마찬가지로 핵심역량도 삶에서 가치 있는 것에 대해 포괄적으로 설명하는 데 의의를 두지 않는다. 정치 사상에서 사용하는 아리스토텔레스식 기능발휘 개념은 토마스주의 자연법 사상에 대한 특정 해석에서 파생되어 그러한 경향이 있다. 토마스주의에서 개인은 아리스토텔레스식 목록의 항목 중 하나를 경시하거나 목록에 있지 않은 무언가에 헌신하는 정도에 따라 표준 이하의 삶을 영위하는 것으로 간주된다.[110] 이와는 대조적으로 내 접근법에서 목록의 사용은 전제적이기보다는 촉진적이다. 개인이 이 목록에 있는 항목을 경시한다고 해도 그것이 다른 사람의 추구를 방해하지 않는 한 이 목록의 정치적 목적의 관점에서 볼 때 전혀 문제가 되지 않는다. 그리고 목록에 있지 않은 항목을 추구한다고 해도 그것은 예상할 수 있는 일이며 정확히 목록이 의도하는 바다. 이런 의미에서 단언하건대 목록은 선에 대한 포괄적인 개념이 아니라 부분적인 개념이다.

6. 역량과 인권

목록의 이전 버전은 전통적인 정치적 자유와 권리에 그렇게 큰 비중을 두지 않은 까닭에 롤스의 자유주의 접근법을 벗어난 것처럼 보였다. 이를 통합할 필요성이 처음부터 강조되어 왔지만 말이다.[111] 이번 버전은 그러한 강조의 결함을 바로잡는다. 정치적 자유는 잘-살기를 인간답게 하는 데 중심적 중요성을 지닌다. 이러한 자유를 무시하면서 잘-살기를 목표로 하는 사회는 구성원들에게 완전히 인간다운 만족 수준을 제공하지 못한다.[112] 최근에 아마크티아 센이 말했듯이, "정치적 권리는 필요의 충족에만 중요한 것이 아니라 필요의 정식화에도 결정적이다. 그리고 이런 생각은 결국 우리가 동료 인간으로서 서로에게 빚지고 있다는 점과 관련된다."[113] 정치적 자유가 물질적 재난(특히 기근)을 예방하고[114] 경제적 잘-살기를 진작하는 도구적 역할을 한다고 생각할 수 있는 여러 이유가 있다. 그러나 그것의 역할은 단지 도구적이기만 하지 않고 그 자체로 귀중하다.

그러므로 내가 파악하는 역량은 현대 국제 논의에서 이해하는 인권과 매우 밀접한 관계에 있다. 실질적으로 그것은 이른바 1세대 권리(정치적·시민적 자유)와 2세대 권리(경제적·사회적 권리)에 해당하는 분야를 모두 포함한다. 그리고 역량은 기본적인 헌법 원리에 철학적 토대를 제공한다는 점에서 이와 유사한 역할을 한다. 권리의 언어가 잘 정립되어 있기 때문에, 역량 옹호자는 [역량이라는] 이 새로운 언어가 무엇을 더하는지 보여 주어야 한다.[115]

인권은 결코 선명한 개념이 아니다. 권리는 여러 상이한 방식으로 이해되고, 권리 언어의 사용으로 인해 난해한 이론적 질문들이 종종 모호해진다. 그것은 심오한 철학적 불일치가 있는 곳에서도 합의의 착각을 일으킬 수 있다. 사람들은 권리 주장의 기초basis가 합리성, 쾌고감수성sentience, 생명인지에 관해 의견을 달리한다. 그것들 각각에 옹호자가 있다. 권리가 정치에 앞서 있는지prepolitical 아니면 법과 제도의 산물인지에 관해서도 의견을 달리한다. (지배적인 인권 전통은 전자를 견지해 왔지만, 칸트는 후자를 견지한다.) 권리가 오직 개인에게만 속하는지, 아니면 집단에도 속하는지에 관해 이견이 있다. 권리를 목표 증진 행위에 대한 측면 제약side-constraints으로 간주하는지, 아니면 그 대신에 증진되어야 하는 사회적 목표의 한 부분으로 간주하는지에 관해 이견이 있다. 권리와 의무 사이의 관계에 관해서도 역시 이견이 있다. A에게 S에 대한 권리가 있다면, 이것은 항상 누군가가 S를 제공할 의무가 있다는 것을 의미하는지, 그리고 그 누군가를 어떻게 결정해야 하는지에 대해서 말이다. 마지막으로 어떤 권리를 **권리로** 이해해야 하는지에 관해서도 이견이 있다. 인권은 일차적으로 특정한 방식으로 다루어져야 하는 권리인가? 특정 수준의 잘-살기 성취에 대한 권리인가? 자신의 인생 계획을 추구하는 데 사용하는 자원에 대한 권리인가? 자신의 인생 계획을 선택할 수 있는 특정 기회와 잠재성에 대한 권리인가?

내가 보기에 핵심역량에 대한 설명은 동기부여가 되는 염려가 무엇이고 목표가 무엇인지를 명확하게 진술하면서 이렇게 논란이 되는 쟁점에 대해 분명한 입장을 취한다는 점에서 이점이 있다. 버나드 윌리엄스는 1987년 센의 태너 강의Tanner Lecture를 논평하면서 이 지점을 명쾌하게 지적했다.

나는 권리를 출발점으로 삼는 것이 별로 만족스럽지 않다. 기본적인 인권 개념은 너무나도 모호한 것 같고, 그래서 오히려 기본적인 인간 역량의 관점에서 그것에 접근하고 싶다. 나는 역량이 그 역할을 하는 것이 좋다고 본다. 우리에게 권리의 언어나 수사가 필요하다면, 역량에서 출발하여 기본 인권을 도출하는 편이 그 반대의 경우보다 오히려 낫다고 본다.[116]

그런데 윌리엄스가 말했듯이, 국제 개발 세계는 권리 언어가 지배적이기 때문에 두 개념 사이의 관계를 더 면밀하게 검토해야 한다.

일부 영역에서 나는 권리를 **결합역량**으로 보는 것이 최선의 사유 방식이라고 주장한다. 정치에 참여할 권리, 자유로운 종교 활동을 할 권리, 자유롭게 발언할 권리 등은 모두 그 영역에서 기능하기 위한 잠재성으로 가장 잘 설명될 수 있다. 다시 말해 이 영역에서 시민에게 권리를 보장한다는 것은 그 영역에서 기능할 수 있는 결합역량을 권리로 이해한다는 것이다. (물론 '권리'의 또 다른 의미는 '기본역량'과 더 비슷하다. 사람들은 단지 인간이라는 이유만으로 종교의 자유에 대한 권리(정당한 청구)를 갖는다. 그들이 살고 있는 국가가 이 자유를 보장하지 않는다고 하더라도 말이다.) 우리는 결합역량의 용어로 권리를 규정하여 단지 문서상의 언어가 존재한다고 해서 국가 C의 사람들이 정치에 참여할 권리를 실제로 가지고 있는 것은 아니라는 점을 분명히 한다. 즉 사람들이 진정으로 정치적 실행을 할 수 있는 효과적인 수단이 있는 경우에만 이 권리를 실제로 가지고 있다는 것이다. 많은 국가에서 여성은 정치에 참여할 명목적인 권리는 있지만 역량의 의미에서는 이 권리를 가지고 있지 않다. 예를 들어 그들이 집을 떠나고자 한다면 폭력의 위협을 받을지도 모른다. 요약하자면 역량 용어로 사유하는 것은 누군가에게 권리를 보장하는 것이 무엇인지를 생각할 때 척도를 제공한다.

주로 재산과 경제적 이점이 있는 영역에서 역량과의 관계에 분석적 차이를 보이는 또 다른 일련의 권리가 있다. 예를 들어 주거와 주택에 대한 권리를 보자. 이런 종류의 권리는 자원, 효용(만족), 역량의 용어로 여러 가지 구별된 방식으로 분석될 수 있다. (다시 말하지만, 우리는 "A에게는 주거의 권리가 있다"라는 주장, 즉 A가 **기본역량**basic capabilities을 소유한 인간이라는 이유로 종종 언급되는 A의 도덕적 청구와 "국가 C가 시민들에게 주거의 권리를 제공한다"라는 진술을 구별해야만 한다. 내가 여기에서 논의하는 분석은 두 번째 문장이다.) 여기서도 역량의 용어로 이 권리를 이해하는 것이 매우 유익해 보인다. 우리가 주거 권리를 일정량의 자원으로 생각한다면 3절에서 논의했던 바로 그 문제에 봉착한다. 서로 다른 처지의 사람들에게 자원을 제공한다고 해서 항상 그들이 동등한 수준의 역량을 갖추게 되는 것은 아니다. 효용 기반 분석도 문제에 부딪힌다. 전통적으로 박탈 상태에 있는 사람들은 이것을 자신이 얻을 수 있는 희망의 전부라고 믿으면서 매우 낮은 생활 수준에 만족할 수도 있기 때문이다. 반면 역량 분석은 사람들이 실제로 어떻게 살아갈 수 있는지를 본다. 따라서 경제적, 물질적 권리를 역량 용어로 분석하면 불리한 처지에 있는 사람들에게 불평등한 금액을 지출하거나 그들이 완전한 역량을 갖추도록 돕는 특수 프로그램을 설계하는 데 이론적 근거를 명확히 설명할 수 있다.

역량 언어에는 권리 언어를 능가하는 또 다른 이점이 있다. 역량 언어는 특정한 하나의 문화와 역사적 전통에 긴밀하게 연결되어 있지 않다는 것이다. 권리 언어가 그럴 것이라고 믿지만, 이 믿음은 별로 정확하지 않다. '권리'라는 용어가 유럽 계몽주의와 연관되어 있기는 해도 그것을 구성하는 아이디어는 여러 전통에 깊은 뿌리를 두고 있기 때문이다.[117] 인도의 경우를 보더라도, 최근 인도의 법률과 헌법 전통에서 권리 언어를 유효화한 것을 제외하더라도, 그두드러진 구성요소 아이디어들은 기원전 3세기 아소카Ashoka 왕조의 칙령에서 발전된 종교적 관용의 아이디어, 무굴 제국 시절의 힌두-무슬림 관계에 관한 사상 등 아주 초기의 인도 사유 영역에 깊은 뿌리를 두고 있다. 물론 19세기와 20세기의 진보적이고 인본주의적인 여러 사상가들[118]들 또한 그러한 전통에 기반을 두고 있으며, 그들을 단적으로 자신의 전통을 무시하는 서구화된 사람들이라고 볼 수 없다. 타고르는 그의 이야기에 나오는 젊은 아내가 사용한 자유 개념을 미라바이Meerabai*가 추구한 즐거움 넘치는 자기표현의 결망에서 비롯된 무굴 제국에 기원을 두고 있는 것으로 묘사한다. 자신을 '자유로운 인간의 정신'으로 보는 그녀의 아이디어는 외부로부터 온 것이 아니라 경험과 역사의 결합으로부터 유래한 것으로 표현된다.

그러므로 '권리'는 가장 중요한 의미에서 서구 독점의 것이 아니며 다양

---

* 미라바이(1498-1547)는 인도의 힌디 시인이다.

한 관점에서 승인될 수 있다. 그럼에도 우리는 역량 언어로 이 골치 아픈 논쟁을 우회할 수 있다. 우리는 사람들이 실제로 무엇을 할 수 있고 무엇이 될 수 있는지에 관해 단적으로 말할 때 서구 개념을 특권화하는 인상을 주지 않는다. 활동과 능력에 관한 아이디어는 어디에나 있으며, 게다가 사람들이 무엇을 할 수 있는지 기능발휘를 위해 어떤 기회가 있어야 하는지를 스스로 묻지 않는 문화는 없다.

　　우리에게 역량 언어가 있는데 권리 언어도 필요한가? 나는 권리 언어에 불만족스러운 특징이 있기는 하지만 여전히 공적 담론에서 네 가지 중요한 역할을 한다고 믿는다. 첫째로 "A는 정부가 그녀에게 보장한 기본적인 정치적 자유를 가질 권리가 있다"라는 문장에서 사용될 때, 그들을 둘러싼 세계가 권리에 관해 무엇을 하든지 상관없이 사람들이 일정한 유형의 대우에 대해 정당하고 절실하게 청구한다는 사실을 상기시킨다. 나는 권리 언어의 이 역할이 내가 '기본역량'이라고 부르는 윤리적 역할에 매우 가깝다고 제시했다. 보통 실제로 최소한 기초적인 수준으로 갖추고 있는 개인의 유사 역량capability-like 특징(합리성, 언어)을 지시함으로써 사람에게 그러한 자연권이 있다고 말하기 **위한 정당화가** 진행된다는 의미에서 그렇다. 그리고 나는 실제로 그런 정당화가 없다면 권리에 대한 호소는 꽤 신비스러울 것이라고 생각한다. 한편 사람들에게 있는 기본역량을 인식할 수 있으면서도 여전히 기본역량이 일정한 유형의 대우를 받을 정당한 청구라는 의미에서 사람들이 갖는 권리를 포함한다는 것을 당연한 결론이 아니라고 부인할 수도 있다. 우리는 이런 추론이 세계 역사의 많은 부분에서 이루어지지 않았다는 것을 알고 있다. 따라서 내가 제공하는 종류의 심화된 윤리적 논증이 없다면, 권리에 대한 호소는 단순히 기본 역량에 호소하는 것보다 더 많은 의미를 전달한다. 권리 언어는 우리에게 그런 윤리적 논증이 있으며 기본역량이라는 사실로부터 강력한 규범적 결론을 도출하라고 지시한다.

심지어 두 번째 수준에서 우리가 국가에 의해 보장되는 권리에 관하여 말할 때 권리 언어는 이러한 능력 영역의 중요성과 기본 역할을 크게 강조한다. "여기에 사람이 할 수 있어야 하고 될 수 있어야 하는 목록이 있다"라고 달하는 것은 단지 모호한 규범적 공명일 뿐이다. "여기에 기본권 목록이 있다"라고 말하는 것은 수사적으로 보다 직접적이다. 기본권 목록은 우리가 특히 절실한 일련의 기능을 다루고 있음을 사람들에게 즉각 알려 주며, 인간이라는 이유만으로 인간에게는 그러한 것들이 있어야 한다는 정당한 청구의 감각에 의해 입증된다.

셋째, 권리 언어는 사람의 선택과 자율성을 강조하기 때문에 귀중하다. 내가 말했듯이 역량 언어는 선택을 위한 여지를 남겨 두고 당신이 귀중하다고 여기는 방식으로 사람들을 기능발휘로 밀어 넣는 것과 그들에게 선택을 맡기는 것 사이에는 상당한 차이가 있다는 아이디어를 전달하기 위해 고안되었다. 그러나 내 접근법의 방식으로 자유를 강조하지 않으면서 아리스토텔레스식의 기능발휘와 역량의 언어를 사용하는 접근법이 있다. 마르크스적 아리스토텔레스주의와 일부 가톨릭 토마스주의적 아리스토텔레스주의는 이런 의미에서 비자유주의적이다. 우리에게 [역량 언어 못지 않게] 작용하는 권리 언어가 있다면, 나는 적절한 정치적 목표가 단순히 사람들의 기능발휘가 아니라, 특정 방식으로 기능할 수 있는 사람의 능력에 있다는 중요한 사실을 특별히 강조하는 데 권리 언어가 도움이 된다고 생각한다.

마지막으로 권리 논의에 대한 적절한 분석에 관하여 우리가 동의하지 않는 영역, 즉 효용, 자원, 그리고 역량에 대한 주장이 여전히 연구되고 있는 영역에서 권리 언어는 동의 범위의 감각a sense of the terrain of agreement을 유지한다. 반면 우리는 보다 구체적인 수준의 적절한 분석 유형에 관하여 계속 숙고한다.

7. 정당화와 실행: 민주 정치

핵심역량에 대한 설명은 진정으로 인간다운 기능발휘라는 직관적으로 설득력 있는 아이디어에 기반한다. 이 아이디어는 여러 상이한 전통에 뿌리를 두고 있으며 어떤 특정한 형이상학이나 종교적 견해와는 무관하다. 그렇더라도 우리는 이제 정치적 정당화라는 과제, 그리고 그것과 정치적 실행과의 관계에 관하여 논의를 더 진행해야만 한다.

일반적으로 내가 찬성하는 정치적 정당화에 대한 설명은 반성적 평형reflective equilibrium에 관해 논증을 진행하는 롤스의 설명에 가깝다. 우리는 특정한 이론적 입장을 우리의 도덕 직관의 '고정점fixed points'에 놓고 그것을 위한 논증을 준비한다. 그리고 어떻게 그런 직관이 우리가 검토하는 개념을 시험하고 어떻게 그 개념에 의해 시험받는지를 살펴볼 것이다.[119] 잠정적으로 고정점들 중에서 성폭행과 가정 폭력이 인간존엄성을 손상시킨다는 판단을 예로 들 수 있다. 우리는 우리가 검토하는 다양한 개념이 이 직관에 어떻게 일치하는지를 살펴볼 것이다. 예를 들어 만족은 상황에 맞추는 특성이 있고 존엄성이 없는 상황에서는 사람들이 순응할 수 있다는 것을 알아차릴 때, 우리는 공리주의 관점보다 역량 관점을 선호할 수 있다(2장을 보라). 평소에 우리가 찬성하던 개념이 다른 배경에서는 우리의 구체적인 판단에 의문을 불러온다는 것을 발견할 때 그 판단이 바뀔 수 있다. 예를 들어 우리가 정치적 정의에 사유 재산이 별로 중요하지 않다고 생각하는 경향이 있었다고 해도, 잠재역량 접근법에서 개인 재산의 역할과 이 접근법이 재산을 인간의 선택과 자유의 다른 영역에 연결하는 방식을 생각한다면 우리는 그런 초기 판단을 재평가할지도 모른다. 우리는 시간이 지날수록 일관성을 이루고 우리의 판단이 전체적으로 부합하기를 바라며, 다른 관점에서 강력하게 보이는 이론적 개념이 수정을 요구한다면 특정 판단을 수정한다. 그러나 이론적 개념이 가장 안전한 우리의 도덕 직관에 부합하지 못할 때는 이론적 개념을 수정하거나 거부한다. 우리는 여러 방면에서 이 절차를 따른다. 하지만 롤스와 마찬가지로 나는 우리가 서로 다른 포괄적인 견해를 지닌 사람들이 정치 공동체에서 함께 살기로 동의할 수 있는 개념을 찾고 있기 때문에 특수하게 정치적 영역에서 그 절차를 따른다고 여긴다. 이것은 우리가 우리 자신의 판단과 이론적 개념뿐만 아니라 동료 시민의 판단도 고려한다는 것을 함의한다.[120]

이번 장에서 나의 논증은 그러한 반성적 평형에 도달하는 과정의 첫 번째 단계로 구상되었다. 그 과정이 완성되기 전에 (만약 그렇게 된다면) 우리는 다른 경쟁 개념을 제시하고, 그것을 이것과 상세히 비교하여 무슨 근거로 우리의 것이 더욱 선택할 만한 가치가 있다고 나타나는지를 살펴보아야만 한다. 그리고 우리는 우리 자신의 판단뿐만 아니라 동료 시민의 판단도 고려해야만 한다. 2장은 일부 세부 사항에서 역량 관점을 근본적인 정치적 원리의 기초로 사용할 수 있는 다양한 형태의 주관적 복지주의와 비교하면서 이 과정의 심화 단계를 기술한다.

이 과정이 완성된다면 바로 그 사실이 우리에게 자신감을 주어 과감하게 앞으로 나아가라는 확신을 줄 것이다. 우리는 그렇게 확증된 개념을 다양한 종류의 국가 사회 그리고 국가가 지켜야 할 것을 명시한 국제 문서의 토대로 구체화할 수 있을 것이다. 그럼에도 우리는 여전히 적절한 절차의 쟁점과 한 국가의 현재 상황에서 역량 개념으로 이행하는 방법에 관하여 생각해야 할 것이다. 우리는 모든 시민의 실제적 동의를 얻게 될 것이라는 사실로 진척을 보겠지만, 여전히 그들의 선택을 적절하게 존중하는 이행 절차를 고안해야 한다. 정치적 정당화의 과정이 항상 불완전할 가능성이 높다면, 즉 우리가 여러 시험을 견디고 많은 사람이 지지하는 유력한 개념을 가지고 있지만 롤스의 의미를 충분히 담고 있는 광범위한 반성적 평형에는 도달하지 못했을 때, 우리는 이 개념을 어떻게 실현해야 하는가? 비록 정치적 개념 자체가 선에 대한 포괄적 개념의 관점에서 다원주의에 여지를 많이 주기는 하지만, 이 지점에서 또 다른 다원주의 쟁점이 제기된다. 다른 **정치적** 개념이 여전히 강력한 지지를 받고 있을 때 우리는 어떻게 진행해야 하는가? 요약하자면 아직 모든 사람이 동의하지 않을 확률이 높아 보이는 이 아이디어로 나는 정말로 무엇을 **하기를** 원하는가?

여기서 우리는 좋은 아이디어란 단지 좋은 아이디어일 뿐이라고 말해야 한다. 국제 기구와 비정부 조직은 아직 이 아이디어를 수용하지 않은 국가 내에서 그것을 사용하여 프로그램을 추진할 수 있다. 이 아이디어는 국가가 채택하고 그렇게 함으로써 국내뿐만 아니라 국제법에도 통합될 수 있는 국제 조약과 다른 문서의 기반이 될 수 있다. 그러나 모든 실행에서 근본적인 역할은 국가의 몫으로 남는다. 인도 정부는 말할 필요도 없이 완벽한 정부가 아니다. 인도 정부에는 많은 결점이 있으며, 사실 민주 정부의 결점이 거의 모두 있다고 해도 과언이 아니다. 인도 정부는 부패하고, 비효율적이며, 경제적으로 비참하고, 소수자의 권리와 존엄성을 옹호하는 데 약하고, 마초적인 자세를 좋아하고, 아동의 교육적 필요에 주의를 기울이지 않으며, 성평등에 대한 논의에 비효율적이다.[121] 지역 정부 중 일부(예를 들어 케랄라)는 이런 서술이 지시하는 내용보다 훨씬 낫지만, 일부(예를 들어 비하르, 안드라프라데시)는 더 열악하여 부패한 데다가 정치적 적에게 폭력을 행사하기 일쑤다. 그럼에도 이 정부들에는 한 가지 이점이 있다. 바로 그들이 선출되었다는 점이다. 그들은 국제기구와 심지어 극히 잘 조직된 NGO도 하지 않는 방식으로 인도 국민에게 책임을 떠넘긴다. 잠재역량 접근법 옹호자가 민주 정치와 정치적 자유에 강력한 역할을 강조하면서도 민주적으로 선출된 의회의 심의를 우회하는 실험 전략을 추구한다면 일관성이 없는 것이다. 따라서 이 지점에서 이 접근법은 인도나 다른 국가의 정치인에게 국가나 지역 정책의 기초로 삼을 수 있는 좋은 아이디어로 권장된다.

단지 권장만으로는 정치적 이야기를 끝맺지 못한다. 인간의 역량에 대한 이런 설명을 헌법의 기초로 채택한 국가가 국제적인 중첩적 합의를 끌어낼 수 있다는 믿음으로 이 규범을 다른 나라에 강력히 추천하는 것이 적절해 보인다. 특히 인간존엄성과 인격에 대한 무도한 폭력이 쟁점이 되는 경우, 국가가 규정 준수를 확보하기 위해 경제적 전략과 여타 전략을 사용하는 것이 적절해 보인다. (이것이 여성 존엄성의 침해에 반응하는 일은 너무나 드물다. 그런데 인종적·종교적 쟁점은 국제 공동체를 더 잘 움직일 수 있는 것 같다.) 해당 정부가 민주적으로 선출되지 않았거나 (이전의 남아프리카 공화국처럼) 명목 민주주의가 국민 대다수를 대표하지 못하는 경우, 그런 압력은 훨씬 더 적절하고 게다가 더욱 자신 있게 사용될 수 있다. 그럼에도 인도의 경우처럼 헌법이 바뀌려면 궁극적으로 인도 국민이 그런 변화를 선택해야 할 것이다. 역량 이론이 국가를 우회한다면, 그것은 폭정에 대한 처방이 되어야 할 것이다.

장기적으로 볼 때 국가 공동체가 역량 목록에 대한 초국가적인 중첩적 합의에 도달해야 한다는 것은 매우 바람직하다. 이는 협력적 국제 행동을 위한 목표이자 각 국가가 자국민을 위해 지켜야 할 공약이 될 것이다. 목록에 있는 일부 항목은 이미 그런 합의를 이루었으며, 우리는 이 항목들에서 다른 항목들로 합의를 확대하기를 바란다.[122] 많은 국가가 목록에 있는 항목 중 여럿을 효과적으로 추구하기 위해서는 국제적 협력이 필요할 것이다. 또한 부유한 국가에서 가난한 국가로 부wealth를 일부 양도하는 것이 요건이다. 여기서는 그러한 양도나 그것을 지배하는 메커니즘의 정당화에 관하여 언급하지 않았지만, 우리가 세계 모든 사람에게 가용할 수 있는 역량의 최소 수준을 제공하기 위해 노력함에 따라 그러한 심화 논증이 중요하다고 판명될 것이다. 특별히 잠재역량 접근법은 급속한 경제 세계화 시대에 충분한 도덕적 성찰 없이 우리 주변에서 일어나는 변천에 도덕적 실체와 도덕적 제약을 부여하기 위해 절실히 필요하다. 역량 목록이 세계화 과정을 이끌어 갈 수 있기를 기대하며, 협소한 경제적 고려 사항만으로는 고려되지 않을 선택을 할 때 풍부한 인간적 목표들과 인간의 황폐와 비참을 생생하게 드러낼 수 있기를 바란다. 그럼에도 고도로 도덕적인 세계주의조차도 국가를 중심핵에 두어야 한다. 이는 초국가적 구조(적어도 지금까지 알려진 모든 구조)가 시민을 충분히 책임지고 대변하지 못하기 때문이다. 따라서 잠재역량 접근법의 일차적 역할은 국가 헌법의 토대가 되는 정치적 원리를 제공하는 데 있다. 그리고 이것은 실천적 실행이 상당 부분 각 국가 시민들의 일로 남아 있어야만 한다는 의미다.

보편주의에 관한 적법한 우려에 나는 이와 같이 다섯 부분으로 답변한다. 첫째, **다중 실현가능성**multiple realizability이다. 각 역량은 개인의 취향과 지역 환경과 전통에 따라 다양한 방식으로 명확하게 실현될 수 있다. 둘째, **목**

표로서의 **역량**capability as goal이다. 기본적인 정치적 원리는 실제 기능발휘가 아니라 역량 증진에 초점을 둔다. 유관 기능을 추구할지에 대한 여부를 시민이 선택하도록 남겨 두기 위해서다. 셋째, **자유와 실천이성**liberties and practical reason이다. 역량 목록의 내용은 시민의 선택 능력에 그리고 전통적인 정치적·시민적 자유에 중심 역할을 부여한다. 넷째, **정치적 자유주의**political liberalism다. 이 접근법은 선에 대한 포괄적 견해가 매우 다른 사람들 사이의 정치적인 중첩적 합의의 대상이 되는 특정 정치적 개념의 도덕적 중심핵으로 의도되었다. 다섯째, **실행에 대한 제약**constraints on implementation이다. 이 접근법은 헌법 원칙의 철학적 배경을 제공하기 위해 고안되었다. 그러나 그런 원칙의 실행은 대부분 해당 국가의 내부 정치에 맡겨져야 한다. 하지간 국제기구와 여타 정부가 그런 개발을 진작하기 위해 설득하고, 특히 심각한 경우에 경제적 또는 정치적인 제재를 사용하는 것이 정당화되기는 한다.

8. 여성의 삶과 잠재역량: 공적 개입의 역할

나는 다양성과 다원주의와 개인의 자유를 향한 적법한 관심이 보편 규범 인식과 양립할 수 있다고 주장했다. 사실 보편 규범은 각 사람을 행위자이자 목적으로 대우하면서 다양성, 다원주의 그리고 자유를 보호하기 위해 실제로 요구된다. 내가 주장했듯이 이러한 모든 염려를 일괄하는 가장 좋은 방법은 완전하게 인간다운 기능발휘를 위한 역량의 집합으로 보편 규범을 형성하는 것이다. 이는 인간의 자유 영역을 봉쇄하는 것이 아니라 오히려 보호한다는 사실을 강조한다.

이제 바산티와 자얌마의 이야기로 돌아가 보자. 바산티의 인생 대본은 대체로 그녀가 의존했던 남성들, 즉 그녀의 아버지, 남편, 그녀의 결혼 생활이 무너졌을 때 그녀를 도왔던 형제들이 써 왔다. 이러한 의존성은 그녀의 생명과 건강을 위험에 빠트렸고, 그녀의 사고 능력을 개발할 수 있는 교육 기회를 박탈했으며, 자신만의 인생 계획을 세우고 선택할 수 있는 사람으로 여기지 못하게 했다. 결혼 생활에서 그녀는 가정 폭력으로 신체 보전을 상실했고, 두려움으로 인해 감정적 무감각에 빠졌으며, 가족, 친구, 시민들과 의미 있는 협력 관계가 단절되는 최악의 처지에 놓였다. 이런 이유로 그녀는 자신을 실제로 다른 사람과 동등한 가치를 지닌 자유롭고 존엄성 있는 존재라고 여기지 못했다. 우리는 여기에서 재산, 고용, 그리고 신용이라는 현실적인 문제가 큰 역할을 한다는 것에 주목해야 한다. 그녀가 자신의 명의로 재산을 보유하지 못하고, 문해력도 없고, 취업 관련 기술도 없고, 남성 친척 외에는 신용 수단도 없다는 이 모든 사실이 그녀의 의존적인 지위를 굳히고 그녀를 학대받는 관계에 오랫동안 가두었다. 그렇지 않았다면 그녀의 바람에 따라 학대받는 기간이 그렇게 길지 않았을 수도 있었을 것이다. 여기에서 우리는 역량이 서로 얼마나 긴밀하게 연결되는지, 한 역량의 결여가 그 자체로도 해로울 뿐만 아니라 어떻게 다른 역량을 침식하는지를 본다. 바산티는 약간의 행운 덕분에 시집에서 학대를 당하지 않았던 것 같다. 적어도 그녀가 들려준 이야기에는 그런 부분이 없었고, 그녀의 잘-살기를 더할 나위 없이 염려해 준 형제들이 이혼 변호사까지 선임해 주었다. 따라서 그녀는 위험하거나 굴욕적인 직업을 선택하지 않고 결혼 생활을 떠날 수 있었다. 그러나 이 행운은 새로운 형태의 의존성을 만들어 냈다. 그래서 바산티는 여전히 매우 취약하고 자신감이 결여되어 있었다.

자영업 여성 협회 대출은 이 그림을 바꾸어 놓았다. 바산티에게는 이제 수입뿐만 아니라 생계에 대한 독립적인 통제권도 있다. 여전히 많은 빚이 있다고 하더라도 형제들보다는 자영업 여성 협회에 빚지는 편이 더 낫다. 상호 지원하는 여성 공동체의 일원이 된 것은, 일방적으로 받기만 하는 구차한 관계와 실천이성 그리고 협력관계 면에서 결정적인 차이가 있다. 그녀는 대출금을 갚고 저축을 시작하면서 존엄성에 대한 감각이 높아졌다. 내가 그녀를 만났을 때, 그녀는 상당한 자신감과 자아 가치감을 갖춘 상태였고, 단체와 개인적인 우정을 통해 맺은 다른 여성들과의 협력관계는 그녀에게 기쁨과 자부심의 새로운 원천이 되었다. 그녀는 정치적 삶에 참여하는 수준도 크게 높아져서 가정 폭력 사건 수사를 경찰에 촉구하는 코킬라의 기획에 동참했다. 흥미롭게도 그녀는 이제 다른 사람에게 베풀며 좋은 사람이 될 수 있는 잠재성이 자신에게 있다고 느꼈다. 이는 [그녀가] 협소한 관점으로 생존에 몰두했을 때는 그녀에게 허용되지 않았던 일이다.

바산티의 상황을 돌이켜 보면, 공공 부문이 그녀를 위해 한 일이 얼마나 적은지 그리고 세계에서 가장 좋은 여성 비영리단체 중 하나가 가까운 곳에 있다는 것이 그녀에게 얼마나 행운인지를 알 수 있다. 정부는 그녀에게 교육을 보장하지 못했고, 그녀의 남편이 가한 학대에 대해 기소하지 않았으며, 그 학대로부터 피신처를 제공하지 못했다.[123] 그녀의 가족 내에서 그녀에게 동등한 재산권을 보장하지 못했고, 그녀에게 신용 수단을 제공하지 못했고, 최종적으로 그녀의 이혼 사건을 곧바로 처리하지 못했다. 실제로 바산티의 삶에서 정부가 했던 유일하게 강력한 역할은 남편이 정관수술을 받도록 현금을 지급했던, 그녀의 취약한 위치를 더욱 취약하게 만들었던 아주 부정적인 일이었다.

자얌마의 상황은 흥미로운 대조를 이룬다. 한편으로 그녀는 바산티보다 훨씬 더 열악한 환경에서 출발했고, 일부 역량을 평가하자면 평생 더 열악하게 살았다. 그녀는 끊임없이 굶주림을 걱정해야 했고, 때로는 영양실조로 고통받았으며, 극도로 위험하고 고된 육체노동에 종사했다. 그녀에게는 자신을 지원할 남성 친척이 없었고, 바산티와 달리 자녀가 있기는 했지만 자산보다는 부채에 가까웠다. 그녀는 저축도, 심지어 대출 신청도 하지 못했다. 그녀가 무단 거주하는 땅에 대한 권리는 명확히 입증되지 않았다. 그녀는 바로잡을 기회도 없이 고용 차별을 겪었다. 게다가 개발도상국의 수많은 여성들이 일상적으로 하는 일, 즉 힘든 직장 생활을 병행하면서 자녀를 양육하고 돌보고, 자녀를 데리고 집안 살림을 해야 하는 모든 부담을 바산티와 달리 전적으로 감당해야 했다.

다른 한편으로는 자얌마가 어떤 면에서 바산티보다 낫기도 했다. 인상적인 체력과 체격으로 보아 의심할 여지 없이 자얌마의 건강은 좋은 상태였다. 또한 자얌마는 자신보다 훨씬 더 약했던 남편으로부터 신체적 학대를 당하지 않았다. 자얌마는 누구에게도 위축되지 않을 것처럼 보이고, 바산티가 최근에야 개발한 정치적 쟁점에 대한 의식을 갖고 있었다. 바산티와 달리 자얌마는 소극적이고 복종적이어야 한다고 권고받지 않았고 실제로도 그렇지 않다. 그리고 이것은 수년에 걸쳐 자얌마가 가족을 지키고 그 자리를 개선하기 위해 꽤 효과적으로 싸웠다는 것을 의미한다. 그렇지만 자얌마의 모든 용기에도 불구하고 남편의 이기적인 습성과 기력 부족 그리고 자녀들의 평탄하지 않은 삶 때문에 자얌마는 노년이 다가오면서 의지할 곳 하나 없는 채로 남겨졌다. 자얌마에게는 다른 사람들과 동등하지 못하다는 의식이 강하게 자리잡고 있다. [그런 의식이] 적어도 성별만큼이나 계급에 기반을 두고 있기는 하지만 말이다. 그리고 자얌마의 자부심은 보다 특권을 누리는 사람들이 쉽게 얻는 것을 자신의 삶에서 기대할 수 없다는 확신과 불안정하게 결합되어 있다.

정부가 자얌마의 삶에서 행한 역할을 살펴보면 흥미로운 대조가 보인다. 바산티의 경우와 달리 정부의 역할이 훨씬 더 긍정적이었다는 것이다. 우선 정부 땅에 거주하는 이 불법 거주자들은 그들의 주장을 분명하게 입증하기 위해 법원에 가긴 해야 하지만, 이제 땅에 대한 재산권을 받았다. 둘째, 정부가 제공하는 서비스는 자얌마의 고된 하루에 매우 귀중한 도움이 되고 있다. 이제 거주지에 상수도가 공급되고 정부 프로그램에 따라 실내 화장실도 지어졌다(아들이 그의 아내와 집의 한 부분에서 함께 살 수 있도록 결국 그 화장실을 포기하기는 했지만). 정부 의료 서비스가 가까운 거리에 있고 만족할 만하며 무료로 제공된다. 심지어 서구식과 아유르베다식Ayurvedic* 의료 중에서 선택할 수도 있다. 한번은 자얌마가 독감에 걸려 심하게 아팠는데, 그녀는 정크 병원의 서비스를 좋아하지 않았다. [오래] 기다려야 했고 의사가 그녀를 퉁명스럽게 대했기 때문이다. 그러나 그녀는 아유르베다식 병원에서 그녀가 좋아하는 치료를 받았기 때문에 그런 것은 중요하지 않았다. 그녀는 자녀를 위한 교육의 이익을 취하지 못했지만, 정부가 비교육 전통에 공격적으로 맞서면서 그녀의 손주들은 혜택을 받았다. 국가 정부 정책에 따라 연금 사무소는 그녀의 청구를 거절했고, 그녀는 그것이 부당하다고 믿는다. 정부는 확실히 그녀의 직장에서 임금과 승진에 대한 성차별을 근절하는 데 실패했다. 그녀의 손녀가 뇌물을 바치지 않고 일자리를 얻을 수 있도록 의료 부문의 부패를 제거하기 위한 조치는 아무것도 시행되지 않았다(이것은 오늘날 케랄라에서 일반적인 큰 문제, 즉 사람들의 교육 수준에 어울리는 일자리를 제공하는 문제다). 그러나 적어도 케랄라 정부가 인간 역량 증진 측면에서 긍정적인 평가를 받을 만

---

*   고대 인도 힌두교의 대체 의학 체계다.

한 사항들이 있으며, 지금까지의 성과는 개발 문헌에 잘 수록되어 있다.[124]

이러한 삶을 평가하는 데 사용되는 역량 틀은 낯선 수입품으로 보이지 않는다. 역량 틀은 이 여성들이 이미 생각하고 있거나, 삶의 어느 시점에서 생각하기 시작하고, 그것에 관해 생각할 때 원하는 것들과 꽤 잘 맞아떨어진다. 그것이 전통 문화에 대한 비판을 수반하는 한, 이미 이 여성들은 비판으로 가득 차 있다. 사실 비판을 제시하지 않는 어떤 틀도 그들이 무엇을 원하고 목표로 세우는지를 파악하기에 적합하지 않을 것이며, 그들이 살고 있는 문화를 정확하게 서술하기 어려울 것이다. 특정적으로 실천이성, 환경 통제, 그리고 (성적 비-모욕을 포함한) 비-모욕non-humiliation에 대한 아이디어는 영양과 건강과 폭력으로부터의 자유에 대한 보다 명백한 고려와 함께 그들의 사고에서 특별히 두드러져 보인다.

어떤 면에서 이 목록은 두 여성이 현재 생각하고 있는 것을 넘어선다. 예를 들어 자얌마는 목록에서 제시된 방식으로* 비차별과 근본적인 자유라는 쟁점을 정식화하지 못할 수도 있다. 계급 문제에 대한 그녀의 명시적 의식을 고려할 때 정식화할 가능성이 있음을 배제해서는 안 되지만 말이다. 그리고 두 여성 모두 목록에서 제시된 교육을 중요하게 여기지 않는 것 같다. 자얌마는 가족의 변화를 보기 시작해서 자신의 지각을 바꿀지도 모르지만 말이다. 그러나 이것은 이 목록이 규범적인 정치적 목적을 위해 그들의 상황에서 무엇이

---

*　여기에서 목록은 핵심역량 목록을 의미한다. 바산티와 자얌마는 목록의 방식처럼 정식화하거나 교육과 역량의 상관성을 인식하지 못할 수 있다. 그러나 비차별, 자유, 교육에 대한 아이디어는 가지고 있다. 누스바움은 인간 역량의 아이디어가 보편적이며, 역량 이론은 그 보편적 아이디어를 정식화하고 규범적인 정치적 원리를 제공하기 위한 철학적 이론임을 강조한다.

부족한지, 그들이 간절히 추구하는 독립성·존엄성·숙련성이라는 일반적인 목표를 달성하기 위해 무엇이 필요한지를 파악하기에 좋지 않은 방식임을 의미하지 않는다. 그들은 아직 교육을 열심히 요구하지 않는다. 그들의 환경에서 교육이 이러한 더 일반적인 목표로 가는 새로운 길을 아직 열어 주지 않기 때문이다.

인도 그리고 나머지 세계의 많은 여성들처럼 바산티와 자얌마에게는 가장 중심적인 인간 기능을 위한 많은 부분에 대해 지원이 부족했고, 이 지원 부족은 어느 정도 그들이 여성이라는 데 원인이 있다. 그러나 바위와 나무와 말과는 달리 여성에게는 충분한 영양과 교육과 다른 지원이 주어진다면 이러한 인간 기능을 할 수 있는 잠재력potential이 있다. 그것이 그들의 불평등한 역량 실패가 정의의 문제인 이유다. 이 문제의 해결은 인류 모두에게 달려 있다. 나는 우리가 이 어려운 과제를 실행할 때 인간 역량이라는 보편 개념이 우리에게 훌륭한 안내를 제공한다고 주장한다.

2장
적응적 선호와 여성의 선택지

의사는 (여성 숙소의 비위생적인 상태를 보고) 바로 속이 뒤집혔다. 그러나 그는 한 가지 점에서 틀렸다. 그는 비위생적인 상태가 우리의 고통이 지속되는 원천이라고 생각했다. 오히려 그 반대다. ⋯ 자기 존중에 대한 의식이 낮은 사람에게 방치는 부당하게 보이지 않는다. 그래서 그것이 고통의 원인이 되지 않는다. 자기 존중에 대한 의식이 있는 여성은 자신이 마주치는 부당함에 대해 속이 뒤집힐 때 수치를 느낀다. 여성이 삶에서 자신에게 내려진 그런 여러 부당함을 받아들여야만 한다면, 스스로를 완전히 방치된 채로 두는 것이 덜 고통스러울 수 있다. 그렇지 않다면 그녀는 고통스러울 수밖에 없고, 게다가 그녀가 자신의 삶을 지배하는 규칙을 바꿀 수 없다면 무의미한 고통을 겪게 되기 때문이다. 당신이 우리를 가두어 둔 상태가 어떻든 간에 나는 그 상태에 고통과 박탈이 있다는 생각을 거의 하지 못했다.

라빈드라나트 타고르, 「아내로부터 온 편지」[1]

우리가 비디오를 만들고 우리와 같은 여성이 그것을 볼 때, 우리는 변화를 시도하고 실현할 수 있다는 자신감을 얻는다. 우리와 같은 여성이면서 용감하고 새로운 무언가를 해 낸 여성을 볼 때, 우리도 새로운 무언가를 배울 수 있다는 자신감을 얻는다. 가난한 여성들이 의료계에 종사하는 다른 가난한 여성을 비디오에서 볼 때, 그들은 "나도 건강에 관해 배우고 우리 동네에서 이런 문제를 해결하는 데 도움이 될 수 있어"라고 말한다. 다른 자영업 여성이 야채 행상인 내가 이런 영화를 만들었다는 것을 알았을 때, 처음에는 불가능하게 보이는 일을 자신들도 할 수 있다는 자신감을 얻는다.

릴라 다타니아Lila Datania, 자영업 여성 협회,
아마다바드, 1992[2]

1. 선호와 선: 만족스럽지 않은 두 극단

보편 규범 옹호는 사람들이 실제로 욕구하는 것들을 구별하는 일과 관련이 있다. 욕구에 어떤 내용이 담겨 있다면, 그것은 일부 욕구의 대상이 다른 대상에 비해 정치적 목적에 더 중심적이고, 인간의 삶의 질에 더 필수적이라고 알려줄 것이다. 현명한 접근법은 한층 더 나아가 기존의 일부 선호가 사회 정책에는 실제로 부적당한 기초라고 판정할 것이다. 1장에서 주창한 목록에는 여러 기능이 포함되어 있는데, 이는 오랜 세월 동안 많은 사람들이 여성에게 전혀 보장하지 않거나, 평등에 기초해서 보장하기를 원하지 않았던 것들이다. 따라서 목록의 중심성을 주장한다는 것은 남성 권력의 전통에 상당히 깊고 넓게 뿌리내린 선호에 맞서는 일이다. 게다가 이 목록은 여러 시대의 여성이 스스로는 원하지 않았던 여러 항목과 심지어 오늘날에도 많은 여성이 추구하지 않는 일부 항목을 포함한다. 그러므로 기본적인 정치적 원리의 철학적 토대를 제공하는 데 목표를 두는 규범적 정치 기획의 중심에 이 목록을 배치할 때, 우리는 단지 여성에 **관한** 다른 사람들의 선호뿐만 아니라, 더욱 논란이 되는 여성 자신과 여성의 삶에 관한 여성**의** (또는 그렇게 보이는) 여러 선호에도 맞설 것이다. 어느 정도 이 목록은 실제 기능발휘가 아니라 역량이 정치적 목표라고 강조하고, 선택의 중심적 중요성에 주목하여 이러한 개입주의 문제를 피해 간다. 그러나 목록에서 사용된 선택과 실천이성이라는 개념은 규범적 개념이며, 삶의 많은 부분에서 이성이 실제로 사용되는 것을 반영하지 않는 방식으로 이성의 비판 활동을 강조한다.

다시 한번 바산티와 자얌마를 생각해 보자. 바산티는 수년간 학대를 받으면서 결혼 생활을 했다. 결국 그녀는 [결혼 생활을] 떠났고, 이제는 자신의 신체 보전의 중요성에 관하여 매우 확고한 견해를 가지고 있다. 사실 바산티와 코킬라는 구타당하는 다른 여성들이 자신의 사건을 경찰에 신고하도록 돕고, 경찰이 그 문제에 관해 무언가를 하도록 유도하는 데 시간을 많이 할애한다. 그러나 바산티가 이런 방식을 생각하지 못한 때가 있었다. 특히 그녀의 남편이 정관수술을 받기 전에는 아직 자녀를 가질 수 있다고 생각했다. 여성들 대다수가 그렇듯이 그녀도 학대가 고통스럽고 나쁘지만, 여전히 여성에게 할당된 삶의 일부이자, 남성에게 의존하는 여성으로서 참아야만 하는 것이며, 남편의 집으로 이사하기 위해 자신의 가족을 떠날 때 수반되는 것이라고 생각했던 것 같다. 그 당시에 그녀는 그것이 권리와 법과 정의를 침해한다고, 남편의 행동이 **그녀 자신**에게 있는 권리를 침해한다고 생각하지 못했다. 그리고 전 세계의 매우 많은 여성들이 지금도 그렇게 생각하지 못한다. 내 보편주의 접근은 학대를 참는 선호(우리가 그것을 그렇게 불러야 한다면)에 무언가 잘못된 것이 있으며, 그 선호와 신체 보전을 보호하고 옹호하는 선호가 사회 정책에서 동일한 역할을 해서는 안 된다는 함의를 지닌다. 또한 일정한 방식, 즉 자신을 권리의 보유자이자 다른 사람과 동등한 존엄성과 가치를 지닌 시민으로 여기지 않는 데에도 무언가 잘못된 것이 있다는 함의를 지닌다.

또는 신체 보전을 강력하게 지켜 내지만 차별적인 임금 구조와 가족 스득의 분배 체계에 순응하는 자얌마를 생각해 보자. 여성이 벽들 가마에서 증노동을 하고 적은 임금을 받으면서 승진 기회마저 얻지 못하는데도 자얌마는 불평하거나 항의하지 않았다. 그녀는 이것이 일이 되어 가는 방식이고 앞으르도 그럴 것이라고 알고 있었다. 제사에 언급한 타고르의 인물처럼 그녀는 화내는 데 정신적인 에너지를 낭비하지도 않았다. 이 일은 바꿀 수 없기 때문이다. 다시 말하지만 자얌마의 남편은 모든 집안일과 아이들을 경제적으로 부양하는 일을 자얌마에게 전적으로 맡겨 둔다. 그리고 자신의 수입을 티경제적인 황식으로 자신에게만 사용한다. 그런데 자얌마는 그것이 잘못되었다거나 나쁘다고 여기지 않았다. 그것은 원래 그런 것이었고 그녀는 다른 방식을 갈망하며 시간을 낭비하지 않았다. 바산티와 달리 자얌마는 자신에게 침해당할 수 있는 권리가 있다는 개념도 자신에게 일어나는 일이 잘못된 일이라는 감각도 결여된 것처럼 보인다.

마지막으로, 뿌리박힌 선호가 기본적인 영양과 건강 수준에서도 보편 규범과 충돌할 수 있는 방식을 보여 주기 위해 새로운 예를 하나 소개하려고 한다. 안드라프라데시Andhra Pradesh주 마하법네거Mahabubnagar 외곽의 사막 지역에서 나는 심각한 영양실조에 걸린 여성과 대화를 나누었다. 그 마을에는 믿을 만한 깨끗한 물이 공급되지 않았다. 정부의 의식 고양consciousness-raising 프로그램이 시작되기 전까지 이 여성들은 그들의 신체적 상황에 관하여 분노나 항의의 느낌이 일어나지 않았다. 그들은 다른 방법을 알지 못했다. 자신의 상태를 건강하지 않다거나 비위생적이라고 여기지 않았고, 자신이 영양실조에 걸려 있다고도 생각하지 않았다. 이제는 그들의 불만 수준이 높아졌다. 그들은 깨끗한 물, 전기, 방문 의료를 요구하며 지역 정부에 항의한다. 파리가 앉지 못하게 식료품을 보호하고 몸도 더욱 자주 씻는다. 정부 프로그램이 그들의 삶에 가져온 가장 큰 변화가 무엇인지 묻는다면 그들은 즉시 "우리는 이제 더 깨끗해졌다"라고 합창하듯 답한다. 의식 고양 프로그램은 좋은 인간다운 기능발휘라는 아이디어에 기초한 규범적 접근을 취하면서 뿌리박힌 선호와 만족에 확실하게 도전한다.

1장에서 전개한 인간다운 기능발휘와 역량에 기초한 규범적 접근법은 공리주의적 선호 기반 접근법을 근본적인 정치적 원리의 기초로 삼는 것을 거부했다. 선호와 욕구는 습성, 두려움, 낮은 기대치, 부당한 배경조건이 사람들의 선택과 삶에 대한 소망마저 왜곡하는 여러 방식을 드러낼 수 있는데, 선호 기반 접근법은 선호와 욕구에 대해 비판적인 검토를 수행할 수 없기 때문이다. 그러므로 역량 관점이 바로 그 비판을 수행하게 된다는 것은 당연한 일이다. 그런데 이제 우리는 이 기획이 제기하는 지적인 문제를 더욱 확장하여 정면으로 부딪혀야만 한다. 바로 [선호와 욕구를 비판적으로 검토하는] 이런 방식으로 진행한다는 이유로 뿌리박힌 만족에 도전하는 페미니즘이 흔히 전체주의적이고 반민주적이라는 비난을 받기 때문이다. 누가 현실의 여성들에게 무엇이 좋은지 말할 수 있으며, 전통과 관습이 형성한 영역에 우리가 요구하고 욕구해야 할 보편 기준을 들고 들어갈 수 있겠는가? 그들은 단지 무엇이 옳고 적절한지에 대한 자신의 관념을 이미 가지고 있는 여성들을 세뇌하는 것이 아닌가?[3]

욕구에 대한 페미니즘의 비판과 불신받는 전체주의 이데올로기 사이에 수사학적 연관성을 만들기는 쉽다. 부분적으로는 마르크스가 '거짓 의식false consciousness'이라는 견해의 아주 흥미롭고 영향력 있는 개발자 중 하나이기 때문이고, 서구에서처럼 개발도상국에서도 의식 고양이라는 페미니즘 전략이 마르크스 설명의 영향력을 자주 보여 주기 때문이다. 그렇지만 일부 선호가 무지, 악의, 부정의, 그리고 맹목적 습성에 의해 왜곡된다는 아이디어는 정치철학의 자유주의 전통에도 깊은 뿌리를 두고 있다. 탐욕과 분노에 관한 애덤 스미스의 생각, 성별에 관한 밀의 생각, 사람들이 서로를 목적이 아닌 수단으로 대하는 데 익숙해지는 여러 가지 방식에 관한 칸트의 생각, 부당한 배경조건이 욕구와 선택을 형성하는 방식에 관한 존 롤스의 생각을 예로 들 수 있다. 보다 최근에는 선호 왜곡의 아이디어가 아마르티아 센, 욘 엘스터John Elster 그리고 게리 베커와 같이 견해가 다양한 사람들의 저술에서 주류 경제학과 정치사상의 중심이 되었다.[4]

　이 자유주의 전통은 기본적 자유에 대한 사람들의 선호 자체가 전통과 위협에 의해 조작될 수 있음을 강조한다. 따라서 뿌리박힌 욕구에 대한 비판을 거부하는 입장은 겉보기에 민주적으로 들릴 수 있지만, 실제로는 그러한 문제에 대해 사람들에게 있는 기존 욕구에 구애받지 않고 강력한 규범적 입장을 취하는 편이 민주주의 제도에 더 부합할 것이다. (앞으로 살펴보겠지만, 일부 열성적인 공리주의자조차 이런 이유로 공리주의에서 갈라져 나왔다.) 그래서 선호 왜곡에 대한 질문은 선호의 규범적 분류와 자유 민주주의 가치 사이에 논쟁적 긴장이 있다는 초기 가정을 하지 않고 접근해야 한다.

　개인적·정치적 삶에서 선호의 역할에 관하여 제기되는 여러 질문이 있다. 이번 장에서 마주할 질문은 우리가 헌법 보장의 기초로 사용할 수 있는 정치적 원리를 정식화할 때 정치적 판단의 근거가 되는 기존 선호의 역할에 관한 것이다. 우리의 질문은 다음과 같다. 어떤 조건에서 선호가 사회적 선택의 근본이 되는 그런 쟁점에 대해 좋은 안내자가 되며, 어떤 조건에서 정의와 인간 역량과 같은 중요한 규범의 이름으로 일부 선호를 멀리하거나 비판하는 것을 정당화할 수 있는가? 그런 정당화는 어떻게 이루어져야 하는가?

사회적 선택의 선호 기반 관점을 대면하면서 우리는 1장에서 면밀히 그려 낸 정치적 정당화 기획을 심화하려고 한다. 잠재역량 접근법의 긍정적 측면을 제시하고 그것이 어떻게 의심할 여지 없이 시급한 정치적 문제를 해결할 수 있는지를 보여 주기 위해 이 접근법의 사례를 직관적 용어로 서술했다면, 이제는 주요 경쟁 개념, 즉 현재 신고전주의 경제학에서 지배적인 복지주의 유형과의 세부적인 대결로 들어간다. 무엇이 그 복지주의 견해에 동기를 부여하는지를 살펴보면서 복지주의에 문제를 일으키는 쟁점을 더 낫게 처리할 수 있도록 제안한다. 이와 동시에 역량 관점이 그 염려에 대응하는 것을 보여 줌으로써 우리는 잠재역량 접근법의 완전한 정당화라는 목표를 향해 한층 더 나아간다. 나는 우리가 이것을 해낼 수 있다고 믿는다.

1장에서 언급했듯이 잠재역량 접근법에는 두 가지 용도가 있다. 내 중심 기획은 모든 국가는 그 시민들에 의해 유지되어야 한다는 기초적인 정치적 원리의 토대를 마련하는 것이다. 하지만 부차적으로 연관된 기획은 국가들 사이의 삶의 질 비교를 가장 잘 드러낼 수 있는 공간을 계획하는 것이다. 논쟁의 이 두 부분은 어느 정도 독립적이다. 선호 기반 관점이 삶의 질 비교의 기초로 완벽하게 옳다고 주장할 수 있지만, 기초적인 정치적 원리를 선별하는 적합한 기초가 될 수 없다고 의심할 수도 있다. 예를 들어 삶의 질 측정에서 우리가 원하는 것이 비교적 큰 야망 없이 단순히 사람들이 자신의 상황을 어떻게 보는지에 대한 지표일 뿐이라고 주장한다면 말이다. 나는 이것이 일단 선호 기반 견해의 구체적인 결함을 대면하면 견지할 만한 입장으로 보이지 않을 것이라고 생각한다. 선호 기반 견해를 정치적 원리에 조악한 기반이라고 생각하는 이유가 그것이 삶의 질 측정에 유용한 작업을 하지 못하는 이유이기도 하다. 그리고 확신하건대 선호가 삶의 질 측정에 조악한 기초이지만 기초적인 정치적 원리의 선별에는 유용한 기초라고 주장하는 것도 별로 그럴듯해 보이지 않는다. 선호가 사람들이 실제로 어떻게 살고 있는지조차 말해 주지 못한다면, 그것이 어떻게 헌법의 원리를 규범적으로 설명하는 근거가 될 수 있는지를 보여 주기 어렵기 때문이다. 어떤 식으로든 나는 이번 장에서 주로 근본적 원리 영역에서 사회적 선택의 기초에 초점을 맞추고, 전개하는 논증이 삶의 질 측정 쟁점에 어떻게 영향을 미치는지 때때로 언급할 것이다.

이제 더욱 복잡한 문제가 출현한다. 선호 기반 관점을 옹호하는 경제학자와 다른 사람들은 일반적으로 사회적 선택에서 선호를 사용하는 것과 헌법 보장으로 구현할 수 있는 기본 원리를 선별하는 데 선호를 사용하는 것을 그다지 명확하게 구분하지 않는다. 그 대신 그들은 사회적 선택에 관하여 일반적인 선언을 하는 경향이 있다. 그들이 그렇게 하는 한, 나는 그들이 기본적인 정치적 원리를 선별할 때 특수한 상황에 예외를 두지 않는다고 단적으로 가정할 것이다. 그리고 나의 비판은 선호에 호소하는 것이 유효한 역할을 잘 해결 수 있는 다른 상황보다는 오히려 이 특수한 상황에 초점을 맞출 것이다. 나는 이것이 완벽히 공정하다고 생각한다. 내 반대편에 있는 사람들이 자신의 입장을 사회적 선택에 완벽하게 일반적인 설명으로 만들 작정이라고 생각하기 때문이다.

사회적 선택에서 선호를 어떻게 해석해야 하는지에 관한 토론에서 우리는 양극단의 입장을 확인할 수 있다. 나의 입장은 그 둘 사이에 자리한다. 첫 번째 입장은 **주관적 복지주의**subjective welfarism라고 부를 수 있다.[5] 이 입장은 모든 기존 선호가 정치적 목적에 일치하기 때문에 사회적 선택은 그들 모두의 일종의 총합에 기반해야 한다고 주장한다. 이어지는 논의에서 나는 선의 총합과 복수성에 관하여 제기한 문제들에 대해 1장에서 이미 언급한 바와 같이 추상적으로 다룰 것이다. 또한 복지주의가 선호 총계를 따르는 유관한 양적 평가 측정에 복수성이 있음을 인정한다고 가정할 것이다.[6]

두 번째 입장은 **플라톤주의**platonism라고 부를 수 있다.[7] 이 관점에 따르면, 사람이 무언가를 욕구하거나 선호한다는 사실은 기본적으로 중요하지 않다. 우리에게는 욕구와 선호가 실제로 우리를 정당하고 선한 것으로 안내하기에 얼마나 신뢰할 만하지 않은지에 대한 앎이 있기 때문이다. 그러므로 실제 욕구와 선택은 무언가를 선으로 정당화하는 데 아무런 역할도 하지 못한다. 우리에게 필요한 일은 사람들이 그것을 욕구하거나 선호한다는 사실과는 독립적으로, 그렇게 관련 사태의 객관적 가치에 대한 논증을 제공하는 것이다. 일단 우리가 그렇게 논증하면 사람들이 실제 욕망에서 철저하게 벗어나게 만드는 것조차 정당화할 수 있다.

참으로 중요한 관심사가 두 입장 모두에 동기를 부여한다. 복지주의의 원천은 사람과 그들의 실제 선택에 대한 존중, 즉 낯선 무언가를 그들에게 부과하거나 심지어 서로 다른 사람들의 욕구를 불평등하게 다루는 것을 꺼리는 데 있다. 사실 복지주의는 사람에 대한 존중에서 출발하며, 그것을 선호에 대한 존중과 동등하게 해석한다. 플라톤주의는 정의와 인간의 가치에 대한 긴급한 관심과 현실 세계에서 이러한 가치가 권력, 탐욕, 이기적 도취에 종종 종속되는 것을 인식하는 데서 비롯된다. 그런데 두 입장 모두에 명백한 문제가 있다. 주관적 복지주의를 규범적 입장으로 받아들이게 되면 부당한 제도에 대한 급진적인 비판을 이끄는 것은 불가능하다. 예를 들어 주관적 복지주의는 다음과 같이 우리를 설득한다. 자얌마가 부당한 임금 구조를 당연한 방식으로 받아들였기 때문에 그것은 그대로 유지되어야 한다. 안드라프라데시의 여성들이 의료 돌봄과 깨끗한 물을 위해 소동을 일으키지 않는 것을 보니 그들은 그것을 필요로 하지 않는다. 바산티가 학대받는 결혼 생활을 참는 한 그것은 단지 그녀의 몫일 뿐이다. 이런 식의 규정은 우리가 헌법 보장에 구현될 수 있는 기본적인 정치적 원리를 선별하는 과정에 있을 때 특히 위험을 내포한다. 한편 플라톤주의는 사람들의 실제 경험에 구현된 지혜를 지나치게 경멸하는 듯하다. 자얌마와 바산티가 그들의 삶의 변화에 대해 무슨 생각을 하는지 그리고 안드라프라데시의 여성들이 정부 프로그램에 의한 개선에 만족하고 그들이 이전에 살았던 방식으로 돌아가기를 선택하지 않는다는 사실이 정치적 선택에 실제적 관련성이 있다는 것에 관하여 거의 신경 쓰지 않는다. 실행 가능한 현대적 입장은 이 두 극단 각각의 결함을 피하는 동시에 그것에 내포된 중요한 가치를 보존하려고 노력해야 할 것 같다.

사회 복지에 관하여 철저하게 플라톤주의 입장을 취하는 현대 사상가는 아마 없을 것이다. 그런 페미니스트는 확실히 없다. 페미니스트가 욕구와 선택에 대한 급진적 비판을 승인하는 한, 그들은 전형적으로 여성이 실제로 무엇을 원하는지, 무엇이 진정으로 그들을 행복하게 하거나 그들의 깊은 욕구를 만족시키는지에 대한 생각을 나세워 그 비판을 뒷받침한다. 그리고 공리주의 경제 사상을 따르는 진정한 주관적 복지주의자가 몇 있었다고 하더라도[8] 오늘날에는 부적합한 그런 입장을 거의 찾아볼 수 없다. 이런 극단들 사이에서 적절한 '중용mean'을 탐색하려면, 먼저 왜 공리주의 경제학자들이 순수한 주관적 복지주의를 거부하는지, 그리고 그들이 어떻게 복지주의 관점을 개조하려고 노력했는지를 살펴보는 것이 유용하다. 나는 존 하사니John Harsanyi, 리처드 브란트Richard Brandt, 그리고 게리 베커의 논증에 초점을 맞출 것이다. 복지주의의 틀 내에서 상식적인 무언가를 주장하려는 이들의 시도는 모두 그렇게 하는 것이 얼마나 어려운 일인지를 드러내는 것으로 끝나고 말았다. 다음으로 나는 선호 왜곡 문제 때문에 우리가 공리주의의 틀에서 완전히 벗어나야 한다고 결론을 내릴 수 있는 몇 가지 이유를 살펴볼 것이다. 이를 위해 리처드 포스너, 아마르티아 센, 진 햄프턴, 욘 엘스터, 캐스 선스타인, 그리고 토머스 스캔론Thomas Scanlon의 주장을 참고한다. 마지막으로 사회적 선에 대한 '실질적 선substantive good' 접근과 '정보에 입각한 욕구informed desire' 접근이 핵심역량의 수준에서 상당 부분 수렴된다는 것을 논증하면서 내가 제안하는 핵심역량이 이 쟁점들을 어떤 방식으로 다루는지를 보여 줄 것이다.[9] 이 목록은 1장에서 독립적인 철학적 논증을 사용하여 도출되었다. 그러나 그것은 여러 면에서 정보에 입각한 욕구 접근법이 산출하리라고 기대할 수 있는 것으로 수렴되는데, 이것이 중요하다. 나는 욕구가 핵심역량 목록에 도달하는 발견적 역할heuristic role과 제한적으로 목록을 정당화하는 부차적 역할을 모두 지속한다고 주장할 것이다. 그럼에도 중심적 선에 대한 실질적 설명에서 시작하는 것이 엄격한 절차적 접근으로 핵심역량을 유도하려는 것보다 유익하다. 어떻든 우리가 수용할 수 있는 어떤 절차적 접근법도 규범적 가치의 비중이 너무 커서 결국 실질적 선 접근법을 불러일으킬 것이다. 나는 내 접근법을 (비공리주의적이기는 하지만) 가장 유력한 페미니즘 절차주의 접근법, 말하자면 진 햄프턴의 중요 논문인 「페미니즘 계약주의Feminist Contractariaism」[10]에 있는 접근법과 비교함으로써 이 결론을 예증할 것이다. 마지막으로 권력과 두려움이 내가 예상하는 욕구와 정의의 수렴에 어떤 방해물이 되는지에 대한 성찰로 이번 장을 끝맺을 것이다.

2. 선호 개념의 문제점

그러나 먼저 선호에 주목해 보자. 나는 지금까지 '욕구'와 '선호'를 고두 말했다. 경제학 문헌에 선호가 무엇인지에 대해 구별된 두 개념이 있다. 폴 새 뮤얼슨Paul Samuelson이 가장 두드러지게 주장한 한 접근법에 따르면 선호와 행위 사이에는 개념적 구별이 없다. 다시 말해 선호는 사실상 선택된 행위에 의해 '현시된revealed' 것으로 간주된다.[11] 이 접근법에는 수많은 문제점이 있다. 무엇보다도 이 접근 방식은 정신적인 삶이 행위로 옮겨지는 경우를 제외한다면 한 사람의 바람이나 일반적인 숙고적 삶에 대해 논할 수 있는 방편을 제공하지 않는다. 이 접근법은 그것의 사촌 격인 심리학적 행동주의와 더 문제점을 공유한다. 게다가 심리학은 이미 오래전에 행동주의가 부적절한 설명 이론이라고 결론을 내렸다.[12] 그런데 한층 더 명백한 문제가 있다. 행위로 파악한 선호가 이행성과 일관성 같은 매우 기본적인 특정 합리성의 공리axioms를 준수하지 않는다는 것이다.[13] 그런데 이런 관찰은 우리를 더 깊은 개념적 쟁점으로 이끈다. 행위는 진술과 같지 않으며, 표면에 그런 특성을 띠지 않는다. 따라서 행위로 파악한 선호의 일관성이나 비일관성을 묻기에 앞서 우리는 선호를 해석해야만 한다. 그리고 그것을 해석하기 위해서 우리는 선택 행위의 외부에 있는 무언가, 즉 선택에서 추구하는 기저의 대상이나 가치와 같은 무언가를 언급해야만 한다.[14] 그런 논증은 심리학적 행동주의를 반대하는 데 오랫동안 사용되었고,[15] 현시선호이론revealed-preference theory의 주장에도 똑같이 치명적이다.

'선호'라는 아이디어에 대해 더 유망한 접근법은 무엇보다도 베커와 센이 지지하는 접근법이다. 이 견해에 따르면 선호는 실제 선택 이면에 놓여 있으며 심리학적 실재성을 지니고 있다. 선호는 신념과 함께 선택을 설명하는 데 소용되는 실체다. 이 접근법을 사용하는 사람에게 선호는 오히려 욕구와 비슷하다. 실제로 욕구는 선호의 부분 집합처럼 보일 것이다.

그러나 철학자라면 누구나 여기에서 머리를 긁적이기 시작할 것이다. 우리는 왜 설명에 도움이 된다는 실체의 레퍼토리가 그렇게 빈약한데도 이토록 복잡한 인간의 행위를 실체로 설명하려고 하는가![16] 플라톤과 아리스토텔레스 이래로 서양 철학자는 인간 행위에 대한 설명에 상당수의 구별된 개념이 필요하다는 데 동의해 왔다. 그 개념은 **최소한**at the very least 신념, 욕구desire, 지각, 육체적 욕구appetite, 그리고 감정을 포함한다. 일부 현대의 철학자를 포함하여 많은 철학자는 아리스토텔레스가 기본적으로 옳고 그가 도입한 개념 이상의 것은 필요 없다고 느낀다.[17] 다른 철학자들은 그렇게 만족스럽게 여기지 않는다. 스토아학파는 아리스토텔레스식의 분류가 생명을 존속시키는 생명체의 타고난 경향을 충분히 파악하지 못했다고 판단하여 **충동**impulse, hormê이라는 심화 개념을 도입한다. 스피노자는 이 개념을 그의 중심 범주인 **코나투스** conatus로 전환한다. 칸트는 **경향성**inclination, Neigung이라는 개념을 좋아하는데, 그것이 중세나 아리스토텔레스식의 틀에서 제대로 강조되지 않은 감정과 욕구의 특징을 포착했다고 느낀 것 같다. 일부 현대의 철학자들은 **지향**intention 개념이 신념이나 욕구나 감정으로 환원될 수 없고 행위를 설명하는 데 본질적이라고 주장한다.[18] 그리고 물론 다른 사람들은 본능과 충동 같은 정신분석학에서 도입한 다양한 개념을 옹호한다. 마지막으로 작고한 진 햄프턴을 포함하여 특출한 도덕철학자들은 실제 정신적 삶의 복잡한 다층 구조를 주장한다. 개인에게는 단지 선호뿐만 아니라 그런 선호에 대한 선호가, 심지어 그 선호에 대한 선호 역시 있을 것이다.[19] 그들은 또한 자신의 선호와 긴장 관계에 있는 일에 참여할 수도 있다. 그런 참여는 자신의 선호가 신뢰할 만하지 않다고 판명될 가능성이 높다는 판단을 반영할 수도 있다.[20]

주관적 복지주의에서 분명히 잘못된 한 가지는 이런 복잡성을 포착하지 못한다는 데 있다. 그것이 육체적 욕구와 감정을 구별하는 것과 같은 그런 구별을 탐구하지 않기 때문에, 사회적 조건social conditioning이 '선호'라고 부를 수 있는 것의 내용을 어떻게 형성하는지 적합하게 드러내지 못한다. (그런 구별을 하는 한 가지 표준 방식은 식욕과 같은 육체적 욕구가 적어도 어느 정도는 사회적 조건으로 수그러들지 않는 반면, 감정은 보통 사회적 조건에 심하게 영향을 받는 풍부한 인지적·감정적 내용이 있다고 말하는 것이다. 이것이 옳든 그렇지 않든 일종의 탐구가 필요한 지점이다.) 마찬가지로 주관적 복지주의는 욕구 자체에 복잡한 지향적 내용이 있고 상이한 유형의 욕구에는 상이한 수준과 유형의 지향적 내용이 있다는 가능성을 고려하지 않는다.[21] 마지막으로 그것은 개인을 그저 면밀한 검토도 하지 않는 욕구 보따리로 취급함으로써, 실제 삶에서 그들 자신의 욕구를 전혀 동등하게 존중하지 않고 자신의 삶에 어떤 종류의 지위나 서열을 부여하는 사람들의 비판적이고 숙고적인 특성을 경시한다. 따라서 복지주의는 스스로 (내가 특징지은 바에 따르면) 그 중심 목표, 즉 사람에 대한 존중을 보여 준다는 목표를 충족할 수 있을 것 같지 않은 입장에 처한다. 성찰하는 성인이 아닌 단순한 유아로 취급하는 것은 그들을 존중하는 좋은 방식이 되기 어렵다.

그렇다면 우리는 다음 내용에서 현대의 경제학이 개념적으로 훌륭한 인간 행위 이론의 지도에 자리 잡지 못했다는 슬픈 사실과 씨름해야 한다. (실제로 현대의 경제학은 아담 스미스의 철학적 인간학이 보여 준 풍부한 토대를 인정하지 않는다.) 별난 실행처럼 보일 때, 행동경제학 이론에서 미묘한 오류를 찾아낼 때, 경향성이 실제로 맞을 때 우리는 이 이론의 조악함을 평가할 수조차 없다. 모든 것을 버리고 완전히 새로 시작하자. 그리고 우리는 더 복잡한 이론에 대해서도 흥미로운 쟁점을 선택해서 난해한 비판을 계속하고자 한다.

3. 복지주의: 내부 비판

경제학이 규범적 접근을 대하는 대강의 모습에서 보통 주관적 복지주의를 발견할 수 있기는 하지만, 일단 규범적 쟁점을 정면으로 광범위하게 고려한다면, 기꺼이 철저한 주관적 복지주의자가 되고자 하는 공리주의 경제학자는 극히 소수다. 밀턴 프리드먼Milton Friedman은 아마도 진정한 주관적 복지주의자였을 것이다. 그는 가치의 차이에 관심을 둔다면 "인간은 궁극적으로 싸울 수밖에 없다"고,[22] 결과적으로 규범 이론이 주관적 복지주의를 넘어설 곳은 어디에도 없다고 분명하게 주장한다. 공공 정책에 관한 또 다른 진정한 주관적 복지주의자인 로버트 보크Robert Bork는 경제 토론의 영향을 많이 받았다. 그는 기본적인 헌법 원리의 결정을 포함하여 규범적인 문제를 진척시키기 위해서는 주관적 선호의 총합이 유일하게 합리적인 방식이라고 주장한다. 그는 평가자가 규범적 판단을 적합하게 뒷받침할 "필수적인 구별을 하는 원칙적인 방법도 없이" "불확실한 바다에서 표류"하고 있다고 명시하여 [주관적 선호의 총합에 근거한] 판단을 지지한다.[23] 그러나 보통의 경우 경제학자는 기존의 모든 선호가 규범적인 목적에 상응한다고 취급하는 것이 타당하지 않다고 인식하고 최소한의 어떤 가늠이나 수정을 권장한다.

[그런 이유로 경제학자는] 거짓 믿음 그리고 정보 부족과 관련하여 분명

하게 수정을 가한다. 정념passion과 욕구를 '합당하지 않은unreasonable' 것으로 일관되게 간주할 수 없다고 일반적으로 생각한 흄조차도, 존재하지 않는 대상을 존재한다고 실수로 믿거나 한층 더한 목적을 위하여 적절한 수단에 관해 거짓 믿음을 견지하는 경우는 예외로 두었다.[24] 그런데 흄을 추종하는 공리주의자 대부분은 인지 오류에 대한 흄의 인식에서 한층 더 나아간다. 대표적인 예로 크리스토퍼 블리스Christopher Bliss는 개발도상국에서 삶의 질 측정과 관련하여 매우 강한 형식으로 주관적 복지주의를 옹호하는 동시에[25] 부적합하거나 거짓된 정보를 수정할 필요를 인식한다. "예를 들어 가난한 나라의 주민은 그들이 얼마나 건강하지 않은지, 그리고 그 불량한 건강 상태가 어떤 결과를 가져올지 깨닫지 못할 수 있지만, 전문가는 그것을 알고 있다." 블리스가 기존 시력에 대한 전문가의 교정을 인정하는 또 다른 경우는 우리에게 전체적인 개요가 필요하지만 개인이 이런 개요를 마련할 수 없는 경우다. 다시 말해 블리스는 그것이 개인의 요소인 '불완전한 시력'에 관련되기 때문에 이 교정을 수용할 수 있다고 주장한다. 우리가 "인간이 모든 것의 척도는 아니더라도 최소한 생활의 기준 척도라는 근본적인 요점"을 잃지 않는다면, 안경을 제공한다든지 해서 개인의 시력을 교정할 수 있다.[26] 블리스는 헌법 보장의 기저를 이루는 기본적인 정치적 원리의 근거를 논의하지 않는다. 그래서 정치적 윤리 영역에서는 그가 선호 기반 관점을 승인하지 않을 가능성이 있다. 한편 삶의 질과 관련된 모든 영역에서 선호를 열렬히 옹호하는 블리스는 선호에 대한 의존에는 문제가 될 만한 어떤 영역도 보이지 않는다고 암시한다.

하사니가 기존 선호에 대해 제안한 훨씬 더 야심 찬 수정도 여전히 명백하게 주관적 복지주의 이론의 일반적 틀 안에 머물고 있다.[27] 하사니는 "**선호 자율성**preference autonomy이라는 중요한 철학적 원칙"을 공표한다. "선호 자율성이란 해당 개인에게 무엇이 좋고 나쁜지를 결정할 때 궁극적 기준은 오직 그 개인 자신의 욕망과 선호뿐이라는 원칙을 의미한다."[28] (하사니는 이 원칙을 고수하는 이유를 명확히 설명하지 않는다. 그러나 민주주의에 관한 일반적인 염려 외에도 A가 욕망하는 것이 A에게 나쁘다는 생각이 그에게 동인으로 작용한 것 같다. 좀 더 깊은 차원에서 A가 실제로 다른 것을 선호한다고 주장하는 경우를 제외하고 우리는 그런 생각을 이해할 수 없다.)[29] 한편 하사니는 사람들의 선호가 자주 '비합리적irrational'이라고 인식한다. 그는 "어떤 상식적인 윤리 이론"도 이 사실을 인정해야만 한다고 믿는다. "우리가 다른 사람들이 전적으로 합당하지 않은 욕망unreasonable wants을 만족시킬 수 있도록 도움을 주어야 할 도덕적 의무와 그들이 매우 합당한 욕구reasonable desires를 만족시키는 데 도움을 주어야 하는 것을 동일하다고 주장하는 것은 터무니없는 일이다."[30] 그런데 우리가 이 구별에 복지주의 원칙의 유지와 양립할 수 있는 어떤 내용을 제공할 수 있을까? 하사니는 규범적 쾌락주의는 쉽게 타당한 구별을 할 수 있다고 지적한다. 합리적 욕망은 그 대상이 실제로 쾌락을 산출하는 것이고, 비합리적 욕망은 그 대상이 실제로 쾌락을 산출하지 못하는 것이다. 그러나 우리가 그런 종류의 규정적인 규범적 이론을 수용하지 않는다면 (하사니는 이미 그것을 거부했으며, 선호 자체로부터 규범성을 끌어내는 이론에 명백히 호의적이다), 이제 우리는 무슨 말을 해야 할까?

하사니는 사람들이 표명하는 선호가 자주 그들의 '진정한 선호'와 상충한다고 말해야만 한다는 결론을 내린다. 사람의 합리적 욕망은 그의 진정한 선호에 부합하는 욕망이고, 비합리적 욕망은 그렇지 않은 욕망이다. 표명된 선호와 진정한 선호 사이의 구별은 다음과 같이 정의된다.

(한 사람이) 표명하는 선호는 잘못된 사실적 믿음erroneous factual belief이
나 부주의한 합리적 선택에 근거했을 가능성이 있는 선호를 포함하여
그의 행동 관찰에서 표명된 실제 선호다. 반면 한 사람의 진정한 선호는
그가 모든 유관한 사실적 정보relevant factual information를 가지고 있고, 항
상 가능한 한 가장 주의 깊게 추론하며, 합리적 선택을 위해 가장 적합
한 마음의 상태a state of mind에 있다면 **가지게 될** 선호다.[31]

그런 다음 그는 사회적 효용이 개인의 표명된 선호보다는 진정한 선호
에 근거해서 규정되어야 하며, 사회적 효용의 최대화가 적절한 사회적 목표라
고 결론을 내린다. 하사니는 특히 근본 원칙의 영역에서 사회적 선택의 완전
한 일반 이론으로 이 아이디어를 내세운다. 그는 자신의 선호 기반 윤리 이론
preference-based ethical theory을 롤스 정의론의 대안으로 특성화한다.[32]

하사니가 표면적으로 만족스러울 만한 무언가를 내놓기 위해 단순히 믿
음과 정보에 대한 일반적인 수정사항뿐만 아니라 주의 깊은 추론이라는 강력
하게 규범적인 절차적 아이디어와 "합리적 선택을 위해 가장 적합한 마음의
상태"도 덧붙여야만 했다는 것에 주목해야 한다. 그는 이 마지막 요소를 더 이
상 설명하지 않는다. 그러나 우리의 사례를 생각해 보면 합리적 선택을 위해
적합한 마음의 상태가 **아닌** 사람들을 쉽게 분간할 수 있다. 남편의 신체적 학
대에 겁을 먹고 살 길이 막막한 채로 남편을 떠나야 했던 바산티, 가계 소득에
대한 불평등한 통제가 단지 여성의 몫이라고 생각하는 데 익숙한 자얌마, 그
리고 내가 제사에 인용한 타고르의 등장인물 므리날처럼 자신이 별로 중요하
지 않다고 생각하는 사람들. 이러한 조건은 확실히 합리적 선택에 도움이 되
지 않는 것처럼 보이며, 타고르의 등장인물이 남편에게 마침내 그를 떠나기로

결심한 이유를 설명할 때 지적하는 부분이다. 그녀가 적합한 선택을 하기 위해서는 무엇보다도 수년간의 모욕과 무시로 얼룩진 활기 없는 상태에서 벗어나야 한다. 그런데 우리가 전통적 위계의 부재, 두려움의 부재, 자신의 가치와 존엄성에 대한 감각을 합리적 선택 과정에 포함한다면, 표준 복지주의 접근법에서 매우 멀어지게 될 것이다. 나는 나중에 이러한 부가 사항이 일부 발견적 가치heuristic value가 있는 정보에 입각한 욕구 접근법informed-desire approach을 구축하는 데 도움이 된다고 제안할 것이다. 그렇지만 하사니가 우리를 그의 복지주의적 출발점에서 그렇게 멀리 데려가려고 했는지는 매우 불분명하다.*

다시 말하지만, 제사 두 번째 인용문의 자영업 여성 협회 여성들이 새로운 일을 감행하는 여성에 대한 비디오를 보고, 자신들도 이런 일을 할 수 있다는 자신감을 얻었다는 것을 생각해 보라. 릴라 다타니아의 요점은 비디오를 본 경험이 이 여성들이 미래를 위해 적합한 선택을 하도록 돕는다는 것이다. 그들에게 새로운 정보를 줄 뿐만 아니라 그들 자신의 가능성과 가치에 대한 감각을 강화하기 때문이다. 그러나 비디오에서 여성들이 하루 종일 집에 숨어 있거나 신체적 학대를 받아야 한다고 가르친다면, 우리는 이것을 진보라거나 왜곡된 선호를 교정하여 '진정한' 선호로 향하는 길이라고 생각하지 않을 것

---

*　이 지점은 우리가 합리적 선택을 하기 위해 어떤 마음의 상태에 있어야 하는지를 중요하게 생각하는 누스바움의 생각을 잘 드러낸다. 하사니가 제시한 조건인 합리적 선택이 가능한 마음 상태가 되기 위해서는 자신이 처한 환경을 이해하고, 다른 환경에서는 다른 선택을 할 수 있는 가능성에 대한 숙고가 병행되어야 한다. 그래서 하사니가 제시한 조건을 충족하기 위해서는 충분한 정보가 제공되어야 하기 때문에, 결과적으로 선호 기반이라는 하사니의 출발점에서 멀어지게 된다는 것이 누스바움의 분석이다. 누스바움은 하사니가 그것을 의도하지는 않았겠지만, 결과적으로 그렇게 된다는 것을 명시함으로써 하사니 논증의 불충분함을 비판함과 동시에, 하사니가 제시한 조건의 중요성을 강조한다.

이다. 그럼에도 우리는 여전히 비디오(예를 들어 폭력적인 포르노 비디오)가 자신과 타인에 대한 그러한 태도를 사람들에게 가르칠 수 있다는 것을 잘 알고 있다. 우리가 비디오로 구축된 선호가 선이라고 생각하는 것은 자기 즈중과 경제적 행위력을 중요한 선으로 여기는 암묵적 가치론이 우리에게 있기 때문이다. 이러한 구분을 순수하게 공식적으로 할 수 있는 방법이 있을지는 분명하지 않다.

다타니아의 요점은 1992년 노벨상 연설에서 경제학자인 베커가 주장한 것과 매우 유사하다. 그는 여성과 소수자가 교육과 훈련에 관한 일에서 자신의 인적 자본에 자주 충분히 투자하지 못한다고 보았다. 그들은 다른 사람이 할 수 있는 일들을 자신은 할 수 없다고 믿게 만드는 환경에서 자랐기 때문에 잘못된 결정을 내린다는 것이다.[33] 베커는 다양한 종류의 사회적 편견, 특히 "소수자 구성원의 생산성은 낮다고 보는 고용주, 교사, 그리고 다른 영향력 있는 집단의 **믿음은** 자기 예언적self-fulfilling"**일 수 있으며** 불이익 집단의 구성원에게 "교육, 훈련, 그리고 업무 기술에 투자를 덜하는" 원인이 된다고 주장한다. 이렇게 투자가 저조하면 결과적으로 생산성이 낮아진다. 요약하자면 불이익 집단은 (베커는 "흑인, 여성, 종교 집단, 이주민 등"을 여기에 포함한다) 열등한 지위를 영속시키는 선택을 하는 방식으로 그들의 열등한 지위를 내면화한다.[34] 베커는 분명하게 자신의 규범적 공공 정책 양식에서 이런 결정이 그 사람들에게 해롭고, 현명한 사회 정책이 장려해야 하는 것과 반대된다고 간주한다.[35] 그러나 이런 소견을 통해 정의와 인간의 역량에 대한 규범적 이론을 암묵적으로 요구한다는 면에서 베커는 다시 한번 확실히 규범적인 표준 복지주의 접근에서 상당히 멀어졌다. 하사니는 그 정도로 급진적인 단계를 취할 준비가 되어 있지는 않은 것 같다.[36] 다만 하사니의 기준은 명확히 더 나아간 규범적 설명의 방향을 가리키고 있다. 그러나 그의 복지주의 원칙과 양립하는 방식으로 마지막 조건을 조목조목 설명할 수 있는지에 대한 정보를 거의 제공하지 않는다. 확신하건대 실천적 관점에서 모든 유관한 반사실counterfactuals[조건이 반대가 된다면 일어날 수도 있는 사실]을 상상하는 데서 나오는 애매한 실행은 일종의 상대적으로 독립적인 규범 이론의 안내를 받아야만 할 것이다.

하사니는 자신을 복지주의에서 더욱 분명하게 멀어지게 만드는 복지주의 수정을 하나 더 추가한다. 이것은 일부 사람들의 '진정한' 선호가 사회적 효용 함수에서 완전히 배제되어야 한다는 것이다. "특히 우리는 사디즘, 시기심, 원망, 그리고 악의와 같은 명백하게 반사회적인 선호를 모두 배제해야만 한다."[37] 하사니는 이런 수정을 그의 복지주의에 감춰진 비복지주의적인 종류의 도덕 직관을 드러내는 방식으로 흥미롭게 정당화한다. 그가 말하기를 공리주의에서 타인에 대한 우리의 도덕적 참여의 '근본적인 기초fundamental basis'는 '일반 선의지와 인간적 동감sympathy'이다. 그러므로 "공리주의 윤리는 우리 모두를 같은 도덕 공동체의 구성원이 되게 한다." 그러나 도덕 공동체라는 이 개념이 공리주의 이면에 있으면서 규범적 판단에 구성원이 호소하는 바를 부여하는 것이라면, 우리는 공리주의가 실제 사람들의 인격에서 도덕 공동체 관념에 적대적인 부분을 제외하도록 요구한다고 해석해야만 한다. "다른 사람을 향해 악의를 품은 사람은 이 공동체의 구성원으로 남아 있지만, 그의 인격 전체가 해당되지는 않는다. 그의 인격에서 이러한 적대적인 반사회적 감정을 품고 있는 부분은 구성원 자격에서 제외되어야만 하고, 우리가 사회 효용 개념을 규정할 때 심의를 청구하지 못한다."[38]

하사니는 자신에게 영향을 미친 세 가지 윤리 이론, 즉 애덤 스미스의 이상적 관찰자 이론ideal-observer theory, 고전 공리주의, 칸트의 정언명령을 언급하면서 논의를 시작한다.[39] 그의 논증 대부분에 걸쳐 공리주의의 영향력이 우세하며, 오히려 칸트와 스미스의 영향력은 거의 없음을 알 수 있다. 그런데 이 지점에서는 칸트와 스미스가 수면 위로 떠오른다. 하사니를 보면 상당히 칸트적인 생각이 공리주의의 사회적 선택 함수 밑바닥에 자리 잡고 있는 것 같다. 그리고 오직 목적 공동체라는 이상적인 비전(또는 아마도 스미스의 이상적인 분별자와 동감하는 행위자의 공동체 개념)에 의해 규제될 때만 효용 함수를 사회 정책의 기초로 수용할 수 있다고 판명된다. 하사니는 우리가 매우 규정적인 윤리 개념을 그에게 귀속시킬 수 있을 만큼 이 점을 충분히 설명하지 않는다. 그러나 우리는 선호에 대한 하사니의 진정한 관심이 결국 인격 존중, 동등성, 자율성에 대한 칸트의 관심과 같다고 결론 내릴 수 있다. 그리고 그는 공리주의로부터 이탈하여 이러한 본질적인 칸트적 특징을 보존하는 데 반대하지 않는다. 요약하자면 그의 관점은 겉으로만 복지주의적이다. 실제로 매력적으로 느껴지지 않았던 것을 제외하고 복지주의를 고려했기 때문에, 그가 복지주의에 대한 급진적인 비판을 제기하게 된 것이다.[*]

이제 복지주의에서 멀어지는 길에 놓여 있는 전초기지를 하나 더 고찰해야 한다. 그것이 사회적 선택에 대한 선호 기반 관점을 재정비하기 위한 가장 지성적이고 일관된 시도를 대표하기 때문이다. 이것은 『좋음과 옳음에 대한 이론A Theory of the Good and the Right』에 있는 리처드 브랜트Richard Brandt의 '인지 심리치료cognitive psychotherapy' 관점이다.[40] 하사니와 마찬가지로 브랜트 역시 자신의 관점을 롤스의 정의론에 대한 대안으로 보며, 그래서 여러 다

---

[*] 하사니는 복지주의가 사람들의 선호를 존중하기 때문에 매력적이라고 생각했다. 그러나 선호를 상세히 분석하는 과정이 복지주의를 비판하는 결과로 이어지게 된다.

른 개인적·사회적 선택을 하는 방법뿐만 아니라, 기본적인 정치적 원리를 선택하는 방법을 우리에게 알려주는 관점으로 간주한다.[41]

브랜트는 하사니(또는 외견상 하사니)처럼 궁극적으로 복지주의자다. 그는 개인적·사회적 합리성 양쪽의 궁극적 기준은 외부의 가치를 개인 자신의 가치로 들여옴으로써가 아니라, 각 사람 내부에서 발견되어야만 한다고 주장한다. 그러나 브랜트는 종종 오류가 사람들에게 깊이 뿌리박혀 있어서, 유관한 사실을 단순히 노출하는 것으로 그것을 항상 제거할 수 없다는 것을 인식하고, '인지 심리치료'의 지속적인 과정으로만 사람의 진정한 선호에 도달할 수 있다고 결론짓는다. 이 과정에서 귀결된 욕구로 사람의 합리성을 규정한다.[42] 이때 기본적인 사회 원칙은 완전히 합리적인 사람이 지지하는 것의 관점에서 규정된다. 따라서 인지 심리치료에 대한 설명은 기본적인 정치적 원리를 선택하는 방법에 대한 브랜트 견해의 중심핵을 형성한다. 우리는 브랜트가 실제로 일관성 있게 사회적 선택에 대한 복지주의적 설명을 산출했는지를 알아보기 위해 인지 심리치료를 검토할 것이다.

인지 심리치료는 "누군가의 명성, 평가적 언어 사용, 외적 보상이나 처벌, 이완과 같은 인위적으로 유도된 감정 상태의 영향을 받지 않으면서, 단순히 이용 가능한 정보에 대한 반성에 의존하는" '가치-중립 반성value-free reflection'이라고 신중하게 정의된다.[43] 이때 이 과정은 욕구의 합리성을 규정하는 데 사용된다. "나는 사람의 욕구, 기피, 또는 쾌락이 그 사람의 주의 깊은 '인지 심리치료'를 거쳐 살아남았거나 산출된다면 그것을 '합리적'이라고 할 것이다. 정립된 사실에 관한 명확하고 반복적인 판단과 양립할 수 없는 욕구라면 나는 그것을 '비합리적'이라고 할 것이다." 우리는 방법에 권위, 위협, 위계가 없다는 자체가 그렇게 깔끔하게 가치중립적이지는 않다는 것을 이미 알아차렸다. 이 방법은 브랜트가 실제로 매우 중요하다고 생각한 독립, 자유, 자기 주도적 선택과 같은 가치를 드러낸다. 이것들은 욕구에 대해 면밀한 인지적 검토를 위한 절차를 세우는 데 정말 중요한 가치다. 더욱이 그것들은 억압적인 환경에서 살아가는 여성의 상황에 긴밀하게 관련된다. 억압 상황에서 여성들이 말하는 것은 그들이 신뢰하는 사람들에게 말하는 것 또는 비밀리에 하는 행위에서 드러나는 것과 매우 다르기 때문이다.[44] 문제는 결과를 산출하는 그의 방법을 우리가 완전한 가치-중립이라고 생각해야 하는지에 대한 여부다.

브랜트는 이제 그의 관점으로 볼 때 인지 심리치료를 통해 제거할 수 있는 네 가지 범주의 오류를 규명한다.[45] 첫째, 거짓 믿음에 의존하는 욕구라는 대범주다(이 범주는 가치문제에 관한 믿음이지만 인지 과정을 거치지 않은 상태의 믿음을 포함해서는 안 된다는 점을 상기해야 한다). 둘째, 전형적이지 않은 예에서 도출한 일반화다. 이것 역시 광범위한 예와의 대면을 더 많이 확장함으로써 궁극적으로 몰아낼 수 있다. 셋째,[46] “문화 전파의 인위적인 욕구 자극artificial Desire-Arousal in Culture-Transmission”이라고 부르는 범주다. 여기어서 브랜트가 의미하는 바는 문화가 범례와 교훈으로 가치를 전달한다는 것이다. 문화적 간섭이 없다면 현실의 경험을 말한다고 해도 [범려와 교훈이] 산출될 수 없는 일이 빈번했을 것이다. 브랜트가 제시하는 두 가지 예는 쓰레기를 수거하는 직업과 “인종, 종교, 또는 국적이 다른 사람과의 결혼”이다. 브랜트에 따르면 이러한 능동적인 실제 경험은 매우 만족스러울 수 있으며, 앞선 문화적 조건화가 없었던 사람에게 내재적 기피를 불러일으킬 이유가 전혀 없다. 물론 그는 다른 사람의 사회적 태도 자체가 사람들이 해결해야 하는 실제 사실이라고 계속해서 주장한다. “그러나 다른 사람의 태도에 지나치게 신경쓰는 것 자체가 오류에 기반한다. 다른 사람의 태도가 성인에게 결정적으로 중요하다는 거짓 믿음에 근거한다. 문제의 태도가 자신의 부모의 태도이기만 하다면 특히 그렇다."

이 흥미로운 단락에서 우리는 브랜트가 자신이 주장하는 바에 따라 권장하는 가치-중립 방법에서 자신을 만족시킬 결론을 짜내려고 한껏 노력하는 모습을 볼 수 있다. 자유에 대한 사랑, 육체노동을 하는 사람에 대한 민주적 존중, 그리고 미신에 대한 혐오는 모두 브랜트가 통혼과 쓰레기 수거를 기피하는 사람들의 태도를 뼛속까지 비합리적이라고 여기게 만든다. 어쩌면 교육받지 않은 어린이는 이런 것들에 대해 자연적 경멸을 경험하지 않는다고 말한 그가 옳을 수 있다. 그러나 이것이 그가 취하는 노선인지는 분명하지 않다. 교육받지 않은 어린이는 브랜트가 지키려는 여러 사회적 태도, 예를 들어 잔인함에 대한 회피, 가난한 사람의 잘-살기에 대한 관심, 표현의 자유에 대한 사랑, 정의에 대한 열정과 같은 사회적 태도의 기초 또한 부족할 수 있기 때문이다. 그러므로 그런 태도를 전파하려는 문화에서 평가적 학습이 요건인 모든 태도를 실제로 제거한다면 가치-중립 과학value-free science은 지나치게 많은 것을 제거한다. 부모를 포함하여 다른 사람의 태도가 중요하지 않다는 그 주장을 따르는 가치-중립적인 거짓 믿음에 관해 다시 말하자면, 이 거짓 믿음은 목적ends과 가치의 특정 도식에만 해당하고, 다른 도식에는 해당하지 않는다. 요약하자면 브랜트의 자유 민주주의적 본능은 하사니와 마찬가지로 그의 주장이 실제로 전달할 수 있는 것과 충돌한다. 가치를 배제하려는 시도에서 그가 하사니보다 더 빈틈없다는 사실에도 불구하고 그렇다.

브랜트의 네 번째 오류 범주는 "초기 박탈에 의해 산출된 과장된 유발성 Exaggerated Valences Produced by Early Deprivation"이다.[47] 그는 디어 애비Dear Abby 신문 칼럼에 실린 편지를 예로 든다. 그 편지에서 한 여성은 남편에 관한 불만을 토로한다. 남편은 대공황 시절에 아버지 없이 성장했지만, 지금은 상당히 부유하다. 그럼에도 그는 헌 옷을 구매하고 딱딱하게 굳은 빵을 먹는 등 가족을 불행하게 만들 정도로 노년을 위해 과도하게 저축한다. (브랜트는 유사한 행동이 실험실 쥐에서 관찰된다는 것에 주목한다.)[48] 이에 대해 브랜트는 우리에게 초기 박탈 그리고 이와 관련된 불안이 후기의 과장된 욕구 발굴로 이어지는 증후군이 있다고 한다. 그는 돈뿐만 아니라 사랑이나 애착처럼 초년의 삶에서 결핍이 있을 수 있는 다른 선의 경우에도, 그렇게 비정상적으로 강한 욕구는 일단 그 근본 원인이 드러나면 약화될 것이라고 주장한다.

그러나 물론 해결되지 않은 질문이 있다. 돈이나 사랑에 대한 욕구가 언제 '과장되는가?' 가치 이론 없이 우리가 그런 말을 할 수 있다고 보는가? 그리고 초년의 삶에서 무엇을 '박탈'로 보는가? 다시 말하지만 우리가 이 지점에서 시작하기 위해서는 적절한 사랑과 물질적 지원에 대한 규범적 설명이 필요하다. 브랜트는 매우 기이한 사례를 선택하여 이 문제의 깊이를 은폐한다. 그러나 여기서 다시 분명히, 그는 그 주장에 따른 사실적 실행을 통해 몇 가지 특징적인 브랜트식 가치 결론(예를 들어 사람은 다른 사람의 사랑과 승인에 크게 의존적이어서는 안 된다)에 도달한다. 이와 병행할 만한 것이 자살에 대한 이전 논문에 있다. 거기에서 브랜트는 "어떤 사람이 실연했을 때 적어도 그가 그만큼 좋아하는 다른 사람을 만날 수 있는 적극적인 행동 계획을 세울 수 있기" 때문에 사랑으로 인한 자살은 '비합리적'이라고 판단한다."[49] 그렇다 쳐도 그것은 가치-중립 과학을 가장한 실질적인 도덕적 입장일 것이다.

요약하자면 선호 또는 욕구 기반 관점을 재정비하려는 복지주의자의 시도는 난관에 봉착한다. 복지주의 철학자나 경제학자들이 그것으로 이루려는 모든 것을 실현할 수는 없는 것 같다. 우리가 정보를 추가하고 논리적 오류를 바로잡아 어느 정도 진보를 이룰 수 있다. 그러나 하사니의 이상인 평등한 도덕 공동체나, 브랜트의 이상인 독립적이고 현실적이며 미신에 사로잡히지 않은 민주 시민, 또는 베커의 이상인 낮은 자기 가치감self-worth으로 오염되지 않은 선택을 하는 교육받은 자유 시민에 도달하려면, 이러한 사상가들은 재검토 절차에 가치 판단을 주입했어야만 했다. 이는 하사니와 브랜트의 원래 의도와 반대되지만, 베커는 실증적 기획과 규범적 기획 사이의 거리를 좀 더 신중하게 유지했다.

경제학자들의 자기 비판에 대해 논의할 때, 공식적인 사회적 선택 이론의 두 가지 중요한 결과인 케네스 애로우Kenneth Arrow의 불가능성 결과impossibility result와 센의 파레토 자유주의 역설Paradox of the Paretian Liberal에 의해 제기된 유명한 문제를 언급하지 않을 수 없다.[50] 이런 결과는 전문적인 문헌에서 매우 널리 논의되었기 때문에 이 맥락에서 하는 간략한 논의로 덧붙일 수 있는 것은 거의 없다. 그렇지만 그것을 생략한다면 복지주의에 대한 복지주의자의 불만족을 빠뜨리게 된다. 애로우의 정리는 네 가지 조건을 만족시킬 수 있는 사회 복지 함수가 없다는 것을 보여 준다. 이 조건들은 각각 개별적으로는 그럴듯하면서도 다소 약하기도 하다. **무제한 영역**Unrestricted Domain(개인의 선호를 순서 짓는 가능한 **n개**의 쌍n-tuple이 모두 포함된다), **약한 파레토 원칙**Weak Pareto Principle(대안이 되는 어떠한 쌍에 대해서도 모든 사람이 이것 중 하나를 다른 것보다 엄격히 선호한다면 그 하나를 선택), **비독재**Non-Dictatorship(어떠한 대안에도 사회의 엄격한 선호에 변함없이 반영되는 개인의 엄격한 선호는 없음), **무관한 대안의 독립성**Independence of Irrelevant Alternatives(비공식적이지만, 숙고 중인 선택과 숙고의 목적상 이용할 수 없는 다른 대안들과의 관계로부터 독립적이라는 생각). 여러 면에서 토론을 거쳐 확장된 이 중요한 결과는 확실히 사회적 선택 이론가들이 (선호에서 유래된) 사회적 선택의 복지주의 이론에 대한 희망을 포기하지 못하게 만든다. 그러나 이 불가능성 결과는 틀림없이 의문을 야기한다. 이런 이론 자체는 단순성과 합리성을 근거로 권장된다. 그런데 이런 약한 공리axioms조차 불가능에 직면한다면 어떤 방향에서든 전체 기획을 재검토해야 한다. 다만 약한 파레토 원칙과 비독재는 특히 어떤 선호 기반 규범 이론에서도 너무 약하고 근본적인 가정이어서 그것을 포기하거나 심지어 유의미하게 변경하기도 상당히 곤란할 것이다.

센의 결과는 우리의 목적을 위해 한층 더 주목할 만하다. 그는 철학자들이 빈번하게 직관적으로 관찰했던 것, 즉 선호 기반 이론이 자유주의적 권리를 수용하는 데 곤란을 겪는다는 것을 형식적으로 보여 주기 때문이다. 센은 우리가 애로우의 무제한 영역과 약한 버전의 파레토 원칙을, 사회 내에서 개인이 자신의 선호를 추구하는 공간을 보호해야 한다는 아이디어의 형식적 표상과 결합한다면, 불가능성 결과에 도달한다는 것을 보여 준다. 사람에게는 다른 사람의 활동에 관한 선호가 있다는 것이 이에 대한 명백한 근거다. 센에 따르면 프루드Prude[고상한 체하는 사람]는 『채털리 부인의 연인Lady Chtteːey's Lover』을 읽는 그의 이웃인 르드Lewd[음란한]의 선호가 만족되기를 원하지 않는다. 물론 이 통찰은 하사니가 악의적이고 가학적이며 그 외 반사회적 선호를 사회적 선택 함수에서 배제해야 한다고 주장할 때 표방했던 통찰 집단the group of insight에 밀접하게 관련된다. 센의 글이 널리 영향을 미쳤기에 하사니가 글을 쓸 무렵에는 센이 제기한 쟁점들을 피할 수 없었다. 그런데 센의 결과는 이 쟁점에 대한 경제 사상 발전에 특별히 중요하다. 어떠한 놀라운 칸트주의의 개념이나 다른 철학적 규범을 도입하지 않고, 복지주의의 사회적 선택 이론에 일상적인 자료를 활용하여 불가능성 결과를 생성했기 때문이다. 실질적으로 그 결과는 복지주의에 깊이 관련된 일부가 내적 긴장 상태에 있고, 철저한 재검토가 필요하다는 아이디어에 형식적 실체formal substance와 존중성 respectability을 제공한다.

이제 우리는 노정의 전환점, 다시 말해 헌신적인 복지주의자가 복지주의는 공공정책의 기초로 부적합하다고 진술하는 지점에 이르렀다. 리처드 포스너는 그의 초기 법과 경제학 연구에서 공정한 표준 선호 기반 관점을 채택했으며, 이를 긍정적이고 규범적인 목적으로 사용했다. 그는 정치적 선택이 선호 만족의 관점에서 규정되는 효용을 최대화하지 못할 때 (규범적 의미에서) 비합리적이라고 자주 비판했다.[51] 그러나 포스너는 밀식 자유주의자Millean libertarian이기도 하다. 그리고 그는 결국 공리주의가 기본적 자유를 보호하는 데 충분하지 않다고 확신하게 된다. 브랜트와 하사니가 그저 암시하기만 했던 것을 포스너는 다음과 같이 노골적으로 진술한다. 선호 기반 경제 사상은 "기본적 자유에 대한 잠재적 골칫거리"이며 "멸시받는 소수자에 대한 모든 형태의 차별을 경제적으로 정당화할 수 있다." '분별 있는 권리 양도'가 이러한 '비자유주의적 함의'를 사라지게 할 수 없다. 더욱이 이런 함의는 단지 기본적 자유에 대한 위험성만을 포함하는 것이 아니다. 이 함의는 "고문과 끔찍한 처벌을 묵과하고, 자기 노예화 계약을 강행하며, 죽을 때까지 싸우는 검투사적 경쟁을 허용하고, 샤일록Shylock의 파운드-살점 채권을 강제하며, 모든 복지 프로그램과 사회 보험의 다른 형태를 폐지하는 것을 포함하는 것으로 보인다." 공리주의자는 자유보다는 효율에 우선성을 부여해야만 한다고 말할 수 있다. 포스너는 "우리가 왜 그래야 하는가? 우리의 자유주의 직관은 공리주의 직관만큼 깊고, 우리가 이를 포기하도록 강요할 지성적 절차는 없으며 그래야 할 필요도 없다"라고 응수한다.[52] 포스너의 요점은 전혀 새로운 것이 아니다. 철학자와 비공리주의 경제학자는 바로 이 점을 오랫동안 말해 왔다. 다만 그의 확고한 진술은 다른 경제 사상가들이 묻어 버리려고 시도한 심층 문제에 정면으로 대결하는 방식이어서 흥미롭다.

4. 적응적 선호와 복지주의 거부

복지주의 기획의 열성적인 옹호자들이 여전히 복지주의에서 벗어나는 경우가 발생하는데, 그 기획에 덜 얽매인 사람들이 규범적 목적을 위해 (특히 기본적인 정치적 원리를 선택하는 목적을 위해) 정보에 입각한 욕구 접근법the informed-desire approach이 적합하지 않다고 결론 내리는 것은 놀라운 일이 아니다. 최근 몇 년 동안 공공 선택의 규범적 쟁점에 대한 선호 기반 접근법을 공격하는 연구가 폭발적으로 증가했다. 그러나 이러한 연구들이 선호 기반 관점과 정확히 어느 정도로, 어떤 방식으로 멀어졌는지를 알아보기 위해서는 제기된 다양한 주장을 검토할 가치가 있다. 이 분야에는 관심 있는 저술가들이 매우 많기 때문에 사상가보다는 오히려 논증으로 진행하는 편이 가장 좋을 것이다.

1) 적절한 절차 논증The Argument from Appropriate Procedure

하사니와 브랜트조차 정보에 입각한 욕구 접근법은 절차적 보충이 필요하다고 공격했다. 그들은 권력이나 권위에 겁먹지 않으며 사회적 위계에서 자신의 위치를 의식함으로써 생겨나는 시기심이나 두려움에 의해 영향을 받지 않는 평등 공동체라는 개념을 서로 다른 방식으로 각자의 절차에 포함했다. 그리고 당연히 이 논증은 일부 절차주의 형태가 사회적 선택의 기초로 충분하리라고 계속해서 믿는 사상가들에게 거대한 영역의 규범적 연구다. 공공 선택의 공정한 절차에 관한 롤스와 하버마스Jürgen Habermas의 관점은 내가 여기에서 하는 논의에 그것을 포함할 수 없을 만큼 너무 친숙하고 복잡하다. 하지만 분명히 둘 다 하사니가 언급하기만 하고 완전히 수행하지 않은 것을 엄격하고 상세하게 수행한다. 그 관점의 모델은 정보와 절차에 제약을 도입하는 도덕 공동체라는 칸트의 이상이다. 이러한 탁월한 목록에 우리는 「페미니즘 계약주의」라는 중요한 글에서 논의하는 햄프턴의 페미니즘 절차주의를 추가해야 한다.[53] 나는 나중에 이것을 나의 규범적 제안과 비교할 것이다. 선호와 욕구의 자율성을 논하는 다른 사상가들, 예를 들어 제럴드 드워킨Gerald Dworkin과 욘 엘스터도[54] 여전히 욕구가 단순히 습성의 결과가 아니라는 것을 확실히 하기 위해 욕구의 기원을 철저하게 검토할 때 비판적이고 면밀한 검토의 절차를 특별히 강조한다. 전통에 대한 비판적이고 면밀한 검토와 삶의 계획 구축에 맞물리는 실천이성의 이 관념은 분명히 규범적 개념이고, 이 사상가들 중에 누구도 그것이 공리주의 기획에 대한 사소한 조정에 불과하다고 생각하지 않는다.

따라서 특히 근본적인 정치적 선택의 맥락에서 볼 때, 목표에 관한 판단에서 시작하는 데 기반을 두는 원칙보다 절차주의 원칙의 도출을 선호하는 사상가들조차 복지주의와 양립할 수 없는 실질적인 윤리적 가치를 통합하는 절차를 설계한다. 나는 나중에 도덕적 짐을 지고 있는 절차주의 형식과 근본적인 사회적 목표에서 시작하는 내 접근법 사이에 실질적인 수렴이 있고 또 있어야 한다고 제안할 것이다.

2) 적응 논증The Argument from Adaptation

적응adaptation 현상에 초점을 맞춘 일련의 논증은 공리주의에 대한 이러한 규범적 비판과 밀접하게 관련되는데, 이 논증에 따르면 개인은 그들이 알고 있는 삶의 방식에 맞게 자신의 욕구를 조정한다. 엘스터는 적응을 설명할 때 초점을 더 좁힌다. 그에게 욕구는 여우-포도 구조가 실제로 있을 때만 적응으로 간주된다. 포도를 욕구했던 여우는 포도를 얻을 수 없다고 보고 그것은 신맛이 난다고 판단한다. 그런 선호는 학습과 경험에 기반한 욕구 변화와 구별되어야 한다. 후자는 비가역적일 가능성이 크지만, 적응적 선호(도시에서는 도시 생활에 맞게, 시골에서는 시골 생활에 맞게)는 비가역성과는 거리가 멀기 때문이다. 엘스터는 또한 사전 공약precommitment의 결과인 선호(숙고의 결과에 따라 실현 가능한 집합을 축소하기), 숙고에 따른 성격 형성에 기반한 선호, (욕구보다는 오히려 상황에 대한 지각을 변경하는) 소망적 사고에 기반한 선호,[55] 그리고 마지막으로 다른 사람에 의한 의도적 심리 조작으로 인해 유발된 욕구와 적응적 선호를 구별한다. 적응적 선호는 자신이 선택하지 않은 인과 메커니즘에 의해 자신이 통제하거나 알아차리지 못하는 가운데 형성된다. 바로 이것이 엘스터가 적응적 선호를 의심하고 사회적 선택에 조악한 기반이라고 하는 이유다. 그는 그것을 어떤 식으로든 성찰의 대상이면서 숙고를 통해 선택되었거나, 적어도 행위자에 의해 승인된 '자율적 선호'와 대조한다. 엘스터가 행한 적응과 자율 사이의 대조는 여러 가지로 적용된다. 그중 엘스터가 연구에 관심을 두는 하나의 영역은 사회적 또는 정치적 윤리의 선택이고, 그의 중심 사례는 산업혁명이 불러일으킨 불만족에서 영감을 받은 사회 혁명이다.

엘스터의 다소 낭만적인 노력과 갈망에 대한 선호는 그가 현실에 맞추어 조정하여 형성한 어떤 욕구에 대해서도 의심을 품게 만든다. 그러나 그가 이렇게 전면적으로 적응적 선호를 비난해야 할 이유는 전혀 명확하지 않다. 우리는 우리의 몸에 익숙해지고, 어린 시절에 새처럼 날고 싶어 했더라도 결국 그것을 포기하게 된다. 아마도 그렇게 하는 편이 우리에게 더 나을 것이다.[56] 다시 말하지만, 어린이는 (내가 그랬듯이) 세계 최고의 오페라 가수나 최고의 농구 선수가 되고 싶어 할지도 모른다. 그러나 대부분의 사람들은 현실적으로 성취할 수 있는 것으로 그들의 열망을 조정한다. 이런 변화는 엘스터가 자율성과 양립할 수 없다고 배제한 여우-포도 구조와 연관된 것처럼 보인다. 그렇지만 그것은 숙고에 따른 성격 형성의 결과라기보다는 오히려 환경을 지각하여 대응한 조정이다. 게다가 그 변화에는 엘스터가 자율적 욕망을 적응적 욕망과 구별하기 위해 자율적 욕망의 필요조건으로 도입한 '다르게 할 자유 freedom to do otherwise'라는 조건이 없다.[57] 나는 내 마음대로 뛰어난 오페라 가수가 될 수 없고, 키가 작은 성인은 마음대로 뛰어난 농구 선수가 될 수 없다. 우리는 포도를 얻지 못했고, 그 실패에 맞추어 선호를 바꾸었으며, 그런 삶은 우리에게 맞지 않는다고 판단했다. 그러나 이것은 종종 좋은 일이며, 아마도 우리는 사람들이 비현실적인 열망을 고수하도록 장려해서는 안 될 것이다.[58]

엘스터가 실제로 염두에 두고 있는 사례는 흥미롭게도 색다르다. 예를 들어 봉건제가 사람들을 정치적 평등과 물질적 잘-살기에 대한 열망을 품지 않도록 만든 방식, 산업혁명이 정치적으로도 경제적으로도 궁극적으로는 매우 생산적인 계급에 기반하여 불만족의 폭풍을 불러일으킨 방식이다. 그러나 이 사례를 새나 농구 선수라는 내 사례와 구별하기 위해서는 그가 우리에게 제공하지 않은 무언가, 즉 정의와 중심적 선에 대한 실질적인 이론이 필요하다. 이 사람들이 (일시적으로) 비현실적인 욕구를 고수하는 것이 유익했던 이유는 그 욕구가 사람이 사람이라는 이유로 가질 권리가 있는 것, 즉 중심적 선에 대한 욕구라는 데 있었다. 사람의 자유는 그가 가지고 있는 실현 불가능한 욕망의 수가 아니라 오히려 인간이 가질 수 있는 권리를 원하는 정도에 따라 측정될 수 있다. 따라서 가정 내 학대를 증오한 바산티는 차별과 억압에 순응한 자얌마보다 조금 더 자유로워 보인다. 그러나 둘 다 한층 더 나아간 결정적인 면, 즉 권리를 가진 시민으로서 자신이 폭력을 당하고 있다는 것을 이해하지 못했다는 면에서 예속 상태에 있다. 열악한 상황에 대한 그런 유형의 조정은 정말 개탄할 만하며, 우리는 더 나은 대우가 아직 실현되지 않았다고 하더라도 그들이 더 나은 대우를 받을 권리가 있다고 깨닫게 될 때를 진보라고 간주한다. 그렇지만 이렇게 말하기 위해서는 사람들이 삶의 중심 영역에서 어떤 유형의 대우를 기대할 권리가 있는지에 대한 설명이 필요하다. 다시 말하지만 절차주의는 (더 복잡한 종류라고 하더라도) 실질적인 이론이 없다면 충분하지 않은 것처럼 보인다.

다른 저명한 경제학자인 센의 적응적 선호 논의는 그런 실질적인 이론을 어느 정도 제공한다.[59] 센은 여성과 박탈당한 다른 사람들의 상황에 초점을 맞춘다. 그의 주요 사례는 오랫동안 그 부재에 익숙해졌거나 그것이 자신들에게 해당하지 않는다고 들어왔기 때문에 어떤 기본적인 인간적 선도 욕구하지 않는 여성의 경우다. 예를 들어 벵골 대기근Great Bengal Famine 다음 해인 1944년 인도 전역 위생 및 공중 보건 연구소는 콜카타 근처 지역에서 많은 과부와 홀아비를 대상으로 설문조사를 실시했다. 홀아비 중 45.6%는 자신의 건강이 "나쁘거나" "그저 그렇다"라고 평가했다. 하지만 과부 중에서는 2.5%만이 그렇게 판단했고 자신의 건강을 "그저 그렇다"(센의 지적에 따르면 "나쁨"보다 더 주관적인 범주)라고 평가한 사람은 없었다. 이것은 그들의 현실 상황과 현저히 대조된다. 과부는 기본적인 건강과 영양 면에서 특히 박탈된 집단인 경향이 있기 때문이다. 센의 결론은 "박탈과 나쁜 운명에 대한 순수한 수용은 불만족 기준 척도를 생성하는 데 영향을 미치고, 게다가 공리주의의 계산은 그런 왜곡에 신성함을 부여한다"는 것이다. 또한 다른 방향에서도 한마디 할 수 있다. 특권층 사람들은 애지중지 여겨지거나 돌봄을 받는 데 익숙해서, 애지중지하는 사람이 더 이상 주변에 없을 때 보통과 다르게 높은 수준의 불만족을 느낄 수 있다. 센은 이런 이유로 효용이 사회적 선택의 기초로 매우 부적합하다고 결론짓는다.

센의 사례 집단이 엘스터의 것보다 넓기도 하고 좁기도 하다는 것에 주목해야 한다. 센이 평생의 습성을 포함하고, 한때 가졌던 욕구를 포기하는 데 전혀 초점을 맞추지 않기 때문에 센의 사례 집단이 더 넓다. 그리고 이는 여성을 고려할 때 대부분의 흥미로운 사례가 평생 지속되는 사회화와 정보의 부재에 연관된다는 점에서 중요하다. 센의 집단이 더 좁은 이유는 그가 주목하는 사례들이 모두 인간의 핵심역량과 관련되어 있기 때문이다. 센은 핵심역량의 실질적 이론을 승인하기를 매우 꺼리지만, 실천적으로는 승인한다. 따라서 키가 163cm 이상이 될 수 없다는 것을 알았을 때 (그는 머그시 보그스가 아니라고 가정하자.)[60] 농구 스타의 꿈을 포기한 누군가의 적응적 선호 때문에 고민하지 않는다. 노력 자체를 선으로 여기는 낭만적 선호는 센의 관점에 없다. 욕구의 적절성은 어쨌든 암묵적으로 삶의 기본적 선에 대한 감각과 맞물려 있다.

센의 적응 분석은 우리가 자얌마, 바산티, 그리고 안드라프라데시 여성들의 사례에서 알아낸 것에 잘 부합한다. 사회적 습관화와 사회의 압력 때문에 이 여성들은 모두 어느 정도 자신이 이후에 가치 있게 여기게 될 기본적인 인간 역량을 과소평가한다. 바산티의 적응이 가장 피상적이었다. 그녀는 줄곧 자신이 살고 있는 결혼 생활 조건이 열악하다고 믿어 왔기 때문이다. 그녀는 가정폭력의 종식과 자신의 경제적 잘-살기의 원천에 대한 더 많은 통제를 원했다. 그러나 바산티에게는 자신이 **부당한 대우를 받았다**는 인식이나 학대받지 않을 **권리**, 그리고 남성과 동등한 기초에서 고용과 신용을 추구할 **권리가 있다는** 개념이 아직 없었다. 수년에 걸쳐 그녀는 그런 개념을 배웠고, 이제 다른 여성들에게 자신을 권리 보유자right-bearers로 여기라고 가르친다. 자얌마와 안드라프라데시의 여성들에게는 인간의 일부 핵심역량과 관련하여 더 깊이 적응된 선호가 있었다. 자얌마는 남편이 그의 수입을 사치품에 지출하고 집안일을 모두 그녀에게 떠넘기는 것을 나쁘다고 생각하지 않았다. 그녀는 벽돌 가마에서의 노동 분업도 나쁘다고 생각하지 않았다. 마찬가지로 안드라프라데시 여성은 전기, 교사, 그리고 버스 서비스가 없는 것을 나쁘다고 생각하지 않았다. 그것이 그들이 알고 있는 유일한 방식이었기 때문이다. 따라서 이 여성들은 두 단계의 깨우침 과정을 거쳐야만 했다. 즉 그들 자신이 열악한 상황에 있다고 보기 시작하고, 자신을 더 나은 상황에서 살 권리가 있는 시킨으로 보기 시작하는 것이다. 센의 적응 분석은 암묵적으로 이 두 단계를 지적한다. 다만 그의 분석은 그것을 명시화함으로써 유용하게 구체화될 수 있다.

마지막으로 밀은 여성의 욕구에 관심을 둔 『여성의 종속The Subjection of Women』에서 적응적 선호 현상을 특정적으로 조명하여 중요한 방식으로 논의한다. 물론 밀은 여기에서 서구 철학 전통 전체를 어느 정도 단순히 따르는데, 그 대부분은 (분노와 탐욕 같은) 여러 해로운 정념의 사회적 기원을 강조한다. 그러나 그는 엘스터처럼 봉건제의 분별력 비유를 활용하여 이목을 집중시키는 효과가 있도록 여성의 종속 사례에 적용한다. 밀이 새롭게 착수한 연구는 영주와 가신의 적응적 선호와 남성과 여성의 적응적 선호 사이에 있는 비슷한 점을 도출한 것이다. 영주는 우월함에 가신은 열등함에 익숙하듯이 여성과 남성도 마찬가지다. 한 가지 두드러진 차이점이 있다면 영주는 물리적 강제로 그들의 권력을 유지했다는 것이다. 남성은 종종 그렇게 하지만 그 이상의 것도 원한다.

> 남성은 단지 여성의 복종만을 원하는 것이 아니라 감성도 원한다. 가장 야만적인 사람을 제외하고 모든 남성은 자신과 가장 가까운 여성이 강제된 노예가 아니라 자발적인 노예, 즉 단순한 노예가 아닌 호의적인 노예가 되어 주기를 바란다. 그러므로 남성은 여성의 마음을 노예로 만들기 위해 모든 수단을 동원한다. 다른 모든 노예의 주인은 복종을 유지하기 위해 두려움에 의존한다. … 여성의 주인은 단순한 복종 이상을 원했고, 그들의 목적에 효과를 낼 수 있도록 교육에 전력을 쏟았다. 모든 여성은 아주 어린 시절부터 그들의 이상적인 성격이 남성의 성격과는 아주 반대된다는 믿음 속에서 자라났다. 즉 자기 의지가 있어서 자기 통제로 지배하는 것이 아니라 복종하여 다른 사람의 통제에 굴복하도록 말이다.[61]

더 나아가 밀은 이런 이상은 도덕감성moral sentiments뿐만 아니라 성애 sexuality도 형성한다고 주장한다. 남성은 복종을 성애화하고 여성은 복종을 성애에 본질적이라고 믿게 된다. (안드레아 드워킨Andrea Dworkin과 함께 밀도 남성들이 권력과 지배를 번갈아 성애화하는 법을 자주 배운다고 덧붙일 수 있었다.)[62]

공리주의자 밀은 어떤 방법으로 이러한 적응적 선호를 비판하는가? 자유와 평등에 대한 규범적 이론으로 비판하는 것이 분명하다. 밀은 여성의 재능을 보다 철저하게 활용함으로써 이루어질 수 있는 사회적 선에 관하여 몇 가지

도구적 논증을 전개한다. 그러나 그가 지적하는 중심적인 이점은 "모든 인간 관계 중에서 가장 보편적이고 만연한 이점은 부정의injustice 대신에 정의justice에 의해 규제된다"는 것이다.[63]

이 지적이 밀의 공리주의와 자유론의 연결성에 대해 엄밀하게 검토를 수행하는 경우는 거의 없다. 그러나 적어도 우리가 이 지적을 언급할 수는 있으며 그것이 우리의 목적을 드러낸다. 밀은 자신이 옹호하는 가치가 어떤 의미에서 인간의 욕구에 뿌리를 두고 있다는 점을 매우 중요하게 생각한다. 예를 들어 자유와 자유의 결핍을 모두 경험해 본 사람은 자유를 선호할 것이고, 정의는 인간이 얻고자 애쓰는 두드러진 대상이라는 것이다. 그는 『자유론On Liberty』에서 인간의 능력과 행복에 대하여 꽤 아리스토텔레스적인 설명을 참고해서 자신의 제안을 뒷받침하는데, "그리스인의 자기 개발self-development 이상"을 언급하고 인간 본성을 "모든 면에서 스스로를 성장시키고 개발하려는 나무"라고 칭한다.[64] 1장의 내 논증과 밀접하게 관련된 방식으로 밀은 자유를 기본적인 인간 정신 능력의 개발, 즉 신체적 능력처럼 사용함으로써만 개발될 수 있는 것이라고 언명한다. 따라서 자유 없는 사회에서 "인간의 잠재성capacities은 시들어 말라버린다."[65] 그러나 그는 또한 이러한 아리스토텔레스식의 자기 개발 개념을 경험적 욕구 개념에 연결한다. 자유는 부분적으로 인간의 특정한 '영구적 이익관심'을 만족시키기 때문이고, 더 나아가 (표현을 위해 자유가 필요한 취향의 차이를 고려할 때) 개인이 자신의 다른 이익관심을 만족시킬 수 있도록 허용하기 때문에 유용하다고 말한다. 밀의 효용 개념은 복수형이머 벤담의 쾌락주의보다 아리스토텔레스식의 행복 개념에 더 가깝다. 잘 알려져 있듯이 그는 쾌락이 양뿐만 아니라 질에서도 차이가 있다고 주장하는데, 이는 벤담의 최대화 전략의 핵심 측면을 위태롭게 하는 관점이다. 그런데 밀은 아리스토텔레스처럼 행복의 구성 요소가 사실 강력하고 깊은 욕구에 있다는 것을 우연을 넘어서는 문제로 간주한다. 이것이 복지주의 기획을 원형대로 구출해 내지는 못하지만 플라톤주의로 이동하는 것을 적절한 방식으로 제한한다. 안드라프라데시 여성을 위한 좋은 영양이나 바산티를 위한 신체 보전 또는 자얌마를 위한 노동자로서의 평등이 인간적 욕구 그리고 선택과의 관계와 완전히 독립적으로 추구되어야 한다고 말하는 것은 별로 타당하지 않을 것이기 때문이다. 복지주의 기획은 단적인 형태로는 실패하지만, 중요한 무언가를 바로잡는다.

3) 제도적 논증The Institutional Argument

관련성이 밀접한 논쟁들이 최근에 법, 정치철학, 공공 정책에서 진전을 보이고 있다. 이 논증들은 사람들의 선호가 여러 면에서 그들이 살고 있는 법과 제도의 영향을 받아 구성된다는 것을 다양한 방식으로 보여 준다. 이러한 상황에서 우리가 어떤 법과 제도를 구축하려고 하는지에 대한 숙고의 기반으로 선호를 사용하는 것은 어렵다. 예를 들어 롤스는 "사회의 제도 형태가 구성원에게 영향을 미치고 그들이 어떤 종류의 사람이 될 수 있고 되기 원하는지를 대부분 결정한다"고 강조한다.[66]

법 이론가 선스타인은 풍부한 예시로 이 지점을 발전시킨다.[67] 그는 복지주의 관점이 현상 유지를 공고히 한다고 주장한다. 그런데 사람들의 선호는 순전히 기존에 보유하고 있는 사실에 의해 형성된다. 예를 들어 보유효과en-dowment effect에 대한 연구*에 따르면, 사람들은 동일한 물건이라고 해도 그것

---

*　심리학과 행동경제학의 연구

을 가지고 있지 않지만 구매할 선택지가 있을 때보다, 가지고 있다가 포기해야 하는 문제가 생길 때 그 가치를 더 높게 평가한다. 요약하자면 "강력한 현상 유지 편향은 위험과 손실에 대한 반작용에 영향을 미친다. 이러한 이유로 현상 유지의 중립성이 전혀 중립적이지 않다."[68] 따라서 법규가 선호의 창출에 연관된다면 그 동일한 선호에 호소하는 방식으로는 절대로 법규를 정당화할 수 없다. 선스타인은 민주주의에는 실질적인 도덕적 제약이 있는 자유로운 선호 형성이라는 규범적 개념이 필요하다고 결론짓는다. 다시 말해 이미 선호가 존재하는 방식에 단순히 반응하는 대신 기본적인 헌법 구조가 자유로운 숙고 과정을 보호해야만 한다는 것이다.[69]

이런 논증은 습성화가 욕구와 열망을 형성하는 방식에 대해 언명하고 있기 때문에 사실 그저 적응 논증의 새로운 예증일 뿐이다. (선스타인은 센의 논증을 참고한다.) 그럼에도 선스타인이 사회의 기본적인 제도와 법이나 헌법 구조에 초점을 맞추고 있어서 그의 논증을 별도로 고려할 가치가 있다. 여기에서 요점은 우리가 현재 기획의 영역에서 복지주의에 있는 특히 심각한 문제를 알 수 있다는 것이다. 정확하게 하사니와 브랜트 같은 사상가들이 선호를 사용하여 구축하려고 하는 것, 즉 공공 제도의 구조가 선호 자체의 주요 원천으로 판명된다. 선스타인은 제도의 모형을 만들기 위해 선호를 사용하기보다는 자유로운 선호를 창출하기 위해 제도를 이용해야 한다고 주장한다.

4) 내재적 가치 논증The Argument from Intrinsic Worth

복지주의가 사람들이 자유와 정의를 욕구한다는 것을 보여 준다고 하더라도, 그리고 복지주의 절차를 일부 수정하여 (절차 구조 자체에 어떻든 자유와 정의를 슬쩍 밀어 넣지 않고) 그런 선을 믿을 만하게 생성하도록 고안할 수 있다고 하더라도, 이것이 이 선들에 대한 우리의 사회적 이익관심을 정당화하는 올바른 방식인지는 분명하지 않다. 일반적으로 한 사람이 다양한 기본적 인간 역량을 갖는 데 실패하는 문제는 단지 그 사람이 그것에 신경쓰거나 불평하기 때문이 아니라 그 자체로 중요하다.[70] 센이 이 점을 지적했듯이 "사람이, 그 또는 그녀가 영양을 섭취할 수 없거나, 어떤 불이익으로 인해 도덕적 삶을 영위할 수 없다면, 그 실패는 그 자체로 중요하며 그 또는 그녀가 단지 그 실패 때문에 불만족이나 비효용에 빠지기 때문에 중요해지는 것은 아니다." 이 점을 다른 방식으로 말하자면, 우리가 사람들을 매우 낮은 생활 수준에 맞추어 적응하도록 일을 설계할 수 있다고 하더라도 (밀이 말했듯이 '여성의 주인'은 여러 영역에서 정확히 그렇게 했다.) 이것이 무엇이 좋거나 옳은지에 대한 쟁점의 결말이 되지는 않을 것이다. 이런 실패 자체가 중요하며, 인간이 실패를 겪고 있다는 노골적인 사실만으로 우리가 충분히 중요하게 여길 만하다.

이 논증은 적응 논증의 이면이다. 이것은 적응 논증이 우리에게 부정적으로 드러내고 있는 것을 긍정적으로 드러낸다. 즉 욕구가 제공하지 못하는 신뢰할 만한 규범적 기초를 제공할 규범 이론이 필요하다는 것이다. 평등과 자유에 대한 설명을 포함하는 인간 역량 이론이 필요하다고 말하는 것이 더 좋겠다.

그렇지만 내재적 가치를 논하는 수많은 방식이 있으며, 많은 논증이 철저한 플라톤주의에 상당 부분 미치지 못하고 그친다는 데 주목해야 한다. 플라톤주의자는 정말 이런 영원한 내재적 가치가 인류 역사, 인간의 선택, 그리고 인간의 욕구와 완전히 독립적으로 가치를 지닌다고 말할 것이다. 하지만 정당화에 대한 상이한 설명, 즉 적어도 선택과 욕구를 적격 준거로 하는 설명을 채택할 수도 있다. '반성적 평형'을 향한 롤스의 소크라테스식 정당화 설명이 그런 설명 중 하나이고, 아리스토텔레스가 실천적 지혜를 지닌 사람을 규범 기준으로 활용하는 것이 또 다른 설명이며, 듀이의 실용주의도 또 다른 설명을 제안한다.[71] 우리가 보았듯이 다양한 규범이 개입하는 형태의 절차주의 역시 적어도 욕구와 선택을 특정 종류의 적격 준거로 정당화한다.

그러므로 우리는 욕구에 대한 극단적 거부, 예를 들어 스캔론이 그의 논문 「가치, 욕구, 그리고 삶의 질Value, Desire, and the Quality of Life」에서 강권하고 최근에 출판한 저서에서 반복하는[72] 거부를 받아들이지 않고도 내재적 가치 논증을 수용할 수 있다. 스캔론은 삶의 질에 대한 설명을 정당화하는 과정에서 욕구가 어떻게든 관심을 얻는 근거가 오로지 두 가지뿐이라고 주장한다. 한 가지는 쾌락적hedonic 근거로, 욕구 만족이 즐거움을 불러오고 즐거움이 내재적 선이라는 것이다. 다른 하나는 발견적heuristic 근거로, 욕구가 우리를 어떤 내재적 선의 방향으로 유도한다는 것이다. 그런데 둘 중 어떤 경우든 욕구를 참조하지 않아도 된다. 쾌락적 근거는 즐거움의 내재적 가치를 지시하는 데로 돌아간다. (이 관점에서) 그것은 단순히 즐거움이 욕구되기 때문에 귀중한 것이 아니다. 발견적 근거는 [즐거움의] 가치가 [욕구와 무관하게] 독립적으로 도달하려는 항목, [내재적 선]을 지시한다. 이 모든 것을 고려할 때, 그리고 욕구는 그렇게 좋은 안내자가 아닌 경우가 흔하다는 데서 보듯이 삶의 질을 구성할 때 욕구에 관심을 두어야 할 특정 근거가 없다.

이 논증은 두 가지 이유로 나를 완전히 설득하지 못한다. 첫째, 스캔론은 자신의 논문에서 장기적으로 우리가 실제로 어떻게든 욕구를 참조하지 않고 그가 선호하는 그런 종류의 가치에 대한 '실질 목록substantive list'을 어떻게 정당화할 것인지 결코 묻지 않는다. 그는 아마 철저한 플라톤주의자가 아닐지도 모른다. 그런데 이 논문에서 그가 실제로 누구인지 그리고 바람직함에 대한 판단의 근거로 삼을 '다른 토대other grounds'가 무엇인지를 조금도 말하지 않는다. 그 저서에서 (그리고 그의 초기 논문 「선호와 절박함」에서)[73] 스캔론은 정당화에 계약주의 절차를 채택한다. 그가 선택을 욕구와 강하게 구분하는 것처럼 보이지만, 나는 그가 그런 입장을 충분히 정당화하지 않았다고 본다. 선택에 대한 칸트식 설명은 선택과 욕구를 강하게 구분한다. 아리스토텔레스식 설명은 선택이 욕구의 숙고적 유형이라고 주장한다. 도덕 심리학에 이런 쟁점에 대한 논증이 없기 때문에 스캔론은 그의 플라톤주의적 결론에 합당한 결론을 내릴 수 없는 논증만 남기게 된다.

둘째, 스캔론은 정당화 과정에서 우리가 욕구에 최소한 어떤 역할이라도 부여하는 매우 강력한 근거, 즉 내가 이미 승인했던 존중의 근거를 고려하지 않는다. 인간이 무언가를 욕구한다는 사실은 중요하다. 우리가 올바르게 이해한다면 정치는 천국 규범에서가 아니라 사람에게서 유래하고 사람에게 중요한 문제라고 생각하기 때문이다. 나는 스캔론이 이것에 동의하지 않는다고 생각하지 않지만, 그가 정보에 입각한 욕구 접근법을 해체하는 태도에는 난감하다. 우리가 「선호와 절박함」을 살펴봄으로써 스캔론의 관점을 이해하는 데 진전을 이룰 수 있을지도 모른다.[74] 그 논문에서 스캔론은 내가 논의했던 존중의 근거를 승인한다. 그러나 그는 그렇게 이해한다면 욕구에 대한 호소는 다시 한번 '객관적인' 실질적 선, 즉 사람에 대한 존중을 지시하는 것으로 돌아간다고 주장한다. 다시 말하지만 욕구 자체에는 아무런 비중이 없다.[75] 이제 이 모두가 확실히 참인듯 하다. 그럼에도 나는 그것이 우리를 플라톤주의적 결론으로 유도할지 확신이 서지 않는다. 그래서 우리는 여전히 왜 사람의 욕구에 무게를 두는 것이 사람에 대한 존중을 적절하게 보여 줄 수 있는지를 알 필요가 있다. 그리고 그 질문에 대한 답은 우리가 사람을 특정한 방식으로, 말하자면 그들이 무언가에 닿으려고 한다는 사실 자체가 어떤 중요성, 즉 어떤 존엄성을 갖는다는 것이 참이 되는 생명체로 생각한다는 데 있는 것 같다. 그들은 수동적인 무리나 가축 떼가 아니라 능동적으로 애쓰는 존재다. 이렇게 말한다면, 우리는 확실히 「선호와 절박함」의 관점에서 욕구에 객관적 가치를 구속시키고 있는 것이다. 그러나 나는 이것이 궁극적으로 쾌락의 내재적 가치라는 관점에서든 목록에 있는 다른 실질적 선의 관점에서든, 욕구에 대한 모든 참조를 처분하여 폐기할 수 있다는 후기 논문의 결론을 지지하는 데 충분하다고 생각하지 않는다.

다시 말하지만 스캔론의 입장에서 유발된 난제는 욕구에 대한 칸트식 관점, 즉 욕구와 선택, 욕구와 이성 사이를 날카롭게 구분한 관점을 암묵적으로 채택한 결과로 보인다. 욕구를 어떤 선별성이나 지향성 없이 단순히 사람이 대상을 좇아가도록 분별없이 "밀어 버리는" 야만적이며 비지성적인 것이라고 생각한다고 하더라도, 여전히 그런 관점이 스캔론의 해체적 입장을 수반하지 않는다. 그런 관점은 여전히 우리가 사람들의 본성에 있는 밀어 버리는 욕구에 주목하고 여기에 비중을 두어야 할 이유가 있다고 생각하게 할 수 있다. 그러나 그런 관점은 최소한 기본적으로 칸트의 도덕적 입장이 돼 욕구를 우회하고 도덕 영역에 있는 무언가를 선호하는지에 대해 설명할 수 있을 뿐이다. 한편 욕구를 나처럼 보다 아리스토텔레스식으로 '현상적 선the apparent good'에 닿으려고 하는 것으로 생각한다면, 그래서 심지어 육체적 욕구의 수준에서도 선별적인 지향성과 반응성의 정도가 높게 연관된다면, 바로 그런 욕구의 그림에서는 욕구를 우회하지 않아야 할 다소 강력한 근거를 갖게 될 것이다. 욕구가 존중과 표현에 어울리는 우리 인간성의 일부로 보이기 때문이다.[76] 워렌 퀸Warren Quinn의 관점을 논의한 최근 저서에서 스캔론은 많은 욕구가 평가조 요소를 지니고 있다고 인정하는 것 같다. 그런데 이렇게 해석된다고 하더라도 그는 그렇게 평가된 대상을 추구할 어떤 독립적 근거를 욕구가 제공한다는 것을 계속해서 부인한다. 다시 한번 그는 욕구가 근거를 전혀 제공하지 않거나, 근거가 쾌락이나 다른 독립적 선을 가리킨다고 주장한다.[77] 다시 한번 그는 욕구와 선택 사이에 강한 구분을 승인한다. 따라서 그는 욕구에 발견적 역할을 기꺼이 부여하면서도 정당화에 대해서는 욕구의 어떤 독립적 역할도 부인하는 것 같다.

스캔론의 입장은 난해하며 내 입장과의 차이는 근소하다. 그의 논증을 활용할 수 있는 한 가지 방법은 내가 선호 개념에 대해 참이라고 이미 주장했던 것을 스캔론은 욕구에 관하여 그렇게 생각한다고 말하는 것이다. 즉 선호는 단일single 개념이 아니라 다중multiple 개념이며 상이한 요소들이 뒤섞여 있는 경우가 빈번하다는 것이다. 일단 우리가 그것들이 얽혀 있는 부분을 풀면 한편으로는 그 자체로 행위의 이유를 제공하지 않는 충동이, 다른 한편으로는 이유를 내포하고 행위자에게 이유를 제공하는 인격의 지성적인 유사 선택 요소가 남는다. 나는 쟁점을 정식화하는 이런 방식이 불만스럽지 않다. 그러나 그것이 우리의 동물성에 있는 기본적인 육체적 욕구 요소의 지성과 선별성, 그리고 보다 복잡한 유사 선택 요소choice-like elements 사이에 있는 연속성을 모호하게 할 수 있다고 생각한다. 연속성은 아리스토텔레스의 욕구에 대한 일반 개념에 의해 두드러지게 인식되고 정립되었는데, 아리스토텔레스의 욕구 유형에는 다중의 종multiple species이 있다.* 나는 인간이 성격적으로 놀이,

---

*   아리스토텔레스는 욕구(orexis)를 육체적 욕구(epithumia), 감정(thumos), 소망(boulesis)의 세 가지 유형으로 분류한다. 각각에 여러 종의 욕구가 있다.

친밀감, 그리고 환경 통제를 욕구한다는 바로 그 사실이 최소한 정치가 사람들에게 이것들을 보장할 이유가 된다고 주장할 것이다. 이 이유는 이러한 것들이 좋다고 말하는 우리의 다른 이유로 완전히 환원될 수 없다. (이렇게 말함으로써 나는 최소한 내 주장의 강조점에서, 그리고 어쩌면 도덕 심리학의 실질적 문제에서도 스캔론과 차이가 있다.) 우리가 살펴보겠지만 이것이 욕그에 단지 발견적인 것 이상으로 정치적 정당화 역할을 부여할 것이다.

5. 욕구와 정당화

내 관점에서 핵심역량에 대한 설명은 정치적인 계획에 필요한 초점을 제공한다. 그것은 선이나 인간의 행복에 대한 완전한 설명이 아니다. 이 설명은 상황이 다르다면 시민들이 선택할 수도 있는 삶의 어떤 계획에 중요성을 지니는 일정한 잠재성, 자유, 그리고 기회를 구체화하는 정치적 설명이다. 1장에서는 진정으로 인간다운 기능발휘, 즉 인간의 존엄성에 걸맞은 기능발휘라는 강력한 직관적 아이디어에 기반한 논증을 들어 이 접근법을 지지했다. 나는 1장에서 선에 대한 광범위한 포괄적 개념이 있는 시민은 뛰어난 정치적 삶을 포함하여 삶을 살아가는 기초로 이 목록을 (실제 기능의 목록이 아니라 역량 목록이라는 점을 기억하라.) 승인할 수 있다고 주장했다. 이런 기본적 선으로 정치적 제약을 충족시킨다. 정치가 그 밖에 또 무엇을 추구하든지 시민에게 기본적 선이 제공되어야 하기 때문이다. 내가 주장했듯이 이런 의미에서 핵심역량에 대한 설명과 기본 인권에 대한 설명 사이에는 매우 밀접한 연관성이 있다. 실제로 역량 설명은 인권에 대한 설명을 더욱 충실하게 구체화하는 한 가

지 방법이다.[78]

　나는 역량 설명이 선호 기반 접근법에 골칫거리가 되는 문제를 잘 다룬다고 생각한다. 역량 설명은 욕구를 걸러 내는 절차 속으로 핵심역량에 대한 실질적인 설명을 슬그머니 끼워 넣으려고 시간을 낭비하지 않는다. 이 설명은 인간이 무엇을 선택하든, 선택을 가능하게 하는 중심핵으로서 이 항목이 필요하다는 명확하고 분명한 입장을 취하며, 단도직입적으로 좋음을 (그리고 옳음을) 향해 나아간다.[79] 그것은 필요한 것처럼 보이는 형식적 장치보다는 오히려 실질적 장치로 적응적 선호의 문제에 다시 대처한다. 목록에 있는 항목(정치적 자유, 문해력, 동등한 정치적 권리, 또는 무엇이든) 중 어느 하나라도 갖추지 않으려는 습성화된 선호는 사회적 선택 함수에서 고려하지 않을 것이고, 동시에 그러한 항목을 갖추려는 습성화된 선호는 고려할 것이다.[80] 최종적으로 이 목록은 선호 만족과 같은 다른 무언가에 종속되지 않음으로써, 목록이 포함하는 항목의 내재적 가치를 정당하게 다룬다.

　이제는 이 목록이 보통의 의미에서 전체주의적이지 않음이 분명해졌을 것이다. 1장 끝머리에서 제시한 다섯 가지 이유에 맞추어 다원주의에 대한 존중이 이 기획에 구축되는 방식을 자세히 설명했기 때문이다. 또한 1장에서 이 목록이 다른 방식으로 제국주의적이라는, 즉 신빙성 없이 식민주의 기획에서 파생된 서구의 가치 설명을 들여온다는 비난을 반박했다. 그런데 이제 우리는 선호 왜곡에 대한 우리의 관심을 염두에 두고 이런 질문으로 돌아가야 한다. 종속 집단의 적응적 선호를 인식한다는 것이 그들에 대한 식민주의적 판단이며 그들의 선택과 정신에 대한 평가절하인가? 역사가 보여 주듯이 전혀 그렇지 않다. 인도에서 영국 통치의 유산을 비난하는 네루의 강력한 주장 중 하나가 정확하게 적응적 선호 인식이었기 때문이다. 밀의 정신과 마찬가지로 네루는 노예화의 종점은 노예를 자발적인 협력자로 만드는 것임을 인식했다.

> 여러 세대 동안 영국은 인드를 (옛날 영국 유행을 따라) 그들이 소유한 일종의 거대한 시골 저택처럼 취급했다. 그들은 저택을 소유하고 바람직한 부분을 점유하는 특권층인 반면, 인도인은 하인들의 숙소와 식료품 저장소 그리고 부엌을 할당받았다. … 영국 정부가 우리를 이렇게 배치했다는 사실은 놀라운 일이 아니다. 그러나 놀라운 일로 보이는 것은 우리 또는 우리 대부분이 그 배치를 우리의 삶과 운명의 자연스럽고 불가피한 질서로 받아들였다는 사실이다. 우리는 유능한 시골 저택 하인의 정신력을 발전시켰다. 때때로 우리는 드물게 명예로운 대우를 받아 거실에서 차를 한 잔 마실 수 있었다. 우리 야망의 극치는 좋은 평판을 받아 각각 상류층으로 승진하는 것이었다. 인도에서 영국이 거둔 이러한 심리적 승리는 무력이나 외교의 어떤 승리보다도 더 위대했다. 옛날 현자들이 말했듯이 노예가 노예처럼 생각하기 시작했다.[81]

영국 교도소에서 쓴 이 글에서 네루는 선호의 적응적 본성을 인식하는 것이 독립을 찾는 시작이라는 견해를 표명했다. 물론 잘 알려져 있듯이 그는 "양도할 수 없는 권리," 자유, 기회의 언어로 표현했다.[82] 여성에게도 마찬가지다. 많은 선호에 있는 적응적 특성을 인식하는 것이 참된 자기-규정self-definition을 탐색하는 시작이며, 그런 탐색을 보호하는 자유가 봉건제와 식긴 폭정의 견정한 반대자다.

그런데 핵심역량 목록을 정당화하는 과정에서 욕구는 어떤 역할을 하는가? 일반적인 정치적 정당화 쟁점에서 그것을 진행하는 방법에 관한 사람들의 직관이 상당히 다양하다는 것은 쉽게 알 수 있다. 어떤 사람들은 우리가 선을 결과물로 생성하는 절차를 고안할 때만 건전한 발판에 쟁점을 올려놓을 수 있다고 생각한다. (나 자신을 포함하여) 다른 사람들은 핵심역량에 관한 우리의 직관이 좋은 절차를 구성하는 우리의 직관만큼 믿을 만하다고 생각하는 경향이 있다.[83] 나는 지금까지 역량 관점이 여러 상이한 전통에 깊은 뿌리를 둔 진정으로 인간다운 기능발휘라는 강력한 직관적 아이디어를 구현한다고 말했다. 나는 이 직관적인 아이디어를 이 목록과 그것의 정치적 역할을 정당화하는 데 사용했다. 그러나 이제 나는 목록을 작성하고 정당화하는 절차에서 내가 욕구에 어떤 역할 또는 역할들을 부여하는지 쉽게 설명해야만 한다.

1장 8절에서 나는 반성적 평형을 향해 진행하는 논증에 대한 롤스식의 설명에 기반해서 정치적 정당화의 설명을 옹호했다. 우리는 특정한 이론적 입장을 위한 논증을 개괄하고, 우리의 도덕 직관에 있는 '고정점fixed points'에 그것을 직면시켜, 어떻게 그 직관이 우리가 검토하는 개념을 시험하고 그 개념에 시험받는지를 둘 다 살펴보며, 시간이 지나면서 일관성에 이르러 전체적으로 취한 우리의 판단에 부합하기를 바란다. 1장에서 나의 논증은 그러한 반성적 평형에 도달하는 과정의 첫 번째 단계로 그려졌다. (만약 그렇다면) 그 과정이 완성되기 전에 우리는 또한 다른 경쟁 개념도 개괄하고 그것을 우리의 것과 상세히 비교하여 어떤 근거로 우리 것이 더 선택할 만하다고 할 수 있는지 알아보아야 한다. 이번 장은 실질적 선 개념을 다양한 선호 기반 개념과 비교함으로써 그런 심화 기획으로 한 걸음 나아간다. 이제 다음과 같은 질문을 해야 한다. 반성적 평형에 도달하는 이 절차에서 욕구는 어떤 역할을 하는가? 나는 이에 대해 욕구가 인식론적 역할과 정당화의 부수적 역할이라는 두 가지 역할을 한다고 믿는다.

　　첫째, 나는 다양한 문화권의 사람들이 전통에 대한 반성적 비판이 가능한 조건에서, 위협과 위계로부터 자유롭게 모여, 이 목록은 좋은 것이며 그들이 선택할 만한 것이라고 동의하는 것이 매우 중요하다고 생각한다. 정보에 입각한 합의의 그러한 영역을 찾아내는 일은 두 가지 면에서 인식론적 가치가 있다. 첫째, 이 목록은 우리가 경시하거나 과소평가할 수도 있는 인간적 표현의 영역을 지시한다는 면이다. 둘째, 이 목록은 정치적 합의를 가능하게 하는 것에 관한 우리의 직관이 올바른 궤도에 있다고 알려준다는 면이다. 목록을 수정하는 데 사용된 방법론이 이 두 가지 면을 보여 준다. 비고 문화의 학문적 논의의 결과와 동등한 존엄성, 비-위계non-hierarchy, 그리고 비-위협non-intimidation이라는 일정한 가치를 예증하기 위해 마련한 여성 집단 자체의 논의를 모두 활용했기 때문이다. 달리 말해 나는 실질적 설명과 절차주의적 설명 사이에 실질적 수렴이 있어야 하며, 이때 절차 자체가 일정한 실질적 가치에 따라 구조화되는 것이 중요하다고 여기며 진행했다. (핵심역량 중 일부는 격어도 귀결된 판단이 신뢰할 만한 것 같다는 중요한 신호로 보인다. 이런 의미에서 절차를 구조화하는 실질적 가치가 이 목록의 핵심역량에 길접하게 관련되어 있음을 주목해야 한다. 정치적 개념의 중심핵에 관한 사람들의 판단은 무시와 두려움과 절박한 필요desperate need에 시달려 형성된 판단보다 그들이 동등하게 존중받고, 위협에서 자유로우며, 세상에 관해 배울 수 있고, 절박한 결핍desperate want에서 안전할 때 더욱 신뢰할 만한 것 같다.) 정코에 입각한 욕구는 인식론적인 이유로 좋은 실질적 목록을 찾아내는 데 주요한 역할을 한다. 우리가 찾으려는 것은 사람들이 함께 살아갈 수 있는, 그럼으로써 다른 가치들 사이에서 정치적 안정을 창출하는 무언가다. 개념이 정보에 입각한 욕구에 확실하게 관련되어 있다는 것은 적어도 우리가 원하는 일을 할 수 있는 가능성을 높이는 한 부분이다.

그런데 정보에 입각한 욕구가 정치적 안정성을 증대할 가능성이 높다는 것을 알아내는 데 이런 인식론적 역할을 한다는 사실은, 그것이 정치적 개념의 정당화에도 제한적이고 부수적인 역할을 한다는 방증이다. 개념이 매력적으로 보인다고 해도 그것이 안정적임을 보여 줄 수 없다면 (단순히 일시적인 타협이 아니라 합의 대상으로서도) 그것을 정당화하기 어렵기 때문이다. 정치적 개념을 정당화하는 데 중요한 고려사항 중에 "올바른 이유로(롤스의 문구)"안정성을 포함하는 것이 타당해 보인다. 그리고 나는 우리의 개념이 정보에 입각한 욕구를 어느 정도 참조하지 않고는 "올바른 이유로for the right reasons" 안정을 유지할 가능성이 크다는 것을 보여 줄 수 없다고 주장한다.

적응적 선호에 대한 우리의 관심은 이러한 안정성 쟁점에 접근하는 또 다른 방식을 제공한다. 우리의 사례는 밀이 옳았다고 짐작할 근거를 많이 제시한다. 핵심 인간 역량에 대한 선호는 단지 습성적이거나 적응적이지 않으며, 오히려 학습으로 형성된 단방향적unidirectional 구조의 선호가 훨씬 많다(엘스터가 이 구분을 도입했다). 이것은 다시 한번 안정성에 관한 한, 정치적 개념을 고안할 때 우리가 올바른 궤도에 있다는 확신을 준다. 우리가 주목했듯이 글을 읽게 된 여성이 문해력의 귀중한 가치와 심지어 기쁨을 알게 된다는 것, 그들의 새로운 상태에 만족한다고 표현하는 것, 문해력으로 시작된 그들 삶의 이행을 되돌리고 싶어 하지 않는다는 점에서, 우리는 핵심역량에 기반하여 이루어지는 합의의 안정성에 관해 무언가를 알게 된다. 건강과 위생, 가정 폭력에 대항하는 법을 배우는 데도 정치적 자유와 역량을 획득하는 데도 마찬가지인 것이 명백한 사실이다. 이러한 역량을 일단 배우고 경험한 사람은 되돌아가기를 원하지 않고 실제로 되돌아갈 수도 없다. 바산티, 안드라프라데시 여성들, 구자라트의 비디오 시청자, 그리고 타고르의 가출 아내의 이야기 중 가역적이라고 말할 수 있을 만한 이야기는 없다. 역량 측정에서 그리 멀리 나아가지 못한 자얌마조차도 건강 돌봄 체계와 정부로부터 무언가를 요구하는 법을 배웠고, 이 또한 되돌릴 수 없는 것처럼 보인다. 사람들이 되돌아가기를 꺼리게 만드는 기쁨과 만족은 우리가 발전시키는 개념이 안정적일 수 있다는, 그리고 핵심역량을 저지하는 정권은 불안정하다고 판명될 수 있다는 매우 중요한 신호다. 밀이 주장하듯이 영구적인 인간적 관심을 저지하는 것은 현명한 정치 전략이 아니다. 욕구의 이러한 인식론적 역할은 다시 한편 동시에 크수적인 정당화 역할을 한다. 우리의 개념이 합당한 정도의 안정성을 지닐 것이라고 기대할 수 있음을 보여 주는 것이 정당화되기 위해, 중요하다는 의미에서 그렇다.

물론 여성들은 집 밖의 직장 생활에서 집 안의 전통적인 생활로 돌아가기를 선택하기도 한다. 그들은 또한 베일을 쓰지 않는 삶에서 베일을 쓰는 삶으로 돌아가기를 선택하기도 한다. 그러나 이것은 시민으로서 정치적 **역량**의 수준에서가 아니라 **기능발휘** 양식에서의 변화임을 주목해야 한다. 핵심역량에 대한 선호가 단방향적이지 않다고 주장하려면, 우리는 사람들이 기본적인 정치적 원리를 선택하는 이 영역에서 시민으로서 **선택**과 **기회**를 포기하기를 바란다고 논증해야 한다. 게다가 이것을 보여 주기는 훨씬 더 까다롭다. 핵심역량의 전반을 경험한 여성에게 충분한 정보가 있고 위협 등은 없는 상황에서도, 이러한 역량들을 정치적으로 모든 여성에게서 박탈하기로 선택한다는 것을 보여 주어야 한다. 그러나 통상 다른 생활을 해 보고 난 후에 전통적 생활을 선호하게 된 여성이 모든 시민을 상대로 선택에 대한 정치적 거부를 위해 운동을 벌이지는 않는다. 나는 3장에서 하미다 칼라Hamida Khala의 사례를 논의할 것이다. 그녀는 베일을 쓰지 않는 것을 유감으로 여기고 어떤 면에서는 그 삶으로 되돌아가기를 바라는 전통적인 무슬림이다. 그러나 정치 집단이 그녀에게 접근하여 도움을 청했을 때, 바로 이 여성이 모든 파키스탄 여성의 베일 의무화에 격렬하게 반대했다는 것은 매우 인상적이다. 그녀는 베일을 쓰지 않아 생기는 문제가 일차적으로 남성의 행동에 있으며, 타자인 여성의 선택을 박탈하기보다는 남성이 스스로 자제해야 한다고 생각했다. 이란의 경우인 것 같은데, 노련한 여성이 일반적인 제한을 위해 분명하게 운동을 벌이는 경우가 있다고 해도, 이 여성들이 그 뒤에 이어지는 매우 억압적인 정권을 예견하고 바랐을 가능성은 지극히 낮다. 그런 정권은 핵심역량을 좌절시키기 때문에 안정적이지 않다. 파키스탄에서 베일을 의무화하는 정권도 전혀 안정적이지 않았다. 하미다 칼라가 살고 있는 파키스탄 정권은 베일을 허용하면서도 그것을 선택할 공간을 창출하고 존중한다. 거기에 더하여 그들이 반대 선택을 하더라도 동등한 시민이 될 기회를 보장한다. 안정적이며, 보수적인 여성들 스스로 두 가지 삶의 방식을 모두 경험했을 때 베일 의무를 뒤엎고 싶어 하지 않았다.

그러나 안정성이 우리가 고려해야 할 유일한 쟁점은 아니다. 나는 욕구가 인간의 지성적인 부분으로 우리가 설계하는 어떤 정당화 절차에서도 그 자체로 고려할 만하다고 주장했다. 따라서 우리가 욕구를 참조하는 것은 안정성에 대한 설명뿐만 아니라 인격의 욕구 측면을 고려하기 때문이기도 하다. 사람들이 (적합하게 정보가 제공된 상태에서) 무엇을 바라는지에 관하여 여러 문화의 사람들의 의견을 구한다는 것은 [인격의 욕구 측면에 대한] 존중을 보여 주는 중요한 부분이다. 그리고 그런 질문에 대한 그들의 대답은 다시 목록을 정당화하는 부수적인 역할을 한다. 다시 말하지만, 여성이 인간다운 기능발휘의 핵심 영역에서 더 큰 역량을 달성할 때 경험하는 기쁨에 주목하는 것이 중요하다. 이 기쁨 자체가 우리의 목록을 그들의 인격을 존중하는 목록으로 정당화하는 데 도움이 되기 때문이다. 결국 우리가 1장에서 논의했듯이, 당연히 실제 기능발휘가 아니라 역량의 관점에서 목표가 표현된다는 사실에 욕구의 역할이 있다. 우리는 가장 기본적인 수준의 설명에 목표를 추구하거나 추구하지 않을 선택지를 포함함으로써 욕구와 선호의 중요성을 지켜 낸다. 욕구의 역할은 확실히 발견적이다. 그러나 그것은 또한 정치적 목적을 위해 다음과 같은 의미에서 역량의 선을 부분적으로 구성하는 것으로 나타난다. 만약 대다수의 사람이 성격적으로 그리고 널리 오랜 기간 이 역량들을 욕구하지 않았다면 우리는 그것이 사람들에게 좋은지를 판단하기 위해 여전히 논증하고 있을 수도 있다. 다만 매우 중요한 정치적 근거 하나를 놓쳤을 것이다. 우리는 욕구가 신뢰할 수 없고 쉽게 왜곡된다는 것을 부인하지 않으면서, 정치적 개념을 정당화하는 데 이런 식으로 부분적 역할을 부여할 수 있다. 욕구의 이런 부수적 역할은 민주적 선택의 그림에 관련된다. 우리는 민주적 선택이 반성적이고 숙고적이라면 최선이라고 생각한다. 그러나 민주적 선택이 사람들이 원하는 바를 말해 주는 것 역시 선이라고 생각하며, 이런 선은 적어도 어느 정도 다른 기덕들과 독립적이라고 생각한다.

선택과 욕구를 선명하게 구분하는 접근법은 이 지점에서 우리가 선택에 중시할 만한 인간 직능으로서의 역할을 부여한다고, 우리를 구성하는 동물성의 한 부분이며 그 자체로는 선택만큼 중시할 만하지 않은 욕구에 역할을 부여할 필요는 없다고 말할 수 있다. 다시 말하지만 (스캔론의 주장과 달리) 내 접근법은 이렇게 선명한 구분을 하지 않는다는 것이 중요하다. 아리스토켈레스는 선택을 "욕구적 숙고 또는 숙고적 욕구"라고 정의한다. 마찬가지로 나는 감정, 욕구, 그리고 심지어 인간의 육체적 욕구도 모두 그 자체로 중시할 만하며 인간적으로 유의미한 인격의 부분들이라고 주장할 것이다. 인격은 단일체이며, 실천이성은 그 부분들 모두에 가득 퍼져 그것들 모두를 동물적이기보다는 인간적인 것으로 만든다.

그럼에도 질문은 여전히 남아 있다. 욕구와 그것이 부당한 상황에 적응하는 경향에 관하여 내가 말했던 모든 비판이 맞다면, 내가 왜 기본 정의의 관점을 설계할 때 욕구에 어떤 역할을 부여해야 하는가? 욕구에 평가적 요소가 있다는 것을 보여 주었다고 해서 이 의문이 사라지지는 않는다. 사람들이 하는 평가 자체가 유행, 박탈, 또는 권력에 의해 쉽게 조작되기 때문이다. 욕구에 이런 순응성이 있다면 정치적 안정성 논증이 회의적일 수 있다. 어떤 정치적 체계든 자신이 형성한 욕구를 지적함으로써 스스로를 정당화할 수 있을 것 같기 때문이다. 그리고 사람들의 욕구가 단순히 그들이 살고 있는 배경조건의 정당함이나 부당함을 표현한다면 사람을 존중한다는 논증이 더 나아 보이지도 않는다.

사람들의 욕구가 실제로 철저하게 적응적이라면 이것은 강력한 반론이 될 것이다. 선택과 욕구가 매우 긴밀하게 연결되어 있다고 한다면, 우리가 무엇에 호소할 수 있는지가 확실히 의문으로 남기는 하지만 말이다. 그러나 모든 단계에서 인격을 형성하는 강력한 힘이 문화에 있다고 하더라도, 나는 인간의 인격이 적어도 어느 정도는 문화에 독립적이라고 믿는다. 그리스 철학자 섹스투스 엠피리쿠스Sextus Empiricus에 따르면 "굶주림과 갈증의 짐을 지고 있는 사람이 있을 때, 그가 그다지 짐을 지고 있지 않다는 확신을 논증으로 도출하는 것은 불가능하다." 음식 욕구, 이동 욕구, 안전 욕구, 건강 욕구, 이성을 사용하려는 욕구는 우리를 구성하는 비교적 영구적인 특징으로 보인다. 문화가 그런 욕구를 둔화시킬 수는 있지만 완전히 제거할 수는 없다. 이런 이유로 건강이나 기본적인 안전, 또는 자유를 제공하지 못하는 정권은 불안정하다. 나의 안정성 논증은 철통 같은 권력 창출이 아니라 인격에 대한 이런 관점에 의존한다. 물론 우리는 여전히 욕구가 사회적으로 왜곡될 여지가 상당하다는 것을 인식해야만 한다. 이런 이유로 우리는 독립적으로 정당화된 실질적 선 목록에 일차적으로 의존한다. 그렇지만 우리는 욕구에 내가 말했던 부수적 역할을 부여한다. 적어도 어느 정도는 욕구에 사회적 변덕과 유행보다 더 단단한 구조가 있다고 생각하기 때문이다. 이 구조에는 좋은 점이 있는 만큼 문제의 여지가 있고 나쁜 점도 있다. 예를 들어 음식에 대한 욕구뿐만 아니라 공격성도 있다. 그래서 우리는 인간 인격의 사실에서, 심지어 우리가 욕구에 의존하는 제한된 범위에서조차 규범을 읽어 내지 않는다. 우리는 여전히 우리가 알아낸 것을 평가해야만 하고 [핵심역량 목록에] 포함할 가치가 있는지를 굴어야만 한다. 이것이 또 욕구에 대한 지나친 신뢰를 피해야 할 강력한 이유다. 그러나 그것은 정치가 사람들에게 무엇을 제공해야 하는지에 대한 지침으로 욕구를 신뢰하는 것과 조금은 양립할 수 있다.

나는 목록에서 일부 논란과 수정의 원인이 된 두 가지 역량에 초점을 맞추어 정당화에 관한 내 견해를 설명할 수 있다. 첫째는 남성과 동등한 기초에서 재산을 보유할 수 있는 역량이다. 초기 버전의 목록에서는 재산권이 거의 강조되지 않았다. 나는 재산이 단지 인간다운 기능발휘의 도구일 뿐이라는 주장했고, 자신의 삶을 영위하는 일반적인 역량의 하위에 포함하여 그다지 두드러진 역할을 부여하지 않았다. 현대 미국 로스쿨에서는 부와 소득의 재분배에 대한 자유지상주의의 공격에 연결하여, 재산권의 중심적 중요성을 끊임없이 참조하며 가르치는 소리가 들린다. 내 판단은 어느 정도 그 사실에 영향을 받았다. 그래서 나는 자신의 이름으로 재산을 어느 정도 소유하고 있으며 가난한 사람의 이해관계에 무관심한 사람의 입장에서 재산권에 호소하는 것을 연상했다. (토지 개혁은 독립 이후 인도에서 사회 개량의 주요 원천이었다.) 그러나 인도에서 내가 경험한 바에 따르면 여성은 재산을 보유할 권리를 심각히 중요하게 여긴다. 최소한 남성과 동등한 상속과 재산권을 요구하며, 자신의 이름으로 토지 일부를 취득할 가능성에도 상당한 중요성을 둔다. (규범이 주입된 절차주의의 흔적에 의해 형성된 맥락에서) 이러한 목소리를 들으면서 나는 내 생각이 이 영역에서 단적으로 엉망이었다는 결론에 도달했다. 욕구에 대한 증거는 내가 이전에 보기를 거부했던 무언가를 보도록 나를 이끌었다. 4장에서 논증하겠지만, 재산권은 자기-규정self-definition, 협상, 자아감a sense of self 개발에 중요한 역할을 한다. 그러므로 이제 재산권은 초기 버전의 목록보다 훨씬 더 두드러진 역할을 한다. 물론 이런 식으로 그 중요성을 본다고 해서 내가 처음에 거부했던 자유지상주의 입장으로 돌아가는 것을 의미하지는 않는다. 재산권이 모든 시민을 위한 역량의 중요한 원천이라면 어떤 경우에는 이것이 서벵골에서 수행된 것과 같은 토지 개혁을 뒷받침할 수 있기 때문이다. [서벵골에서는] 부유한 시민이 별장을 잃고, 가난한 시민에게 그들의 이름으로 된 재산을 주기 위해 사치를 제한하는 일반적 시도가 있었다. 마찬가지로 케랄라 정부는 가난한 사람들의 이런 자기-규정 영역의 중요성을 인식하면서 시민에게 한때 정부의 땅이었던 곳의 사적 권리를 부여했다. 현재의 목록은 이런 조치를 강력히 뒷받침하고, 무엇보다도 재산권 체계와 관계없이 이 영역에서 여성이 남성과 동일한 역량을 지녀야 한다고 주장한다. 이런 상황에 이르기 위해 여성의 토지 권리에 확고하게 초점을 맞춘 개혁이 자주 필요할지도 모른다. 여기에서 욕구는 발견적이고 입증적인 역할을 한다. 그리고 우리가 올바른 궤도에 있다고 확신시키면서 부수적인 정당화 역할을 한다.

이제 나는 목록에 있는 항목 중 여러 면에서 가장 논쟁적인 역량으로 돌아가 이 지점에서 정당화 질문이 어떤 것인지를 밝히고자 한다. 이 역량은 바로 동물과 자연 세계와 유익한 관계를 맺으며 살 수 있는 능력이다. 이것은 내가 구상했던 초기 목록에는 없었는데, 기획에 참여한 스칸디나비아인들의 주장으로 추가되었다. 그들에 따르면 그들에게 이 관계는 그것이 없다면 진정으로 인간다운 삶이 될 수 없는 무언가다. 숙고하는 가운데 우리가 스칸디나비아 참여자들처럼 그것을 정교하게 이론화하지는 않았지만, 그럿에게 역시 그런 관점이 있음이 분명해졌다. 남아시아 참여자들은 이것이 대우 중요하다고 생각해 본 적이 없었으며 열성적으로 동물을 싫어했고, 게다가 사람들이 고통을 겪고 있는데 이것을 목록에 올리는 것은 낭만적인 녹색당 행복론이라고 생각했다. 한편 시간이 지나며 다른 측면에서 목록 전체의 인간중심성에 의문을 제기하는 사람들이 생겨났다. 그들은 우리가 인간의 역량에 타자의 역량을 능가하는 우선성을 부여할 근거가 없다고 판단하고, 다른 종을 단지 인간과의 관계에 대한 설명으로만 도입하는 아이디어를 반대했다.

나는 이 질문 전체가 이 시점에서 시원하게 해결되지 않았다고 보았다. 게다가 아직 정치적 합의도 이루지 못했다. 정확히 말하자면 정보에 입각한 욕구와 우리가 일반적으로 다른 영역에서 도달한 실질적인 설명 사이에 아직 수렴이 없기 때문이다. 이 쟁점은 개별 국가 내에서 정치적 안정성에 위협이 될 수도 있고 되지 않을 수도 있다. 분명하게 정치적 합의를 이룬 몇몇 국가가 있다. 그러나 우리는 현시점에서 완전한 국제 정치적 합의의 일환으로 이 항목을 자신 있게 제안할 수 없다. 우리는 최소한 환경적 요인의 도구적 중요성에 관한 합의에 이를 수 있지만, 가장 유리한 상황에 있는 사람들이 이런 선호에 이견을 보이고 있다. 그리고 그 선호는 목록에 있는 다른 선호보다 훨씬 더 엘스터와 유사하다. 즉 자연에 익숙해지는 법을 배운 사람은 자연에 많이 접근하지 않는 삶에도 익숙해질 수 있으며, 그 반대도 마찬가지인 것처럼 보인다. 학습이 다른 경우에서처럼 단방향적인 역할을 하지 않는다. 나의 결론은 이 모두가 목록에 있는 이 항목의 위치에 대한 우리의 확신을 상당 부분 위축시킬 수 있다는 것이다. 개인적으로는 나는 이 항목에 역할이 있다고 강하게 믿고 있다. 적어도 실제 기능이 아니라 역량이 목표이기 때문에 이 항목이 목록에 남아 있는 한 동물과 식물에 유의하지 않는 사람들의 선호를 존중한다는 사실에서 위안을 얻는다. (이것이 동물에게 고통과 피해를 주는 원인을 피하기 위한 우리의 의무를 별도로 설명하지 않겠다는 의미는 아니다. 역량 설명은 완전한 도덕 이론 제공을 의도하지 않는다는 것이다.)

달리 말해 우리가 기대하듯이, 지성적으로 규범적인 절차주의와 사람들의 실제 믿음과 가치에 민감한 일종의 비플라톤주의자non-Platonist의 실질적 선 이론 사이에 만족할 만한 수렴 척도가 있고 또 있어야 한다.[84] 이것을 다시 살펴보기 위해 이제 여성이 직면한 특정 문제를 명시적으로 다루는 가장 강한 절차주의 설명, 즉 햄프턴의 「페미니즘 계약주의」로 돌아가 보자. 햄프턴은 먼저 홉스의 사회계약 접근법을 고려한다. 그녀가 이 접근법을 페미니즘이 사용할 수 있는 관점으로 고려할 때, 그것이 각 사람은 그 또는 그녀가 사람이라서 단순히 존중받을 가치가 있다는 생각을 포함하지 않기 때문에 여기에 결함이 있음을 발견한다. 그것은 존중을 '감정 감성emotional sentiment'에 의존하는 우연으로 만들어 사람에게 내재적 가치가 있다고 여기는 데 실패한다. 당연히 이 실패는 페미니즘에 특히 심대한 실패다. 여성은 그들이 사람으로서 존엄성을 지녔다는 이유보다는 누군가가 우연히 그들을 돌본다는 이유로 너무나 자주 이러한 우연적인 방식으로 가치평가를 받아 왔기 때문이다.

그러므로 햄프턴은 칸트에 기반한 계약 이론 버전을 옹호하는 태도로 전환한다. 이 지점에서 그녀가 더 이상 정보에 입각한 욕구 접근법을 전혀 추구하지 않는 것처럼 보일 수 있다. 이는 욕구가 선택과 관련되는 방식에 대한 칸트의 설명이 인격을 두 부분으로 분리하는 것으로 나타나기 때문이다. 그런데 햄프턴 자신은 욕구와 감정에 대해 아리스토텔레스의 설명을 더 많이 지지하는 것처럼 보인다. 실제로 그녀는 경제학이 욕구 개념에 복합적이고 인지적인 내용을 충분히 제공하지 않는다고 비판한다.[85] 햄프턴은 「페미니즘 계약주의」에서 이 쟁점을 언급하지 않지만, 그녀의 절차주의가 욕구를 전면적으로 거부한다고 생각할 이유는 없다.

햄프턴은 이제 절차적 접근법을 제안한다. [이 접근법은] 칸트의 특징을 살려 특히 친밀한 개인 관계, 정확히 말하자면 페미니즘이 종종 계약 접근법에는 들어설 여지가 없다고 느끼는 영역을 평가하기 위해 고안되었다. 사람이 사랑과 돌봄을 주는 성향 탓에 이용되고 착취당하는 경우를 뿌리 뽑기 위해 설계된 적절한 테스트를 개발할 때 햄프턴은 일련의 실질적 개념을 도입한다. 첫째는 **동등한 가치와 비총합**equal worth and nonaggregation이라는 개념을 포함한 칸트의 **인간의 가치 개념**conception of human worth이고(즉 우리는 사람 전체의 선을 총합하는 것이 아니라 각 사람을 목적으로 생각하며 각 사람의 별개의 선을 고려한다), 둘째는 **사람의 적법한 이익관심**a person's legitimate interest 개념인데 햄프턴은 이것을 자신의 글에서 더 이상 상세히 설명하지 않는다.

내 관점에서 이것은 유망한 절차적 접근법이며, 그녀가 주장하듯이 다른 관련된 계약 접근법을 넘어서 이루어 낸 진전이다. 그러나 먼저 그것이 실제로 얼마나 실질적 선 접근법substantive-good approach과 유사한지를 주목해야 한다. 동등한 가치, 존엄성, 그리고 비총합이라는 개념은 모두 차별금지, 실천이성, 존엄성과 비모욕non-humiliation에 대한 강조를 통해 이루어지는 역량 목록의 요소 자체다. 그리고 내가 보기에는 **적법한 이익관심**legitimate interest 개념이 조금이라도 영향을 미친다면 궁극적으로 목록에 더 많은 항목을 끌어들인다는 면에서 그 개념이 훨씬 더 풍부하게 구체화될 것이다.

나는 절차적 접근법이 실질적 선 접근법과 유사하지 **않은** 한 종종 너무 모호해서 좋은 안내를 제공할 수 없다고 생각한다. 우리는 고용 추구권이 기본선인지, 정치적 자유와 정치 참여 기회가 기본선인지, 성적 표현의 역량이 기본선인지 등을 알기 전까지는 가족 정의에 관해 말하기 어렵다. 목록은 여성에 대한 대우가 착취적인지 아닌지를 말할 수 있는 지점을 보여 준다. 나는 그 얇은 절차적 접근법이 이것 없이는 우리에게 충분하다고 생각하지 않는다.

한편 우리는 여성들이 햄프턴식 특징을 보유한 절차에서 질문을 받았을 때 그렇게 말하는 것을 듣지 않는 한, 고용 추구권, 재산권, 그리고 목록의 다른 항목들이 중요한 인간적 선이라고 결론짓지 않을 것이다. 그런 의미에서 다시 한번 적합한 규범이 개입하는 절차주의는 실질적 선 접근법에 필수적인 보완재임이 증명된다. 둘 사이의 교류를 통해 우리가 올바른 궤도에 있다는 확신을 얻는다.

고려되어야 하는 마지막 쟁점이 하나 남아 있다. 나는 1장에서 적절한 정치적 목표는 기능발휘가 아니라 역량이라고 주장했다. 이것은 시민 자신의 욕구가 무엇이든지 그리고 어떻게 형성되었든지 시민이 그것을 추구할 여지를 많이 남겨 둔다는 의미다. 나는 목표를 이런 방식으로 파악하는 이유가 존중에 근거한다고 했다. 우리가 사람들을 기능발휘의 총체적 양식으로 끌어들인다면 우리는 그들을 충분히 존중하지 않는 것이다. 반면 나는 이번 장에서 정치적 개념을 정당화할 때 우리가 모든 실제 욕구가 아니라 적절한 조건에서 형성된 일부 욕구만을 참고한다고 주장했다. 내가 1장에서 피해야 한다고 논의했던 바로 그런 종류의 개입주의 위험에 처한 것은 아닐까?

내가 보기에 이 질문에 대한 답은 그렇지 않다는 것이다. 1장에서 논증했듯이 개입주의는 모두 선택을 존중하는 문제에 관한 것이다. 그러므로 개입주의에 반대하는 입장은 우리가 선택에 대한 일정한 기회(종교의 자유, 언론의 자유 그리고 그 나머지)에 더하여 기회의 물질적 조건을 보장해야 한다는 것을 의미한다. 다수주의majoritarian 정치의 변덕을 뛰어넘어 이런 기회를 촉구하는 방식으로 말이다. 이렇게 말하는 것은 사람들의 실제 욕구가 타락과 착오로 인한 것이라고 하더라도 그들이 마음대로 이러한 기회의 영역을 이용할 수 있도록 해야 한다는 말과 완벽하게 일치한다. 그러나 기본적 권원entitlements과 기회의 목록 자체를 정당화할 때 타락과 착오를 포함한 모든 실제 욕구를 참고한다면, 이는 정치적 개념과 시민들의 자유를 너무나 취약한 토대 위에 올려놓게 될 것이다. 우리가 옳다고 믿는 종교라고 하더라도 시민에게 그 단일 종교를 부과하지 않는다는 말과, 모든 시민에게 시민의 양심의 자유를 존중할 의무를 부과한다는 말, 두 가지 말이 일관성이 있는 것과 같다. 그러므로 서로 다른 다양한 개념이 추구될 수 있는 범위 내에서 선택의 영역을 보호한다. 마찬가지로 정치적 개념의 기초를 형성하는 핵심역량 목록을 정당화할 때 (실질적으로 고취된 정보에 입각한 욕구 접근법과 결합된) 실질적 접근법을 사용하는 동시에, 그 개념 내에서 우리가 선택 영역을 보호하고 증진한다고 말하는 것은 일관성이 있다. 이는 심지어 잘못된 욕구라도 다른 사람에게 해를 끼치지 않는 한에서 사람들의 욕구에 대한 존중을 보여 준다는 면에서도 마찬가지다.

물론 사람들에게 목록에 있는 역량을 보장한다면 사람들이 보다 적합하게 정보에 입각한 욕구를 개발할 수 있는 조건을 증진시킬 수 있다는 점도 사실이다. 이런 의미에서 실질적인 역량 목록과 분별 있는 정보에 입각한 욕구 접근법을 조형하는 규범 사이에 강한 수렴이 있다. 교육, 동등한 존중, 인격 보전the integrity of the person 등을 증진함으로써 우리는 간접적으로 욕구를 조형하며 이런 조건에서 형성된 욕구는 고립, 문맹, 위계, 그리고 두려움의 조건에서 형성된 욕구보다 더욱 적합하게 정보에 입각한 욕구가 될 수 있다. 그러나 정의로운 체제에서 살고 있는 사람도 상황에 따라 때때로 우둔하거나 성급할 것이며 겁에 질리거나 시기할 수 있다. 정치적 개념은 선택 영역을 보호하고 기능발휘보다는 역량에 목표를 둠으로써 이런 부적합한 욕구에 여지를 주며, 욕구 그리고 욕구에(부적합한 욕구와 그것에) 의해 동기 부여된 선택을 존중한다. 이런 방식으로 정치적 개념은 개입주의라는 비난을 피하고 사람이 현명하지 않을 때조차 그 사람을 존중하는 데 목표를 둔다.

6. 정치적 안정성과 습성의 깊이

다양한 유형의 자조 단체self-help groups 여성의 이야기에 초점을 맞춤으로써 우리는 선호-왜곡이라는 쟁점에 낙관적인 관점을 제공했다. 사례가 이어지면서 우리는 습성화된 선호를 재빨리 떨어내고 자신의 존엄성과 동등성이라는 새로운 감각에 부합하여 자신의 열망을 조정하는 여성들을 본다. 단지 몇 주 만에 고용권, 재산권, 깨끗한 물, 그리고 목록에 있는 다른 여러 항목을 원하게 되는 여성들을 볼 때, 바산티가 자영업 여성 협회의 대출로 삶을 변화시킬 수 있게 되었다는 이야기를 들을 때, 세상이 자신에게 빚을 지고 있다는 자얌마의 인식이 정부 프로그램으로 활력을 얻은 것을 볼 때, 안드라프라데시의 여성이 건강한 상태에 이르기도 전에 자신들의 권리를 위해 싸우기 시작하는 것을 볼 때, 핵심역량에 관하여 정치적 합의를 이루는 일이 수월한 문제라고 생각하기가 쉽다. 우리가 해야 할 일은 사람들이 그것을 맛보게 하는 것뿐이고, 그들은 다른 어떤 방식으로도 되돌아가기를 거부한다.

그러나 중첩적 합의의 안정성에 관한 정치적 낙관주의는 지금까지 우리가 단지 이야기의 절반만 살펴보았기 때문에 경감되어야 한다. 우리는 여성들이 스스로 무엇을 원하는지 또는 원하게 되는지를 살펴보았다. 그러나 우리는 남성의 적응적 선호에 관해서는 묻지 않았으며, 그들이 여성에게 기꺼이 허용하려는 것을 고려할 때, 정보에 입각한 절차주의와 실질적 선 이론 사이에서 동일한 만족에 이르는 일이 얼마나 쉽거나 어려울지에 대해서는 묻지 않았다. 1869년에 밀이 쓴 내용은 모두 여전히 많은 사람들에게 해당하는 것처럼 보인다. "대부분의 남성은 아직도 동등하게 산다는 아이디어를 용납하지 못한다."[86] 분명히 하사니가 옳았다. 실제로 악의나 가학주의가 사람들에게 동기를 부여한다고 결론짓는다면, 우리는 그런 선호를 사회적 선택 함수에 포함해서는 안 된다. 우리가 수용하는 어떤 절차주의라도 (예를 들어 햄프턴의 절차주의) 기본적으로 각 사람을 목적으로 여기는 가치를 세워야 하고 이것이 한 사람의 목적을 다른 사람의 목적에 체계적으로 종속시키는 것과 양립할 수 없다고 이해해야 한다는 것 또한 분명하다. 그럼에도 기본적으로 악하거나 가학적이지 않은 남성들이 한편으로는 여성을 목적으로 대우한다고 믿으면서도 그런 변화에 얼마나 자주 저항하는지를 생각한다면, 우리는 습성의 최대 무게, 가족과 공동체의 압력, 그리고 변화에 대한 순전한 두려움을 측정하는 일을 시작했다고 보기 어렵다.

그러므로 나는 실패한 절차주의의 한 이야기로 이번 장을 마무리하려고 한다. 이 이야기는 1913년에 쓰인 라빈드라나트 타고르의 단편 「하이만티 Haimanti」다.[87] 젊은 신랑의 일인칭 시점으로 서술되며, 그가 자신의 도덕적 비겁함을 정보에 철저히 입각하여 명료하게 열거해서 전체적으로 깊은 인상을 준다. 그의 부모는 그를 위해 나이가 보통에 비해 조금 더 많은 소녀와 결혼을 주선한다. 따라서 그 소녀는 친정에서 그녀의 성격을 형성하는 데 보통의 경우 보다 많은 시간을 보냈다. 이 소녀의 경우 그녀의 지성을 존중하고 교육하며 당당히 독립적인 존재로 그녀를 대우하는 진보적인 아버지의 지지를 받으며 자랐다. 결혼식이 끝난 후 아버지는 사위에게 자신이 했던 방식으로 그녀를 대우해 달라고 부탁했고, 그는 실제로 그렇게 한다. 사실 그는 그녀의 사랑을 얻는 방법이 그녀의 마음을 존중하는 것임을 알게 된다.

나는 교육받은 성인 여성의 마음mind을 얻는 방법을 몰라서 걱정했다. 그러나 서점으로 가는 길과 그녀의 마음heart으로 가는 길 사이에 충돌이 없다는 것을 곧 알게 되었다. 나는 언제부터 희고 순수한 그녀의 마음mind이 점차 물들어가기 시작했는지, 그녀의 몸과 마음mind이 열렬히 나를 향하게 되었는지를 정확히 알지 못한다.

그런데 화자 스스로 말했듯이 이제 가히 아름답지 않은 이야기가 시작된다. (이 이야기는 영웅이 그의 행동에서 무엇이 나쁜지를 아주 명료하게 보면서도 그것을 멈출 수 없기 때문에 대체로 비극적이다.) 얼마 후 그의 가족은 하이만티의 아버지가 그들이 이전에 믿었던 만큼 부유하지 않다는 것을 알게 된다. 그들은 더 이상 신부를 추가적인 수입원(이미 받은 지참금 이상으트)으로 여길 수 없게 되자 그녀를 감정적으로 학대하기 시작한다. 그녀를 업신여기고, 그녀의 성실함을 왜곡하는 방식으로 쓸모없는 거짓말을 하라고 요구하며, 그녀 앞에서 그녀가 사랑하는 아버지를 공격하면서, 그녀가 아버지를 옹호하지 못하게 한다. 신랑은 그녀가 불행 때문에 건강이 악화되는 것을 보면서 하이만티의 아버지를 불렀고, 아버지는 좋은 의사를 구한다. 의사는 그녀가 가족과 떨어져서 지내지 않는다면 병이 심해질 것이라고 말한다. 그러나 신랑의 아버지는 그녀가 떠나는 것을 허락하지 않으며, 다시 한번 그녀의 아버지를 모욕한다.

이 시점에서 신랑은 쉽게 그녀를 데리고 나갈 수 있었다. 그는 그녀를 사랑하고 그녀의 가치를 이해한다. 그는 그것이 그녀의 정신적·신체적 건강을 구하는 유일한 방법이라는 것을 안다. 그러나 그의 아버지가 그에게 호통을 치기 때문에 그는 그렇게 하지 못한다.

나중에 몇몇 친구들은 나에게 왜 내가 말했던 대로 하지 않았는지 물었다. 내가 해야 했던 일은 그저 내 아내와 떠나는 것이 전부였다. 나는 왜 그렇게 명백하고 간단한 조치를 취하지 않았는가? 정말 왜! 사람들이 적절하다고 여기는 것을 위해 나의 진정한 느낌을 희생하지 않는다면, 대가족을 위해 내가 가장 아끼는 사람을 희생시키지 않는다면, 내 핏속에 흐르는 오랜 사회적 고취는 어떻게 되는가? 무엇을 위해 그렇게 하는가?

아요디아Ayodhya 사람들이 시타Sita를 쫓아내라고 요구하던 날에 내가 그들 가운데 있었다는 것을 당신은 모르는가? 그 희생의 영광을 노래했던 사람들, 셀 수 없는 세대를 거쳐 나 역시 그들 중 하나가 되었다. 월간 잡지에 실린 기사의 저자들 모두 사람들을 기쁘게 하기 위해 사랑하는 아내를 저버리는 미덕을 찬양하는데, 나는 그것을 읽었다. 내가 언젠가 시타를 쫓아낸 나의 이야기를 내 심장의 동맥을 흐르는 피로 쓰게 될 줄 누가 알았겠는가?

그는 아무것도 하지 않는다. 곧 하이만티가 죽는다. 이제 그의 어머니는 그를 위해 좀 더 적합한 여성을 찾고 있다. 그는 저항하지만 자신이 곧 굴복하리라는 것을 알고 있다.

여기에서 우리는 햄프턴식 절차주의의 많은 특징을 보이는 절차를 통해 도출된, 개인의 진정한 선호와 실제로 그의 행동을 이끄는 선호 사이의 뚜렷한 대조를 볼 수 있다. 어떤 의미에서 이 선호들은 모두 진정으로 그의 것이며 그 자신이다. 그는 진정한 선호는 존중과 사랑을 표현하지만 거짓 선호는 습성에 의해 강요된다고 말한다. 그러나 그는 곧이어 자신이 그 습성이자 사랑**이며**, 그의 성격은 연약한 사랑의 충동보다 비겁한 행위로 한층 더 진실되게 표현된다고 더 그럴 듯하게 말한다. 그의 부작위nonaction를 승인하는 선호는 엘스터가 의미하는 적응적 선호로 보인다. 적응적 선호에 따르면 심리학적으로 그가 가용할 수 없는 무언가는 실제로 좋은 것이 아니며, 비겁한 행로가 어떤 의미에서는 최선이다. 그러나 적응적 선호가 거짓이고 그 밑에 진정한 고유의 선호가 놓여 있다는 엘스터의 낭만적인 관점은 많은 사람들이 살아가는 방식을 정확히 설명하지 못한다. 그들의 인격에는 자신을 위해 식량, 주거, 안정성, 어쩌면 자유까지도 원한다는 점에서 분명한 구조가 있다. 그러나 적어도 일부 타인과의 관계에 관해서는 그들이 바로 그 적응적 습성**이고** 그런 습성의 무게 아래에서 자율적인 사람은 없는 것처럼 보인다.

그리고 이것은 하이만티를 그 자체로 목적으로 여기고 그녀의 이익관심을 자신의 이익관심과 동등하게 고려하는 절차가 우리와 타고르가 함께 지지하는 결론, 즉 그가 전통에 맞서 싸우고 그녀가 떠나도록 도와야 한다는 결론을 그에게 실제로 제시하는지 더 이상 분명하지 않다는 것을 의미한다. 화자가 초기에 정식화한 것은 그의 최종 통찰이 아니다. 그의 최종 통찰은 우리가 동등한 존중으로 각 사람을 고려할 때 모두가 과거의 무게 아래 동등하게 놓여 있으며 모두 동등하게 비자율적인non-autonomy 의무에 사로잡혀 있다는 결론에 이른다는 것이다. 문제는 남편이 올바른 결론에 도달했으나 어떻게든 행동하지 않았다는 것이 아니다. 동등한 대우라는 절차적 규범에 순응하는 방식으로 보이기는 하지단, 사실 그는 잘못된 결론으로 선회한다. 그는 결국 정확히 그가 자신을 대우하고 존중하는 방식으로, 즉 너무나 커서 저항할 수 없는 세력의 졸병처럼 그녀를 대우하고 존중한다. (그런 세력은 손쉽게 그의 역량을 보호하면서 그녀를 강등시킨다. 따라서 그의 인격의 욕구 구조는 불관에 대해 강한 동기를 제공하지 않는다.) 모든 유관한 실질적 선, 예를 들어 자율적 실천이성, 비-모욕, 여행권, 고용 추구권, 동등한 재산권, 그리고 나머지 모두를 내장하는 그런 방식으로 절차를 설계하지 않는다면, 절차주의가 이러한 결과를 낳지 않음을 보여 주기는 어려울 것 같다. 자율성은 법과 제도에 의해 구축되어야 한다. 게다가 일부 사람들, 심지어 특권층조차 이 자율성을 지니고 있지 않다. 그들은 전통이 자기가 되도록 내버려둔다. 전통이 그들 자신의 이익관심에 편의적으로 봉사하고 다른 사람의 이익관심을 강등시킬 때 특히 그렇다.

적응적 자기adaptive selves의 문제점은 일반적으로 역량 목록의 정당화를 위협하지 않는다. 그 목적에 가장 관련성 있는 선호가 하이만티 자신의 선호이고, 그것이 분명히 역량목록을 지지하기 때문이다. 그러나 그것은 안정성 쟁점을 안고 있다. 나는 안정성이 최소한 정당화 질문의 한 부분이라고 주장했다. 안정성과 관련하여 적응적 자기의 문제점은, 우리가 여러 세대를 거쳐 기대할 수 있는 정보에 입각한 욕구 설명과 실질적 선 설명 사이의 동일한 수렴을 첫 번째 세대에서 기대할 수 없다는 것을 암시한다. 권력을 지닌 사람은 단순히 기꺼이 권력을 양도하지 않을 것이며, 도덕 교육이 첫 번째 세대에서 시민의 동등성에 대한 사람들의 지각을 충분히 깊게 변화시킬 가능성은 없다. 사람들이 모두를 위한 목표로 역량 목록을 받아들인다고 해도, 그들 모두가 진정으로 승인해서 그렇게 하는 것이 아니라 그저 일시적인 타협으로 받아들일 것이다. 나는 안정성 쟁점이 중첩적 합의의 정당화를 위협하지 않는다고 믿는다. 안정성은 장기적인 쟁점으로 고려되어야 하며, 여러 세대에 걸쳐 남성이 여성을 동등한 시민으로 대우하는 정치적 개념을 승인하도록 교육받을 수 없다는 것이 밝혀질 때만 안정성이 위협받을 것이기 때문이다. 나는 이번 세기의 경험(예를 들어 북유럽 국가)이 안정성 쟁점은 거짓이라는 사실을 보여 준다고 믿는다. 그러나 [적응적 자기의] 문제점은 단기적으로 우리가 우리를 안내하기 위해 정보에 입각한 욕구 접근법에 의존할지, 아니면 실질적 선 접근법에 의존할지 선택해야 함을 보여 준다. 우리는 장기적으로 정보에 입각한 욕구와 실질적 선 사이의 합의를 기대한다. 하지만 하이만티의 문제점은 단기적으로 모든 시민에게 필수적인 인간 역량 목록을 명확히 지지하는 설명을 우리의 정치적 지침으로 선호해야 한다는 것을 보여 준다.

엘스터의 절차주의는 분명히 그 남편의 문제점의 근원에 도달하지 못한다. 그 남편은 자신에게 가해지는 세력을 의식적으로 평가하고 습성과 전통의 편에 서는 것을 선호하기 때문이다. 아마도 햄프턴의 것처럼 규범이 개입하는 절차주의는 햄프턴이 충분히 탄탄한 방식으로 사람의 이익관심 개념을 구체화한다면 남편의 행동이 착취적임을 보여 줄 수 있을 것이다. 그러나 그 이야기는 비겁함, 습성, 그리고 자신의 행위의 주체가 되기를 원하지 않는 것이 인간의 욕구와 선택을 얼마나 오염시키는지를 보여 준다. 그 이야기가 비극적으로 보여 주듯이 사랑이 그것을 변화시킬 수 없다면, 경제학자가 고안한 어떤 형식적인 숙고 절차가 선을 전달할 수 있을지 분명하지 않다. 따라서 우리는 이런 신뢰할 수 없는 세력을 너구 많이 믿지 않는 편이 더 낫다. 내가 말했듯이 욕구를 무시하지 않으면서 증인으로 곁에 두고, 인간 인격의 지성적 부분으로 존중하면서 우리는 실질적 선의 진영에서 단호하게 우리의 태도를 취하는 편이 더 나을 것이다.

3장
종교의 역할

왕들의 법에는 무엇이 남아 있는가? 오래전부터 우리는 왕들이 법의 정신을 지닌 여성을 자신들의 궁전에 데려오지 **않는다고** 들었다. 이 고대의 영원법은 카우라바들Kauravas 사이에서 사라졌다. … 카우라바들의 수치인 이 사악한 남성이 나를 괴롭히고 있으니, 나는 더 이상 견딜 수 없다.

두료다나Duryodhana의 측근들이 그녀의 옷을 벗기고 추행하려고 할 때,[1]
드라우파디Draupadī 여왕의 말, 『마하바라타』중에서

모든 종교가 처음에는 남성과 여성을 정화하고 기도를 통해 그들이 윤리적인 삶을 영위할 수 있도록 돕기 위해 설립되었지만, 어떤 경우에는 맹목적인 전통, 관습과 미신으로 인해 종종 종교의 카타르시스 효과가 아니라 공동체주의, 광신주의, 근본주의, 차별을 확산하는 결과를 낳기도 했다.

히라 나와즈Heera Nawaz, 방갈로 법과대학Bangalore College of Law 학생, 1993[2]

1. 종교의 자유와 성평등, 그 딜레마

현대 자유 민주주의 국가는 대개 종교의 자유가 극히 중요한 가치이고, 그래서 그것을 보호하는 일이 정부의 가장 중요한 기능이라고 주장한다. 또한 이러한 민주 국가는 전형적으로 광범위한 인간의 다른 이익관심, 자유, 그리고 기회를 중심적인 것으로 수호한다. 이 중에는 이동의 자유, 집 밖에서 일자리를 구할 권리, 집회의 권리, 신체 보전의 권리, 교육의 권리, 저산 보유와 상속의 권리가 있다. 그러나 종교가 이러한 다른 자유를 지지하지 않을 때도 있다. 실제로 종교는 때때로 인종이나 카스트 또는 성별처럼 도덕적 관련성이 없는 특성에 따라서 특정 계층의 사람들에게 그러한 자유를 부인하기도 한다. 이런 식의 부인은 종교가 법적 권력을 많이 행사하지 않는 국가에서는 별로 의미가 없을지도 모른다. 그러나 인도처럼 종교가 법적 체계의 상당 부분을 차지하는 국가에서 종교는 많은 사람의 삶을 결정하는 근본적인 요인이다.

이런 면에서 자유주의 국가에 딜레마가 생겨난다. 한편으로 종교적 표현의 자유에 개입하는 것은 시민의 내밀한 자기-규정과 기본적 자유의 영역을 공격하는 것이다. 그러나 개입하지 않는 것은 자기-규정과 자유에 대한 다른 형태의 제한을 허용하는 것이다. 현대 민주 국가, 특히 인도와 같은 민주 국가가 이 영역에서 스스로 분열된 자신을 발견하는 것은 놀라운 일이 아니다. 인도는 종교의 자유와 종교에 근거한 차별금지, 그리고 헌법에 열거된 기본권 목록에서 남녀평등과 성별에 기초한 차별금지를 표명했다.[3]

자유로운 종교 활동에 대한 주장과 인도 헌법에 있는 다른 중요한 권리에 대한 여성의 주장 사이의 갈등에 연관된 세 가지 사례를 살펴보자.

① 1983년, 부유한 부모를 둔 시리아 그리스도교 여성 메리 로이는 딸의 상속분이 아들의 1/4에 불과하며 그것도 최대 5000루피로 제한하는 트라반코르Travancore 그리스도교법에 이의를 제기하기 위해 법정에 섰다. 인도 대법원은 트라반코르 그리스도교법을 대체하는 관련 법으로 딸과 아들에게 동등한 권리를 주는 1925년 인도 승계법Indian Succession Act이 있다고 선언했다.[4] (이러한 편협한 기술적 방식으로 판결함으로써, 법원은 그 법이 성평등에 대한 헌법 보장을 위반하는지 여부를 묻는 질문을 회피했다.) 법원은 또한 그 변경이 1951년까지 소급된다고 선언하여 많은 그리스도교 남성들의 재산이 분쟁에 휘말렸다. 이 판결은 항의를 불러일으켰다. (많은 부유한 그리스도교 지주를 포함하여 지역을 대표하는) 케랄라 출신 그리스도교 의원은 법의 소급 효과를 차단할 방법을 찾기 위해 의회에 개인 의원 법안Private Member's Bill을 제출했다. 한편 케랄라의 그리스도교 교회는 자유로운 종교 활동과 상충하는 법원에 격렬하게 항의했다. [교회는] 그 판결이 "소송의 수문을 열어 그리스도교 가정에 존재하는 전통적인 조화와 선의를 파괴"할 것이라고 주장했다.[5] 그

리스도교 교회 총회는 판결에 반대하는 공식 입장을 취하고 적극적으로 판결에 대한 항의를 동원했다.[6] 로마 가톨릭, 자코바이트Jacobite, 남인도 교회, 카나냐Kananya 그리스도교 교회에 속한 사제들 모두 강단에서 그 판결을 비판했다. 반대의 강도가 높았던 것은 전통적인 딸의 상속분이 자동으로 교회로 갔기 때문일지도 모른다. 이것은 인도 승계법으로 소송할 일이 아닐 것이다.[7]

② 1947년, 독립 당시 힌두교 법률 위원회는 힌두교 속인법 체계를 개혁하기 위해 권고 목록을 제출했다. 이것은 힌두교 법전 법안Hindu Code Bill의 형태로 의회에 제출되었다. 네루의 법무부 장관 암베드카르B. R. Ambedkar가 강력하게 지원한 이 법안은 여성에게 이혼할 권리를 보장하고, 남성의 복혼polygamy* 선택지를 삭제하고, 어린 여성의 아동 결혼을 폐지하며, 여성에게 거의 동등한 재산권을 보장할 것을 제안했다.[8] 이 법안을 두고(보수적인 판디트Pandit 또는 힌두교 당국이 주도하는) 힌두교 의원들의 항의가 빗발쳤다. 토론은 새 헌법에서 보장하는 자유로운 종교 활동을 새로운 법률이 위반한다는 혐의에 초점이 맞추어졌다. 판디트 무쿨 베릴랄 바르가바Pandit Mukul Behrilal Bhargava는 여성의 동등한 재산권이 이슬람 사상을 힌두교 전통에 강제로 침투시키는 것이라고 주장했다. (인도의 무슬림 여성은 샤리아가 관습법을 대체한 1937년 이후 다소 더 동등한 상속권을 가지고 있다.)[9] 다른 사람들은 일부일처제가 힌두교인에게는 요건이 되지만 무슬림에게는 그렇지 않다는 사실에 반대했다. 그밖에 다른 사람들은 국가가 주도하는 힌두교 법전의 개혁이라는

---

* ‘polygamy’는 배우자가 여럿인 상태를 말한다. 한 남성에게 여러 여성 배우자가 있는 경우 ‘polygyny’, 한 여성에게 여러 남성 배우자가 있는 경우 ‘polyandry’라고 한다.

아이디어 전체에 반대했다. "힌두법은 힌두교와 내밀하게 연결되어 있고 힌두교인이 아닌 사람이 힌두법의 권위자가 된다는 것을 용납할 수 없다." 전통적인 힌두교 의원들은 "현대 여성의 폭정은 … 그들이 박해받던 시대는 가고 오늘날 박해를 받는 사람은 남성들이다"라고 연설하며 여성의원들이 힌두 전통을 위반한다고 공격했다.

새 헌법이 발효된 직후인 1951년 여름, 이 법안을 공식적으로 토론하는 의회 회의는 소란스러웠다. 보수적인 판디트 고빈드 말비야Pandit Govind Malviya는 이 법안에 대해 "원칙적으로 잘못되었고, 세부적으로 잔학하며, 상책이라고 부를 수 없다"고 하며 두 시간 동안 연설했다. 암베드카르의 열정적인 지지에도 불구하고 이 법안은 부결될 것 같았고, 네루조차 당분간 지지를 철회했다. 그 결과 암베드카르 박사는 "계급과 계급 사이에, 성과 성 사이에 불평등을 그대로 남겨 두고 경제적인 문제와 관련된 법안을 계속 통과시키는 것은 우리 헌법을 웃음거리로 만들고 배설물 더미 위에 궁전을 짓는 일이다"라고 말하면서 장관직을 사임했다. 이 법안은 폐기되었지만, 이 조항들은 결국 1954년, 1955년, 1956년에 채택되었다.

최초 제안 이후 50년이 지난 지금도 이 조항들은 여전히 논란을 일으킨다. 새 법률은 제대로 시행되지 않고 있다. 예를 들어 아동 결혼은 일부 지역에서 통례로 남아 있고, 종교적이고 문화적인 측면에서 맹렬하게 옹호되고 있다.[10] 힌두교 근본주의가 부상하면서 자유로운 종교 활동에 대한 침해와 무슬림에게 차별이 되는 고소, 특히 복혼이 쟁점인 고소가 증가하고 있다. 꽤 많은 힌두교 남성이 여전히 중혼을 하고 있고, 다른 사람들은 복혼 금지를 피하기 위해 이슬람으로 개종했다.[11] 그 외에도 힌두교 법원이 최근 유효한 결혼에 대해 극히 엄혹한 규정을 채택하는 바람에 일이 더욱 복잡해졌다. 그 결과로 기

존의 많은 힌두교 결혼이 법정에서 이의 제기를 받을 경우 치밀한 공방을 견
뎌 내지 못할 것이며, 두 번째 결혼에 대해 중혼으로 고소당한 남성이 무죄를
선고받게 될 것이다.[12]

③ 1978년 마디아프라데시에서 샤 바노라는 이름의 나이 든 무슬림 여성
이 44년간의 결혼 생활 끝에 번창한 변호사인 남편에 의해 집 밖으로 쫓겨났
다. (그 정황은 샤 바노의 자녀와 남편의 다른 아내의 자녀 사이에 유산 다툼
이 있었던 것 같다.) 이슬람 속인법에서 요구하는 대로 그는 그녀가 결혼할 때
원래 가져왔던 **메르**mehr 또는 (오늘날 환율로 100달러보다 적은) 3000루피
의 결혼 정착금을 그녀에게 돌려주었다. 충분한 생활유지비 없이 이혼에 직면
한 많은 무슬림 여성과 마찬가지로 그녀는 통일 형사소송법 제125조에 따라
정기적인 생활유지비 지불을 요구하는 소송을 했다. 이 조항은 "적당한 재산"
이 있는 남성이 (1973년 특별 개정에 의해) 전처를 포함하여[13] 여러 가까운 친
척들이 "빈곤과 부랑"의 상태에 남겨지도록 버려 두는 것을 금지한다. 이 그제
책은 오랫동안 이슬람 속인법에서 보장하는 부적합한 생활유지비에 대한 해
결책으로 인식되어 왔으며, 많은 여성이 비슷한 사건에서 승소했다. 샤 바노의
재판에서 다른 점은 인도 대법원장이 그녀에게 월 180루피의 생활유지비를
재정하면서, 장문의 의견서에[14] 이슬람 제도가 여성에게 매우 불공정하며, 헌
법이 오래전에 지시했듯이 국가가 통일 민법전을 확보할 때가 되었다고 적시
했다는 것이다. 대법원장은 이렇게 적었다. "의심할 여지 없이 무슬림 남편은
그가 그렇게 하기로 선택할 때는 좋든 나쁘든 무차별적이든 어떤 이유로도 언
제나 아내를 버릴 수 있는 특권을 누린다. 정말 이유가 전혀 없어도." 또한 대
법원장은 힌두교 출신이지만 다양한 이슬람 경전을 해석하고, 여성에게 훨씬

더 적절한 유지비를 제공하는 데 이슬람 경전상의 장벽이 없다고 주장했다.

이 의견에 대중의 항의가 빗발쳤다. 일부 자유주의 무슬림이 찬드라추드 Chandrachud 대법원장을 지지했지만, 그의 열성이 신성한 이슬람 경전을 침해하는 바람에 그들의 과제를 어렵게 만들었다. 이슬람 성직자들과 무슬림 속인법 위원회는 이 판결이 그들의 자유로운 종교 활동을 위반한다고 주장하면서 대대적인 항의를 준비했다. 광범위한 항의에 응답하여 라지브 간디 정부는 1986년 (이혼 후 보호하는) 무슬림 여성법을 도입했는데, 그것이 오직 무슬림 여성 모두에게서만 형사소송법에 보장된 유지비 권리를 박탈했다. 여성 단체는 이 법을 종교적 차별과 성평등을 근거로 위헌이라고 선언하려 했으나 대법원은 (종교적 불관용과 과도한 활동주의 혐의를 신속히 철회하여) 그들의 주장을 듣기를 거부했다. 그러는 동안 힌두교 활동가들은 1986년 법이 무슬림 남성에게 '특수한 특권'을 주면서 힌두교를 차별한다고 불평했다.[15]

이것이 우리의 딜레마를 보여 주는 세 가지 예시인데, 미국과 유럽에서 발생하는 딜레마 종류와 다르지 않다. 그러나 인도에서는 종교가 법적 체계의 상당 부분을 통제하기 때문에 정도에는 차이가 있다. 한쪽은 자유로운 종교 활동을, 다른 한쪽은 여성이 다양한 기본권을 주장한다. 첫 번째 사례에서 여성은 흥미롭게도 소수이며 정치적으로 무력한 종교와 연관된 소송에서 분명히 승리했다. 두 번째 사례에서 여성들이 크게 진일보하기는 했지만 그 조항들이 유야무야 시행되었고, 힌두교 근본주의와 보수주의의 현재 기류를 보면 미래가 무척 불분명하다. 세 번째 사례에서는 여성이 특히 고통스럽고 두드러진 패배를 겪었다. 자유로운 종교 활동과 성평등은 적어도 때로는 충돌의 노정에 있는 것으로 보인다.

2. 세속적 인본주의자와 전통주의자

페미니스트들은 이 딜레마에 대해 다양한 입장을 취한다. 여기 국제적인 토론에서 주목을 끄는 두 극단이 있다. 첫 번째 입장을 나는 **세속적 인본주의 페미니즘**secular humanist feminism이라고 부른다. 그들은 이 딜레마를 기본적으로 비-딜레마non-dilemma로 취급한다.[16] 여성의 동등성과 존엄성이라는 가치, 그리고 보다 일반적으로는 기본 인권과 역량이라는 가치가 어떤 종교적 주장보다 훨씬 중요하기 때문에 정치적 실행의 조항을 제외하고는 이 가치들 사이의 충돌을 심각한 충돌로 간주해서는 안 된다. 그러나 세속적 페미니스트는 시대를 통틀어 종교 자체를 구제불능의 가부장제이며 여성을 억압하는 강력한 동맹으로 보는 경향이 있다. 베커는 종교에 재갈을 물리는 일을 유감스럽게 여기지 않으며, 종교가 누군가의 삶에 크게 선을 행한다고 간주하지 않는다.[17]

많은 세속적 인본주의 페미니스트는 마르크스주의자다. 그들이 종교에 대한 마르크스의 [주장을] 따른다면, 종교의 사회적 역할에 대한 부정적 시각에 얽매이게 되고 심지어 자유로운 종교 활동을 깊이 존중하지도 않을 것이다. 하지만 일부 자유주의 페미니스트도 세속적 인본주의 노선을 취한다. 이 페미니스트들의 노선은 보통 정치적 자유주의가 아닌 포괄적 자유주의다. 이들은 양심의 자유를 보존하기 위해 전념한다. 그러나 기본 인권과 역량을 세속적 도덕으로 이해하여 확고하게 설정할 수 있는 경우로만 제한한다. 칸트가 종교를 "이성의 한계 내에서만" 고려한 것과 마찬가지다. 결국 이것은 『자유론』에서의 밀의 입장인데, 거기에서 그는 칼뱅주의Calvinism를 "옴쭉달싹 못 하는" 유형의 인간 특성을 창출하는 "교활한 … 삶의 이론"이라고 까발린다. 밀은 칼뱅주의가 복종을 선으로 가르침으로써 "욕구하는 인간 본성의 조건"을 침식하는 관점에 기반한 것이 공공 정책에 완벽히 들어맞았다고 평가한다. 따라서 밀은 자유주의를 (정치적 자유주의 방식으로) 단순히 정치적 원리의 중심핵의 기초가 아니라, 삶에 대한 포괄적 교설로서 옹호한다.[18] 이 포괄적 자유주의 전통에서 일부 세속적 인본주의는 마르크스주의자와 마찬가지로 종교에 대한 일반적 적대감을 표명한다. 버트런드 러셀Bertrand Russell은 단지 하나의 예시일 뿐이며, 그의 관점이 자유주의 지식인들 사이에서 널리 유지되고 있다. 다른 사람들은 종교에 그 정도로 적대적이지는 않지만, 단순히 종교가 가치에 대한 합리적인 세속적 이해와 노선을 함께 해야 한다고 주장한다. 조셉 라즈Joseph Raz와 수전 오킨Susan Okin이 여기에 속하는 것으로 보인다.

두 번째 접근은 내가 **전통주의 페미니즘**traditionalist feminism이라고 부르는 것인데, 이것도 기본적으로 딜레마를 비-딜레마로 간주한다. 종교적 공동체도 전통적 공동체도 각각의 공동체를 이해하는 것이 미래로 향하는 여성의 행로를 계획하기 위한 우리의 최선이자 어쩌면 유일한 안내자다. 선에 대한 개별 공동체의 이해에 뿌리를 두지 않은 모든 도덕적 주장은 시작부터 회의적이다. 그러나 전통적인 종교 관행의 뿌리에 도전하는 사람들은 보통의 경우보다 더욱 회의적이다. 그들은 존재의 의미를 탐색하는 바로 그 중심을 형성하면서 시대를 거쳐 여성과 남성에게 막대하게 중요했던 가치의 원천을 위협하기 때문이다.[19] 이러한 입장이 그저 전통주의나 반페미니즘으로 자주 수렴될 수 있지만, 나는 이것이 진정한 유형의 페미니즘이 될 수 있다고 생각한다. 그 지지자들이 실제 여성에게 깊은 중요성을 지닌 것들을 기준으로 페미니즘을 정의하고, 그러한 깊은 가치들을 다른 페미니스트들의 공격으로부터 보호하는 데 전념하기 때문이다.

일부 전통주의 페미니스트는 문화 상대주의자이며, 그들은 이론적으로 어떤 비교-문화의 도덕적 규범도 정당화될 수 없다고 주장한다. (나는 이 논점을 1장에서 비판했다.) 한편 어떤 이들은 정당화보다는 규범적인 도덕적 실체를 더 많이 우려한다. 그들은 단순히 국제 인권 규범보다 지역적인 가치 원천이 사람들에게 선이 될 가능성이 더 높으며 사람들이 영위하는 실제 삶과 더욱 조화롭고 이로울 것이라고 생각한다. 인도의 맥락에서 전통주의 페미니스트는 전형적으로 세속화와 근대화를 반대하고 전통을 옹호하는 다른 '토착주의자'와 함께 공동 명분을 만든다. 토착주의자는 인도의 국가 정체성의 본질은 힌두교 전통에 자리하며[20] 전통적인 여성의 역할이 힌두교 정체성의 중심핵에 놓여 있다고 주장한다. (유사한 주장이 무슬림 측에서도 제기된다.) 토착주의자는 인도의 가치가 서구의 가치와 근본적으로 다르다고 주장함으로써 종종 인권 규범에 대한 공격을 지원한다. 나는 1장과 2장에서 이 입장을 광범위하게 비판했다.

세속적 인본주의는 페미니스트들에게 매우 매력적이다. 세계의 주요 종교가 실제로 역사적 형태에서 이론적으로도 실천적으로도 여성에게 부당했다는 데 의심할 여지가 없기 때문이다. 인도의 세 가지 사례가 암시하듯이 현대 정치에서 종교 단체가 여성의 삶에 유해한 영향을 미친 사례는 빈번하다. 그래, 종교가 존재하도록 내버려 두자. 그렇지만 국가로부터 어떤 특수한 보호를 받지 않으면서 다른 문제들처럼 기본적인 국제적 도덕 기준들에 종교의 규범과 행실을 맞추는 것으로 그 조항을 마무리하자. 이렇게 말하는 것은 매우 유혹적이다.[21] 종교가 분명하게 잘못을 저지를 때는 이 입장이 현명한 듯 보인다. 세속적 인본주의는 샤 바노 사례에서 찬드라추드 대법원장이 종교 법정에 대한 국가 보호를 끝내자고 한 그 입장인 것 같다.[22]

샤 바노 사례가 보여 주듯이 세속적 인본주의에는 심각한 실용적 난제가 있다. [세속적] 규범들이 그들의 종교 규범보다 더 낮다는 말로 명백히 외부적인 도덕적 요구를 하면서 종교인에게 접근하는 것은 성급하고 보통은 역효과를 낳는다. 인도 상황에서 힌두교인이 힌두교인에게 요구하는 경우도 적당하지 않은 일이 되기에 충분하지만, 힌두교인이 이슬람교인에게 비슷한 요구를 할 때는 소수 문화와 종교 전통의 자율성에 대한 존중이 부족함을 보여 줄 수 있기 때문에 정확히 말하면 모욕과 위협으로 읽힌다. 오늘날 그러한 요구는 더욱더 명확하게 위협적이다. 힌두교를 여성 계몽으로, 그리고 이슬람을 퇴보와 억압으로 묘사하는 데 열심을 내는 힌두교 국민주의 세력이 무슬림 속인법 개혁에 대한 요구를 표어로 거론했기 때문이다. 통일 법전의 목표가 많은 페미니스트 그리고 페미니스트가 아니더라도 진보 사상가에 의해 계속 지지를 받기는 하지만, 실천적으로 힌두 근본주의 목표의 한 부분으로 주목받기 때문에, 통일 법전의 목표를 힌두 우월주의와 무슬림 시민을 2등급으로 강등한다는 아이디어에서 분리하기는 어렵다.

세속적 인본주의자가 실용과 관련하여 범한 오류는 각 종교 전통 내에서 페미니즘 세력과의 동맹 추구에 실패했다는 데 있다. 종교 전통은 실제로 여성을 억압하는 강력한 원천이었다. 그렇지만 인권 보호, 정의에 대한 헌신, 그리고 사회 변화 에너지의 강력한 원천이기도 했다. 예를 들어 그것은 미국 노예 폐지론과 보다 최근에는 시민권리 운동의 일차적 원천이었다. 인도에서는 간디의 반식민주의와 현대 간디식 자영업 여성 협회 운동의 일차적 원천이었다.[23] 히라 나와즈 같은 무슬림 페미니스트는 그들의 종교에 있는 정의의 아이디어가 권한 부여의 중요한 원천임을 발견한다. 나와즈는 종교와 아무런 관련이 없기를 원한다고 공언하거나, 심지어 (보다 온건한 경우에는) 종교는 삶에 대한 포괄적 자유주의 관점에 부합하는 한에서만 존중받을 것이라고 공언한다. 그로 인해 세속적 인본주의자는 자신을 외롭고 가망 없는 투쟁을 할 운명에 처하게 하고, 그렇게 하지 않는다면 그녀의 동맹이 되었을 많은 사람들을 모욕한다. 특히 인도의 정황에서 세속주의의 풀뿌리 정치는 사람들의 상상력을 사로잡는 데 곤란을 겪었다. 종교의 도덕적 권위와 상징과 은유의 모든 에너지를 가부장 측면에 양도하거나, 심지어 (보다 온건한 경우에도) 종교가 모든 면에서 페미니스트이거나 자유주의가 되어야 한다고 주장함으로써 세속주의자는 자신의 정치적 목표를 한층 더 거스른다. 마침내 나와즈는 자신의 가장 강점인 논증 분야, 즉 성평등 분야를 포기하고 논쟁의 여지가 있는 형이상학 쟁점으로 넘어간다. 그럴 필요가 없는데도 그녀는 왜 이렇게 하는가?

그러나 세속적 인본주의에 단지 실용적이고 정치적인 난제만 제기된 것은 아니다. 더 깊은 수준에서 그것에 의문을 던지는 세 가지 논증이 있다. 첫째는 **종교 역량의 내재적 가치**intrinsic value of religious capabilities 논증이다. 종교적 신념, 성원권, 그리고 활동의 자유는 인간의 핵심역량에 속한다. 종교 역량은 다면적이어서 나는 그것을 감각, 상상, 그리고 사고의 역량에도 협력관계의 범주에도 포함했다. 이 전략은 종교가 이러한 전반적인 역량 목표를 추구하는 극히 중요한 하나의 길이지만, 보호받을 만한 유일한 길은 아니라는 나의 관점을 반영한다.[24] 그렇지만 나는 정치적 목표를 보호하는 데 가장 중요한 이러한 전반적인 역량 목표의 특성이 종교에 있다고 주장한다. 자신의 방식으로 궁극적인 삶의 의미를 이해하기 위해 탐색할 수 있다는 것은 진정으로 인간다운 삶의 중요한 측면 중 하나다. 역사적으로 이것이 가장 빈번하게 이루어진 방법 중 하나가 종교적 신념과 실천을 통해서다. 따라서 종교적 실천에 짐을 지우는 것은 많은 사람들의 궁극적 선 탐색을 저지하는 것이다. 종교는 또한 예술적·윤리적·지적 표현의 역량과 같은 여타 인간 역량과 내밀하고 결실 있는 결속을 이룬다. 그것은 가족에서도 더 큰 공동체에서도 젊은이를 위한 도덕 교육의 중심지였다. 결국 그것은 전형적으로 문화적 연속성의 중심 수단이었고, 그래서 다른 형식의 인간적 협력관계와 상호 작용에 값을 매길 수 없을 만큼 귀중한 버팀돌이었다. 따라서 종교에 대한 공격은 사람들의 영적인 삶뿐만 아니라 도덕적·문화적·예술적 삶의 장기를 적출하는 위험을 무릅쓰는 일이다. 세속적인 국가에서 그리고 세속적인 국가를 통해서 표현과 활동의 형식을 다른 형식으로 대체하여 활용할 수 있다고 하더라도, 시민에게서 종교를 추구할 선택지를 박탈한 국가는 이런 중요한 영역에서 그들에게 심대한 잘못을 저지르게 된다.

잠재역량 접근법은 정치적 목적을 위해 종교적 기능발휘보다는 종교적 역량 또는 기회에 목표를 둔다. 해당하는 인간 기능을 추구하든 추구하지 않든 그리고 종교를 통해서 추구하든 세속적 활동을 통해서 추구하든, 그것은 시민이 선택할 문제로 남겨 두기 위해서다. 그렇다면 내가 상상하듯이, 정치적 목적을 위해 자유주의 국가는 종교적 개념이든 비종교적 개념이든, 규정적인 개념이 없든 시민이 모두 합당하게 선을 추구할 수 있다는 입장을 취할 것이다. 그러나 우리가 이 역량들의 종교적 형태를 모든 시민을 위해 옹호해야만 하는 특수성 중 하나라고 주장한다는 바로 그 사실은, 종교적 기능발휘가 여러 사례에서 높은 내재적 가치를 갖는다는 인식을 포함한다. 우리는 종교적인 가치 개념이 인간 능력의 표현과 마찬가지로 합당한 개념이라고 인정하기로 결정한다.

종교는 사람들에게 매우 중요한 정체성의 주요 원천이기 때문에 **사람에 대한 존중**respect for persons이라는 강한 논증으로 내재적 가치에 대한 이런 결정을 보완한다. 우리가 사람들에게 그들 자신의 방식으로 삶의 궁극적인 의미를 규정할 수 없다고 말한다면, 우리가 옳고 그들의 방식이 그다지 좋은 방식이 아니라고 확신하더라도, 우리는 그들을 사람으로서 완전히 존중하지 않는 것이다. 그런 의미에서 세속적 인본주의 관점은 근본적으로 상당히 비자유주의적이다. 정확히 이런 고민으로 인해 나는 1장에서 말했듯이 **포괄적 자유주의보다 정치적 자유주의**political liberalism to comprehensive liberalism를 선호한다. 세속적 인본주의 관점은 포괄적 자유주의의 형태다. 삶의 궁극적인 의미를 탐색하는 어떤 방식이든 시민이 바란다고 해서 그것을 허용할 수 있는 국가는 없다는 것은 확실하다. 그 방식이 다른 사람에게 해를 끼칠 때 특히 그렇다. 그러나 세속적 인본주의는 위해에 대한 질문이 제기되지 않을 때에드 종교를 무시하고 존중하지 않는 태도를 취하면서 거꾸로 향하는 오류를 자주 범한다. 세속적 인본주의의 입장이 옳다고 하더라도, 특정 집단의 종교적 신념(또는 심지어 모든 신념이라도)이 퇴행하는 미신에 불과하더라도, 우리가 이러한 탐구와 자기 결정에 도달하는 길을 시민들에게 허용하지 않는다면 우리는 동료 시민의 자율성을 존중하지 않는 것이다. 로마 가톨릭 사상가 자크 마리탱Jacques Maritain이 그 점을 이렇게 표현한다.

어떤 사람이 진리 또는 진리라고 견지하는 것을 확고하게 그리고 절대적으로 확신할 때, 그러면서 동시에 진리의 존재를 부인하고, 그를 논박하며, 그들 자신의 마음을 말하는 사람들의 권리를 인정할 때만 실제적이고 진정한 관용이 있다. 왜냐하면 그들은 진리에서 자유롭기 때문이아니라 그들 자신의 방식으로 진리를 찾기 때문이다. 그리고 그는 그들자체의 인간 본성과 인간존엄성을 존중하고, 언젠가 그들이 우연히 진리를 보게 된다면 그가 사랑하는 진리에 도달할 수 있는 잠재적 능력인 바로 그 자원과 지성 및 양심이 살아 있는 샘을 존중하기 때문이다.[25]

나는 동료 페미니스트가 종교를 단순히 '대중의 아편'이라고 하찮게 취급할 때 종교적인 여성(그리고 남성)의 '양심의 샘springs of conscience'을 충분히 존중하지 않는다고 느낄 때가 많다.

마지막으로 **종교의 내적 다양성**internal diversity of the religions 논증이 있다. 종교를 소외시키는 세속적 인본주의자는 종교를 여성 진보의 적으로 취급하는 경향이 있다. 그렇게 함으로써 그들은 그들의 반대자인 전통주의자에게 가장 불행한 양보를 한다. 다시 말해 그들은 종교를 어떤 반응적인 목소리, 종종 매우 가부장적인 목소리와 등가로 규정하는 데 동의한다.[26] 이것은 이미 내가 말했듯이 실용적 오류다. 따라서 인본주의 페미니스트는 사람들의 종교적 전통 내에서 (또는 더 나은 초기 규범으로 돌아가는) 변화를 일으키는 전체 계획을 어리석은 시간 낭비로 간주한다는 표시를 하는 까닭에 동맹이 될 수 있는 가장 영향력 있는 사람들 일부와 소원해진다. 때때로 베커는 바로 그런 경쟁적인 목소리의 존재에 대한 무지를 드러내기까지 한다.[27] 그러나 베커의 오류는 무엇이 종교적 전통인지에 관한 이론적 오류이기도 하다. 1장에서 나는 내적 다양성과 갈등을 경시하면서 문화를 동질적으로 다루는 오류를 비판했다. 종교적 전통에 관해서도 최소한 동일한 점을 강조하여 지적할 수 있다. 권위와 양 같은sheeplike 복종만으로 단순하게 이루어진 종교 전통은 없다. 모든 [종교는] 논증, 신념과 관행의 다양성 그리고 항상 명확하게 들리지는 않지만, 여성의 목소리를 포함하여 복수의 목소리plurality of voices를 담고 있다. 게다가 모두 역동적이다. 궁극적인 의미에 전념하여 탐색하는 것과 연관되기 때문이다. 종교 전통은 적어도 참가자의 의미에 대한 시각의 변화에 대응하여 몇 가지 방식으로 뒤바뀐다. 다시 말해 종교 전통은 공동체 조직의 형태이기 때문에 구성원들이 어떤 공동체에 살고 싶은지에 관한 판단에 대응하여 뒤바뀐다.[28] 유대인, 무슬림, 그리스도인으로 간주되는 것은 과거에서 읽어 내는 단순한 방식에 있지 않다. 전통은 그것의 역동성의 정도와 본성에서 차이가 있지만, 적어도 어떤 면에서는 그 구성원들이 어디로 가고 싶어 하는지에 따라 규정된다.

그러므로 개혁주의와 재건주의 교계가 신을 '그he'라고 부르기보다는 '당신you'이라고 부르고 아버지(세 아버지)와 더불어 어머니(네 어머니)를 인정한다는 사실을 포함하는 데 실패한 유대교의 어떤 설명도 유대 전통의 실체에 대한 거짓된 설명이다.[29] 이런 주장으로 세속적-인본주의 페미니스트가 유대 전통을 태생부터 가부장적이라고 부른다면, 유대교에 대해 거짓 설명을 하고 있는 것이다. 유대교의 비정통non-Orthodox 분파를 인정하지 않으려는 이스라엘 정치 세력이 제시하는 설명도 마찬가지로 거짓이다.[30] 비정통 분파를 원칙적으로 반유대주의anti-Semetic로 취급하는 로마 가톨릭 전통의 어떤 설명도 현재 교황의 성명과 행위에 의해 촉발된 교설에 나타나는 최근 전개 양상을 경시한다. 표변이 아닌지 의심할 만한 타당한 역사적 근거를 유대인이 가지고 있을 수는 있다. 그러나 무슨 일이 일어나고 있는지에 대해 귀를 막고 있어서는 안 된다. 결국 사제권에서 여성의 역할과 관련해서도 유사하게 전개될 수 있다. 많은 가톨릭교도가 그런 변화를 지지한다. 물론 그런 변화는 주요 프로테스탄트 교파 대부분에서 이미 이루어졌다.[31] 라마가 하나의 중심 신이라고 주장하거나 힌두교는 원칙적으로 『마누법전Laws of Manu』에 예시된 여성 혐오 전통에서 분리될 수 없다고 주장하는 힌두 전통의 어떤 설명도 역시 거짓된 설명이다. 이것은 성평등 운동가들의 깊은 종교적 헌신을 포함하여 힌두교 내에서 항상 통용되고 있는 거대한 지역적·시간적·이념적 다양성을 무시한다. 18세기의 람모한 로이,* 20세기 초의 타고르Tagore, 우리 세대의 엘라 바트와 같은 성평등 운동가들은 모두 자신이 역사적·문화적 왜곡에서 해방되어 고유한 힌두교를 대표한다고 이해했다.[32] 이슬람은 본질적으로 그리고 구제불능의 여성혐오라고 주장하는 어떤 설명도, 다시 말하지만 (전통에 대해 빈번하게 고도로 종합된 거짓 설명을 전달하는) 근본주의자의 목소리를 전통 전체와 혼동하는 동시에 텍스트에 관해 상당히 무지한 결과다. (예를 들어 권위가 덜한 해석으로부터 쿠란으로 돌아감으로써 여성의 동등한 상속이 보장된다는 사실, 그리고 쿠란과 하디스 모두 여성과 남성이 단일한 본질적 본성을 공유한다고 간주한다는 사실에 무지하다.)[33] 그러한 무지는 동료 시민들에게 불쾌감을 주고, 그 이유만으로도 거부감을 줄 수 있다. 그러나 틀리다는 것은 단적으로 나쁜 것이기도 하다!

세속적 인본주의에 이러한 실천적이고 이론적인 문제가 있다면, 전통주의 페미니즘은 어떠한가? 아주 흥미롭게도 매우 비슷한 문제를 겪고 있다. 우리가 곧 보다 자세히 살펴보겠지만, 전통주의 페미니즘은 실천적인 면에서 종교 전통을 가장 가부장적인 요소와 동일시하고[34] 각 전통의 역동적 특성을 인정하지 못하는 까닭에 종교 전통 내부의 비판적이고 반대하는 목소리를 경시함으로써 심한 분열을 야기한다. 이슬람과 힌두교 모두의 그런 사고방식이 인도에서 현재 집단들의 관계를 나쁜 상태에 말려들게 한다. 전통의 구성원들

---

*   인도의 개혁가. 기존의 인도 문화를 부흥시키기 위해 서구의 문물을 도입할 필요가 있다고 역설했다.

스스로 편협하고 정태적으로 전통을 표상하는 것은 적어도 외부인에 의한 무지한 표상만큼이나 비난받을 일이다. 마찬가지로 전통주의자는 여성의 역할에 관해 동맹을 맺어 성과를 이룰 수 있는 영역을 분할하는 실용적인 정치적 오류를 범했다. 모든 페미니스트 가닥이 물질적 잘-살기의 영역에서 일정한 공동 목표를 분담했기 때문이었다.

이론 분야에서도 비슷한 문제점을 확인할 수 있다. 전통주의 페미니스트는 사람들이 전통의 가부장적[35] 요소를 벗어나 종교적 의미를 탐색하는 여러 방식을 인정하기를 거부하면서, 세속적 인본주의만큼이나 여성의 종교 역량에 있는 내재적 가치를 업신여기는 것 같다. 이스라엘의 극단정통파ultraortho-dox는 결혼, 이혼, 개종과 같은 영역에서 보수파와 개혁파 유대인의 자유로운 종교 활동을 거부하며 종교적 역량의 내재적 가치를 업신여긴다. 유사한 방식으로 전통주의 힌두교·이슬람·그리스도교 교계는 그들의 방식이 유일하게 타당한 방식이라고 규정하면서 그들 자신의 전통 체제에 반대하는 유형의 기능 발휘의 가치를 업신여긴다. 이런 오류는 단지 내재적 가치에 대한 공격일 뿐만 아니라 동료 시민에 대한 공격이기도 하다. 동료 시민이 자신의 방식으로 선을 탐색할 때, 설령 근본주의자들이 대개 그러하듯이 비판적 방식들을 올바른 길에서 벗어난 오류라고 여기더라도 그들을 존중해야 한다. 결국 이런 전통주의자는 분명 그들 자신의 전통을 대대적으로 단순화하여 개정하는 일에 빈번하게 종사할 것이다. 그것은 세속적 페미니스트의 오독만큼 확실히 다양성과 역동성 모두를 부인함으로써 전통과 역사를 왜곡하고 변형한다.

전통주의 관점에는 세속적 인본주의 관점에서 나타나지 않는 더 심각한 문제점이 있다. 말하자면 적어도 그것의 일부 정치적 형태에서 종교에 여성의 삶의 질을 결정하는 (특정 의도로 해석된) 넓은 범위를 부여함으로써 여타 인간 역량을 함부로 다룬다. 심지어 존엄성과 평등뿐만 아니라 건강, 충분한 생활 자금, 그리고 신체 보존을 위협할 때도 그렇게 한다.[36] 세속적 인본주의자는 적어도 모든 범위의 권리와 역량을 여성에게 보장하려는 감탄할 만한 목표에 의해 동기를 부여받는다. 이 범위는 남성을 위한 의제뿐만 아니라 젠더 특수성으로 인한 학대로부터의 여성 해방을 수반하는 권리와 역량을 모두 포함한다. 나는 그 과정에서 베커가 종교 역량 및 사람에 대한 존중과 관련된 매우 중요한 관심사의 범위를 경시한다고 주장했다. 그런데 베커는 종종 이 사실을 충분히 인식하지 않은 채 여성의 동등한 시민성을 증진할 목적으로 그렇게 한다. 나는 여성에 관한 한 전통주의의 배후에 있는 동기에 대해서 어떤 긍정적인 말도 할 수 없다고 생각한다. 종교 전통에 내려오는 영적 또는 도덕적 가치와 같은 것에서 여성을 향한 특정 유형의 위해 또는 불평등이 요건이라는 취지의 진지한 논증을 거의 찾아볼 수 없다. 메리 로이의 불평등 상속권이 그리스도교 예배에 본질적인 고상한 목표라고, 복혼과 아동 결혼이 힌두 영적 가치의 정수라고, 또는 샤 바노에게 월 생활유지비를 지불하지 않는 것이 이슬람을 드높이는 순간이라고 주장되지 않는다. 대신에 보통은 전통주의자의 공공연한 논증조차 전통적 종교 법정과 전통적인 종교계의 권력을 보존하는 가치를 언급한다. 이 가치는 기본적인 인간 역량의 가치보다 도덕 용어를 사용할 때 훨씬 더 모호하다. 그리고 자주 전통주의자의 논증은 재산권이나 생활유지, 또는 개별 종교의 구성원이라는 이유로 여성이 차별을 겪도록 허용하는 역설적 결과를 낳는다. 확실히 이 논증은 그 전통에 내려오는 도덕적 가치에 대한 존중을 보여 주는 모호한 방식이다. 어느 지점에서 우리는 선을 그어 이러한 접근법들이 '페미니즘적'이라는 칭호를 받을 자격이 전혀 없다고 부인해야 한다. 전통 규범의 옹호를 여성의 이익관심에 대한 지원으로 구성하려는 흉내조차 내지 않을 때 확실하게 그 지점에 도달한다. 진지한 도덕 논증이 이루어지는 한, 그것이 가장 일반적으로 우회하는 길이며, 전통적 권위나 법원의 권력이 전통의 다른 귀중한 측면을 유지하는 데 필요하다고 주장한다.[37] 그러나 그런 주장은 경험적이며 시험을 거쳐야 한다.

3. 두 가지 정향 원칙

그렇다면 딜레마를 대하는 적합한 접근법은 딜레마를 실제 딜레마로 다루고, 양쪽의 가치 무게를 인정하는 것에서 시작해야만 한다. 나는 이 접근법이 종교 역량의 내재적 가치와 삶의 방식을 선택하는 종교적인 남녀(정치적 자유주의의 기본적인 참여자)의 내재적 가치를 존중하는 동시에 전통적인 종교 문화에서 때때로 위험에 처하는 여성의 인간 역량의 전체 범위의 중요성을 진지하게 다루어야만 한다고 주장했다. 결국 그것은 각각의 종교 전통에서 전통적이든 비판적이든, 남성이든 여성이든 이들 목소리의 복수성과 다양성을 이해하고 존중해야만 한다. 이는 종교의 복잡성과 여성의 이익관심의 복잡성을 인식하는 데 실패한 어떤 설명도 시작부터 회의적일 수밖에 없음을 함의한다.

이제 두 가지 원칙이 내 접근법을 정향한다. 첫 번째 안내 원칙은 이 기획의 시작부터 우리와 함께 해 왔던 **각인 목적의 원칙**principle of each person as end인데, 1장에서 **각인 역량의 원칙**principle of each person's capability으로 재해석했다. 모든 핵심역량이 그렇듯이 종교 역량은 집단의 역량이 아니라 개인의 역량이 우선이다. 우리가 근본적으로 고려할 대상은 사람이며, 사람에게는 양심의 자유와 종교 실천의 자유가 있다. 종교적 기능발휘는 보통 (정치적 기능발휘와 가족 내 기능발휘처럼) 관계적이고 서로 영향을 미치지만, 그리고 종종 공유하는 목표와 목적을 필연적으로 포함하지만, 연관된 역량은 **각자에게**for each 중요하고, **각 사람이**each person 이러한 역량에 진입하도록 허용되어야 한다. 정치와 가족에서도 마찬가지인데, 집단으로서 집단을 위한 유기적 선은 구성원을 한 사람 한 사람으로 취하는 선이 아니라면 수용될 수 없다. 자유민주주의 시민은 전형적으로 단지 일부가 아니라 **모든**all 시민이 정치적 권리와 자유를 누려야 한다고 주장한다. 종교에서는 (**각자 모두**each and every one 라는 의미에서) **모두**all가[38] 양심과 종교 활동의 자유(그리고 여타 인간 역량)를 누려야 한다는 생각에 해당한다. 따라서 종교 단체를 위한 선으로 나타나는 어떤 해결책도 그것이 정말 구성원 하나하나의 종교 역량(그리고 여타 역량)을 증진하는지를 알기 위한 시험을 거쳐야 할 것이다. 일부 역량을 전체의 유기적 목적에 종속시키는 것은 역량이 사람들의 삶의 심장부에 있다는 관점에서 볼 때 사람들을 침해하는 일이다.

나는 모든 종교적 기능발휘를 수용하려면 개인주의적이어야 한다고 말하는 것이 결코 아니다. 여기서 개인주의적이란 개인이 자신을 독립적이고 완고한self-willed 종교 단체 구성원으로 여기는 것을 의미한다. 사람들이 권위나 서열에 자신을 종속시키거나 단체의 목적에 맞게 자신을 조정함으로써 선을 탐색하는 여러 방식은 종교적 기능발휘와 역량에 대한 설명에서 분명히 제외될 것이다. 내가 사람에게 초점을 맞추는 유형에서 허용하지 않는다고 주장했던 것은 힌두교나 유대교의 선을 추구하는 모든 접근법, 다시 말해서 개인적인 힌두교인이나 유대교인의 양심의 자유를 부인하는 접근법이다. 예를 들어 이스라엘이 개량주의 유대교와 보수주의 유대교를 법적으로 인정하는 데 실패한 것은 [사람에게 초점을 맞춘다는] 이 원칙을 위반한다. 이를테면 강한 유대교를 위해 결혼, 개종, 이혼과 관련하여 유대인 개인이 자신의 방식으로 예배하는 것을 금지하기 때문이다. 이런 금지가 실제로 강한 유대고로 이어질지는 의심할 여지가 있지만 나의 원칙에는 확실히 충돌한다.[39] 또한 출생지 속인법 제도로부터 조상의 재산을 분리하는 일이 불가능한 것으로 보아 인도의 체계는 일반적으로 개인이 하나의 종교 전통에서 다른 전통으로 자유롭게 옮겨가는 것을 허용하는 데 실패한다.

내가 제안하는 종교적 사안에서 개인에 초점을 맞추는 유형을 생각하는 좋은 방법은 미국 성문헌법에서 짝을 이루는 비설립non-establishment*과 자유로운 종교 활동의 원칙에 대해 생각하는 것이다. 설립 조항의 동기는 시민이 정치적·법적 권력에 의해 뒷받침되는 지배적인 종교 집단의 압력 때문에 양심과 실천에서 침해당하지 않도록 방지하는 데 있다. 자유로운 종교 활동 조항의 동기는 공적 개입으로 인해 믿음과 예배가 방해받거나 부담을 받지 않도

---

* ‘establishment’는 ‘설립’으로 ‘non-establishment’는 ‘비설립’으로 옮겼다. ‘The Establishment Clause’는 국교 설립에 관한 조항이다. 이 조항은 특정 종교를 국가로부터 법적·정치적 후원을 받는 종고로 지정하는 것을 금지한다. 여기에서 사용하는 설립(establishment)은 특정 종교를 이러한 후원을 받는 종교로 지정한다는 의미로 스칸디나비아의 루터교가 이에 해당한다. 반면 비설립(non-establishment)은 어떤 종교도 후원을 받는 종교로 지정하지 않는다는 의미로 사용된다. 설립의 지위에 있는 종교는 종교 자체의 속인법 체계와 세속법 체계가 충돌할 때 다툼의 여지가 있는 반면, 비설립 지위에 있는 종교는 일반적으로 세속법 체계를 따르기 때문에 다툼의 여지가 거의 없다. 누스바움은 기본적으로 비설립의 입장에 있다. 그럼에도 사회적·역사적 맥락에 따라 설립과 비설립을 채택할 수 있는 여지를 열어 둔다. 인도의 경우 이슬람과 힌두교를 설립 종교로 인정한다면 소수 종교가 불이익을 받을 수 있다는 우려가 있지만, 지정하지 않을 경우 무슬림에 대한 차별을 법적으로 보호하기 어렵다는 것이 누스바움의 분석이다. 인도의 사회적·역사적 맥락에서 무슬림에 대한 차별이 만연하기 때문이다.

록 방지하는 데 있다. 이들 조항의 역사는 난해하고 비틀려 있기로 악명이 높다. 그것들이 경로에서 서로 충돌하는 것으로 나타날 때가 있다. 두 조항이 제시하는 논증 가닥을 분리하기 어려울 때도 있다. 우리가 말할 수 있는 가장 추상적인 용어로 말하자면, 두 조항이 종교적이든 세속적이든 다양한 유형의 단체가 가할 수 있는 압력에도 불구하고 각 시민의 양심의 자유가 침해받지 않고 보존되는 정체를 함께 목표로 한다고 말할 수 있다. 우리가 살펴보겠지만, 이 전통은 개인의 자유로운 종교 활동을 부인하는 한 가지 방식이 사람을 구성원으로 두고 있는 집단이나 전통을 파괴하는 것이라는 사실을 인지해 왔다. 그래서 집단의 가치를 이 등식에 포함한다.[40] 그러나 집단의 가치가 그 자체로 당연하게 목적으로 고려되어서는 안 되며, 그것이 개인의 양심이라는 가치에 우선하는 일이 결코 허용되어서도 안 된다.

나는 두 번째 정향 원칙을 **도덕적 제약의 원칙**the principle of moral constraint이라고 부른다. 내 종교도 그렇듯이, 종교는 여러 헌법 개념에서 고도의 경의deference와 보호를 받는다. 이렇게 경의를 받는 한 가지 이유는 확실히 종교가 궁극적 선을 탐색하는 방법으로써 종교인에게 극히 중요하다는 데 있다. 그러나 이런 경의의 중요한 다른 부분은 삶의 수행에 대한 도덕적 견해를 전달하고 육성하는 데 종교가 하는 역할과 결부된다. 히라 나와즈가 말했듯이 주요 종교는 모두 그들의 심장부에서 삶의 수행에 관심을 두고, 모든 주요 전통은 삶의 수행을 개혁하거나 개선하기 위한 시도로 그럴듯하게 보일 수 있다. 한층 더하여 모든 주요 종교가 인간의 고통에 대한 연민이라는 관념, 그리고 무고한 사람을 고통스럽게 하는 것은 잘못이라는 관념을 구현한다고 덧붙여도 지나치지 않을 것이다. 결국 모든 [종교는] 어떤 종류의 정의를 구현한다. 이것은 종교가 신앙과 제의적 관행과 기념일과 즐거움과 관조와 같은 다른 여러 일들에 관심을 두지 않는다는 의미가 아니라, 최소한 종교를 규정짓는 하나의 요소는 도덕이라는 의미다.

우리가 정치에서 종교에 경의를 표할 때, 단순히 종교의 도덕적 역할 때문에 그렇게 하지는 않는다. 또한 정치적 자유주의는 이런 도덕적 역할이 국가의 이익관심에 중심 대상이라고 확증할 필요도 없다. 이와 같이 말한다면 종교 전통과 그들의 중심이 되는 것에 대해 수용할 수 없는 개입주의적 태도를 결부시키게 될 것이다. 그러나 우리는 어떤 사교cult나 이른바 정치적 개념의 중심핵이 구현하는 공유된 도덕적 이해에서 너무 멀리 벗어난 종교는 존경받을 만한 종교가 될 자격이 없다고 판단할 수 있고 [실제로 그렇게] 판단한다. 따라서 미국법은 사탄주의 사교와 다른 관련 단체에 종교적 지위를 부여하기를 지속적으로 거부했다. 사이언톨로지Scientology에 대한 논쟁이 비슷한 성격을 띠는데, 국가가 이 조직을 실제로 음지의 불법 행위라고 판단하는 한, 국가는 이 조직에 존경받을 만한 종교의 지위를 부여하기를 거부한다. 미국 법에 따르면 포괄적인 윤리적 또는 정치적 관점은 종교를 구성하기에 충분하지 않다. 이런 상황에 대한 내 불편함을 아래에서 표출할 것이다. 그러나 비전통적이고 결국 포괄적인 윤리적 관점과 구분하기 어려운 삶의 수행에 대한 체계적 관점이 위원회 소송 두 건에서 종교적 지위를 보장받았다.[41] 신성에 대한 믿음은 필요하지 않다고 명시되었다. 그렇지 않다면 분명하게 [그런 요건이 없는] 불교와 도교는 보호받지 못한다. 이와 같이 우리가 종교를 보호할 때 무엇을 종교로 간주하는지에 대한 정의에 도덕적 제약이 적용된다.

더욱이 여기에서 내가 관심을 두는 것은 그런 제약이 공인된 종교를 국가가 보호하는 문제에도 적용된다는 점이다. 한 단체가 명확히 종교로 간주될 때조차 우리는 그 단체가 일정한 도덕적 이해, 특히 기본 헌법 개념의 중심핵으로 보호하는 도덕적 이해의 범위를 벗어날 때는 국가에 경의를 요구할 권리를 박탈당한다고 판단하기도 한다. 따라서 미국 헌법은 인종 분리나 서열이, 국가가 종교에 특별 세금 혜택을 주는 것과 같은 종교의 적법한 특권임을 일관되게 부인한다.[42] 인도 헌법은 미국 헌법이 부여하는 것과 유사하게 종교 보호를 제안하며 비슷한 조치를 취한다. 그럼에도 불가촉천민 신분을 불법으로 규정했다. 힌두교는 동등한 가치가 있는 시민이라는 헌법적 이해의 중심핵이 도덕적 제약을 충족하는 범위 내에서만 보호받는다. **사티**에 반대하는 법은 유사한 관념을 표현한다.

1장에서 발전시킨 정치적 원리의 개념들을 유지하면서 우리는 핵심역량 목록의 관점에서 다음과 같은 방식으로 도덕적 제약을 이해한다. 주요 역량이 적용되는 영역에서 종교 관행이 사람들에게 위해를 가할 때 우리는 종교에 경의 부여하기를 거절해야 한다. 그 종교의 구성원이 아닌 사람에 대한 위해와 연관된 관행은 (예를 들자면 특정 카스트의 힌두교인이 자신의 카스트 규범이 여성의 외출을 금지하기 때문에 어떤 여성에게도 그것을 허락하지 않는 것) 분명히 논란의 여지가 있다. 그러나 같은 종교인에 대한 위해와 연관된 관행들도 그것이 핵심역량을 크게 침해할 때, 특히 그 실천의 자발성을 의심할 만한 이유가 있을 때 논란의 여지가 있다.[43] (그런 문제는 구성원 개인이 종교에 불만이 있는 경우에도 탈퇴할 기회를 갖지 못한다고 추정할 만한 이유가 있을 때 특히 심각하다.) 따라서 힌두교 여성이 일하러 밖에 나가는 것을 힌두교인이 허용하지 않을 때도 비판적인 검토를 받게 될 것이다. 특히 우리가 이 문제에서 여성들이 감금과 협박에 놓여 있다고 느낄 때, 그리고 여성들이 바란다면 자신을 비힌두교인non-Hindu으로 규정할 기회가 있는지 의심이 들 때도 그렇다.

공식적으로 그리고 정치적 개념의 중심핵에서 **도덕적 제약의 원칙**principle of moral constraint은 종교 자체의 내부 문제에 관해서는 아무 말도 하지 않는다. 정치적 자유주의는 공적인 정치적 개념이 헌법 원칙의 중심핵을 벗어난 논쟁의 여지가 있는 선을 쟁점으로 할 때 어떤 입장도 취하지 못하게 한다. 그러나 도덕적 제약의 원칙은 비공식적인 사회적 귀결이므로 종교 구성원들이 서로 담론에서 사용할 수 있으며, 비공식적인 사회적 숙고에서 종교 노선을 가로질러 사용될 수도 있다. 종교 관계자와 단체의 특권에 관해 논의할 때 우리의 큰 문제 중 하나는, 언제 적법한 종교적 쟁점이 대두되는지 아니면 언제 그 쟁점이 문화적이거나 정치적인지를 결정하는 데 있다. 종교는 정치 그리고 문화와 복잡한 방식으로 얽혀 있다. 심지어 종교가 권위 있는 텍스트에 기반하고 있을 때도 문화와 정치는 텍스트 해석과 종교 관행의 제도화 형식에 관여한다. 유대인은 전통에서 순수하게 종교적인 것과 구체적인 맥락 그리고 역사적 조형의 결과물 사이의 어디에 선을 그을지에 관해 의견을 달리한다. 그리스도교와 이슬람에도 유사한 논쟁이 있다. 모든 경우에서 많은 해석가들이 최소한 전통의 일부나 심지어 텍스트의 일부를 특정한 시대의 선에 대한 인간의 관념을 표현하는 역사적 또는 문화적 소산으로 간주하곤 한다. 그러나 우리 시대에 맞는 번역 없이는 구속력을 지닐 수 없다.[44] 힌두교와 관련하여 보자면, 경전에 권위가 없는 탓에 역사와 문화의 층위와 구별되는 종교적인 필수 중심핵을 규명하는 것이 실질적으로 불가능하지는 않겠지만 더욱 어려워진다. 이 모든 것에 정치권력을 향한 불완전한 사람들의 욕구가 강력하게 퍼져 있다.

그렇다면 우리가 일부 종교 관계자나 관계자들이 몹시 욕구하는 어떤 활동을 종교의 이름으로 축소하여 말한다는 생각이 들 때, 그들이 **실제로**really

그 종교의 중심핵을 정확하게 이해하여 종교적으로 말하고 있는지, 아니면 단지 정치권력을 위해 전력을 다하고 있는지를 결정하는 것이 유용하다. 그러나 때로는 찾아내야 할 결정적인 답이 없을 수도 있기 때문에 이것을 알아내는 일은 단지 어려운 일 이상이다. 판사들은 그런 문제를 판단할 자격을 제대로 갖추지 못했으며, 일반적으로 종교 관계자들의 자유로운 종교 활동에서 적법한 요구가 무엇인지에 관하여 그들의 주장에 당연하게 경의를 표한다.[45] 판사들은 **도덕적 제약의 원칙**을 엄격히 제한된 **정치적 용도**political use로 적절하게 고수한다. 그렇지만 보다 비공식적인 사회적 담론에서는 종종 입장을 취하는 것이 중요하다. 그리스도교는 메리 로이의 상속 소송을 그리스도교 종단을 위태롭게 하는 사건으로 보는가, 또는 이렇게 보는 것이 단순히 교회 지도자가 세수를 지키기 위한 책략의 일환인가? 네루의 반대자와 암베드카르의 반대자는 힌두교의 본질에 대해 뛰어난 통찰이 있는가, 아니면 그들은 단지 종교 법정의 권력을 강화하려고 하는가?

우리는 그 원칙의 **사회적 버전**social version에서 이런 질문을 더 심층적으로 논평한다. 사회적 버전은 우리가 그런 논쟁을 평가할 때 일견 잔인하거나 부당하게 보이는 어떤 요소에도 회의적이어야 한다고, 다시 말하지만 특히 핵심역량의 영역에서 그래야 한다고 제안한다. 그러나 이제 우리는 이러한 요소에 국가가 경의를 부여하지 말아야 한다고 말하는 것에 덧붙여, 그 요소가 실제로 그 종교에 중심적인지를 질문한다. 당신은 당신의 종교가 우리가 주장하는 선에 헌신한다고 말한다. 그런데 우리가 종교의 중심 목적을 이해하는 한, 이것은 명백하게 나쁜 요소여서 실제로 종교의 요소가 될 수 있는지 의심스럽다.

주요 종교가 이런 사회적 원칙을 승인하지 않는다고 하더라도 나는 이것을 귀중한 원칙으로 여긴다. 그런데 이 원칙은 서구뿐만 아니라 인도의 종교 역사에 깊은 뿌리를 두고 있다. 아소카 황제(불교로 개종한 기원전 3세기 통치자)가 종교의 이름으로 행해지는 종교적 불관용 행위를 보았을 때, 그는 다른 종교에 대한 위해가 단적으로 자신의 종교를 표현하거나 높이는 방식이 아니라고 결론을 내리기 위해 도덕적 제약 원칙을 끌어들였다.

다른 사람들의 종파는 모두 이런저런 이유로 존경받을 만하다. 그렇게 행함으로써 자신의 종파를 높이고, 동시에 다른 사람들의 종파를 높이는 데도 도움을 준다. 고집스럽게 반대로 행하는 경우에는 자신의 종파를 해치고 다른 사람들의 종파에 위해를 가한다. 자신의 종파에 대한 애착으로 인해 다른 종파들을 비방하면서 오로지 자신의 종파만을 존경하는 사람은, 자신의 종파의 광채를 높이려는 의도로 그렇게 하지만, 실제로는 그러한 행동으로 자신의 종파에 가장 심각한 손상을 입히게 된다.[46]

달리 말해 종교 관계자들이 자신들의 행실에 관하여 무슨 말을 하는지는 중요하지 않다. 우리는 그들이 종교의 요건에 관하여 오류를 범하고 있다고, 즉 불관용의 위해 행위가 자신의 종교인 힌두교나 불교를 표현하거나 영광되게 하는 것이 아니라, 오히려 손상시킨다고 결론을 내릴 수 있다. 만약 아소카가 정치적 자유주의 국가의 국가 관계자였다면, 그는 사람들이 이런 방식으로 행동할 때 국가의 보호를 주장할 권리를 박탈당한다고 단적으로 말하며 그 정도로 제한하는 방식으로 권고했을 것이다. 그렇지만 그가 그 원칙의 더 강력한 사회적 버전을 비공식적인 사회적 사용으로 활용한 것은 매우 효과적이었다.

도덕적 제약 원칙에 대한 비슷한 호소는 미국 대통령인 에이브러햄 링컨이 남북전쟁이 끝날 때 했던 두 번째 취임사에서 볼 수 있다. 그는 연설에서 (과거) 노예 소유자와 노예 폐지론자 모두 그들 자신을 그리스도교인으로 생각하고 그들의 대의를 그리스도교의 대의로 생각한다는 사실에 대해 다음과 같이 언급한다.

> 둘 다 같은 성경을 읽고 같은 신에게 기도하고, 게다가 각자 상대에 대항하여 신의 도움을 기원합니다. 어떤 사람이 다른 사람의 얼굴에서 흐르는 땀을 짜내어 빵을 만드는 일에 정의로운 신의 도움을 요청한다는 것은 어쩌면 괴상하게 보일 수 있습니다. 그러니 우리가 심판받지 않을 거라고 판단하지 맙시다.[47]

아소카와 마찬가지로 링컨은 결국 그들이 자신의 행위의 종교적 특성에 관하여 어떻게 생각하든 그 행위가 부당하다면 우리는 매우 회의적이어야만 한다고 말하는 것이다. 신이 정당하다는 생각은 배후에서 신이 무엇을 승인하고 승인하지 않는지에 대한 보다 구체적인 생각을 제약한다. 신이 실제로 노예제의 후원자라는 것은 전혀 그럴듯하지 않다.[48] 다시 말하지만 미국 법정은 인종 차별주의자들이 세금 문제에서 국가 보호에 대한 권리 주장에 패소한다고 단적으로 말하면서 더욱 불가지론적으로 표명한다. 그러나 종교가 악을 뒷받침하기 위해 사용될 때 링컨이 그 원칙의 더 강력한 형식을 사용한 것은 매우 가치가 있다. 노예제를 반-그리스도교라고 말하는 그리스도교 지도자는 공적 이성의 경계를 넘어가지 않을 듯하다.

여성의 생계라는 맥락에서 도덕적 제약 논증이 자연스럽게 발생한다. 방글라데시의 한 젊은 아내는 그녀가 들판에서 남성들과 함께 일하는 것을 종교가 금지한다는 현지 물라mullah*의 말을 듣는다. 그녀는 알라가 실제로 사람들에게 굶주린 채로 있기를 요구한다면 "알라가 죄를 짓는 것이다"라고 했다. 물론 그녀는 물라의 해석에 관해 회의적인 태도를 표현하려는 뜻으로 말했다. 그녀의 종교관은, 정의롭고 선한 신은 여성이 집 밖에 나가는 것이 일부 남성에게 부적절해 보인다는 이유로 여성이 굶도록 허용하지 않는다는 것이다. 추측하건대 정의로운 신이라면 그녀가 생계를 꾸려 가도록 내버려 두고 남성들에게 그녀를 향해 정숙하게 처신하라고 요구할 것이다(어디에서나 쿠란은 이를 명시적으로 요구한다).[49] 알라는 죄를 짓지 않는다고 규정되어 있으므르 알라가 죄를 짓는다고 암시하는 모든 진술은 거짓이다. 일반적으로 이것은 모든 종교에서 페미니스트가 변화를 일으키기 위해 전형적으로 사용하는 논증 방식이다. 그러나 신이 정의롭고 선하다는 데 동의한다면, 그리고 일정한 행위 형태가 터무니없이 나쁘다는 것을 보여 줄 수 있다면, 그 행위는 종교의 본질에 놓여 있지 않으며 인간의 오류 형식임에 틀림없다. 이것은 종교 자체는 고스란히 유지하면서 바로잡을 수 있는 오류다. 다시 말하지만 대법원장이 이런 말을 한 것은 나쁜 생각이었다. 그는 특히 힌두교인으로서 그의 사법적 역할에서 더 제한된 정치적 버전의 원칙으로 자신을 국한했어야 했다. 하지만 이 여성들은 사회적으로 그리고 자신의 종교 내에서 말하면서 이 원칙의 더 강력한 사회적 버전을 설득력 있게 사용한다.

그러한 주장은 여성의 쟁점이 관련될 때 인도의 힌두교인과 무슬림 전통 모두에서 흔한 일이다. 19세기 벵골 개혁가 람모한 로이와 이슈와르찬드라 비디야사가르Iswarchandra Vidyasagar는 도덕적 중심핵에 힌두 전통을 소환하여

이를 기반으로 사티, 아동 결혼, 그리고 복혼에 반대하는 운동을 벌였다. 로케야 사카왓 호사인Rokeya Sakhawat Hossain과 같은 개혁가들이 무슬림의 정숙 개념에 관한 유사한 도덕적 논증을 제기한다. 그들은 여성 격리가 진정한 도덕적 행위에 필수적이지 않을 뿐만 아니라 도덕적 이의 제기로 귀결된다고 지적함으로써 종교적 정통 내부로부터 격리에 도전한다.[50] 인도 헌법은 다원적 민주주의의 기본 헌법에 적절해 보이는 더 제한된 정치적 버전의 도덕적 제약 원칙을 사용한다. 그것은 무엇이 힌두교이고 힌두교가 아닌지에 관하여 선언하지 않으며 단순히 불가촉천민 신분을 불법이라고 한다. 실제로 도덕적 제약 논증이 그런 헌법 개혁과 연계하여 사회적으로 유익한 일을 한다.

도덕적 제약 원칙의 사회적 버전을 언급하기 위해 특정한 형태의 부도덕이 한때는 종교적 믿음과 관행에 절대적으로 중심이었다는 것을 부인할 필요가 없다. 예를 들어 여러 시대에 걸쳐 많은 종교에서 중심이었던 여성의 복종, 힌두교의 중심핵이었던 카스트 제도, 예수 그리스도 후기 성도 교회The Church of Jesus Christ of Latter-day Saints의 두드러진 특징이었던 인종적 서열[51] 등을 부인하는 것은 어리석은 일이다. 우리는 종교가 인간의 삶에서 특별한 위치를 차지할 (그리고 특수한 정치적·법적 대우를 받을) 가치가 있게 만드는 것은 이상과 열망에 관련된 무언가, 이전에 중심핵으로 이해했던 것이 도덕적 논쟁의 조명 아래 뒤바뀌었을 때조차 살아 남는 무언가, 그리고 실제로 그 전개를 안내하는 무언가가 있다는 것을 말하고자 한다. 다음 절에서 나는 이 원칙의 정치적 사용을 더 좁혀 초점을 맞출 것이다. 다만 우리는 이 원칙의 비공식적인 사회적 버전이 종교적 격변의 시기에 논쟁을 이끄는 데 유익한 역할을 했음을 나중에 알게 될 것이다.

4. 설득력 있는 국가 이익으로서* 핵심역량

다시 요약해 보자. 종교에 간섭하는 것을 제한하는 두 가지 제약이 있다. 그것은 종교 역량의 내재적 가치에 대한 존중과 시민으로서의 종교인에 대한 존중이다. 다음으로 다른 방향, 즉 최소한 종교와 종교 관계자를 일부 면밀히 검토하는 방향으로 가해지는 제약이 있다. 그것은 다른 핵심적 인간 역량에 대한 존중이다. 다음으로 두 가지 정향 원칙이 있다. 그것은 각인 역량의 원칙과 핵심역량의 관점에서 해석된 도덕적 제약의 원칙이다. 그리고 마지막으로 세속적 인본주의자와 전통주의자 모두 일반적으로 간과하는 사실이 있다. 그것은 종교 자체의 내적 다양성과 복수성이다. 나는 이제 내가 찬성하는 접근법이 그 제약들을 침해하지 않고 정향 원칙의 안내를 따르는 좋은 방식임을 논증하면서 그것을 서술하고자 한다. 그다음에 이 접근법이 문제 사례 세 가지를 어떻게 다루는지 보여 주고자 한다.

이 제안이 꼭 특정 헌법 전통을 가장 잘 반영하는 것은 아니지만, 좋은 아이디어라고 생각할 수는 있다. 그것은 미국법의 이념을 따르고, 대부분의 경우에 기본권 해석과 관련된 미국 헌법 법리에 상당히 의존하는 인도 헌법 전통에 매우 쉽게 적용할 수 있다. 그러나 개별 헌법 전통을 해석하는 것은 확실히 무언가가 좋은 아이디어인지를 묻기보다는 선례, 텍스트, 역사, 그리고 제도적

---

* 'compelling'은 중대한, 강제할 만한, 강제할 수 있는, 설득력 있는, 납득할 수 있는 등의 의미를 함축한다. 이 글에서 'compelling'은 어떤 것이 개인의 권리나 자유를 제한할 수 있을 만큼 국가에 중대한 이익에 관련되는 경우 그것을 강제할 수 있다는 의미로 사용하고 있다. 누스바움은 핵심역량이 이러한 국가 이익에 해당된다는 점을 설득력 있게 주장한다. 따라서 'compelling'은 '설득력 있는'으로 'compelling state interest'는 '설득력 있는 국가 이익'으로 옮겼다.

적합성에 관한 질문에 연관된다. 나는 여기에서 그런 큰 작업을 시도하지는 않았다.

내 접근법은 1993년 미국 종교 자유 회복법United States Religious Freedom Restoration Act, RFRA로 축약을 모델로 한다. 이 법은 모든 기관, 부서, 미국의 관리, 또는 어떤 주*의 관리가 "심지어 일반적으로 적용할 수 있는 규칙에서 비롯된 부담이라고 하더라도 한 사람의 종교 활동에 실질적으로 부담을 주는 일"을 금지한다. 정부가 이 부담이 (1) 설득력 있는 정부 이익을 촉진하고 (2) 그러한 설득력 있는 정부 이익을 촉진하는 최소한의 제한적인 수단이라는 것을 입증할 수 없다면 말이다.

이제 [내 접근법이] 소수 종교 보호에 대한 염려에서 어떻게 발전했는지를 알아보기 위해 이 법의 기원과 현재 상태에 대한 배경이 다소 필요하다. 이것은 내 논증의 주된 관심사다. 몇 년 동안 수정헌법 제1조 법리에서 법이 개인의 종교 활동에 '실질적 부담'을 부과한다고 개인이 주장할 때, '일반적으로 적용할 수 있는' 법칙이 종교 단체나 종교인 개인에게 얼마나 지지받고 있는지에 관한 쟁점이 있었다. 적어도 이론적으로 수년간 법적 상황은 RFRA가 나중에 재확립한 것과 어느 정도 비슷했다. 대법원은 일반적으로 적용할 수 있는 법칙이 설득력 있는 국가 이익을 촉진하고 가능한 최소한의 부담을 주는 방식인 경우에만 개인의 자유로운 종교 활동에 대한 실질적 부담을 부과할 수 있다고 일관되게 판시했다. 주요 소송은 셔버트 대 베르너Sherbert v. Verner, 1963[52] 건이다. 사우스캐롤라이나주의 한 여성은 자신의 종교인 제칠일안식일

<hr>

266

예수재림교가 금지하는 토요일 근무를 거부했다. 그녀는 해고된 후 적합한 일자리를 거부했다는 이유로 주에서 제공하는 실업수당unemployment benefits도 받지 못했다. 그녀는 국가가 자신의 자유로운 종교 활동을 침해한다고 고소했고, 미국 연방 대법원은 이에 동의했다. 대법원은 종교적 의무를 위반해야 하는 조건을 수당에 첨부하는 것은 그녀의 자유로운 종교 활동에 실질적 부담을 준다고 판시했다. 대법원이 판결한 그 문제는 토요일을 안식일로 지키는 근로자들의 수당법benefits laws에 미치는 차별적인 영향으로 인해 복잡해졌다. 셔버트가 확립한 제도에서 일반적으로 적용할 수 있는 다른 법칙도 종교의 자유로운 활동을 침해한다고 밝혀졌다. 이와 관련하여 내가 뒤에서 논의할 위스콘신 대 요더Wisconsin v. Yoder의 아미쉬Amish 아동에 대한 의무 공교육 재판이 주목할 만하다.[53]

그러나 1990년 대법원은 고용부 대 스미스Employment Division v. Smith 재판의 판결로 방향을 틀었다.[54] 주목할 만한 이 재판은 대중적이지 않은 소수 종교와 합법화된 약물 사용이라는 위협적인 주제와 연관된다.[55] 이 재판은 오레곤주의 미국 토착민 부족에 관한 것이다. 그 부족은 특정 의례에서 페요테peyote 사용이 그들 종교에 본질적이므로 오레곤주의 약물복용법drug laws에서 (일반적으로가 아니라 이 한 가지 의례의 경우에) 면제해 줄 것을 요구했다.[56] 그들의 종교적 주장의 진실성도 그들의 종교에 포함되는 페요테 의례의 중심성도 논쟁거리가 되지 못했다.[57] 스칼리아Scalia 판사의 장문의 의견서에서 법원은 자유로운 종교 활동 조항이 원고를 보호하지 못한다고 적시했다. '우리는 다른 경우에는 국가가 규제할 수 있는 행위를 금지하는 유효한 법을 개인의 종교적 신념을 이유로 준수하지 않아도 된다고 판결한 적이 없다'는 것이다. 대법원은 입법 업무를 지나치게 까다롭게 만든다는 이유로 '설득력 있는 정부 이익' 요건을 명시적으로 거부했다.[58] 그렇지만 반대자들은 소수 종교에 불이익이 될 수 있는 위험성을 강조하고[59] "상충하는 견해에 가능한 가장 광범위한 관용"을 보장하는 건립자들의 이익관심에 호소했다. 이 반대 의견 일부에 동참한 오코너O'Connor 판사는 "설득력 있는 이익 테스트는 다원주의 사회에서 가능한 한 최대한으로 종교적 자유를 보존하라는 수정헌법 제1조의 명령을 반영한다"고 결론을 내린다. 대법원이 이 명령을 '사치'로 간주한다면 '권리장전의 바로 그 목적'을 폄하하는 것이다. 이것은 내 접근법에 중요한 지점이다. 내가 스미스Smith에 의해 촉발된 제도인 RFRA의 충분한 보호를 찬성하는 중심적 이유가 소수 종교를 보호해야 할 필요성에 있기 때문이다.

이 판결은 대중의 분노를 불러일으켰다.[60] 1993년 양원에서 주요 양당에 의해 압도적으로 통과된 RFRA에 클린턴 대통령이 서명했다.[61] 이 법안은 1997년 6월 수정헌법 제14조의 의회의 권한 범위에 관련된다는 이유로 위헌 판결을 받았다.[62] RFRA에 수반된 원칙은 미국 국민 다수의 지지를 포함하여 여전히 강력한 지지를 받고 있는 것으로 보인다. 해결되지 않은 쟁점은 이런 지지를 어떻게 법제화할 것인가, 특히 입법부와 사법부 사이의 충돌로 제기된 제도적 적격성이라는 골치 아픈 쟁점을 어떻게 해결할 것인가다. 나는 각 정부가 이런 특정 쟁점을 스스로, 즉 그 자신의 전통과 헌법에 비추어 해결해야만 한다고 믿기 때문에 여기에서 이 쟁점의 그런 측면에 대해서는 어떤 제안도 하지 않을 것이다.

RFRA에 기반한 내 제안은 두 가지 부분으로 구성된다. 첫째, RFRA의 원칙은 종교적 딜레마를 다룰 때 안내하는 원리로 수용되어야 한다. 국가와 그 기관은 설득력 있는 이익을 보여 줄 수 있을 때만 종교에 실질적 부담을 부과할 수 있다. 그렇지만 둘째, 시민의 핵심역량 보호가 항상 설득력 있는 국가 이익의 근거로 이해되어야 한다. 이것이 우리가 도덕적 제약의 원칙을 해석하고, 다른 관점으로는 모호하고 규정할 수 없는 개념인 "설득력 있는 국가 이익"에 내용을 제공하는 방식이다.[63] 법적 용어로 말하자면, 나는 핵심역량이 헌법 보장으로 구현될 수 있는 기본권 목록과 같다고 제시했다. 핵심역량 중 여럿이 이미 인도 헌법과 세계의 다른 헌법에 구현되었다. 다른 것들은 논의에 참여한 국가 대부분이 승인한 인권 문서에 구현되었다. 또 다른 것들은 인도 헌법이 신체 보전에 대한 고려를 법리에 통합함으로써 법적 선례에 구현되었다. 이렇게 해서 내 제안은 여러 면에서 현행법에 따라 법적으로 시행될 수 있는 일련의 도덕적 안내로 의도된 것이다.

이 원칙에 근거하여 스미스 사례를 다른 방식으로 풀어 나가야 한다. 이 사건에서 주장된 것처럼 설득력 있는 정부 이익이 확립되지도 않았고, 핵심역량에 관해 생각하는 것이 실제로 제기된 것보다 더 강력한 논증을 만드는 데 도움이 되지도 않을 것이다. 유사한 사례로 힌두교의 봄 축제인 홀리Holi 기간 중 마리화나 사용의 합법화를 지적할 수 있다. 이것을 축제에서 사용하게 못하게 한다고 해서 설득력 있는 정부 이익이 없다고, 이것을 금지하는 일은 힌두교에 실질적 부담을 부과한다고 말하는 것이 적절해 보인다. (말하기 조심스럽기는 하지만, 실제로 홀리가 공공질서에 대해 아메리카 원주민이 치르는 의례보다 더욱 심각한 쟁점을 제기한다는 것은 분명하다. 인구 대다수가 마약에 취하면 폭동과 약탈로 이어질 수 있고 실제로 그랬기 때문이다. 그럼에도 나는 인도 정부가 이 예외를 용인하고 혼란을 통제하는 데 집중하는 것이 옳다고 본다.) 이 원칙이 면제를 지지할 수 있는 다른 영역으로는 군대에서 야물크yarmulkes 착용,[64] 교도소에서 종교 장신구 착용,[65] 그리고 수감자들의 종교적 식단 요구의 합당한 편의 수용[66] 등이 있다. 반면 밥 존스Bob Jones[67]와 같은 사례는 기존의 방식대로 풀어 나갈 것이다. 모욕을 주고 낙인을 찍는 인종 차별을 근절한다는 정부의 이익관심은 핵심역량의 설명과 연계해서도 설득력 있는 이익으로 간주된다. 나중에 인도의 성차별 사례들을 논의한 후에 나는 종교가 그 종교 내부의 성차별 형태에 관여할 수 있는 허용 범위에 관하여 논할 것이다. 그런데 밥 존스 사례는 우리가 사용할 수 있는 하나의 패러다임을 앞서서 제공한다. 정부는 성별을 이유 삼아 특별히 개인을 모욕하고 낙인찍는 관행, 특히 개인의 자발적 참여가 확실하지 않은 상황에서의 그런 관행을 호의적으로 다루어서는 안 된다.[68] 나는 이미 1장에서 그런 형태의 차별이 존엄성과 비-모욕non-humiliation의 사회적 기반을 위태롭게 하는 역량 실패로 직행하는 사례라고 주장했다.

나는 각 역량의 수준을 적절하게 특수화하는specifying 어려움을 결코 경시하지 않는다. 그렇지만 나는 우리가 기본권과 자유에 대한 최선의 설명을 다듬고 그중 하나에 실질적 부담이 언제 적용되는지를 말하려고 한다면, 이런 어려움은 어떤 헌법 전통에서도 용인된다고 생각한다. 경계를 더 정확하게 정하는 최선의 방식은 사례에 의존하여 우리가 말하고자 하는 바에 대한 이해를 점차 넓혀 가는 것이다. 내가 이미 언급했듯이 나는 이렇게 전개되는 과정에서 입법부와 사법부의 적절한 역할에 관하여 불가지론을 유지한다. 그런 제도적 질문의 해결은 각국의 민주주의 전통의 본성에 따른 맥락적 특징에 의존하기 때문이다.

두 부분으로 구성된 이 접근법은 내가 설정한 안내에 따라 잘 작동할 것으로 보인다. 이 접근법은 자유로운 종교 활동에 실질적인 부담을 줄 수 있는 국가의 모든 조치에 대해 국가에 엄한 기준을 부과함으로써 종교가 있는 시민과 종교 역량의 내재적 가치를 존중한다. 또한 종교의 자유에 대한 잠재적 제한을 설명할 때 다른 인간 역량에 중심적 위치를 부여함으로써 다른 역량의 청구를 존중한다. 이 접근법은 정부가 적법하게 시민의 자유로운 종교 활동에 부담을 줄 때의 원칙으로 질문을 구상함으로써 각인 역량의 원칙을 존중한다. 다만 종교 지도자의 간섭과 종교 법정의 권위가 그런 부담에 어떻게 관련되는지는 아직 두고 볼 일이다. 결국 이 접근법은 종교가 핵심 인간 역량(종교적이든 비종교적이든)을 침해한다면, 통상 종교에 표하는 경의를 표하지 않을 것이라고 말함으로써 도덕적 제약 원칙을 준수한다.

내 접근법에 대한 가장 강력한 반대는 스칼리아 판사 측과 스미스 판결의 의견서에 있다. 스칼리아의 주장은 '설득력 있는 국가 이익'이 없는 상황에서도, 종교를 근거로 일반적으로 적용할 수 있는 유효한 법률의 위반이 허용된다면, 우리가 종교에 너무 많은 재량을 준다는 것이다. (모든 종교와 비종교에 유사하게 적용되는) 중립적이고 합리적인 기초에 근거한 공법은 종교적 신념과 관계없이 모든 시민이 준수해야 한다. 그렇지 않으면 우리는 법의 면제를 청구하는 홍수에 직면할 것이고, 공적 일관성 그리고 질서와 양립하는 방식으로 이 문제를 정리하는 판사의 능력을 넘어서게 될 것이라고 스칼리아는 주장한다. 스칼리아의 주장이 순전히 제도적인 수행 능력의 쟁점에 머물고 있는 한(예를 들어 그는 개별 주 입법부가 면제를 부여하는 것에 반대하지 않는다), 나는 그것에 대해 일반적인 이견이 없다. 제도적인 업무 분담에 대한 질문은 각각 별도의 헌법 전통에 따라 그것이 도출하는 대로 해결되어야만 한다고 했기 때문이다. 그 주장이 판결의 자의성이라는 보다 일반적 염려에, 그리고 일반적으로 적용되는 법칙은 여외가 없어야 한다는 일반적 논점에 머물고 있는 한, 나는 그것이 종교, 특히 소수 종교를 충분히 보호하지 못한다고 생각한다. 그렇지만 그의 주장은 이 영역에서 어떤 제안이든 직면할 수밖에 없는 중요한 염려를 제기한다. '설득력 있는 정부 이익'에 대한 명확한 설명을 제공함으로써 '설득력 있는 국가 이익'을 구성하는 내 역량 기반 설명은 어떤 식으로든 그가 우려하는 위험을 줄이는 방향으로 나아간다고 나는 생각한다. 그러나 내가 종교의 역할을 매우 관대하게 설명했음에도 그 설명은 성평등의 맥락에서 수용할 수 없는 행위들이 종교에 의해 행해졌다는 것을 여전히 전달한다. 만약 우리가 [종교가 행하는 수용할 수 없는 행위를] 밝힐 수 있다면, 또한 더욱 엄격한 스칼리아 테스트를 적용할 때는 더욱 유력한 이유로 그런 행위들을 받아들일 수 없음을 밝힐 것이다.

우리는 이제 중요한 쟁점을 마주한다. 이 접근법이 기본역량의 평등을 요구하는가, 아니면 단지 기본 최저치만을 요구하는가? 달리 말해 기본역량의 관점에서 성차별이 설득력 있는 국가 이익에 대한 주장을 촉발하는가, 또는 여성을 극도의 빈곤이나 극도의 역량 실패 상황으로 밀어 넣는 차별만이 그 주장을 촉발하는가? 이 쟁점을 다른 방향에서 바라보면서 접근해 보자. 전형적으로 국가가 한 종교 단체의 구성원을 불평등하게 대할 때 종교에 실질적인 부담을 지우는 것으로 간주된다. 셔버트 대 베르너 재판의 원고는 국가가 전혀 제공하지 않았을 수도 있는 수당을 받지 못하고 있다. 그렇지만 국가가 그런 수당을 제공하는 한, 일부 사람들의 종교의 자유를 침해하는 실천을 조건으로 수당을 주는 것은 자유로운 종교 활동에 실질적인 부담을 지우는 것이라는 판결이었다. 그녀에게 종교 활동과 수당 박탈 사이에 선택을 강요한다면, 그것은 토요일에 예배를 드리는 누군가에게 벌금을 부과하는 것과 맞먹는다고 주장했다. 벌금이 아무리 적고 개인의 지불 능력이 얼마나 대단하든 그것과 관계없이 받아들일 수 없는 규정이다. 불평등한 대우는 그 자체로 침해다. Y는 겪지 않는 강제를 X는 자신의 종교 때문에 겪어야 한다는 그 자체가 종교 활동에 부담을 주는 위압이다. (셔버트가 주장한 방식은 아닐 수도 있지만, 그것은 또한 설립 조항 쟁점에도 연관된다.) 나는 다른 측면에서도 역량과 관련하여 말해야 한다고 생각한다. 인간다운 기능발휘의 중심적 영역에서 차등을 두어 여성을 선별하는 것은 그 자체로 받아들일 수 없으며, 그 차별을 근절하는 데 설득력 있는 국가 이익이 발생한다. [차등을 두어 여성을 선별하는] 방법으로 여성이 기능발휘의 밑바닥 수준으로 밀려나지 않는다고 하더라도 말이다. 여기서 인도 헌법은 우리 편에 있는데, 미국 헌법과 달리 그것은 성별에 기초한 차별금지를 명시적으로 규정하고 있으며, 이를 시민 기본권 중 하나로 나열하고 있기 때문이다. 더욱이 인종과 마찬가지로 낙인찍고 모욕을 주는 그 어떤 차별도 그 사실만으로 역량 실패 사례다. 따라서 다른 역량 부문에 속하지 않는다고 해도 차별이 허용될 여지는 거의 없다. 종교 내부의 일부 선택은 여전히 보호되어야 한다고 내가 아래에서 주장하기는 하지만 같이다.

5. 비종교, 설립, 균형잡기

마침내 나의 RFRA 기반 접근법은 매우 난해한 세 가지 질문에 봉착한다. 첫째, 종교를 특별 보호 대우의 대상으로 삼아야 하는가 또는 표현적이거나 궁극적 진리를 추구하는 다른 모든 활동에도 동일한 보호가 적용되어야 하는가? 핵심역량 목록을 구성하고 설명하면서 나는 이미 종교가 삶에서 가장 중요한 무엇에 대한 이해를 추구할 때 사람들이 사고와 상상력을 사용하는 방식의 하나라고 제시했다. 그것은 또한 사람들이 공동체와 협력관계를 추구하는 방식의 하나이기도 하다. 그러나 다른 방식들도 있는데, 일부는 포괄적인 윤리적 견해와 연관되고 일부는 덜 체계적인 개인적 탐색의 형식이며 일부는 시, 음악, 그리고 여타 예술에 연관된다. 종교적 신념 체계를 비종교적인 신념 그리고 실천과 어떤 원리적이고 체계적인 방식으로 구분하기는 어려워 보인다. 종교가 경의를 받을 만하도록 만드는 특징은 종종 비종교적인 신념 체계와 실천에서도 자주 발견된다. 게다가 사람들이 의미와 공동체를 추구하기 때문이 아니라, 초월적인 권위의 원천에 대한 충성과 결부되기 때문에[69] 종교를 선호한다는 주장이 있다. 나는 이런 주장에 찬성하지 않는다. 이런 주장이 있다고 하더라도 이것 역시 관습적으로 종교라고 불리는 것과 비종교라고 불리는 것을 나누는 원칙적인 방식을 제공하지 못할 것이다. 모든 종교가 유신론적이지는 않으며, 불교와 도교는 단지 두 가지 예에 불과하다. 스미스 판결을 지지하는 일부 사람들에게 그 판결이 매력적인 특징 중 하나는 비종교적 신념 체계에 대한 공정성이다.[70] 종교에는 편의를 제공하고 소로우Thoreau 철학에 대해서는 유사한 편의를 거부하는 것은[71] 매우 자의적이고 불공정해 보인다.

미국 헌법은 위의 질문을 비설립nonestablishment과 자유로운 종교 활동이라는 쌍둥이 원칙을 통해 매우 복잡하고 때로는 상당히 모호한 방식으로 다루어 왔다. 자유로운 종교 활동의 측면에서 종교는 특수한 경의를 받는다. 그러나 비종교에 대한 종교의 어떤 특권이든 잠재적으로 설립 조항 쟁점을 유발할 수 있고, 종교는 설립 쟁점에 관해서 어떤 면에서는 비종교보다 더욱 제한적이다. 따라서 소로우를 기리는 공개 전시는 문제가 되지 않지만, 모세나 예수를 기리는 전시는 잠정적으로 설립 쟁점을 야기할 것이다. 환경주의에 대한 정부의 승인은 적절하지만, 그리스도교에 대한 정부의 승인은 그렇지 않다. 두 조항은 어느 정도 서로 균형을 이룬다. 그래서 최근에는 일반적으로 적용할 수 있는 법칙에 속한 자유로운 종교 활동 면제가 "국교 설립 조항Establishment

Clause 원칙을 위반"하고 "후원과 승인을 함축한다"는 주장이 나왔다.[72] 그렇지만 오직 자유로운 종교 활동 측면에만 초점을 맞춘다고 하더라도, 종고 역량은 지지받고 이와 아주 유사한 인간 역량은 방해받는다면, 우리는 불편함을 느껴야 한다. 나는 설립에 관하여 중립을 유지하기를 권고하기 때문에 이것은 내 접근법에 특히 심각한 문제가 된다.

우리에게는 이론적이거나 도덕적인 쟁점과 실천적 쟁점이라는 뚜렷이 구분되는 두 가지 쟁점이 있다. 이론의 측면에서 종교의 특권을 비종교적 신념과 실천보다 우대해야 한다고 호의적으로 말하는 일은 거의 없는 것 같다. 인간 역량의 아이디어에 기반한 정치적 자유주의의 정치적 개념은 좋은 시민이 합당하게 견지할 수 있는 포괄적 개념에 편파적이어서는 안 된다. 내 접근법은 모든 시민을 위해 보호해야 할 목록에 종교를 선별하기는 하지만, 이 측면을 반영하여 종교를 그 자체로 별개의 역량으로 보기보다는, 다양한 인간 역량을 추구하는 허용할 수 있는 방식의 하나로 간주한다.

그러나 실천의 측면에서는 종교적 개념과 비종교적 개념을 동등하게 다룰 때 수반되는 막대한 어려움이 있다. 종교는 보통 조직화되며 공적으로 인정된 일부 교리나 실천을 포함한다. 어떤 법률이 자신의 종교에 반하는 문제를 진술하는 일이 모든 신자에게 허용되는 것은 아니다. 이러한 연구는 아무리 어렵고 사법적인 기능 행사에 문제가 있다고 해도, 반드시 그리고 자주 이루어져야 한다. 대법원은 요더Yoder 사례에서 아미쉬 공동체를 이해하는 데 노동이 중심적이라는 사실을 받아들였다. 스미스 사례에서는 아메리카 원주민 의례에서 페요테peyote 의례의 중심성을 인정했다. 비종교의 경우 이러한 조사는 터무니없이 부담을 주는 일이며 명확한 답을 산출하지 못할 때가 많다. (예를 들어 소로우의 사례처럼) 신념 체계가 포괄적이고 텍스트에 기반한다면, 상황이 그렇게 나쁘지 않을지도 모른다. 그러나 다른 많은 합법적인 경우에서 청구를 평가하는 작업은 어떤 법원이나 입법 기관의 관할권을 넘어설 정도로 터무니없이 난해하다. 만약 X가 삶의 의미에 대한 그의 개인적인 탐색은 약물에 취하여 말러의 음악을 듣는 것이라고 말한다면, 그는 전적으로 신실하며 종교적 맥락에서 약물을 사용하는 사람만큼이나 충분히 도덕적인 사례가 될 수 있다. 그러나 의미를 탐색하는 이런 그의 실천에서 중심성을 규명하는 일은 사실상 불가능할 것이고, 이런 식으로 면제를 부여하는 것은 약물법, 의무 병역, 그리고 다른 여러 일반적으로 적용할 수 있는 법을 곧바로 조롱거리로 만들 것이다.

일부 사람들에게 이런 어려움은 스미스를 지지할 강한 이유가 된다. 나는 호의를 받지 못하는 소수 종교와 그 구성원들이 압력을 받을 위험 때문에 종교에 더 광범위한 경의를 부여하는 것을 선호한다고 계속 말해 왔다. 그렇다면 나는 그런 문제를 어떻게 해결하라고 제안할 것인가? 실험적으로 나는 그 문제가 다음의 방식으로 해결될 수 있다고 믿는다. 우선 우리는 잠정적 면제의 명시적 영역을 종교로 한정한다. 그러나 우리는 시거Seeger가 병역 면제에서 승소한 사례처럼 비유일신의 신념 체계를 포함하여 종교를 다소 폭넓게 규정하도록 허용한다.[73] 그럼에도 양심의 자유에 따른 활동이 체계적이고 그 특성이 자의적이지 않다는 점이 종교와 유사하다고 결정하는 일에 필수 요소임은 변함이 없다. 따라서 [내가 제시한] 말러 팬의 실천은 진실하더라도 여전히 [면제에서] 제외될 것이다.

이로 인해 비종교인이 입게 될 불이익은 표현적 발언과 행위에 대한 강력한 보호를 채택하여 적어도 어느 정도는 해결할 수 있다. 그러므로 말러 팬은 약물법으로는 면제받지 못하지만 최소한 그가 선택한 음악을 듣고, 책을 읽을 권리 등은 보호받을 수 있다. 예술적·철학적 발언에 연관된 표현적 관심이 종교와 마찬가지로 사람들이 의미와 이해를 탐색하는 일과 연관된다는 점을 인식할 때, 우리는 표현적 관심이 왜 자유로운 발언 법리의 제반사에 주변적이어서는 안 되는지를 설명할 수 있다.[74] 그런데 이런 미묘함은 우리의 주제를 다소 벗어난다. 우리의 인도 사례 모두 논쟁의 여지가 없는 종교가 성평등과 관련하여 일반적으로 적용되는 법에서 면제받기 위해 제출한 청구에 결부되기 때문이다.

그러나 우리의 두 번째 난해한 질문은 인도 사례에 직접적으로 딱 들어맞는다. 그것은 종교 설립에 대한 질문이다. 나는 지금까지 자유로운 종교 활동의 개념으로만 내 접근법을 제시했다. 나는 종교 영역에서 중심적인 관심사가 시민의 다른 역량에 우선하는 종교 역량에 대한 관심이라고 주장했다. 그러나 나는 미국의 경우 자유로운 종교 활동 조항과 설립 조항의 **결합**combination이 무엇으로 종교 역량을 보호할 수 있는지에 관하여 생각하는 좋은 방식을 제안한다고도 말했다. 설립 조항의 동기는 시민이 배후에서 정치적·법적 권력을 지닌 지배적인 종교 단체의 압력으로 인해 양심과 실천을 침해당하지 않도록 그들을 보호하는 것이다. 자유로운 종교 활동 조항의 동기는 신념과 예배가 공적 개입으로 인해 방해받거나 부담을 지지 않도록 보호하는 것이다. 그렇다면 내가 왜 지금까지 종교 설립에 관하여 침묵했을까? 그 답은 내가 미국의 설정한 설립 조항의 기능을 시민의 역량을 보호하는 것으로 해석하는 방식에서 분명해진다. 달리 말해 나는 비설립을 시민의 다른 역량과 함께 자유로운 종교 활동을 근본적으로 뒷받침하는 또 다른 방식이라고 이해한다. 이 접근법은 그 보호가 비설립 체제를 통해 가장 잘 이루어지는지 또는 시민 동등성과 자유로운 종교 활동에 충분한 안전장치를 갖춘 제한된 설립 체제를 통해 가장 잘 이루어지는지 여부가 우연적인 맥락적 질문이 되어야 한다고 제시한다. 소수 종교를 향한 불관용의 특정한 역사로 미루어 볼 때 미국에서는 미국이 강한 형태의 비설립을 지지하는 것이 현명해 보인다. 오직 이 체제만이 사회적 맥락에서 모든 시민에게 진정으로 동등한 종교적 자유를 보장한다. 하지만 스칸디나비아 국가들에서는 국교로 설립된 루터교가 순수하게 세속적인 체제보다, 실제로 종교적 다원주의를 더 효과적으로 보호한다는 것이 타당해 보인다. 예를 들어 그들은 교육에서의 종교적 다원주의와 소수자에게 호의적인 다른 조치들을 확고하게 옹호한다. 이것은 인도의 경우에서 절대적으로 중요하다. 인도의 현존하는 세속주의 체제는 제한된 형태의 복수 설립 유형을 포함하기 때문이다. 특정 종교는 그들 자신의 민법 체계를 유지할 자격이 있으며, 여타 종교(속인법 체계로 명문화되기에는 지나치게 작거나 새로운)는 세속적 체계를 이용한다. 다음 절에서 나는 이 체계에 대해 매우 제한적인 형태의 지지 유형을 제시할 것이다. 인도에서 무슬림의 역사를 고려할 때, 이슬람법 체계의 폐지는 종교의 자유에 대한 심각한 위협이 될 것이며, 무슬림들이 완전히 평등한 시민이 아니라는 선언이 될 것이라는 점이 명백해 보인다. 심지어 완전한 비설립조차 사실상 힌두교의 설립 유형이 될 것이 분명하다.

누군가는 어떤 유형의 설립이든 소수자를 모욕 상황에 처하게 한다고 주장할지도 모른다. 다른 사람의 권리가 충분히 보호된다고 하더라도 일부 신자가 다른 신자보다 특권을 지닌다는 선언이 공공 광장에서 이루어질 수 있다. 이것은 간과해서는 안 될 심대한 지점이다. 그러나 나는 이 주장 또한 맥락적으로 평가해야만 한다고 생각하는 편이다. 영국의 반유대주의와 외국인 혐오의 역사로 보아 아마 그 주장이 영국에서는 사실일 수 있다. 그러나 인도에서 국교 폐지는 오히려 무슬림들이 완전히 동등한 시민이 아니라는 선언이 될 것이다. 이는 상호 존중과 시민적 조화의 시기가 올 때까지 그럴 것이며, 그러한 시기는 가까운 미래에 오지 않을 수도 있다. 그러는 동안 내가 보기에 인도에 서 완전하게 비설립 종교(유대교, 불교)인 경우 비설립의 지위에 있기 때문에 심각한 어려움에 빠지지 않을 것 같다. 여러 면에서 그들은 법적 충돌에 견관 된 여러 난해한 쟁점들을 피하면서 세속적 체계로 단순히 직행하기 때문에 다 른 종교보다 더 수월하다.

요약해 보자. 비설립[특정 종교를 법적·정치적 후원을 받는 종교로 지정 하지 않는 것] 기저에 놓인 중요한 쟁점이 실제로 자유로운 종교 활동과 시민 의 완전한 동등성 모두에 관한 쟁점이라면, 비설립이 보통 그런 목표를 진작 하는 최선의 방법이라그 하더라도 항상 그렇지는 않을 수 있다고 가정하는 것 이 타당하다.

마지막으로 까다로운 방법론적 쟁점이 대두된다. 나는 역량 목록이 환원 할 수 없는 별도의 항목들로 구성되어 있으며, 각 항목은 공적 개념에 필수적 이라고 말했다. 하나의 항목을 없애고 시민들에게 다른 항목을 더 많이 제공 한다고 해서 그 자리를 채울 수 없다. 국가의 통제를 벗어난 환경이 그런 교환 을 강요할 때 비극적 사건이 발생한다는 것을 인정해야 한다. 이와 달리 이 지 점에서 나는 그 선택이 반드시 비극적일 필요는 없다고 제시하며 구별된 역량 들을 포함하는 균형 테스트에 찬성한다. 이것이 내가 1절에서 목록에 관해 말 했던 설명에 상반되는가?

나는 그렇지 않다고 믿는다. 내가 언급했던 사례는 모두 최저치 이상의 균형이 필요하다. 따라서 그 사례들이 이후에도 서술되어야 한다고 믿는다. 다 른 역량으로 표상되는 설득력 있는 이익에 주목하는 것(예를 들어 동등한 재 산권, 이동의 자유, 심지어 의무 교육을 요구하는 것)이 시민의 종교 역량을 최저치 아래로 밀어내지 않는다. 그렇다고 해서 그런 경우가 전혀 없다는 말은 아니다. 그리고 심지어 위스콘신 대 요더 사례에서조차 [아미쉬는] 교육에 대해 전적으로 수용할 수 없는 접근(예를 들어 중등 공교육을 받지 않음)이 종교를 존속하는 요건이라고 단언하지 않았다. [만약 단언했다면] 설득력 있는 국가 이익을 무효화하는 청구를 촉발했을 것이다. 아래 8절에서 내 접근법을 사용할 때 어떤 경우에는 비극의 요소가 있을 수 있다는 것을 인정하지만, 보통 다른 역량을 보호하는 것이 종교적인 삶의 방식에 수용할 수 없는 수준의 손상을 초래한다는 것은 사실이 아니다. 이것은 부분적으로는 종교 전통의 역동성이 새로운 상황의 도전에 응전하는 방식으로 전개되기 때문이다.

다른 균형 테스트와 마찬가지로 내 테스트도 특정 사안에 적용할 때 판단이 필요하다. '설득력 있는 국가 이익' 그리고 '실질적 부담'과 같은 개념이 보통 미국 헌법의 영향을 받을 때보다 확실히 [내 테스트에서] 내용이 더욱 명확해질 수 있다. 그리고 나는 내 역량 목록을 활용하여 그것을 더 명확하게 하려고 시도했다. 그럼에도 환원할 수 없는 판단의 요소가 남아 있다. 따라서 '직관주의intuitionism' 요소가 전혀 포함되지 않은 순수한 절차적 해결책을 바라는 롤스 추종자에게 이 접근법은 아마도 결함이 있다고 보일 수 있다. 이 점에서 기본적인 헌법 가치를 확정한 후 후속 단계의 정치적 선택에서만 균형을 이어간다고 하더라도 그렇다. 나는 이것이 정말로 숙고할 가치가 있는 쟁점이라고 말할 수밖에 없다. 그러나 롤스주의자에게는 정치적 선의 요소에 대한 어떠한 복수 목록에서도 이런 결함을 피할 수 없다고 답할 수 있다. 롤스 자신의 주요 선 목록은 내 역량 목록보다 어떻든 더 얇다. 그런데도 여전히 내 목록처럼 입법 단계에서 갈등을 야기할 수 있다. 예를 들어 예배의 자유가 완전히 평등한 기회의 동등성과 충돌한다고 보일 수 있다. 그래서 나는 직관주의에 대한 롤스의 이론적 공격이 실제로 이 문제를 제거하는 데 성공했다고 생각하지 않는다. 그리고 내가 보기에 내 접근법은 수용할 수 없을 정도로 직관에 의존하지 않으며, 또는 내가 선호하는 말로 하자면 판단에도 의존하지 않는다.

6. 접근법 적용하기: 세 가지 사례

내 접근법은 세 가지 사례를 어떻게 다루는가? 우리는 종교가 운영하는 별도의 속인법personal law 체계에 대한 모든 질문에 이 접근법이 어떻게 적용되는지를 묻는 것으로 시작해야만 한다. 미국과 인도 사이에는 눈에 띄는 비대칭성이 있다. 미국은 종교가 법 제정을 담당하도록 허용한 적이 없기 때문이다. 반면 인도는 영국의 식민 통치British Raj* 시대 이래로 민법의 상당 영역을 각 종교의 관할로 허용했다. 이러한 '속인법' 체계가 적용되는 영역은 가족법(결혼 동의, 부부 권리, 이혼, 입양 등), 재산법과 개인 계약이 관련된 영역(그중에서도 특히 상속)을 포함한다. 또한 이에 비해 상법이나 형법은 속인법에 포함되지 않는다. 영국이 초기부터 이 부분을 자신들이 통제하고 통일할 필요가 있는 범위라고 보았기 때문이다. 따라서 속인법 체계의 유지는 일종의 타협의 성격을 띠지만, 문화 다원주의에 대한 참된 인식을 반영하기도 한다.[75]

그 체계 자체의 기원은 다양하다. 이슬람법은 13세기 무굴 제국 시대에

---

*　인도 제국은 1877년에 성립된 영국의 식민 제국이었다. 영국 국왕이 인도 황제를 겸임했다. 영국령 인도 제국, 영국령 인도라고도 한다. '영국의 지배(British Raj)'라는 용어는 통치시기를 이르는 말로 사용되기도 하는데, 이때는 영국의 영향력이 실질적으로 행사되었던 기간인 1858년부터 1947년을 포괄적으로 지칭한다.

인도에서 제정되었다. (무굴은 형사 문제를 제외하고는 힌두인들이 그들 자신의 관습법으로 통치하도록 했다.) 영국령 시대에 1937년 샤리아법Shariat Act에 의해 이슬람법이 주목할 만하게 수정되었고, 다양한 지역에 편만한 관습법을 샤리아로 대체했다. 이에 비해 이전의 비공식적이고 지역적으로 다양한 힌두법 체계를 성문화하는 전체 기획은 영국의 사업이었고, 그래서 힌두법은 그 시대 영국의 법 사상가들이 채택한 모델을 따른 탓에 (교회법을 포함하여) 영국법의 흔적을 많이 지니고 있다. 1864년 파르시인Parsis은* 그들 자신의 별도 속인법 체계에 따라 통치받을 권리를 쟁취했다. 그리스도교는 인도 그리스도교인의 국가 기원의 이질성을 반영하는 다원적이고 독특한 그리스도교 속인법 체계에 따라 통치되었다. (예를 들어 최근까지 고아Goa의 가톨릭 그리스도교는 여전히 포르투갈 민법전에 따라 통치되었다.) 유대인의 속인법 체계는 명문화된 적이 없으며, 승계 문제에서 1865년 인도 승계법의 통치를 받다가 현재는 독립 후 후속 법에 따라 통치되고 있다.[76]

독립 당시에는 통일 민법전에 대해 일부 지지가 있었지만, 무슬림 속인법 폐지는 너무 민감한 쟁점이 되고 말았다. 인도는 힌두 국가가 아니라 진정한 다원 국가라고 무슬림을 안심시키는 일이 최우선으로 중요했기 때문이다. 인도 세속주의의 이상은 항상 종교 간의 국가 중립성이었지 교회와 국가의 분리가 아니었다. 따라서 잠시 동안 세속주의를 별도의 종교법 체계의 유지와 결합하는 것이 원칙적으로 가능해 보였다. 그 결과 통일된 민법의 목표는 헌법에서 강제할 수 없는 국가 정책 지침 중 하나로 포함되었다. 이는 국가가 미래

---

* 8세기에서 10세기 사이에 이란에서 인도로 이주한 페르시아인으로 조로아스터교를 따르는 인도의 종교 집단이다.

에 "확보하기 위해 노력해야 할" 것으로 상황이 진정되고 사람들이 준비되면 이 다음 단계로 나아가겠다는 생각이었다. 그러나 그것은 결코 이루어진 적이 없으며, 이제는 50년 전보다 더 멀어졌다.[77]

이 체계가 작동하는 방식은 미로와 같고 평탄하지 않다. 이 체계를 어떻게 서술할지 서로 동의하는 법률 전문가 두 명을 구하는 일조차 쉽지 않다.[78] 하지만 합당한 일반적 서술이 있다. 출생 당시에 자녀가 어떤 종교 단체에 들어갈지를 분류해야만 한다는 것이다. 보통 부모 양쪽 또는 부모 중 한쪽의 종교로 분류된다. 종교를 언급하지 않는 것도 가능하기는 하지만 대개 누군가의 종교가 선택된다. 누군가의 종교의 구성원으로 등록된 자녀는 이후 그 속인법 체계의 통치를 받는다. 1954년 결혼특별법Special Marriage Act이 통과된 이후 (각계 종교 지도자들은 자신의 권력이 침해당한다는 이유로 이 법 자체를 반대했다.), (세속적 법이 개혁 힌두법과 상당히 유사하지만) 부부는 세속 결혼과 세속 이혼을 선택할 수 있다. 이것은 보통 그들이 세속의 상속법에 따라 통치된다는 의미이기도 하다. 그러나 세속 결혼을 선택한 두 힌두교인이 계속해서 힌두 상속법의 적용을 받도록 힌두 지도자들이 압력을 행사하여 1973년에 관련법이 개정되었다. 복혼을 맺기 위하여 이슬람으로 개종한 힌두교인이 아직도 힌두 법정에서 중혼 혐의로 기소된 사례가 있기는 하지만 개종은 대개 법적 체계의 변화로 귀결된다. 그리고 어떤 체계가 최종적으로 적용되는지는 매우 불분명하다.[79] 힌두교로의 개종은 극히 드물다. 대부분 이러한 개종자의 카스트가 무엇이 될지 불분명하기 때문이다.[80] 체계들 사이의 이동을 특히 어렵게 만드는 것은 전형적으로 개개인이 권리를 가지고 있는 복잡한 가족 연합 (이른바 힌두 체계의 '공동상속coparcenary')이 결부된 상속 재산 조정이다. 가족 연합 내에서 개인이 권리를 갖기는 하지만, 가족 내의 한 개인이 다른 체계로 전환하겠다고 결정한다면 권리를 양도할 수 없다. 이것은 개종, 세속 결혼과 이혼, 그리고 신생아의 세속적 정체성 선언에 찬물을 끼얹는다.

두 갈래로 구성된 내 접근법은 이 체계에 관하여 어떻게 일반적으로 말해야 할까? 한편으로 이 접근법의 세속주의 특성은 종교 전통에 매우 관대하여 유럽이나 북미 민주주의에서는 볼 수 없는 수준의 종교적 자유를 허용한다. 특히 대부분의 힌두교 주에서 소외되고 불공정하게 대우받을 것이라는 무슬림의 두려움이 타당하다는 점에서 (실제로 헌법 제정 당시 무슬림을 향한 일부 힌두교인들의 적대가 명백했다는 점에서) 종교적 자유를 보장한다는 차원에서 통일된 민법 확립보다 이 접근법을 선호할 수 있다. 다른 한편으로는 이제야 명백히 드러난 상당한 어려움이 있다. 첫째, 수많은 법전과 법전의 변형이 존재하는 나라에서는 어떤 예측도 할 수 없다는 순전히 실천적인 어려움이다. 둘째, 내 접근법에서 더 중요하게 여기는 것은 기본적인 인간 역량에 대해 접근할 때 종교들 사이에서(그리고 종교와 비종교 사이에서) 발생하는 불평등 가능성이다. 그런 환경에서 시민들이 어떤 식으로든 종교에 따라 불평등하게 대우받는 결과는 사실상 불가피해 보인다. 힌두나 이슬람이라는 이유로 더 나은 상속 조정이나 이혼 합의 등을 얻을 수 있기 때문이다. 그리고 중앙 정부가 어떤 종교의 우선권을 침해할까 두려워서 이 문제를 바로잡지 못하는 상황이 발생할 것이다. 그래서 자유로운 종교 활동에 거대한 딜레마가 생겨난다. 다시 말해 우리는 개인이 무슬림이 아닌 힌두교인으로 태어났기 때문에 실질적 부담을 지게 된다고 말하지만, 주가 이것을 시정할 수 없는 이유는 종교가 그러한 시정 자체를 실질적 부담이라고 말한다는 데 있다.

셋째, 통일 민법 체계는 한 체계에서 다른 체계로 옮겨가는 일, 또는 종교보다 비종교를 선호하는 일을 매우 어렵게 만든다. 이 자체가 자유로운 종교 활동에 거대한 문제점이다. 삶 전체의 관점에서 종교에 포획되어 양심의 자유 자체로는 종교적 성원권이라는 질문을 해결할 수 없다는 의미에서 자유로운 종교 활동이 철저하게 위태로워진다. 무슬림 아내는 이슬람 이혼법을 싫어하더라도 어쨌거나 그 법에서 빠져나오지 못한다. 세속 체계에 따른 상속을 바라는 힌두교인 자녀도 역시 그렇다.

넷째, 우리의 목적에 가장 중심적인 것은 이 다원적인 탈집중화 체계에서 기본역량에 있는 다른 불평등을 바로잡기가 훨씬 더 어렵다는 점이다. 그중에서도 성과 성 사이의 불평등이 가장 두드러진다. 모든 체계를 한 번에 변경하는 일은 사실상 불가능하다. 그러나 우리가 이미 살펴보았듯이 우선 한 종교가 바뀐다면, 그 종교의 많은 구성원이 더 많은 생활유지비를 지불하거나 복혼을 거부당하는 차별을 받는다고, 게다가 다른 집단에는 '특별한 권리'가 주어지고 있다고 청구할 것이다. 한편 특권을 덜 누리는 집단을 평등 규범에 맞추어 그런 특별한 권리를 없애려는 노력은 (예를 들어) 힌두고의 기준을 무슬림에게 부과하려는 사악한 시도로 여겨진다. 흥미롭게도 이것은 파르시 체계의 사례에는 해당하지 않는다. 이 체계는 양성평등의 방향으르 상속법을 여러 번 개정했고 1991년 이후로는 완전한 양성평등법을 갖게 되었다. 지역의 개혁은 힌두와 무슬림 체계 내에서도 일어난다.[81] 그러나 힌두교인과 무슬림이 서로 불신하는 현재 분위기에서 그런 내부 개혁으로 국가 전반의 완전한 평등을 이루기는 어려울 것 같다. 그 대신 바닥까지 광포한 다툼이 빈번하게 벌어지고, 각 집단은 모든 변화에 저항함으로써 그 힘을 과시하기 위해 싸운다. 그러한 법 체제는 여성의 역량 동등성 달성을 어렵게 만든다.

다른 한편으로 다음의 문제가 해결된다면 내 접근법은 별도의 속인법 체계에 반대하지 않는다. 1) 핵심역량이 관련되는 곳 각각에서 성평등 보장이 있고 이것이 시행된다. 2) 자신을 비종교인으로 규정하거나 종교를 바꾸려는 개인을 위한 적합한 조항이 있다. 3) 개인이 우연적인 종교 구성원 자격 때문에 기본적인 문제에서 제외되지 않도록 종교 체계들 사이에 동등한 자격을 보장하는 지속적인 노력이 있다. 이런 문제를 해결하는 일은 확실히 어려울 것이다. 그러나 오늘날의 인도에서 가장 생산적인 접근법은 별도의 법전을 유지하고 빈틈없는 입법적·사법적 제약을 통해 문제를 해결하기 위해 최선을 다하는 것일지도 모른다.[82] 격렬하게 저항받겠지만, 대안은 통일된 법으로 모든 재산법을 세속화하고 위에서 언급한 조건과 함께 가족법 규제를 별도 체계로 남겨두는 것이다. 이 대안은 종교 체계를 떠나려는 개인에게 가해지는 부담을 완화할 것이며, 종교체계의 이익관심을 증진함으로써 구성원을 유지할 수 있도록 새로운 동기를 종교 체계에 제공할 것이다.

이런 문제점들을 해결하는 유익한 전략 하나는 종교 법전 내에서 성평등 규범에 대한 공적 담화를 더 많이 장려하는 일이다. 이것이 아마도 인도가 비준한 모든 국제 조약의 내용에 구속된다는 인도 헌법 조항과 인도가 비준한 국제 인권 문서에 의존하여 현재 수행할 수 있는 최선일 것이다. 성희롱 영역에서 대법원은 의회에 모든 형태의 여성차별 철폐에 관한 협약CEDAW, Convention on the Elimination of All Forms of Discrimination Against Women에 명시된 원칙에 부합하는 적합한 법률을 마련하도록 명령했다.[83] 마찬가지로 종교 법률 체계는 인도 헌법과 국제 조약 규범에 부합하도록 법률 체계를 개혁하는 계획을 제출하라고 요청받을 수 있다. (잠재역량 접근법 자체를 이와 연계하여 사용할 수 있다.) 문제는 누가 요청해야 하는가다. 종교적 편견으로 보아 현재의 국가 정부는 아니고, 샤 바노 사례의 역사로 보아 아마 대법원도 아닐 것이다. 어쩌면 다원주의에 찬성하는 정당과 연합하여 해당 비영리단체와 여성 단체가 그런 담론을 촉진하는 데 성공할 수 있을지도 모른다.

이제 구체적인 사례를 살펴보자.

메리 로이의 사례는 단선적이다. 그리스도교 교회가 제기하는 청구는 단순히 개체의 종교 역량에 관한 것이 아니다. 판사와 다른 정치 행위자들이 종교에 무엇이 중심적이고 무엇이 그렇지 않은지를 판단할 준비를 제대로 갖추지 않았다고 해도, 세금 수익을 긁어 늘릴 수 있는 능력이 종교 기관의 관점에서는 매우 바람직하지만 그 자체가 종교 역량은 아니라는 것 한 가지는 자신 있게 말할 수 있다. 무엇이 그리스도교의 중심핵인지를 말하기가 아무리 곤란해도, 우리는 제도화된 교회 자체를 부자로 만드는 능력이 그 중심핵에 놓여 있지 않다는 데 동의할 수 있어야만 한다. 새로운 상속 구조에 의해 교회 수입이 감소된다고 해서 그리스도교인의 예배에 부담을 주지는 않는다. 그 감소로 인해 일부 지역 교회가 문을 닫게 된다고 하더라도 우리는 처음부터 이 돈에 대한 교회의 권리가 매우 의심스럽다고 말해야 한다. 그리스도교 교회가 다른 교회가 누리는 세금 혜택을 거부당했다면 확실히 자유로운 종교 활동에 대한 문제가 되었을 것이다. 미국에서 인종차별적인 종교 대학이 면세 지위를 거부당한 것처럼 말이다.[84] 그러나 이 상황은 다르다. 그리스도교 상속 구조는 단순히 세속법, 힌두법, 그리고 이미 이슬람법을 지배하고 있는 구조와 일치할 뿐이다. 사실 더 큰 부담은 다른 측면에 있다. 대법원 판결 이전에는 그리스도교 여성들이 그리스도교인이라는 이유로 벌금을 부과받고 있었다. 이것은 미국 대법원이 셔버트 대 베르너 판결에서 자유로운 종교 활동 침해의 패러다임으로 보았던 사례와 유사한 상황이다. 이 경우에는 포획된 구성원captive member에게 종교 자체가 '벌금'을 부과하기는 했지만 말이다.

다른 측면에서도 재산을 통제할 수 있는 여성의 역량은 핵심역량 중 하나이며, 그것은 일견 다른 측면에서 적법한 청구가 있다고 해도 그 자체로 설득력 있는 국가 이익을 제공할 것이다. 메리 로이는 매우 가난했고, 그래서 그녀의 개인적인 사례에서는 역량 최저치가 분명한 쟁점이었다. 불평등한 재산권이 인도 대부분에서 여성의 일반적인 빈곤과 비참함이 편재하는 원인으로 드러날 수 있다. 확실히 '공동 상속'과 가족 공동 소유 토지에 대한 통제를 관장하는 규율의 엄격성 때문에 힌두교와 이슬람의 속인법 개혁 이전과 오늘날 이 체계에서도 여전히 그렇게 드러난다.[85] 그러나 나는 개인의 재산 통제가 최저치를 상회하는 경우에도 기본역량의 관점에서 성별을 근거로 한 차별은 그 자체로 역량 실패의 경우라고 주장한다. 그러므로 그 상속법을 [최저치를 상회하지 않는] 궁핍한 여성에게만 적용하는 것이 아니라 일반적으로 위헌이라고 선언하는 것이 옳았을 것이다. 그 사건에 어떤 법령을 적용하는지와 관련하여 대법원이 성평등 쟁점을 정면에 내세우기보다는 오히려 협소한 기술적 근거로 그 사건을 판결한 것은 다소 유감스럽다. 그럼에도 그리스도교 여성들에게는 좋은 결과였다.

힌두교 속인법의 개혁은 훨씬 더 곤란한 문제를 안고 있다. 힌두교는 쉽게 식별할 수 있는 중심핵이 없는 다양한 전통 관행의 집합이다. 그러나 제안된 개혁 일부가 매우 중심적인 문제, 예를 들어 카스트 제도를 실질적으로 뿌리 뽑기, 복혼 거부, 아동기 여성과의 결혼 계약 금지, 남성과의 동등성에 기초하여 여성이 이혼할 권리,[86] 그리고 결혼 여부와 관계없이 어떤 남성의 허락 없이도 집 밖에서 직장을 구하고 정치적 삶 전반에 참여할 여성의 권리를 논한다는 데는 의심할 여지가 없다. (심지어 딸의 재산권조차 중심적인 종교 영역 내에 있다는 주장이 제기되었다. 여성의 경제적 자율성이 힌두교 가족의 구조를 뒤엎을 것이라고 말하기 때문이다.) 힌두법 체계가 이미 일부일처제를 의무화하고 여성에게 이혼권을 주었다고 정확하게 강조되었고, 그래서 일부 지역에서 정부는 단순히 그 체계를 보다 널리 보급된 체계로 대체하는 것이라고 말할 수 있지만,[87] 그럼에도 제안된 개혁안이 많은 힌두교 지도자의 항의를 불러일으킨 것은 놀라운 일이 아니다. 그들은 제안된 변경 사항 자체와 그것이 다른 사람들은 빼고 힌두교인에게 부과되었다는 사실 모두에 항의했다.[88]

메리 로이의 사례와 달리 이러한 경우 중 적어도 일부에서는 국가가 자유로운 종교 활동에 대해 실질적 부담을 지우고 있다는 점을 우리는 인정해야 한다. (가장 분명하게 부담이 되는 경우는 지참금을 불법으로 규정하는 후속 법률과 복혼 그리고 카스트의 폐지다. 이 모든 경우는 성인이 수행하기를 바라는 종교적 행위를 수행하지 못하게 하기 때문이다. 아동 결혼은 모호한 부담의 경우다. 자녀가 의미 있는 일에 동의하기에는 너무 어리기 때문이다. 우리는 어린 딸을 결혼시키는 것이 부모의 적법한 종교적 특권이라고 인정해서는 안 된다. 여성의 이혼권은 분명히 실질적인 부담을 주지 않는다. 자유로운 종교 활동이 한 개인에게 그의 종교적 의지를 다른 사람에게 강요할 권리를 부여한다고 해석되지 않기 때문이다.) 더욱이 [힌두교 속인법 개혁으로 인한] 부담은 종교 제도와 당국만이 아니라 개인의 역량에 영향을 미친다. 이 부담은 다른 전통은 제한되지 않는 방식으로 힌두교 전통을 제한한다는 점에서 중립적이지 않고 선별적으로 부과되기 때문에 더욱더 부당하다. 한편 우리는 핵심 인간 역량이 동시대에 일어난 카스트 폐지와 마찬가지로 다른 측면에서 쟁점이 된다는 것을 분명히 볼 수 있다. 재산에 대한 통제, (지참금에 연루된 폭력의 위험에서) 신체 보전을 통제할 권리, 이동권, 집회, 그리고 정치 참여, 결혼 동의와 동등한 기초에서 이혼할 권리, 이 모두는 분명히 제안된 개혁안에서 설득력 있는 이익을 국가에 제공한다. 신체 보전에 대한 불평등한 통제, 불평등한 경제권, 불평등한 존엄성과의 역사적 연관성으로 보아 복혼도 마찬가지인 것 같다. 그러나 내가 생각하기에 복혼 쟁점은 특수한 문제를 야기한다. 나는 그것을 이후에 따로 논의할 것이다. 카스트 제도에 관한 한 근본적인 역량이 다시 한 번 쟁점이 된다. 동등한 정치적 권리, 자유로운 직업 선택권, 교육권과 재산권, 그리고 최종적으로는 동등한 존엄성과 자기 존중. 힌두스탄 타임즈Hindustan Times는 "힌두교 법전 법안Hindu Code Bill은 자유·평등·우애라는 정치적 이상을 구현하는 새로운 헌법의 사회적 측면에 상응한다"고 평한다.[89]

내 접근법은 덜 중심적인 문제에 대해서는 국가가 힌두교인에게 그들의 전통에 따라 행동할 수 있는 재량을 폭넓게 허용해야 한다고 제안한다. (예를 들어 나는 홀리 기간의 마리화나 사용이 그런 일의 하나라고 주장했다.) 그러나 이러한 근본적인 시민의 존엄성과 평등이라는 문제에 대해서는 힌두교가 자발적인 내부 개혁을 단행하기를 국가가 기다리고 있을 수 없다고 말한 (그 자신이 지정 카스트 중 하나의 일원인) 암베드카르가 옳았다. "힌두 사회는 무엇을 채택하든지 그 사회 구조, 즉 수드라의 노예화와 여성의 노예화를 결코 포기하지 않을 것이다. 이런 이유로 사회가 전진해 나아갈 수 있도록 법이 구출해 내야만 한다."[90] 이 결정은 극히 중요한 종교적 사안과 연관되기 때문에 가볍게 취급되어서는 안 되고, 실제로 가볍게 취급되지도 않았다. (암베드카르는 단순하게 세속적 인본주의 태도를 취하지 않았다. 이는 종교에 대한 헌법의 충분한 보호를 계속 지지하기 위해서였다. 헌법의 보호는 동등한 시민으로서 무슬림의 지위를 보호하기 위해서라는 맥락에서 분명히 필요했다.) 그리고 이러한 변화의 불균형적인 실행으로 이어진 정치적 압력과 소수자 권리에 대한 정당한 우려를 이해할 수 있지만, 원칙적으로 이 개혁이 차별적인 방식으로 이루어져서는 안 되었다. 한편 개혁이 이루어지지 않았더라면 종교에 기초한 다른 형태의 차별에 정부가 연루되었을 수도 있다. 이를테면 힌두교인이라는 이유로 불평등한 권리를 가졌을 수 있는 하위 카스트에 대한 차별, 그리고 당시에도 법전이 적용되는 지역의 일부임에도 파르시인, 그리스도교인, 그슬림 여성보다 더 열악한 상황에 놓였을 수 있는 힌두교 여성에 대한 차별이 있었을 것이다. 사실상 개혁은 도덕적 제약의 원칙이 부과하는 한계 내에서 종교 역량의 내재적 가치를 옹호한다. 종교적 청구가 피해를 수반한다면 그것에 동일한 비중을 두어서는 안 된다.

이 지점에서 우리는 전통의 내적 다양성과 도덕적 제약 원칙의 사회적 버전을 고려해야 한다. 설득력 있는 국가 이익을 추구하기 위해 전통의 중심핵에 어긋나는 수단을 취할 때, 전통 자체가 도덕적 이해의 제약에 따라 종교를 해석하면서 종교 자체의 이름으로 정확히 이런 변화를 요구하는 강력한 목소리를 억제하고 있었다는 점을 환기하는 것이 크게 도움이 된다. 따라서 마하트마 간디는 힌두교의 본질을 "비폭력 수단을 통한 진리 추구"라고 정의하고, 카스트 위계에 대한 그의 유명한 공격을 시작하는 데 이 설명을 이용한다. 람모한 로이와 라빈드라나트 타고르와 같은 여타 개혁가들도 역시 아동 결혼과 여성 격리를 포함한 종교의 여러 위계 관행에 의문을 제기했다. 간디와 마찬가지로 그들은 이런 관행이 힌두교의 중심핵 부분이 아니라 오히려 불완전한 역사적 관념의 표현이라고 주장했다. 개혁 당시에는 개혁과 수정 변경이라는 바로 그 실천이 전통적 선례에 부합한다고, 그리고 양쪽의 기준 모두에서 뚜렷하게 힌두교를 발견할 수 있다고 지적했다. 이 내부 논쟁은 평등에 대한 국가 이익의 결과로 인해 전통에 부과되는 부담을 치명적인 부담으로 간주할 필요가 없음을 보여주는 데 도움이 된다. 실제로 일부 종교적인 지역에서는 그것을 전혀 부담으로 간주하지 않는다. 따라서 사회적 원칙이 형식적인 정치적 원리를 지지하는 데 도움이 된다.

힌두교법의 후속 발전은 내 접근법이 권장하는 용어로 종교적 딜레마를 상당 부분 계속 해결해 왔다. 1955년 개정된 힌두교 결혼법에 있는 '부부 권리 회복'의* 구제책에 대한 논란을 적절한 사례로 들 수 있다. 이 구제책을 유지하는 일에서 새로운 법은 여성의 신체 보전을 보호하는 데 실패했다. 결혼 가정을 떠났던 여성을 강제로 다시 돌려보낼 수 있기 때문이다. 구제책은 영국 교회법에 기원을 두고 있고(그것은 사실 1970년 영국에서만 폐지되었다) 오랫동안 일부 힌두 체계의 특징이었다. 그런데 새로운 법전으로 인해 실제로 구제책을 좀 더 일률적으로 이용할 수 있게 되었다. 따라서 가정의 학대로 고통받는 여성에게 그녀가 고통을 당했던 곳으로 돌아가도록 강요할 수 있었다. 같이 살고 있는 남성의 아이를 더 이상 갖고 싶지 않은 여성에게 아이를 갖도록 강요할 수 있었다. 여성이 강제 귀환을 피하기 위해 벌금을 낼 수 있었지만, 학대받는 결혼 생활을 떠난 여성은 일반적으로 그 요건을 충족할 수 있는 위치에 있지 않았다. 1983년 사리타 대 벤카바 수바이아T. Sareetha v. T. Venkata Subbaiah 사건에서 안드라프라데시 고등법원의 초더리Choudary 판사는 신체 보전과 가임 능력을 통제하는 여성의 자율적 이익관심을 침해한다는 근거를 들어 이 구제책을 위헌이라고 선언했다.

부부 권리 회복에 대한 법령은 개인의 사생활 권리를 침해하는 가장 심

각한 형식을 구성한다. 그것은 자신의 신체가 다른 인간의 출산을 의한 수단이 될 것인지에 대한 여부와 언제 어떻게 출산할지에 대한 여성 자신의 자유로운 선택을 부정한다. 그것은 여성에게서 자신의 각 신체 부분을 언제 그리고 누구에게 감각하도록 허용해야 하는지를 선택할 수 있는 통제력을 박탈한다. 여성은 가장 내밀한 결정에 대한 자신의 통제력을 상실한다.[91]

보충 의견서에서 초더리 판사는 그 법이 헌법의 평등 조항도 위반한다고 지적했다. 형식적으로는 중립적이지만 "우리 사회의 현실"로 보아 "그 구제책"은 "실천적으로는 남편이 아내를 상대로 자신의 이익을 위해 행사하는 억압으로만 작용한다."

초더리 판사는 종교적 쟁점에 관해서 힌두 전통에서 배우자의 강제 귀환을 의무화하는 곳이 없다고 조심스럽게 지적했다. 법은 종교가 도덕적 의구로 고려하는 것을 법적으로 강요함으로써 전통을 넘어섰다. 오히려 그는 그 구제책이 영국에 기원을 두고 있다고 주장했다. 그러나 전체적으로 그의 주된 관심사는 여성의 자기 신체에 대한 권리를 보호한다는 설득력 있는 국가 이익의 본성이었고 그 이익이 (지금까지는) 힌두법의 전통적 특징 유지를 위한 힌두교의 이익에 우선한다는 데는 의심할 여지가 없었다. 대법원은 그 구제책이 "혼인 파탄 방지에 도움을 줌으로써 사회적 목적에 기여한다"고 주장하며 하급 법원의 판결을 기각하면서 대립했다. 이와 관련된 결정에서 대법원은 힌두 여성의 의무는 결혼 가정에서 남편과 함께 사는 것이라고 판시했다.

분명히 내 접근법은 초더리 판사의 헌법적 추론, 즉 인도 헌법이 이 접근법을 실행하는 데 필수인 자료를 모두 함축하고 있음을 보여 주는 이 추론을 지지한다. (방글라데시의 유사한 사건이 대법원 수준에서 동일한 방식으로 결정되어 그 구제책은 이제 방글라데시 법에서 삭제되었다.)[92]

샤 바노 사례는 난해한 쟁점을 제기한다. 시작부터 내 접근법의 동기가 되었던 소수 종교의 권리와 관련되기 때문이다. 힌두교가 인정하는 버전은 힌두 속인법 개편을 견뎌내고 살아남을 것이 분명해 보였지만, 무슬림 속인법 체계가 그 권력을 심각히 제한받게 된다면 인도 이슬람이 큰 고통을 겪게 될 것이라는 두려움에는 타당한 이유가 있다. 형사소송법에 따른 생활유지비 명령이 전통적인 이슬람법에 전혀 모순되지 않는다는 찬드라추드 대법원장의 주장은 옳았다. 그러나 그가 이슬람법을 구성하는 것이 무엇인지 말하려고 했다는 바로 그 사실 자체가 힌두 지배의 유령을 불러낼 수 있다는 불안을 일으켰다. 그에게는 기본적인 생활유지비 문제에서 이슬람법을 따르지 않으면서 도덕적 제약의 원칙을 발동할 권원이 있었다. 하지만 이슬람에 무엇이 중심이고 무엇이 중심이 아닌지를 선언할 때 사회적인 강한 도덕적 제약 주장을 사용하려는 그의 시도는, 특히 헌법의 근본과 기본 정의의 문제를 다루는 사건에서 매우 선동적이고 현명하지 않았다. 무슬림 정부 장관 안사리Z. R. Ansari의 반응이 전형적이다. 그는 의회에서 대법원이 신성한 이슬람 경전을 해석한다고 추정하여 월권이라고 비난하는 연설을 했다. "당신이 **탐볼리**tamboli(담배 판매원)에게 **텔리**teli(석유 판매원)의 일을 시킨다면 일이 잘못될 수밖에 없다." 이슬람의 **울라마**ulema는* 그 판결을 샤리아의 권위에 대한 공격이라고 비난했다. (광범위한 거리 시위를 수반한) 성직자들의 이러한 반응은 정치적

---

*   울라마(ulema/ulama)는 이슬람 학자들을 일컫는 말이지만 단순히 교수나 지식인을 의미하지 않는다. 울라마는 알라의 사도이자, 이슬람법의 수호자라고 할 수 있다.

논쟁이 날뛰는 장을 마련했다. 도덕적 제약 논증은 이슬람 페미니스트에 의해서도 이용되었다. 공식적인 국가 정책은 중심핵이 되는 정치적 원리의 해석에만 의존하면서, 이러한 비공식적 사회 논쟁을 하는 역할은 그들에게 맡기는 편이 더 나았을 것이다.

이론적인 면에서 볼 때, 이혼 후 생활유지비에 대한 쟁점이 핵심역량어 영향을 미치는 심각한 쟁점이라는 데는 거의 의심할 여지가 없다. 이는 우리가 형사소송법에 따라 항소할 수 있는 생활유지비 사례의 하위집합을 고려할 때 더욱 분명해진다. 생활유지비를 받기 위해 여성 원고는 그것을 받지 못하면 자신을 부양할 수단이 없다는 것, 잔인함과 무시를 겪고 있으므로 남편과 함께 살아가는 것이 불가능하다는 것, 그리고 자진해서 남편을 떠난 것이 아니며 남편이 적합한 재산을 가지고 있다는 것을 증명해야만 한다. 이와 같은 사례에서 생활유지비 명령을 거부하는 것은 가장 극적이고 절박한 역량 실패 사례를 야기한다. 생활유지비를 거부당한 후속 사례는 무슬림 여성법이 무슬림 여성에게 가한 부담을 보여 준다. 1986년 이후 서벵골에 대한 묵호파디아이Maitrayee Mukhopadhyay의 연구는 심각한 불이익에 직면하여 빈약한 생계를 위해서도 친척에 의존할 수밖에 없는 여성을 보여 준다. (이 여성들은 대부분 문맹이고 어떤 직업 훈련도 받지 못했다. 나이가 많은 경우가 흔했다. 샤 바노의 남편이 그녀를 쫓아냈을 때 그녀는 74세였다.) 설상가상으로 이 여성들의 궁핍은 실질적으로 그들의 자녀들의 교육을 해치는 효과를 초래했다. 그렇지 않았다면 학교에 다녔을 자녀들이 그들의 어머니를 부양하기 위해 일터로 내몰렸기 때문이다.[93]

무슬림 여성들은 역량의 침해뿐만 아니라 자유로운 종교 활동의 문제와 종교에 근거한 차별의 문제가 심각하다고 지적할 수 있다. 자유로운 종교 활동 쟁점은 무슬림 여성이 무슬림 정체성에 특별히 감격하지도 않고 무슬림이 되거나 무슬림으로 남는 일에 관심이 없는데도, 단순히 가족 구성원이라는 사실 때문에 무슬림 법체계에 따라 분류된다는 그 사실에서 비롯된다. 일단 개별 체계 내에서 결혼과 이혼이 발생하면 생활유지비 쟁점은 그 체계에서 조정하게 되어 있다. 따라서 샤 바노는 사실상 세속인으로서, 또는 힌두교인으로서, 또는 그녀가 원하는 그 외에 무엇으로서도 자신을 정의할 기회를 박탈당했다.

이것은 종교에 기초한 차별이라는 쟁점으로 직결된다. 무슬림 여성만 형사소송법에 따른 생활유지비에서 제외된다. 무슬림 학자 조야 하산Zoya Hasan이 주장하듯이 "다른 신앙을 지닌 여성이 이용할 수 있는 권리를 무슬림 여성에게 주지 않는 것은 국가가 종교를 이유로 어떤 시민도 차별해서는 안 된다는 헌법 조항을 위반한다.[94] (아파Apa라고도 알려진) 무슬림 여성 활동가 샤자한Shahjahan은 1986년 법1986 law이 통과되던 날 의회 앞 연설에서 그 문제를 보다 직설적으로 거론한다.

당신들이 무슬림 여성을 위해 별도의 법을 제정하여 우리가 이 나라의 시민이 아니라고 말하고자 한다면, 당신들은 왜 힌두스탄이나 파키스탄이 아니라 아우라트스타탄Auratstatan(여성의 땅)이라는 또 다른 나라를 세워야 한다고 우리에게 분명하고 뚜렷하게 말하지 않습니까?

무슬림 지도자들은 형사소송법이 무슬림 지도자들의 권력에 미칠 영향을 너무 걱정하는 바람에 다른 면에서 지적할 수 있는 심각한 종교적 쟁점을 쉽게 잊어버리고 말았다. 사실상 그들은 실제로 무슬림 여성을 비시민권자로 취급했다. 무슬림 지도자들은 무슬림 여성의 자유로운 종교 활동과 차별금지 청구를 무시함으로써 개인 역량의 원칙을 침해하고, 자신들의 권력을 강화하기 위해 집단에 해를 끼침으로써 도덕적 제약의 원칙도 침해했다. 내가 언급했듯이 여성 단체는 이 법안이 종교 차별을 반대하는 헌법 조항의 위반이라고 반복적으로 대법원에 청원하며 이의를 제기했다.[95] 샤 바노 판결의 여파로 대중의 공격에 충분히 시달리면서도 대법원이 이 청원에 전혀 응답하지 않았지만 말이다.

요약하자면 종교적 쟁점 자체는 단일한 방향을 가리키지 않는다. 실제로 자유로운 종교 활동에 더 중요한 청구는 무슬림 여성의 편에 있는 것으로 보인다. 그리고 역량 쟁점도 마찬가지로 여성들 편에 있다. 그러므로 [샤 바노 사례의] 결과는 여성에게도 종교에도 매우 유감스러운 일이다.

샤 바노 사례는 라지브 간디 정부가 힘 있는 보수 성직자들의 목소리에만 귀를 기울이면서 인도 이슬람 전통의 다양성을 지속적으로 무시한 결과다. 토론 내내 많은 이슬람 사상가들이 퇴행하는 무슬림 여성 법안에 반대했다. 그들 중에는 정치가, 지식인, 그리고 이슬람 여성 단체도 있다. 그들은 이슬람의 핵심인 연민을 수반한compassionate 도덕적 염려가 종교적 관점에서조차 빈곤한 여성들을 위한 더 적합한 생활유지비를 의무화한다고 주장하면서 설득력 있는 도덕적 제약 논증을 했다. 따라서 그들은 헌법 원칙의 중심핵과 이슬람 전통의 중심핵 사이에 실제로 간극이 없다는 것을 매우 설득력 있게 여증했다. 그러나 정부는 가부장적 성직자를 진정한 공동체 대표로 내세운 소그룹에 적법성을 주어 그들의 견해를 완전히 무시했다. 한 무슬림 장관이 성평등에 대한 무슬림 의견을 무시하는 데 대해 항의하며 정부에서 사임했지만 말이다. (라지브 간디가 이렇게 행동한 데에는 그가 주요한 이슬람 보수주의자와 거래를 했다는 타당한 근거가 있다. 그는 여성의 생활유지비에 대한 허가와 아요디아Ayodhya의 분쟁 중인 사원 재개방과 관련하여 힌두교인에게 주는 허가를 교환했다.)[96] 자유주의 무슬림을 선도하는 지식인 중 하나가 그 문제를 다음과 같이 요약했다.

> 공동체 내의 자유주의적이고 진보적인 의견은 무시당했고, 울라마가 무슬림의 포괄적인 관심사와 이해관계를 정의하는 과제를 독점하게 되었다. 널리 인정되고 있듯이 무슬림 신성의 목표는 샤리아를 옹호하고 그들이 지각하는 한에서 신성에 따라 제정된 법을 변경하게 될 법안의 입법에 저항하는 것이었다. 그러나 정부는 이를 더 잘 알았어야 했다. 울라마의 해석은 최종적이거나 번복할 수 없는 것이 아니었다. 정부는 다른 사고 경향, 즉 다른 해석을 무시하기로 선택했다. 왜냐하면 부분적으로는 정부 자체가 무슬림은 종교 공동체이며, 신학자가 그것의 유일한 대변인이고, 종교의 법과 공동체 정체성 사이에 명확한 등식이 존재한다는 기저에 놓인 가정을 공유했기 때문이다.[97]

사실상 정부는 이 장의 서두에서 내가 지적한 전통주의 반대자와 같은 오류를 범했다. 그들은 종교의 전통을 가장 가부장적이고 정치적으로 권리를 침해하는 목소리와 동일시했다. 그 무슬림 지식인은 이슬람 내에서 진행되고 있던, 종교 자체의 이름으로 여성의 지위 변화를 지지하는 도덕적 제약 논증을 더 제대로 인식했어야 했다.

이 오류는 종교 다원주의에 대한 진지한 관심에서 비롯되었을 수 있지만, 실제로는 다원주의를 훨씬 더 악화시켰다. 이제 힌두교 근본주의자들은 무슬림 여성 법안을 힌두교가 이슬람보다 도덕적으로 우월하다는 표지라고 지적한다. 힌두교 민족주의 담론에서 묘사되는 전형적인 무슬림 남성은 복혼으로 여성을 억압하는 자이며, 성폭력자일 가능성이 높다. 반면 힌두교 남성은 여성을 단지 성적 대상으로만 취급하지 않는 온건하고 계몽된 모습으로 표현된다. 이런 고정 관념은 법적 차별을 포함하여 무슬림을 차별하는 원인이 된다. 익명을 요구하며 인터뷰에 응한 한 치안판사는 "무슬림이 우리 법정에 들어올 때 우리는 이미 편견을 가지고 있으며 … 그들이 서너 번씩 결혼하는 것에 반감이 든다"고 말했다. 알리포레Alipore 형사 법정의 하위 분과 사법 치안판사는 승인을 기대하면서 노골적으로 (힌두교) 여성 면접관에게 괄했다. "그들에게 결혼은 아무것도 아니다. 그들은 결혼하고, 자녀 몇 명을 낳고는 아내를 떠난다 … 무슬림 여성은 집에서 기르는 개보다 열악하다."[98] 이것은 기본 교리가 일부 핵심적인 측면에서 남녀의 본성과 능력이 동등하다고 선언하며, 성평등을 크게 지지하는 종교에는 결코 바람직한 결과가 될 수 없다. 따라서 무슬림 성직자의 행동은 부당할 뿐만 아니라 비생산적이었다.

세 가지 사례 모두에서 내 접근법은 서로 다른 방식으르 종교적 관행을 거슬러 일반적으로 적용할 수 있는 법칙을 뒷받침한다. 나는 이런 뒷받침이 항상 모든 사례에 해당하는 것은 아니라고 말했다. 그런데 여성 불평등과 관련된 관행이 있는 사례에서 이것이 해당하지 않을 때가 있는지를 물을 수는 있다. 속인법에 따른 전통적인 여성 불평등의 영역 대부분이 핵심역량에 연관되기 때문에 이것은 대답하기 어려운 질문이다. 그러나 적어도 개인이 종교를 바꿀 자유가 확고하게 확립되어 있다면, 정부가 변화를 강요하는 데 설득력 있는 이익이 없는 종교 관행 영역이 있을 것이다. 그런 영역은 종교조 기능의 할당을 두드러지게 포함할 것이다. 나는 다른 곳에서 성평등의 공적 규범이 로마 가톨릭 교회에 여성 사제 고용을 강요해서는 안 된다고 주장했다. 대체로 그들이 남성과의 평등을 기초로 여성 경비원 고용을 강요해야 한다고 하더라도 말이다.[99] 그러나 이것은 여성들이 원하지 않는다면 가톨릭교인이 되지 않을 수 있는 완전한 자유가 있는 한에서만 그렇다.* 내가 서술했던 그 체계로 보아 인도의 사례는 그렇지 않다. 그런 자유가 보장된다고 가정한다면, 내 원칙은 모든 종교에서 유사한 종교 관행을 보호할 것이다. 예를 들어 정통 유대교는 성별로 분리된 예배 장소를 유지할 수 있을 것이다. 비정통 유대교인들에 대한 동등한 인정을 거부하는 정부 정책이 이러한 면제 사례를 무효화하고, 이는 여성들의 실질적인 선택권을 부정하는 것이지만 말이다. 마찬가지로 의복과 장신구를 성별로 구분하는 규범이 보호될 것인데, 이것은 일반적으로 적용할 수 있는 법칙 일부에 저촉된다. 예를 들어 이 원칙에 따라 프랑스 정부는 스카프 착용이 성별 서열의 상징이라는 일반적인 의식이 있다고 하더라도 소녀들이 무슬림 스카프를 착용하고 학교에 출석하는 것을 허용하라는 요구를 받는다. 학교는 소녀들이 이런 문제에 대해 독립적으로 선택할 수 있도록 준비시켜야 하며, 여성과 남성이 시민으로서 동등하다고 가르칠 수 있고 가르쳐야 한다. 그리고 소녀들이 스카프를 벗기 원한다면 그들을 지원해야 한다. 그렇지만 그 관행을 금지해서는 안 된다.

종교 단체가 통제하는 교육 기관과 관련된 사례 집단은 다루기가 매우 까다롭다. 인종 차별로 인해 밥 존스Bob Jones 대학교는 세금 면제 지위를 잃었지만, 노트르담 대학교는 총장의 요건이 사제 즉 남성이어야 한다는 사실로 인

---

* 사제 고용은 종교적 문제이므로 국가의 이익관심을 근거로 여성을 고용하라고 강요할 수는 없다. 그러나 여성들이 가톨릭교도가 되지 않을 자유가 없다면, 그것은 종교만의 문제가 아니라 여성 인권에 관련되므로 국가의 이익관심 대상이 된다.

해 세금 면제 지위를 잃지 않았다. 밥 존스와 마찬가지로 이것은 정부가 성평등에 따른 설득력 있는 국가 이익이 면제 철회를 요구할 수 있다고 적절하게 판단할 수 있는 사례다. 인종 차별을 종교 전통의 표현으로 허용할 수 없다는 것이 현대 논쟁의 특성이다. 반면 성차별은 항상 그래 왔던 그 방식으로 받아들인다. 우리는 예배의 중심핵코다는, 행정적이고 교육적인 기능과 관련해서 세금 면제를 허가하는 일이, 연방 정부가 수용할 수 없는 성평등 승인에 관한 일인지를 판단해야 한다. 인도의 대학교는 대부분 공립이어서 공적 구범이 성평등 문제를 직접적으로 통제한다. 그러나 수많은 그리스도교 학교가 있고, 그중 일부는 성평등 요건에 따른 면밀한 검토가 필요한 대상이 될 수 있다.

내 원칙을 따를 경우 가장 난해한 사례는 전형적으로 성차별 역사와 분리할 수 없으며 아직도 일부 종교 전통의 중심에 있다고 여겨지는 복혼이다. 무슬림이나 힌두교인, 또는 모르몬교인이 이런 이유로 일반적으로 적용할 수 있는 법칙에 대한 면제를 받아야 하는가? 나는 이 질문에 대해 추상적으로 답할 수 없다고 생각한다. 복혼에 추상적으로 여성을 억압하는 요소는 없다. 특히 그 관행을 양성 모두가 이용할 수 있다면 더욱 그렇다. 예를 들어 케랄라의 여성은 11세기 이후로 여러 번 결혼할 수 있었고, 이 자유는 그 지역에서 여성에게 높은 지위를 부여하는 주요 원천이었다.[100] 복혼에 반대하는 이유는 그것이 종종 남성에게만 가능하기 때문이고, 전형적으로 여성이 불평등한 재산권과 이동권·결사권·자기 결정권을 갖는 법적·전통적 정권에 연결되어 있기 때문이다. 그러나 복혼을 반대하는 근거가 종종 상이한 관행을 지닌 집단에 관한 두려움과 무지에 연관된 매우 나쁜 사례도 있다. 따라서 나는 모르몬교의 복혼이 여성의 법적 평등, 그리고 그들이 바란다면 그 공동체를 떠날 수 있는 자유가 안전하게 확립되어 보호되는 한, 그리고 그 법이 진정한 종교적 이유로 스스로 복혼을 바라는 여성에게 유사한 기회를 확대하는 한 허용되어야 한다고 믿는다.

오늘날 인도의 상황은 힌두교인-무슬림 갈등의 특정 국면과 분리할 수 없다. 힌두교인에게 무슬림 복혼은 처음에는 자신들도 유지하기 위해 분투하는 부러운 자유로 지각되었고, 어느 정도 여전히 그렇게 지각되고 있다. 보다 최근에는 그것이 점차 힌두교 우파에 의해 여성 억압의 관행으로 규정되었고, 그래서 힌두교인이 무슬림을 멸시할 기회로 삼았다.[101] 독립 당시 무슬림 소수자의 취약성을 고려할 때(그리고 복혼이 힌두교 관행보다는 무슬림 관행에 더 중심적이라는 점을 고려할 때), 그것이 불평등을 내포하고 있음에도, 실천적인 관점에서 힌두교인의 복혼을 없애고 무슬림의 복혼을 유지한 것은 옳았다고 믿는다. 이 맥락에서 복혼은 아마도 성별 서열과 분리될 수 없기 때문에 시간이 지나면서 무슬림 공동체 전체에 대한 존중과 지지의 분위기에서만 전면적인 금지로 나아가는 편이 좋을 것이다. 결국 복혼은 소수의 무슬림만이 실천하고 있으며,[102] 종교적 요건도 아니고, 모르몬교인에 비해 무슬림에게 종교적으로 중심적이지도 않다. 존중과 지지의 분위기가 현재 존재하지 않는다는 것은 의심할 여지가 거의 없다. 그러므로 복혼은 자유주의 무슬림 관점을 진작하고 속인법 체계의 내부 개혁을 장려하기 위한 노력이 이루어지는 가운데 유지되어야 할 것이다.

7. 자녀와 부모

나는 지금까지 내 접근법의 초점을 어떻게 성인 여성이 시민으로서 완전히 동등하게 역량을 보호받을 수 있는지에 맞췄다. 그러나 자녀 양육은 즉같이 중요하고 훨씬 더 복잡하다. 한쪽 측면에서 국가는 아동 역량을 보호하는데 특히 강한 이익관심을 보인다. 그들은 미래의 시민이고 가족 단위의 자발적인 구성원은 아니기 때문이다. 그러나 가족 유지에 국가의 이익관심을 보인다는 측면에서 국가가 아동의 삶에 개입하는 힘에 적어도 어느 정도는 제한이 있다고 인정한다. 부모는 자신의 종교로 자녀를 양육하고 자신이 속해 있는 전통을 지속하는 일에 극히 강한 이익관심을 보인다. 국가는 이런 이익관심을 인정해야 하며, 성인 여성과는 다소 다르게 아동을 대우해야만 한다. 부모가 자녀에 대해 적어도 일부 적법한 권리를 지니고 있기 때문이기도 하고 부모의 권한과 자녀의 경제적 의존으로 인해 자녀의 선택을 확인하기 어렵기 때문이기도 하다. 아동 역량이라는 보다 큰 쟁점이 다음 장의 주제이기는 하지만, 지금 우리는 종교 교육의 맥락에서 그 쟁점에 접근할 필요가 있다.

자녀에 대한 부모의 종교 교육과 미래 시민에 대한 국가의 이익관심 사이에 생겨나는 충돌은 수없이 많다. 가장 관심을 끄는 사례 대부분은 의무 교육과 아동 노동에 연관된다. 인도에는 보통 14세까지 의무 교육을 명령하는 법이 있지만, 국가가 이 법 또는 이 시기에 아동 노동을 반대하는 법(서론 참고)을 시행할 위치에 있지 않다. 헌법 전통이 아직 이 영역에서 명확한 경계를 명료화하지 않고 있다. 그러므로 나는 미국 헌법으로 다시 돌아가서, 최소한 내 접근법이 권장하는 일반적인 아이디어를 제공하는 세 가지 사례를 논의할 것이다.

피어스 대 수녀회Pierce v. Society of Sisters[103] 판결에서 대법원은 자녀의 종교 학교 선택을 금지하고, 부모에게 자녀를 공립학교에 보내도록 요구하는 오레곤법을 무효화했다. 대법원은 부모가 "평판이 좋은 교사와 장소를 선별하여” 자녀의 교육을 지도하는 일에 근본적인 자유 이익관심liberty interest이 있다고 주장했다. 오레곤 법이 국가가 “아동이 공립 교사에게만 지도를 받도록 강제하여 아동을 표준화”할 수 없다는 자유 이익관심을 부당하게 침해한 것으로 간주되었다.[104] 대법원은 부모에게 부여하는 허용범위를 주의 깊게 제한했다.

합당하게 모든 학교를 규제하며 교사와 학생을 시찰하고, 감독하고, 심사하는 국가 권력을 상대로 의문을 제기할 수 없다. 다시 말해 적령기의 모든 아동은 학교에 다니고, 교사는 훌륭한 도덕적 성품과 애국 성향을 지녀야 하며, 좋은 시민에게 명백하게 필요한 특정 교육을 해야만 하고 공공복지에 분명하게 해를 끼치는 어떤 것도 가르쳐서는 안 된다.

그럼에도 이 의견서는 부모가 자신의 자녀를 위해 종교 학교를 선택할 수 있는 권리를 근본적으로 확인하는 것이다.

내 접근법은 이러한 해결책을 강력하게 지지하며, 국가가 시민성에 필수라고 간주하는 특정 교육을 요구할 수 있다는 조건을 포함한다. (나는 국가가 교사에게 ‘애국적’이어야 한다고 요구하거나 “공공복지에 배치된다”는 이유로 일부 학습 영역을 제외할 수 있다는 아이디어로 골치를 앓고 있다. 그러나 이것은 내가 여기에서 초점을 두고자 하는 쟁점이 아니다.) 미래 시민의 적절한 교육에 대한 설득력 있는 국가 이익은 이러한 적절한 규제를 통해 충족될 수 있으며, 오레곤법이 보여 준 정도로 부모의 자유를 침해하는 것을 정당화하지 않는다. 국가는 시민성에 필수적인 교육이 무엇인지 주의 깊게 고려해야 한다. 나는 이 지점에서 이스라엘이 역사나 시사 교육을 제공하지 않는 초정통파 학교를 인증할 뿐만 아니라 자금까지 지원함으로써 심대한 오류를 범하고 있다고 생각한다. 롤스가 제안한 바와 같이, 모든 학생에게 기본적인 시민 문제와 기존 공공 헌법 질서의 기초를 가르쳐야 한다는 요구는 최소한의 기준이 될 것이다. 이 가르침은 미국과 마찬가지로 인도에서도 여성이 공공 헌법 질서에 따라 동등한 권리와 책임이 있는 완전한 시민이라는 가르침을 포함해야 할 것이다.[105] 공공 정치 개념에 관한 이 가르침은 각 종교가 자신의 포괄적 견해를 계속해서 가르치는 것과도 완전히 부합한다. 특정 유형의 헌법에 서명하기로 동의한 종교라면, 기본적인 정의인 공공 정치 문제에 대한 '중첩적 합의'를 나머지 가르침과 어떻게 조화시킬지를 고민해야 할 것이다.[106] 이러한 제약 내에서 종교 학교의 교육은 (나는 공적 기금 지원은 선택지가 아니라고 믿기는 하지만) 선택지로 보호되어야 한다.

의무 교육이 종교의 요구와 상충하는 것처럼 보일 때가 있다. 이런 경우에 나는 균형잡기 접근을 선호하는데, 이는 자유로운 종교 활동에 실질적인 부담이 존재하는지, 그렇다면 해당 교육에 대한 설득력 있는 국가 이익이 있는지를 물어야만 하기 때문이다. 위스콘신 대 요더[107]소송에서 보수파 아미쉬 Old Order Amish 구성원은 자녀를 16세까지 공립학교나 사립학교에 보내도록 요구하는 위스콘신의 의무 교육법에 대한 면제를 요청했다. 그들은 14세 이후의 자녀들을 학교에 보내기를 거부했다. 자신들의 종교적 전통을 지속하기 위해 농사와 가사 기술을 가르치고 "수공업과 자립에 호의적인 태도"를 전수해야 하는 그 시점에서 세속적인 세계로부터 자녀들을 분리할 필요가 있다고 주장했다. 대법원은 해당 법이 그들의 자유로운 종교 활동에 실질적 부담을 부과한다는 데 동의하고, 국가가 이 특정 집단의 아동에게 이 마지막 2년간의 교육에 설득력 있는 이익이 있음을 입증하지 못했다고 판결했다. 일반적으로 국가는 "시민이 우리의 개방된 정치 체계에 효과적이고 지성적으로 참여하도록

… 그리고 사회에서 자립적이고 자기 충족적인 참여자가 되도록” 준비하는 데 “설득력 있는 이익”을 갖는다. 하지만 판시에 따르면 아미쉬는 매우 유능하고 자립적인 시민이며, “그들의 교육 부족이 사회에 부담을 주지” 않는다는 것을 보여 주는 증거들이 있다.

이것은 내 접근법으로 다루기 매우 어려운 사례다. 실제로 이 사례는 내 접근법이 선을 긋는 지점을 정확하게 보여 준다. 한편으로는 국가에는 미래 시민의 역량에 대한 설득력 있는 이익이 있다. 다른 한편으로는 이 특정한 2년이 역량을 결정하는 중요한 요인인지가 그렇게 명확하지 않으며, 이를 요구하는 것이 자유로운 종교 활동에 실질적 부담을 부과한다. 더 복잡한 문제는 이 사례가 의견서에서 무시되고 토론에서 거의 언급되지 않은 심각한 성평등 측면을 가지고 있다는 점이다. 아미쉬 남아는 바깥 세계에서 시장성이 높은 농사와 목공을 배우지만, 여아의 경우 그들이 공동체를 떠나기로 선택한다면 시장성이 낮은 가사 기술을 배운다. 따라서 교육에 관한 국가의 이익관심은 시민의 동등성에 관한 이익관심에 연결되고, 결국 이것은 그 이익관심이 설득력 있는 이익이라는 견해를 지원할 수 있다.[108]

그 사례의 성평등 측면이 충분히 탐구되지 않은 부분이 있고, 논란이 되는 여러 경험적 쟁점이 관련되어 있기 때문에 이는 확실히 어려운 사례다. 여기서 내 제안의 두 부분이 가장 난해한 방식으로 서로 균형을 이루고 있다. 분명 내 제안은 종교를 향한 최대한의 보호를 보여 준다. 많은 사람이 시민의 역량을 형성하는 데 중요한 부분이라고 믿는 것으로부터 종교가 면제받을 수 있다고 허용하기 때문이다.

마침내 우리는 아동 노동이라는 쟁점에 이르렀다. 프린스 대 매사추세츠 Prince v. Massachusetts 사례는[109] 숙모를 보호자로 두고 있는 9살 소녀에게 적용된 매사추세츠 아동노동법과 연관이 있다. 숙모는 그 종교의 요구에 따라 길거리에서 여호와의 증인 팸플릿을 나눠 주기 위해 어린이를 데리고 나갔다. 그 어린이 자신도 분명히 숙모와 동행하기를 원했고 그렇게 하지 않으면 "아마겟돈에서 영원한 멸망"을 당할 운명이 된다고 믿었음에도 대법원은 아동복지를 보호하는 국가의 이익은 설득력이 있으며 보호자와 어린이 모두의 자유로운 종교 활동 권리보다 우위에 있다고 판결했다.

이러한 자유와 국가 권한 행사 사이의 조율은 항상 세심함이 필요하다. … 한쪽에는 양심과 종교 실천의 자유에 관한 분명하게 열성적인 청구가 있다. 여기에 자신의 가정과 자녀 양육의 권한에 대한 부모의 청구가 가세한다. … 이러한 민주주의 기본인 신성한 사적 이익관심에 맞서, 아동의 복지를 보호하기 위한 사회의 이익관심이 있다. … 민주주의 사회는 젊은이들이 시민으로서 충분히 성숙해질 수 있도록 사회의 지속이 내포하는 모든 건강하고 균형 잡힌 성장에 의존한다. 사회는 광범위한 선택 범위 내에서 이를 방해하는 제약과 위험을 막을 수 있다. 이러한 조치가 가장 타당한 해악은 아동 고용의 해로운 영향, 특히 공공장소에서의 고용과 길거리의 다양한 영향에 노출된 다른 활동에서 발생할 수 있는 해악들이 있다.

국가의 이익관심이 승리했다. 그러나 대법원은 이것을 종교적 양육에 대한 국가의 추가적인 간섭이 보장될 수 있다는 의미로 받아들여서는 안 된다고 조심스럽게 말했다.

나는 이것이 또 하나의 어려운 사례이기는 하지만 어쩌면 잘못된 결정일 수 있다고 생각한다. 그 아동은 학교에 다녔고, 해당 '노동'은 신체적으로 위험하거나 극심하지도 않았다. 실제로 사람들이 팸플릿에 5센트를 지불했다는 이유만으로 그것이 '노동'이 되는지 알기도 어렵다.[110] 여호와의 증인은 대중화되지 않은 종교이며, 거리에서 설교를 하기 때문에 불공정한 대우를 받을 가능성이 높다. 종교적인 양육을 받는 대부분의 미국 어린이처럼 나도 교회 바자회와 박람회에서 물건을 파는 데 많은 시간을 보냈지만, 경찰이 개입하는 문제는 조금도 없었고 내가 알고 있는 어떤 아이도 그런 일을 겪지 않았다. 이것을 경찰이 잘 갖추어진 교구 회관 내부의 부유한 성공회 교인을 골치 아프게 여기지 않았기 때문이라고 할 수 있을까? 그렇지만 교구 판매대에서 쿠키를 파는 일은 성공회의 중심핵과 거리가 멀다. 반면 **파수대**Watchtower를 파는 일은 베티 프린스가 믿는 종교의 심장부에 있다. (제1차 수정안이 경찰을 막지 않는다고 하더라도, 사실 경찰은 **학교** 판매대에서 물건을 파는 어린이를 신경 쓰지 않는다.) 내가 보기에는 원고들이 종교적 차별을 표명하는 것은 옳은 일이며, 우리가 제대로 이해한다면 이 사례는 국가가 예방을 통해 강제할 만한 이익을 얻을 수 있는 어떤 병폐를 내포하고 있지 않다. 그런데 이 사례는 아동 노동이 만연하고 경제 활동에 깊숙이 얽혀 있으며 기존 자원으로는 근절할 수 없는 인도의 상황과는 거리가 멀다. 그래서 이렇듯 정제된 균형잡기를 요하는 사례들에 안주하는 것은 인도 아동들이 겪는 심각한 불리함을 조롱하는 것처럼 보인다.

　요약하자면 내 균형 테스트는 자녀들에 대해 약간 다른 결과를 제시한다. 이는 부모가 자신의 자녀의 종교 교육에 적법한 이익관심을 가지고 있기 때문이다. 부모의 이익관심은 교육에 대한 국가의 이익관심을 적어도 일부 제한하고 있음을 시사한다. 그러나 그런 이익관심은 균형 있고 일반적으로 설득력이

있으며, 이것은 모든 유형의 학교 교육이 아이들에게 동등한 시민성을 준비하
도록 보장하는 광범위한 권력을 국가에 부여한다.

8. 역량과 손실

내 접근법을 따른다면, 무엇을 잃게 될까? 이 제안들이 비극적 측면을 수
반할까? 도덕적 제약의 원칙은 우리에게 사람들이 부도덕하고 해로운 방식으
로 타인 위에 군림할 수 없다고 말한다면 가치 있는 것은 아무것도 잃지 않는
다고 제시한다. 우리는 타인에게 심각한 해악을 끼치지 않는 경우에 핵심역량
을 우리의 안내자로 사용함으로써 전통을 보존할 상당한 여지를 허용한다. 그
럼에도 선택의 분위기 속에서 일부 가치 있는 삶의 방식을 유지하기 어려울
수 있음을 인정해야 한다. 역량에 대한 강조는 전통적인 위계적 삶을 살기 위
한 선택을 어떤 식으로든 가로막지 않으며, 오히려 실제로 그 기회를 보호하
고자 한다는 점, 우리가 그런 형태의 삶이 지속되고 지지될 수 있는 공간을 신
중하게 만든다는 점, 종교는 항상 다양하고 변화하는 관행들의 집합이었으며,
따라서 역량을 지원하는 방향으로 밀어붙인다고 해서 심각하게 해를 당하지
않을 것이라는 점을 강조하지만, 이 모든 것에도 불구하고 선택과 역량을 단
순히 강조함으로 인해 최소한 어느 정도 치러야 하는 대가가 있음을 인정해
야 한다. 아마도 사람들이 깊이 만족하는 방식이면서 수용할 수 없는 수준의
모욕이나 역량 불평등을 수반하지 않는 어떤 삶의 방식이 있을 것인데, 그것
이 선택의 체제a regime of choice에서 사라질 확률이 높다. 단지 사회의 압력과
대안적 선택의 가용성 때문에 말이다. 베일 착용을 의무화하지 않는 체제에서

베일 착용이 가능할 수 있다. 그리고 베일 착용을 선택하지 않는 여성에게 강제로 베일을 씌우는 체제는 상당히 잘못된 것으로 보인다. 그러나 우리는 적어도 그러한 조치의 동기를 이해할 수 있다. 베일을 계속 착용하길 바라는 여성들이 빠르게 변화하는 자본주의 사회에서 그렇게 하는 것이 극도로 어렵다는 점을 인식한다면 말이다. 이러한 사회에서 그들의 남편들은 다국적 기업에서 일하는 경우가 많고, 그 회사의 직원들은 베일 착용을 원시적인 것으로 볼 가능성이 높다.

나이 든 인도 무슬림 여성인 하미다 칼라Hamida Khala가 인류학자인 한나 파파넥Hannah Papanek에게 이러한 이야기 하나를 들려주었다.[111] 그 이야기는 선택의 체제에 잠재된 비극이 어디에 있는지를 볼 수 있도록 그리고 인간의 창의성과 종교적 관행의 역동성이 어떻게 비극을 극복할 수 있는지를 이해할 수 있도록 돕는다.

인도 북부의 교육받은 가정에서 자란 하미다 칼라는 아버지의 감독 아래 훌륭한 교육을 받았고, 성숙의 표지로 **부르카**burqua를 입고 싶어 했다. 13세에 그녀는 '현대적인' 시각으로 평판이 좋은 공무원이자 나이가 훨씬 많은 홀아비와 약혼했다. 하미다는 남편이 자신에게 퍼다를 지키지 말라고 요구한다면 자신의 가족에게 돌아가겠다는 조건으로 그 결혼에 동의했다. 하미다는 15세에 그와 함께 살기 시작했고, 그는 그녀를 그녀의 가족과 멀리 떨어진 콜카타로 데리고 갔다. 공무원으로서 그는 영국인, 힌두교인, 무슬림 동료와 일했고 부부가 정찬과 다과에 함께 참석하는 전형적인 사교 모임에 참여했다. 그녀의 남편은 자신의 사교와 직업적 발전을 방해하는 그녀의 격리에 분개하기 시작했다. 일부 동료가 여성은 별도의 방에 앉을 수 있는 정찬 모임을 주선했지만 많은 사람이 그렇게 하기를 거부했다. 마침내 한 주최자가 속임수를 썼다.

어느 날 밤 여성들은 옆자리를 비워 둔 테이블에 앉게 되었다. 갑자기 한 무리의 남성들이 들어와 비워 둔 자리에 앉았다. 하미다는 이 사건을 굉장히 고통스러워하며 회상한다.

내가 경험한 것을 말로 표현할 수 없다. 눈앞이 온통 캄캄했다. 나는 아무것도 볼 수 없었다. 내 눈에 눈물이 고였다. 내가 무엇을 먹었는지 기억나지 않는다. … 퍼다를 지키려던 나의 모든 시도와 노력이 끝났다. 나는 신앙을 잃었다고 죄를 지었다고 느꼈다. 나는 너무 많은 남성들 앞에 있었다. 모두 남편의 친구였다. 그들은 나를 보았다. 나의 퍼다가 무너졌다, 나의 신앙이었던 퍼다가.

그녀의 남편은 그 계획을 알지 못했다고 주장했고 그녀에게 깊이 사과했다. 그럼에도 그녀는 남편과 함께 있으려면 자신의 삶이 바뀌어야 한다는 것을 깨달았다. 그녀는 아버지에게 편지를 써서 조언을 구했다. 아버지는 그녀에게 결혼 생활이 위태로워질 수 있다면 퍼다를 그만두어야 한다고 말해 주었다. 그녀가 고수하는 극단적인 유형의 퍼다는 고대 이슬람 전통을 대표하지 않는다고 덧붙이며 퍼다를 그만둔 후에도 삼가며 정숙하게 행동할 수 있다고 했다. 그녀는 혼자 경전을 읽은 후에 퍼다를 엄격하게 지키지 않고도 독실한 무슬림으로 살아가는 방식이 있다는 결론에 도달했다. 그녀는 단정한 복장과 태도로 자신의 규칙을 만들어 평생을 지켰다. 긴 팔 블라우스를 입고 눈을 아래로 향하고 화장이나 장신구를 착용하지 않기로 했다. 반면 외출을 하고 일상적인 일과 사회적 업무를 실행하는 법을 배웠다. 그녀의 남편은 그녀를 지원하며 그녀의 종교를 존중했다.

하미다는 변화의 긍정적인 측면을 몇 가지 보고한다. 그녀는 외출을 통해 신체적 활달함과 강인함을 더 많이 발전시켰다. 그녀는 회계 관리 방법을 배웠고, 그것은 그녀의 남편이 심장마비로 일찍 사망했을 때 도움이 되었다. "진정한 퍼다는 정숙함"이라는 결론에 도달하자, 그녀는 파키스탄에서 보수당 지도자가 도움을 요청했을 때 베일 착용 의무화를 다시 도입하려는 정치적 운동 지원을 거부했다. 그녀는 현실적인 비용을 치르기는 했지만 자신의 종교의 중심적인 계율을 포함한 무슬림 정체성을 성공적으로 규정할 수 있었다고 느낀다. "퍼다를 그만두는 것은 나에게 큰 희생이었다." 하미다의 개인적인 강인함과 남편의 존중 덕분에 그녀가 실행 가능한 종교적 대안을 구축할 수 있었던 이 매우 순조로운 사례에서조차 그렇다면, 다른 여성들이 실행 가능한 대안을 찾지 못한 채 희생당한다는 것을 쉽게 상상할 수 있다. 서구 페미니스트가 신체의 움직임, 실천적 명령, 다양한 유대 관계를 중심에 두지 않는 삶을 상상하기 어려워하더라도, 우리는 하미다의 이전 삶이 참된 종교적 가치를 담고 있고, 되돌아보아도 모욕적이거나 수용할 수 없는 복종으로 여겨지지 않는다는 것을 알 수 있다. 그녀는 여성이 실행에 더 많이 집중해야 하고 그들이 필요한 경우 일을 관리하는 법을 배워야 한다고 판단한다. 이런 점에서 그녀는 이전 체제의 부족함을 지적한다. 파파넥은 퍼다를 지키는 여성이 관리인과 고용주를 직접 상대할 수 없을 때 중개인에 의해 기만당해 왔고 기만당하는 일이 빈번하다는 증거를 덧붙인다.[112] 그러나 그녀는 구체제가 그렇게 받아들일 수 없을 정도는 아니었으며 이런 변화를 수용했을 수도 있었다고 생각하는 것 같다.

나는 이 사례가 종교의 자유에 대한 역량 기반 접근법이 비극의 잠재성을 내포하고 있음을 보여 준다고 생각한다. 그럼에도 그것은 또한 신앙심 깊은 여성과 남성이 종교의 도덕적 이해를 변화하는 현실에 적응시키는 데 얼마나 풍부한 자원이 있는지도 보여 준다. 특히 하미다 칼라가 퍼다 의무화를 강하게 반대했다는 것이 중요하다. 하미다의 최종 판단은 그녀와 그녀의 남편이 "서로에게서 많이 배웠다"는 것이다. 파파넥의 말에 따르면 하미다는 크게 기뻐하며 보고했다고 한다. 보수적인 지도자를 대하는 그녀의 반응은 그녀가 남성들이 협조하기만 한다면 정숙의 문제는 퍼다 없이 여성들이 잘 해결할 수 있다고 생각한다는 것을 보여 주었다. 그녀는 자신이 이렇게 말했다고 보고했다. "단지 몇 명이 아니라 천 명의 여성이 한꺼번에 나오게 하자," "그러면 당신은 남성들이 얼마나 빠르게 여성을 보는 데 익숙해지고 그것에 대해 아무 생각도 하지 않게 되는지 알게 될 것이다." 하미다는 퍼다를 벗어버리면서도 정숙함을 지켰고, 그것이 실제로 중요한 문제라고 그 지도자에게 덧붙였다.

사람들은 종교를 통해 초월을 찾아 나선다. 그러나 종교 집단과 관행은 인간의 현상이다. 종교의 인간적인 부분은 그 관행에 오류가 있을 수 있으며, 국가가 보호해야 하는 중요한 인간적 이익관심에 비추어 지속적인 면밀한 검토를 할 필요가 있음을 의미한다. 한편 종교 자체가 중요한 인간적 이익관심에 속한다. 그 자체로도 그리고 인간적 선택의 중심적 활동을 표상하기 때문에도 그렇다. 이런 이유로 종교와 성평등이 충돌할 때 생기는 딜레마에 대한 해결책은 복잡할 수밖에 없으며, 분별 있게 복합적인 요소에 균형을 맞추는 판사와 다른 정치적 행위자들의 능력에 의존한다. 그러나 그들이 해서는 안 될 한 가지는 정치적 위협 앞에서 동등한 정의에 대한 헌신을 저버리는 것이다.

1985년 11월 2일, 샤 바노는 네 명의 남성 증인 앞에서 지문으로 모든 무슬림에게 보내는 공개 서한에 날인했다. 그 서한에서 [그녀는] 이슬람 지도자들이 쿠란과 하디스에 비추어 이혼과 생활유지비에 관한 명령을 자신에게 설명했다고 진술한다. 그녀 스스로 선택하거나 그녀가 이해할 가능성이 극히 낮은 법적인 언어를 사용하여 그녀는 자신의 생활유지비 청구를 포기하고 인도 정부에 대법원 판결 철회를 요구한다. 그녀는 "모든 이를 위한 통일 민법 제정을 지시하는 인도 헌법 제44조가 쿠란과 하디스에 완전히 위배된다"고 추가로 진술했다. 그녀는 정부에 통일성이라는 목표를 포기하고 이슬람 법정의 운영에 "앞으로 어떠한 간섭도 시도하지 않을 것"을 결의하라고 요청한다. 그녀는 "마지막으로 나는 나에게 곧은 길을 보여 주고 진리를 따르도록 도와주어 이 세상과 내세에서 나를 구원한 인도르Indore의 마울라나 하빕 야르 칸Maulana Habib Yar Khan과 하지압둘 가파르 사헵Haji Abdul Ghaffar Saheb에게 감사한다"라고 결론을 맺는다.[113]

무일푼인 독실한 여성의 신앙이 정치적 목적을 위해 악용당하고 있다는 결론을 피하기는 극히 어렵다. 그리고 링컨의 말을 빌리자면, 정의로운 신이 궁핍하고 나이 많은 여성에게 최소한의 생계 청구를 포기해야 한다고 요구하는 것은 극히 이상하게 보인다. 종교의 자유를 존중한다는 것이 소수 종교 지도자들에게 인간의 비참함을 영속시키고 개인의 자유를 억압하며 법으로 밀어붙일 수 있는 무제한의 허가를 내주는 것을 의미하지 않는다. 그런 경우에 정말로 "사회가 나아가도록" 하기 위해 법이 "구출하러 가야만" 한다고 말하는 것은 종교의 자유에 대한 공격이 아니라 그것의 기본적 원리에 대한 절실한 방어다.

4장
사랑, 돌봄, 그리고 존엄성

기리발라Giribala는 14세에 남편과 함께 가정을 꾸리기 위해 길을 떠났다. 그녀의 어머니는 그녀에게 필요한 냄비와 프라이팬을 모아 보따리를 만들었다. 어머니가 하는 것을 지켜보던 울찬드Aulchand는 "쌀과 렌틸콩도 좀 넣으세요. 바부babu의 집에서 일자리를 얻었어요. 돌아가자마자 일하러 가야 합니다…"라고 말했다.

기리발라는 쌀과 렌틸콩과 식용유 보따리를 들고 몇 걸음 뒤에서 걸으며 그녀가 살던 마을을 떠났다. 그는 앞서 걸었고, 이따금 그녀에게 더 빨리 걸으라고 재촉했다. 날이 저물기 시작했다.

마하스웨타 데비Mahasweta Devi, 「기리발라」, 1982[1]

자비도 없고, 종교도 없고, 정의감도 없고, 선이나 악에 대한 감각도 없는 남성들이 사는 사회에서, 그저 관습이 주요 활동이며 최고의 종교로 간주되는 사회에서, 더 이상 여성이 태어나지 않길 바란다.

이슈와르찬드라 비디야사가르, 1820-1891

피고인 자한기르 알람Md. Jahangir Alam은 결혼 후 무자비하고 잔인하며 탐욕스러운 사람으로 밝혀졌다. 피고 청원인 셀레마 카툰Selema Khatun은 피고인 자한기르 알람의 어머니이고, 피고 청원인 솔레만Md. Solaiman은 동생이다. 피고 청원인 탄다 미아Thanda Mia는 아버지이고, 피고 청원인 압둘 마난Abdul Mannan은 피고인 자한기르 알람의 외삼촌이다. 피고 청원인 하심Md. Hashim은 피고인 자한기르 알람의 가까운 친구다. 모든 피고인이 서로 공모하여 원고 페르두시 베굼Ferdousi Begum의 후견인으로부터 (지참금으로) 돈을 짜내기 위해 결혼 후 원고 페르두시 베굼을 정신적·신체적으로 고문하기 시작했다…. 마침내 1985년 9월 30일 피고인 자한기르 알람은 그의 아내 페르두시 베굼에게 20인치 컬러 TV, 라디오, 손목시계, 그리고 그녀의 형제들로부터 현금 25000타카Taka를 가져오라고 요구했다. 페르두시 베굼은 형제들에게 그런 부탁을 하러 갈 수 없다는 의사를 밝혔다. 그러자 피고인 모두가 격노하여 막대기와 곤봉lathi 등으로 베굼을 때리기 시작했다. 한 번은 알람이 그녀의 목을 졸라 살해하려고 시도했다. 또한 피고인 알람은 여러 차례 그녀를 발로 차고 머리채를 잡아 바닥에 동댕이치고 집 밖으로 끌고 나갔다. 그런 다음 모든 피고인이 그녀의 몸에서 장신구를 빼앗고 천 하나만 걸친 채로 마당에 버려 두었다. 거기에서 그녀는 피고인들이 하루 종일 행한 비인간적인 구타와 고문으로 의식을 잃었다. 모든 피고인이 저지른 구타의 결과로 그녀는 오른쪽 청력을 잃었다. 두 다리에 심하게 상해를 입어, 걷는 데 어려움을 느낀다…. 방사선 촬영에서 척수에 외상성 허탈traumatic collapse이 보였고 뼈에 탈구도 보였다.

살레마 카툰 대 국가Salema Khatoon v. State,

하비부르 라만F. H. M. Habibur Rahman J., 1986[2]

1. 사랑과 폭력이 있는 가정

여성은 사랑과 돌봄의 제공자다. 사실상 모든 문화에서 여성의 전통적 역할은 자녀를 양육하고 집, 남편, 가족을 돌보는 일과 연관된다. 이러한 역할이 이타적 관심, 타인의 필요에 대한 응답, 타인을 위해 자신의 이익관심을 희생하는 자발성과 같은 몇몇 중요한 도덕적 덕을 연상시킨다. 그것은 또한 타인의 개별 상황과 필요를 지각하는 능력과 그러한 필요를 충족시키는 방법에 관하여 풍부한 지략으로 추론할 수 있는 능력처럼 몇몇 특출한 도덕 능력을 연상시킨다. 이러한 덕과 능력들은 실행 가능한 모든 보편주의 페미니즘에서 자리를 찾아야 한다. 페미니스트들은 남성 보편주의 이론가들이 이런 중요한 가치를 단정적으로 무시한다고 오랫동안 그들을 비판해 왔으며, 존엄성과 평등이라는 자유주의 아이디어에 기반한 보편적 접근은 그 가치를 위한 충분한 공간을 만들 수 없다고 빈번하게 주장해 왔다. 페미니스트들은 자유주의 정의 이론이 사랑과 돌봄의 안식처를 개인적 발전을 위해 서로 경쟁하는 고립된,

상호 무관심한 원자적 개인들의 집합체로 바꾸어 놓는다고 우려했다.

한편 가족이 여성 억압의 유일하게 주된 현장은 아니더라도 하나의 주된 현장임을 부인하기는 어려울 것이다. 사랑과 돌봄이 가족 내에 존재한다. 하지만 동시에 가정 폭력, 부부 성폭력, 아동 성학대, 여아의 영양 결핍, 불평등한 의료 돌봄, 불평등한 교육 기회, 그리고 존엄성과 동등한 인격에 대한 셀 수 없는 무형의 침해도 존재한다. 바산티에게 가정은 주사drunken오 신체적 학대가 있는 장소이며, 오빠들이 보여 준 진정한 지원조차도 그녀에게는 믿을 수 없는 것으로 여겨졌다. 자얌마의 남편은 가계 수입의 절반을 먹고 마시는 데 썼고, 자얌마는 벽돌 공장에서 고되게 일을 하고 돌아와서 모든 집안일을 해야 했다. 게다가 남편의 습성 때문에 자녀를 교육할 수 있는 선택지를 갖지도 못했고 자녀들은 자얌마의 노력과 강인함 덕분에 살아왔음에도 그녀의 노년을 부양하지 않았다.

많은 경우에 여성이 가족 내에서 겪는 손상에는 특정한 형식이 있다. 여성은 그 자체로 목적이 아니라 다른 사람의 필요를 위한 부속물이나 도구로 취급된다. 단순한 생식자, 요리사, 청소부, 성적 배출구, 돌봄 제공자로 여겨질 뿐, 그들 자신의 권리에 따른 행위력과 가치의 원천으로 여겨지지 않는다. 내가 서두에서 제시한 사례는 이런 경향을 분명하게 보여 준다. 기리발라는 그녀의 남편에게 한 사람이기보다는 오히려 가정의 하인이었다.[3] 그녀의 역할은 렌틸콩을 들고 몇 걸음 뒤에서 걷는 것이었다. 자한기르 알릇의 가족에게 페르두시 베굼은 그녀의 형제들로부터 돈을 빼내는 장치에 불과했다. 그들에게 그녀의 신체적 안녕은 20인치 컬러 TV, 라디오, 손목시계, 그리고 소액의 현금보다 가치가 없었다.

그렇다면 가족은 사랑을 의미할 수 있지만, 방치, 학대, 격하를 의미할 수도 있다. 게다가 가족은 그 안에 포함된 내용을 재생산한다. 가족은 종종 덕의 학교가 되듯이 (그리고 빈번히 동시에) 성 불평등의 학교가 되기도 한다. 기존의 가족 이미지는 새로운 가족을 만들어 내는 태도뿐만 아니라 사회적·정치적 세계에 영향을 미치는 태도도 길러 낸다. (이런 영향은 분명히 양방향으로 이루어진다. 가족과 가족이 품고 있는 감정은 부부 성폭행, 자녀 양육권, 아동의 권리, 그리고 여성의 경제적 기회와 같은 문제에 관련된 법과 제도에 의해 형성되기 때문이다.) 가족 내에서 여성을 남성의 이용물로 간주하도록 교육받은 사람들이 사회적, 정치적 삶에서 여성을 그 자체로 목적이며 동등한 존재로 대우할 것이라고 보기는 어렵다. 존 스튜어트 밀이 오래전에 지적했듯이 남성들이 남성이라는 이유로 인류의 절반보다 우월하다고 생각하도록 양육될 때, 여성 그리고 다른 동료 시민들을 대하는 사회적 행동 전체에서 그런 태도가 형성된다. 한 소년이 자신의 어머니보다 자신이 우월하다고 생각할 때, 그리고 인생 후반에서 그가 그의 아내에 비해 "숭고하고 술탄 같은sultan-like … 우월감"을 느낄 때, 이것이 가족 밖에서의 그의 행동에 영향을 미치지 않을 것이라고 기대할 수 없다. 그것은 왕으로 태어났기 때문에 다른 사람보다 뛰어나다는, 세습 왕이나 귀족으로 태어났기 때문에 귀족적인 사람이라는 느낌과 정확히 상응한다.[4] 그리고 그것은 아마도 민주주의 사회에 그렇게 좋지는 않을 것이다.[5]

나는 아리스토텔레스와 마르크스의 관점, 즉 완전히 인간다운 기능발휘가 타인과의 호혜와 협력관계affiliation를 요구한다는 견해에 동의해 왔다. 따라서 다양한 형태의 협력관계가 가장 중요한 인간 역량이라고 생각한다. 이러한 협력관계는 다른 모든 역량에도 영향을 미친다. 협력관계가 그토록 강력한 역할을 한다고 보기 때문에, 이제 나는 인간 역량의 증진을 위해 시도하는 사회의 심장부에서 가족을 눈앞에 두고 제기되는 질문과 가족이 여성을 상대로 구축한 역할에 직면해야 한다.

나는 각 개인을 목적으로 다우하는 잠재역량 접근법이 가족의 사랑과 돌봄에 대한 적절한 가치평가와 양립할 수 없는 것이 결코 아니라고 주장할 것이다. 실제로 이 접근법은 돌봄을 가치 있게 여기고 필요한 비판적 검토를 할 수 있는 최상의 틀을 제공한다. 인간 역량의 전체 범위에 걸친 각 사람의 긴요만큼 각 사람의 협력관계의 필요를 고려함으로써, 우리는 공공 정책이 어떻게 가족을 형성해야 하는지, 또 어떤 다른 협력적 기관들을 지원해야 하는지에 관해 가장 좋은 물음을 던질 수 있다. 나는 내가 개발해 온 기본역량에 대한 자유주의적 설명이 표준적인 자유주의 절차주의 접근법보다 훨씬 더 나은 분석 틀을 제공한다고 주장할 것이다. 그것이 사회 계획의 중요한 목표이며 실천이성의 비판적 사용이 통제하는 삶 안에서 주된 도덕적 능력인 사랑과 돌봄의 주목할 만한 위치를 명시적으로 인정하기 때문이다. 동시에 어떤 기관도 '사적private'이어서 공적 검토의 목적에 해당하지 않는다고 결정하지 않음으로써 잠재역량 접근법은 최소한 일부 자유주의 이론의 공통 결함을 피한다.[*] 개인은 결사와 결정의 자유라는 형식으로 사적 권리privacy rights를 갖는다. 그러나 그 자체로 법과 공공 정책이 앞서 그 기관을 어떻게 형성했는지, 그리고 얼마나 더 잘 형성할 수 있는지를 묻지 못하게 하는 사적 권리를 가진 기관은 없다. 개인의 자유personal liberty는 가정 내에서 실행이 되거나 그렇지 않거나 중

---

[*] 이충한, 「자유주의적 정의의 한계」, 『철학논총』, 새한철학회, 2016 참고. 자유주의적 정의론의 한계가 직면한 질문은 다음과 같다. ① 자유주의적 정의론에 그것이 적용될 사회의 구체적인 역사와 맥락이 지닌 중요성을 고려하고 있는가? ② 정치적 현실성의 측면에서 다루어져야 할 실질적인 사회의 억압과 부정의의 문제를 제대로 다룰 수 있는가?

심적인 사회적 목표다. 개인의 존엄성과 온전성 또한 어디에서 그것이 위협을 받든지 중심적인 사회적 목표다.

2. 잠재역량: 목적으로서 가족 구성원 각자

가족 구조를 생각할 때 쟁점이 되는 인간 역량은 무엇인가? 살레마 카툰의 사례가 우리에게 보여 주듯이 다음의 모든 역량이 해당한다. 생명, 건강, 신체 보존, 존엄성과 비-모욕non-humiliation, 결사의 자유, 감정의 건강, 타인과 의미 있는 관계를 형성할 기회, 정치 참여 능력, 재산을 소유하고 집 밖에서 일할 능력, 스스로 사고하고 삶을 계획할 능력. 이 모든 것에는 가족 문제가 걸려 있다. 그리고 가족 기관family institution의 형태는* 여성과 남성 모두에게 이 모든 역량에 영향을 미친다. 가족은 실제로 사랑과 돌봄의 터전이며 서로 다른 가족 구조가 미치는 영향을 평가할 때 이 두 가지 역량을 경시해서는 안 된다. 그러나 우리는 가족이 그 외의 다른 역량들에 막대한 영향을 미친다는 것도 기억해야 한다. 가족은 역량 전반에 광범위하게, 그리고 처음부터 영향을 미친다. 사실상 아이들은 보통 더 좋거나 나쁜 그런 집단 배합grouping 속에서 태어나기 때문이다. 이런 바탕에서 가족은 존 롤스가 "사회의 기본 구조"라고 부른 것으로 간주될 특별히 중대한 자격이 있다. 즉 우리의 목표가 모든 시민의 정의를 증진하는 데 있다면, 정의의 원칙이 특히 적용되어야만 하는 기관이다. 마찬가지로 내 잠재역량 접근법은 공공 정책이 역량 형성에 심대한 영향을 미

---

* 이 논의에서 가족은 사회적 기본 구조의 일환으로서의 기관으로 다루어진다.

치는 모든 기관에 특별한 주의를 기울여야 한다고 제안한다. 최소한의 사회정의는 시민을 역량의 최저 수준에 도달하도록 하는 일을 포함하기 때문이다.

가족을 주목할 때 누구의 역량을 주목해야 하는가? 이에 대해, 우리는 **각 사람**each person을 주목한다고 반복해 말해야만 한다. 이대 종교의 경으처럼 **각인 역량의 원칙**principle of each person's capability이 우리를 안내해야 한다. 가족이 편만하고 일반적인 종류의 애정과 연대를 촉진하는지를 묻는 것으로는 충분하지 않다. 우리는 사랑과 돌봄의 영역에서 그리고 다른 역량의 관점에서도 가족이 구성원 각자의 역량을 위해 무엇을 하는지를 상세하게 물어야만 한다. 자유주의 전통의 특성인 기본적인 정치적 주체로서의 개인에 그렇게 초점을 맞추는 것은 때때로 정치적 목표로서 사랑과 돌봄의 가치를 소홀히 하는 것이라고 여겨졌다. 그러나 현실에서 그런 일은 없다. 이 전통이 사람들을 자신의 관심사를 우선시하고 다른 사람의 관심사를 뒤에 놓는 이기주의자egoist가 되라고, 또는 고독한 선의 개념, 즉 타인에 대한 깊은 애착이 아무런 역할도 하지 않는 선의 개념을 추구하라고 촉구한다면, 우리는 사랑과 돌봄의 내재적 가치에 무관심한 그런 이론을 정당하게 비난할 수 있다. 그러나 칸트의 버전이든 밀의 버전이든 자유주의적 개인주의는 실제로 그런 것들을 포함하지 않는다.[6] 사실상 주요 자유주의 사상가는 모두 사랑과 돌봄의 내재적 가치를 각자의 방식으로 서로 다르게 강조한다. 예를 들어 애덤 스미스가 이 가치의 진가를 인정하지 않은 것은 스토아학파 도덕 이론의 주요한 결함이었다. (칸트에 대한 쇼펜하우어의 비판에 응답하는) 존 롤스의 경우 무지의 베일을 포함하여 원초적 입장을 통해 제공된 도덕적 공평성 모델은 박애의 덕the virtue of fraternity 모델로 의도되었다.[7] 도덕 발달에 대한 롤스의 설명은 가족 내 애착에 두드러진 역할을 부여한다.[8] 마찬가지로 내 견해는 사랑과 협력관계 역량을 정치적 개념 자체에서 중심적인 역할을 하는 핵심적인 사회적 목표로 삼는다.

그런데 **각인 목적의 원칙**은 별개의 개인이 정치적 분배의 기본 단위가 되어야 함을 의미한다. 기본적인 정치적 원리는 **각자의**each 삶이 기본적 삶의 지원과 기본적 자유와 기회를 누릴 자격이 있다고 간주하면서 사회가 **각자에게** each 삶에 대한 기본적 선의 최저 수준을 보장해야 한다고 요구한다. 자유에서든 물질적 안녕에서든 어떤 개인이 결핍에 놓여 있을 때, 우리는 총계나 평균이 훌륭하다고 해서 만족해서는 안 된다. 내가 논증했듯이 그런 원칙은 우리가 가정에서 여성의 삶에 관하여 생각할 때 특히 시급하다. 너무나 자주 모든 일에서, 여성들은 정당한 권리가 있는 정치적 주체보다는 가족이라면 마땅히 그래야 한다는 듯이 유기적 전체의 부분으로 간주되었기 때문에 삶의 기본적 선을 부정당해 왔다.[9] 또한 여성들은 너무나 자주 그 자체로 목적보다는 생식자와 돌봄 제공자로 간주되어 왔다. 이것은 구체적인 실천적 관점에서 가족 내의 자원과 기회가 어떻게 분배되었는지에 관하여 지나칠 정도로 질문이 제기되지 않았음을 의미한다. 바산티와 자얌마는 서로 다른 방식으로 각인 목적에 해당하는 관심의 부재 때문에 고통을 겪었다. 바산티는 남편의 부속물로 취급받으며 쾌락이나 학대의 대상이 되었지만, 생식에 관한 중요한 결정이 필요할 때는 배제당했다. 자얌마는 가정의 가사 관리인으로 취급받았지만, 가사에서 남성들과 동등한 권리와 기회를 지닌 목적 그 자체로는 여겨지지 않았다. 이 둘의 경우 사랑과 돌봄의 기회를 없애는 것과는 별도로 더 유익하고 덜 착취적인 양식의 돌봄을 촉진하기 위해 개인의 권리와 권원에 대한 강조가 필수적인 것 같다.

여성을 도구적이고 남성 중심적으로 평가하는 방식은 기막힐 정도로 지속적이다. 심지어 다른 면에서는 심오한 도덕적 성찰이 있다고 특징지을 수 있는 삶에서조차 마찬가지다. 예를 들어 마하트마 간디의 자서전을 읽은 독자라면 누구라도 보기 드문 도덕적 깊이와 급진주의의 기이한 결합에 의아할 것이다. 식민주의뿐만 아니라 힌두 사회 질서의 전체 토대에도, 그리고 그의 아내를 향한 극히 전통적이고 남성 중심적인 태도에도 의문이 든다. 간디는 그의 아내에 대한 개인적인 질투와 성적 요구를 뉘우치기는 하지만, 아내도 성적 행위자일 수 있다고 생각하거나 그의 성적 요구의 잘못된 부분 중 하나가 극도로 자기중심적인 성격에 있다는 점을 알아차린 기색을 전혀 드러내지 않는다. 간디의 설명에 따르면 아내와 더 순수하고 조화로운 관계에 이르렀을 때조차도 그는 당연하게 행위력과 가치의 원천으로 아내를 존중한다고 암시하는 어떤 특징보다는 오히려 무엇보다도 순종과 경외라는 관습적인 아내다운 특징을 들어 그녀를 계속 칭찬한다. 이렇게 도덕적으로 탁월한 사람에게서조차 이러한 도덕적 완고함을 본다고 해서 우리가 모든 각 개인을 단순히 다른 사람의 목적을 위한 부속물이 아니라 그 자체로 목적으로 대해야 한다고 주장하는 접근법을 신뢰하지 않아야 하는 것일까?

경제학자가 가족에 대해 취하는 서로 다른 접근법 두 가지를 고찰한다면 우리는 또 다른 각도에서 각인 목적의 원칙의 중요성을 알 수 있다. 1장에서 나는 게리 베커의 접근법을 서술했다. 그는 서술적 모델링descriptive modeling 이라는 목적에 맞게 가족을 이타주의로 결합된 유기적 단위라고 가정했다. 가장이 단위 전체의 효용 최대화를 추구하면서 그 구성원의 이익관심과 특전을 생각한다는 것이다. 1장에서 나는 이 접근법이 개인에게 충분히 초점을 맞추지 못하고 있다는 이유로 반대했다. (베커도 이제는 인정하듯이) 서술과 예측에 목적이 있다고 해도 규범적 접근의 기초로는 많이 부족하다. 자원과 기회에 관련된 갈등은 가족 내 어디에서나 볼 수 있다. 이런 이유로 경제학자는 개인에 조금 더 초점을 맞춘 전략으로 가족을 **협상 단위**bargaining unit로 보는 다른 모델링으로 전환했다.[10] 이 접근법에서는 구성원이 사랑과 협력으로 결합하여 연결된다는 것을 부인하지 않는다. 다시 말해 가족은 공동의 목적을 추구하고 서로서로의 잘-살기를 가족 사이에서 가장 중요한 목적으로 간주한다. 그렇지만 희소 자원을 두고 어느 정도 서로 경쟁하는 별개의 개인으로도 볼 수 있다.

이러한 접근법을 서술적으로 사용한다면 그것은 어떤 조건이 서로 다른 가족 행위자의 협상력을 강화하는지 우리에게 알려 줄 수 있고, 공적이든 사적이든 어떤 변화가 그런 관계를 어떻게 변경하는지를 예측하도록 도와줄 수 있다. (나는 아래에서 이러한 적용에 대해 그려 볼 것이다.) 그러한 서술적이거나 예측적인 모델에 기반한 규범적 접근법은 각 구성원의 이익관심과 권리가 존중받는 **공정한**fair 협상 모델이 될 것이다. (2장에서 나는 핵심역량을 통한 접근법이 어떤 면에서는 더 많은 정보를 제공한다고 논증했지만, 계약론적 절차주의의 적합한 규범-개입norm-laden 형식이 잠재역량 접근법으로 도달하는 것과 대부분 동일한 결론에 이르게 할 수 있다고 주장했다.) 이제 우리에게는 (베커가 어느 정도 설명하듯이) 흐릿한 사랑의 빛으로 갈등을 포장한 가족에 대한 접근법이 아니라, 갈등이 어디에 존재하는지를 보고 이 적합한 이해를 기초로 우리의 규범을 규정하도록 허용하는 접근법이 필요하다.

각 사람을 기본적인 정치적 주체로 초점을 맞춘다고 해서 기본적인 정치적 목표인 사랑과 돌봄의 진가를 멸시하는 것은 아니다. 그런데 페미니스트는 자유주의적 사람 중심person-centered 접근법에 대립하는 또 다른 주장을 제기한다. 그들은 계약이나 협상의 개념을 모델로 한 접근법이 도덕적 능력과 도덕적 지각의 원천인 여성의 사랑과 돌봄의 귀중함을 경시한다고 주장한다. 그런 접근법은 그 구조 자체에 감정과 상상력을 포함하지 않기 때문에, 우리가 정치적 범위에서 올바른 정치적 과정을 분별하는 원천이 되는 능력의 가치를 과소평가하도록 유도할 수 있다는 것이다.

다시 한번 말하지만, 이 비판은 자유주의 전통을 다소 지나치게 단순화한다. 예를 들어 밀과 어덤 스미스 같은 몇몇 자유주의 사상가는 올바른 정치 과정을 수립하는 데 상상력에 매우 높은 중요성을 부여한다. 그리고 스미스가 제시한 공평한 관찰자의 추론에서 감정의 역할에 대한 설명은 감정의 생산적인 정치적 역할을 이해할 수 있는 최고의 설명으로 우리에게 남아 있다. 한편 칸트의 고도로 비인지주의적인 감정 개념에 영향을 받았을 칸트식 전통의 자유주의는 이 비판이 서술하는 문제점을 드러낸다. 롤스와 하버마스는 둘 다 서로 다른 방식으로 어떤 면에서는 강한 감정을 배제하는 정치적 선택 절차의 모델화를 시도한다. 일부 측면에서 롤스는 다른 장치를 통해 도덕감성moral sentiments의 추상적 모델을 제시하기는 한다.[11] 이 둘의 감정과 상상력에 대한 불신은 그들이 필수적인 선들의 복수성에 초점을 맞춘 직관주의 논증보다 절차주의를 선호하는 동기가 되는 요인 중 하나다. 게다가 롤스는 상상력을 "자연적인" 주요선에 포함하면서도 그것을 개발하는 사회적 기초를 중요한 사회적 주요선으로 삼지 않는다.[12] 다른 관점에서는 설득력 있는 도덕 발달 설명이지만, 그럼에도 감정과 상상력이 시민적 역할을 할 여지가 너무 적다고 느껴질 수 있다.[13] 이와 달리 여기에서 옹호하는 잠재역량 접근법은 역량 목록에서 상상력과 감정에 두드러진 위치를 할당할 뿐만 아니라 방법론적으로 이 능력들에 의존한다. 진정으로 인간다운 삶의 필수 구성요소를 상상하는 능력, 그리고 이 중심적인 선들을 상상하도록 연상시키는 상실과 열망의 감정은 기본적인 정치적 원리를 창출하는 (적합하게 제한된) 역할을 한다. 그리고 이 접근법은 그것을 활용하는 사람들에게 상이한 삶에서 자원이 어떻게 다르게 작용하는지를 상상하라고 계속 지시한다. 이는 개별적인 삶과 환경을 풍부하게 맥락적으로 상상하고, 일반적인 목표와 목적이 서로 다른 구체적 조건에서 어떻게 다르게 실현되는지를 보는 것을 요구하는 연습이다.[14] 이에 더하여 여기에서 옹호하는 견해는 페미니스트가 이 노선에 따라 몇몇 자유주의 사상가에게 제기하는 설득력 있는 비판의 정도에 맞게 이 비판에서 가치 있게 여기는 것에 응답한다.

사랑과 상상력이 사회적 목표로서 그리고 **각자 모든 사람**each and every person의 도덕적 능력으로서 중요하다면, 이것은 이미 가족 구조의 일부 개혁을 시사한다. 우리는 (1장에서 논증했듯이) 여성이 선택과 독립적 계획에서 이른바 남성의 능력을 획득할 필요가 있을 뿐만 아니라 남성 또한 전통적으로 여성의 일이며 여성의 분야에 결합된 기술을 최소한 일부 습득할 필요가 있다고 본다. 물론 남성은 특정한 필요와 관심사에 대해 고상하게 무관심을 보이고, 여성은 미묘한 차이에 반응하며 돌봄을 수행하는 가정에서 살면서 그러한 기술들을 학교에서만 습득하려 할 수 있다. 그러나 그런 해결책은 불안정하다고 판명되기 쉽다. 남성은 여성적인 것이라고 폄하하는 것들을 열심히 하려 들지 않을 것이며, 그것들을 정치적 삶에서 사용해야 할 중요한 것으로 진지하게 받아들이지 않을 것이다. 아버지가 집에서 그 기술을 사용하는 모습을 보지 못한다면 말이다. 이와 달리 남성들이 아버지의 돌봄을 받고 자신들이 가정에서 돌보는 일을 일부 맡아야 한다면, 그들은 관련된 기술을 중요하게 생각하며 외부 세계에서 그 기술을 개발하고 사용할 가능성이 더 크다. 우리가 이 기술들을 정치적으로 중요하다고 생각할 때, 가족이 가족 구성원 일부가 아니라 모두에 대해 이러한 기술들을 어떻게 다루는지에 관심을 가져야 할 이유를 제공한다.

각인 역량의 원칙에는 또 하나의 주목할 만한 함의가 있다. 가족 그 자체로는 정치적 개념의 중심핵에서 도덕적 입장을 갖지 않는다는 것이다. 도덕적 입장은 사람에게 있다. 우리는 사람의 발달, 결사, 표현, 교육 등의 장소로서 가족에 관심을 둔다. 그러나 우리는 유기적 단위로서 가족에는 강제력이 없다고 주장한다. 내 접근법은 정치가 어떤 집단 배합이 특수한 지위를 누리는 것을 인정하기로 결정한다면 종교 집단의 경우와 마찬가지로 이것을 금지하지 않는다. 그렇지만 정치적 선택 배후에는 "이 접근법이 각 사람을 목적으로 생각하면서 사람들을 위해 무엇을 하는가?"라는 도덕적 질문이 항상 있어야 한다. 그러므로 사람의 역량을 보호하는 일은 어떤 집단 자체의 이익관심보다도 정당하게 강한 우선권을 지닌다. 종교의 경우 나는 미국의 자유로운 종고 활동법의 전통에 기대어 도덕적 청구의 정당한 보유자는 종교 단체 자체가 아니라 종교적 권리와 역량의 보유자로 간주되는 사람이라고 주장했다. 이것은 위스콘신 대 요더 사례에서 아미쉬 부모가 지켜냈던 것처럼, 우리가 존재 지속이 위태로운 집단을 지원하는 것을 막지 않는다. 그러나 우리는 그 집단이 그 자체로 어떤 입장을 가지고 있기 때문이 아니라, 사람들이 선택에 따라 예비할 수 있는 역량이 필요하기 때문에 그런 집단을 지원할 수 있다.

가족의 경우도 마찬가지다. 우리는 각 사람을 다양한 결사의 권리와 자유의 보유자로 그리고 협력관계 역량의 잠재적 향유자로 본다. 어떤 경우든 사람들의 배합이 정치 구조에서 특수한 보호를 받을 만한지를 물을 때는 이 관점이 우리를 안내해야 한다. 사랑과 돌봄 자체가 관련될 때즈차 공공 정책의 적절한 목표는 그런 관계를 형성할 수 있는 시민의 역량이다. 그들이 그런 관계를 형성하기로 선택한다면 말이다. 사람들과 그들의 선택에 그렇게 초점을 맞추는 것은 결혼 동의, 혼인권, 아동 결혼 폐지, 아동 돌봄을 위한 공적 지원 제공, 이혼 후 생활유지, 그리고 다른 관련 쟁점의 문제에서 공공 정책에 분명한 함의를 갖는다. 우리는 항상 묻는다. 무엇이 인간 역량의 전체 범위를 증진하면서 각 시민을 목적으로 대우할 수 있는가?

3. 가족: '본성적'이지 않다

자유주의와 비자유주의 모두에서 가족에 대한 정치적 접근은 다음과 같은 결함을 빈번하게 드러낸다. 1) 가족이라는 기관을 구축하는 관습과 사회의 역할을 인식하지 못해 가족을 '본성적으로' 존재하는 것으로 다룬다. 2) 가족을 하나의 기관으로 형성하고 개인을 특정한 배합으로 분류하여 가족으로 지정하는 일에서, 법과 제도의 역할을 인식하지 못해 가족을 '공적' 영역과 대립하는 '사적' 영역으로 다룬다. 3) 감정을 조형하는 관습과 법과 제도의 역할을 인식하기보다는 사랑과 돌봄을 제공하는 여성의 성향을 '본성적으로' 존재하는 것으로 다룬다. 이런 오류를 범하는 접근법은 정치적 원리를 틀 짓는 작업에 정치적 원리가 이 영역에서 무엇을 하고 무엇을 더 잘 할 수 있는지에 대한 감각을 지나치게 제한하여 접근할 수밖에 없다. 이 결함들은 페미니스트가 비판하는 친숙한 주제이지만,[15] 자유주의 전통에 있는 정의 이론가들이 이런 비판을 항상 진지하게 받아들이지는 않는다. 그러므로 가부장적 가족이 '본성적'이라는 매우 통속적인 주장에 대한 비판을 시작으로 제기된 요점을 개괄해 볼 가치가 있다.

가족, 그리고 가족 내에서 여성의 위치는 종종 '본성적으로' 존재한다고 여겨져 왔다. 악명 높은 예를 하나 인용하자면, 1871년 일리노이주에서 여성의 변호사 개업을 금지하는 법을 찬성하며 연방 대법원의 브래들리 판사는 다음과 같이 적시했다.

여성이라는 성에 속하는 본성적 속성인 소심함과 예민함은 분명히 여성을 시민적 삶의 여러 직업에 부적합하게 만든다. 사물의 본성뿐만 아니라 신성한 의식으로 건립된 가족 조직의 규약은 가사 영역이 마땅히 여성다움의 분야와 기능에 속한다고 지시한다. 정체성은 말할 필요도 없고, 가족 기관에 속하거나 속해야 하는 이익관심과 견해의 화합은 여성이 남편의 경력과 구별된 독립적인 경력을 채택한다는 생각과 상충한다… 여성에게 지상최대의 운명과 사명은 아내와 어머니라는 고상하고 자비로운 직무를 완수하는 것이다. 이것이 창조자Creator의 법이다. 그리고 시민 사회의 규칙은 사물의 일반적인 규약에 맞게 조정되어야만 한다….[16]

가족 내에서 여성의 전통적인 역할은 신이 할당하고 '본성'에서 파생된다는 브래들리 판사의 주장은 목적론적 종교 용어로 분명하게 자연 질서를 이해한다고 볼 때 일관성이 있다. 여성의 '본성'에 관한 유사한 종교적-목적론적 견해는 바산티와 자얌마의 삶을 조형한 힌두교 전통에서도 발견된다. 마누 법전과 여타 경전은 전형적으로 여성을 남성에게 봉사하는 일차적 의무가 있는, 본성적으로 의존적이며 복종하도록 만들어진 존재라고 묘사한다. "경전은 이러한 사랑의 의존성을 명한다."[17] 이슬람 전통이 남성과 여성에게 귀속시키는 본성은 하나다. 그럼에도 정숙과 순종이라는 여성의 의무는 이후의 전통에서 남성의 의무에 비해 강하게 비대칭적으로 해석되어 왔다.

'본성'에 대한 호소는 미끄러지기 쉬운 형식의 논증이다. '본성'이라는 용어가 여러 의미를 함축하기 때문이다. 관계 R이 '본성적으로' 존재한다고 말하는 것은 다음 네 가지 중 하나를 의미한다.

생물학: R은 타고난 자질이나 경향성에 기반한다.

전통: R은 우리가 알고 있는 유일한 방식이다. 사물은 항상 이런 방식으로 있어 왔다.

필연성: R은 유일하게 가능한 방식이다. 사물은 그 외의 방식으로 있을 수 없다.

규범: R은 사물이 있어야 하는 옳고 적절한 방식이다.

존 스튜어트 밀이 그의 에세이 「본성Nature」과 『여성의 종속The Subjection of Women』에서 지적했듯이 정치적 논증에서 본성에 대한 호소는 논증 없이 이들 주장 중 하나에서 다른 하나로 빈번하게 미끄러져 넘어간다. 따라서 사물이 항상 일정한 방식으로 있어 왔다는 사실로부터 이 방식이 생물학에 근거하거나, 유일하게 가능한 방식이거나, 이 방식이 옳고 적절하다는 추론을 너무 빠르게 내리곤 한다. 그러나 물론 이들 중에 타당한 추론은 없다. 관습이 항상 생물학적 토대를 따른다고 말하는 것은 믿을 만하지 않고, 게다가 우리가 또 다른 방식을 생각해 내지 못하는 것은 대안적 방식이 본래 불가능하기 때문이라기보다는 상상력이나 경험의 부족 때문일 수 있다. 관습의 오래됨이 그것의 옳음을 증명하지 않음은 분명하다.

마찬가지로 어떤 관계가 생물학적 경향에 근거한다는 사실이 불가피성이나 옳음을 동반하지는 않는다. 그러한 연관성이 자주 그려지긴 하지만 말이다. 우리는 근시인 사람들에게 좋은 시력을 제공하고, 공격적인 경향성을 통제하도록 가르치며, 독립적으로 정당화된 도덕과 사회 규범에 따라 일반적으로 행동을 맞추어 종종 우리의 생물학적 경향성에 저항한다. 브래들리 판사처럼 생물학적 의미를 사물이 있어야 하는 방식이라는 종교적이거나 규범적인 의미로 이해한 경우에만 우리는 1번에서 4번으로 오류 없이 이동할 수 있다. 그러나 본성에 대한 그러한 이해는 주요 종교 내에서 상당한 논란이 있으며, 확신하건대 정치적인 중첩적 합의의 기초가 될 수 없다.

그런데 가족 구조에 관한 한 우리는 그런 정밀한 논증 속으로 너무 깊이 들어갈 필요가 없다. 가족이라는 조직에 **관습적**customary으로 고정된 본성이 있다는 주장이 전혀 그럴듯하지 않기 때문이다. 브래들리 판사는 자신이 속한 사회의 빈곤 가정의 삶에 무지한 것으로 보인다. 게다가 마이라 브래드웰Myra Bradwell은 집 밖에서 일한 일리노이의 첫 번째 여성이 아니었을 것이다. 사실상 미국 가정은 오랫동안 미국인의 민족적·지리적 기원의 다양성을 반영하여 거대한 다양성 구조를 이루어 왔다.[18] 우리의 목적을 위해, 우리는 바산티와 자얌마에 초점을 맞추어 명목상 하나의 사회와 종교 집단에 속한 두 여성에 대해 관습과 법이 어떻게 매우 다른 가족 개념을 구축했는지를 살펴봄으로써 이 다양성을 관찰할 수 있다.

바산티의 삶은 지참금, 이족혼exogamous marriage, 그리고 시집살이라는 오래 지속된 힌두교 관습으로 규정된다. 아주 어린 소녀일 때 결혼하여 자신의 집을 떠나 지참금을 가지고 가서 남편의 집에 거주한다. 살레마 카툰의 비극적 사례를 산출했던 똑같은 패턴이다. 바산티는 운이 좋았다. 그녀의 가족이 그녀를 학대에서 구출하고 도움을 주었다. 지참금 비용이 높아서 이런 일은 흔하지 않다. 집으로 돌아온 딸은 평생 먹여야 하는 또 다른 입이 되거나, 두 배를 지불하는 두 번째 지참금에 가족을 연루시킬 것이기 때문이다. 이런 관습은 아들이 어머니에게 상prizes으로 여겨지는, 어머니의 노년에 돌봄과 부양의 주요 희망이 되는 가족 구조를 구축한다. 이와 달리 딸은 곧 다른 곳에서 살 것이고 과중한 비용을 표상하기 때문에 상으로 여겨지지 않는다.

이 관습 패턴은 인도의 여러 지역에 널리 퍼져 있다. 여성의 영양실조,[19] 아동 결혼, 젊은 과부의 고통, 그리고 관습적인 여성의 삶에 있는 그 외의 어려움에 강하게 연결되어 있다. 여아 출생을 기쁨으로 맞이하는 일은 드물고 속담은 그녀의 삶이 고단할 것이라고 일찍부터 각인시킨다. 속담은 이렇게 말한다. "여자아이는 결혼하든 죽든 이미 떠나버렸다."[20] 그녀는 "낯선 사람이 소유할 재산"이고 "다른 배를 타고 항해한다."[21] 어렸을 때부터 그녀는 시집에서 그녀를 기다리고 있는 어려움에 대해 "시집에서는 정말 재미있겠어/3일마다 빗자루로 맞는다네"와 같이 속담이 되어 버린 말을 듣는다.[22] 그녀는 이미 다른 집안의 구성원으로 간주되기 때문에 그녀의 교육에 투자할 동기가 거의 없다. 동기가 있다고 하더라도 조혼이 교육 과정을 금방 종결시킨다.

이런 관습은 19세기 초부터 맹렬한 항의를 받았다. 예를 들어 벵골에서 이슈와르찬드라 비디야사가르는 박애주의자 존 드링크워터 베투네John Drink-water Bethune와 함께 소녀를 위한 초창기의 비종교 학교를 시작하여 여성 교육 운동에 착수했다. 그는 조혼이 젊은 여성의 신체와 정신의 개발을 방해하여 그들을 '고통의 바다'에 빠뜨린다는 글을 썼다.[23] 개혁 정신이 있는 많은 사람은 그런 관습이 여성에게 행하는 부당함에 대한 그의 생각을 공유했다. 그리하여 관습 패턴에 변화가 보이기 시작했다. 그런데 150년 후에도 이족 간의 조혼 관습은 여전히 여아에 대한 여러 가지 차별 유형에 강하게 연계되어 있다. 그리고 여전히 여아라는 바로 그 존재가 인간의 역량을 개발할 기회라기보다는 슬픔과 상실감의 계기로 여겨지고 있다.[24]

그런 관념과 관습이 너무 만연하기 때문에 그것을 변화시키려는 노력은 산을 오르는 것과 같은 분투에 직면한다. 최근 비하르Bihar 북부 시타마티 지역Sitamarhi district을 방문했을 때 나는 지참금에 관한 연극을 관람했다. 지역 NGO가 운영하는 교육 기획으로 어린 소녀들이 하는 공연이었다. 소녀들이 남성과 여성 역할을 모두 맡아 젊은 신부와 신랑이 부모의 지참금 결혼 압력에 성공적으로 저항한 이야기를 전해 주었다. 그들은 그것이 나쁜 관습이라고 주장했고, 신랑은 돈을 받지 않고 결혼해도 좋다는 허락을 성공적으로 받아 냈다. 마을 전체를 위해 공연된 이 연극은 상당히 효과가 있었다. 그런데 자동차로 불과 10분 거리에 있는, NGO가 운영되지 않는 바로 옆 마을의 여성들은 지참금이 나쁘지만 결코 변화될 수 없다고 말했다. 그저 그렇게 되어 있는 방식이라는 것이다. 이 패턴의 경직성을 본다면 바산티의 삶은 여러 면에서 이례적으로 유리했다. 그녀는 남편의 학대에 협력하여 학대하는 시집 식구가 없었고, 그녀의 친정 가족은 (다소 비정형적으로) 그녀를 받아주었다. 물론 아버지의 재산에 대해 동등한 상속권을 보장하지는 않았지만 말이다.

그런 관습은 종종 운명처럼 보일 수 있다. 그러나 우리가 인도의 다른 지역을 살펴보기만 해도 이런 종류의 가족생활을 구축하는 데 어떤 종류의 자연적 불가피성이든 그 역할이 아주 작다는 것을 알 수 있다. 적어도 11세기 이후로 케랄라는 처가 거주와 모계 상속이 전통이었고, 때때로 계절에 맞춘 남성 노동력의 이주가 여성의 일시적 복혼으로 연결되었다. 이런 관습은 17세기에 이 구조가 도덕성에 부합하지 않는다고 가르치는 예수회 선교사들이 도착한 이후로 공격을 받게 되었다. (동시에 그들은 여성 교육을 강력하게 지원하고 카스트 위계 관습에 반대했다.) 보다 최근에는 인도의 나머지 지역과 교류하면서 케랄라 중산층 가족들 사이에서 지참금이 점점 인기를 얻고 있다. 여성 복혼이 감소하듯이 비공식적인 관습법에 의한 결혼의 수도 감소했다. 그렇지만 여성 친화적인 관습이 놀라운 경직성을 과시하며 젊은 여성에게 상이한 기대와 역할을 구축한다.[25] 인도의 많은 지역과 달리 여아 출생이 보통 부정적으로 간주되지 않는다. 여아는 집을 떠날 것이고 나이 든 부모를 부양하지 못할 것이라고 가정하지도 않는다. 자얌마의 삶은 이례적이지 않다. 그녀는 결혼했을 때 이사를 가지도 않았고 그녀의 딸이 그녀를 떠날 필요도 없었다. 낮은 카스트 남성과 결혼한 딸이 결국 다시 이사해 들어왔고, 후에 (다툼으로 인해 부엌에 칸막이를 만들기는 했지만) 그녀와 집을 공유했다. 노년에 아들이 어머니를 부양할 것이라는 다른 지역의 관습적인 관념이 자얌마에게 과부 연금 지급을 거부하기 위해 행사했던 국가 정책에 반영된다. 그러나 자얌마의 아들들이 실제 부양은 딸들에게 떠넘기면서 어머니에게 오히려 무례하고 태만한 태도를 보였을 때 그들이 사실은 케랄라의 관습을 따랐던 것이다. 자얌마는 일부일처 결혼을 했지만, 인도의 많은 부분에 만연한 여성의 정숙과 순종이라는 규범에 상대적으로 영향을 받지 않는다. 그녀는 자신의 딸들이 여러 번 가졌던 혼외 성관계에 다소 불만인 것처럼 보이지만, 성적 순결이라는 쟁점보다는 남성이 속해 있는 카스트에 더 주목했다. 그런 관계의 일반적인 사회적 관용은 다시 한번 여성의 독립성이라는 케랄라 전통을 반영한다.

그러므로 관습과 습관의 관점에서조차 '가족'이 단일한 실체라는 관념은 다소 부조리하다. 인도에 국한해서만 보더라도 그런 극단적인 대조가 흔하게 일어난다. 하지만 그런 복잡한 국가에 관하여 어떤 식으로든 일반화할 수 있다면, 우리는 일부 측면에서 인도 가족 대부분은 미국 및 유럽의 가족과 차이가 있다고 말할 수 있다. 그런 대조는 양쪽 모두를 쉽사리 지나치게 단순화할 수 있기 때문에 위험하다. 그럼에도 대조의 거칠고 대략적인 특성 그리고 양쪽에 존재하는 엄청난 다양성을 염두에 둔다면 그 대조가 여전히 유용할 수 있다.

미국식 수사에 따르면 '가족'은 전형적으로 이성애 커플(적어도 최근의 패러다임은 일하는 아버지와 가정주부인 어머니)이 비교적 사적으로 자녀를 양육하고 별도의 주거 장소라는 틀에 맞추어 자신의 집에 거주한다는 것을 의미한다. 이 가족 규범은 근대 프로테스탄트 가치의 창작이다. 과거의 보편적 관습인 듯 향수를 불러일으키려는 정치적 수사에도 불구하고 이 규범이 미국에서 편만한 때는 결코 없었다.[26] 연예계 가족의 최근 일생이 보여 주듯어 오지와 해리엇조차 오지와 헤리엇이 아니었다.[*] 그들은 열심히 일하는 전문가이고 그들의 삶은 그들이 TV에서 보여 주었던 관습적인 중산층 규범과 거의 관련이 없었다. 그럼에도 그런 패러다임은 규범이 되어 공적으로 전시되었고, 최소한 일부 인구는 이 규범을 준수했다. 인도에서는 그런 패턴이 규범으로 전시된 적이 없다. 가정 단위가 결혼한 부부와 그들의 자녀에 초점을 맞춘 독점적인 방식으로 묘사되지 않는다. 전형적으로 대가족, 또는 최소한 그 일부가 가족의 일상, 자녀 양육 등에서 중심 역할을 한다. 자녀는 한동안 어머니와 가깝게 지낸다. 그렇지만 그때조차도 어머니는 어린 자녀와 단둘이 많은 시간을 보내지 않으며 미국의 육아 관행에서 흔히 볼 수 있는 낭만적으로 강렬한 독점적 친밀감을 조성하지 않는다. 그녀는 자녀를 더 큰 집단, 즉 대가족과 마

<hr>

[*]   1952년부터 1966년까지 방영된 미국 시트콤 "The Adventure of Ozzie and Harriet"

을 사람들에게 서둘러 소개하려고 한다.[27] 미국 어머니들은 눈을 맞추고, 표정으로 바로바로 응답하며 어린 아기의 얼굴에 집중하는 데 많은 시간을 보내지만, 다양한 사회 계층의 인도 어머니들은 자녀를 업고 다니는 경향이 있어서 사회적 환경에 자녀를 데리고 다닐 때 눈 맞춤을 훨씬 덜하게 된다. 처음부터 자녀가 더 넓은 세계와 더 많은 관심 있는 성인들에게 소개된다.

이와 관련된 차이가 가족 주거 장소의 구성에서 나타난다. 5-6명이 한 방에서 지내는 가난한 가족에 미국 중산층이 의식하는 개인의 사생활과 같은 그런 의식이 없다는 것은 말할 필요도 없다. 가난한 사람들이 주거지에서 상당히 멀리까지 걸어가 배변을 목적으로 외딴 장소를 찾는 일이 자주 있기는 하지만 말이다.[28] 하층 주거는 칸칸이 완전히 닫혀 있지도 않아서 대개 방문자들이 집 전체를 관통하여 사람들의 움직임을 바라본다. 정말로 가족의 거주 패턴이 모든 사회 계층에서 미국 규범과 다르다. 단적으로 말해 모든 계층에서 가정이 보다 침투적이다. 중상위 계층 가족조차 방문객이 예고 없이 들르고, 집에 사람들이 끊임없이 드나들며, (종종 전화 자체가 없기도 하지만) 전화를 하지 않고 방문해서는 안 된다는 감각이 없다. 또한 출입문이 열려 있는 경우가 더 많고, 게다가 중산층의 실내 생활에서 도마뱀과 두꺼비 같은 동물을 흔히 볼 수 있기도 하다. 이런 구조적인 차이로 인해 미묘하게 가족에 차이가 생긴다.

근대 서구(그리고 아마도 특히 미국) 가족의 자기규정self-definition에서 핵심은 삶의 의미가 일차적으로 한 사람과의 낭만적인 사랑 관계에서 발견되어야 한다는 관념이다. 결혼을 전통적인 관행이라고 비판하는 페미니스트조차 그 관념을 개혁 결혼, 또는 비혼인 이성 관계, 또는 동성 관계로 바꾸어 말하면서 자주 이런 낭만적인 규범을 고수한다. 그런 목표가 서구 여성에 비해 인도 여성 사이에서는 별로 흔하지 않고, 가족 구조 안에서 선택과 삶의 방식을 조형함으로써 가족 구조를 형성한다. 인도 전역의 힌두 과부에 대한 마사 챈Martha Chen의 광범위한 연구에 따르면 재혼을 바란다고 의사를 표명하는 과부가 거의 없고, 많은 사람이 한 남성과 삶을 마치는 데 만족했다는 것을 보여준다. 결혼 자체가 소중하게 여겨지더라도 대개 그 존재 이유를 낭만적으로 받아들이지는 않는다. 당연하게도 중매결혼이 여전히 규범인 문화에서 낭만적인 사랑은 자주 결혼의 목표라기보다는 잠재적 위협으로 이해된다.[29] 자얌마도 바산티도 사랑을 삶의 목표라고 말하지 않았고 낭만적인 사랑을 찾는 것 같지도 않았다. 자얌마의 딸들이 혼전 관계를 갖기는 했지만 서구적 의미의 낭만적인 사랑보다는 쾌락과 독립을 추구했던 것 같다. 인도의 육아 관행에 대한 스탠리 쿠르츠의 연구는 이런 차이의 일부가 어머니와 자녀의 관계 차이에서 유래한다는 결론에 이른다. 미국 중산층 어머니는 자녀와 개인적인 반응을 하며 친밀한 관계를 구축한다. 반면 전형적인 인도 어머니는 관계를 낭만적으로 만들기 쉽지 않고, 자녀를 여러 사람 중 하나이며 그녀의 세계에서 수행하는 과제로 대할 가능성이 더 크다.[30]

사실상 (많은 페미니스트를 포함하여) 서구인들이 낭만적인 관계를 찾고 키워가는 데 쏟아붓는 에너지가 인도 여성들 사이에서는 여성 사이에 상호 지원 단체를 창설하고 유지하는 데 자주 사용되는 것을 종종 관찰할 수 있다. 바산티는 데이트보다 코킬라와 나누는 우정과 그들이 설립한 가정 폭력 희생자를 위한 지원 네트워크에 집중하는 데 만족한다. 그녀는 인도 여성들이 대개 고립되고 단절되어 있기는 하지만 그럼에도 그들은 자영업 여성 협회 같은 단체를 통해 서로 그리고 단체 밖의 다른 여성들을 돕는 법을 배운다는 사실에 자부심을 갖고 말한다. 안드라프라데시에 있는 여성 단체의 여성들은 여성 단체에서 생겨나는 자기가치감과 행복에 대해 대단한 열정으로 반복해서 말한다. 이곳에서 분명히 자녀 양육 활동 대부분이 계속되는 정황으로 보아 그들의 일차적 정서 관계가 존재한다. 이와 동일한 구조가 남아시아 여성 운동 전반에도 분명히 있다. 방글라데시 농촌 진흥 위원회Bangladesh Rural Advancement Committee에서 운영하는 여성을 위한 문해력 기획에 참여한 젊은 방글라데시 과부인 말리카Mallika가 마사 첸에게 진술한 내용이 완전히 전형적이다.

그 단체가 우리를 돕고 많은 것을 가르쳤다. 나는 단결하여 사는 법을 배웠다. 전에는 부자가 학대하거나 비판하면 우리는 응수할 수 없었다. 그러나 이제는 누구라도 나쁜 말을 하면 우리 단체의 회원 17명은 함께 가서 그 사람에게 이런 소문을 왜 퍼뜨리는지를 묻는다. 이것은 우리가 얻은 또 다른 종류의 도움이다. 전에는 우리가 어떻게 함께 하며 서로 도울 수 있는지를 몰랐다… 항상 자녀와 자신에게 필요한 식량에 관해 생각하며 각자 자신의 걱정과 슬픔으로 인해 여념이 없었다. 이제 우리 단체의 회원 17명은 서로서로 매우 가까워졌다.[31]

우리가 '가족'에 관하여 논의할 때 이런 구조를 경시해서는 안 된다. 그 구조의 일부인 여성은 자녀 양육에 상당 부분을 차지하는 중심지이며 감정 지원의 일차적 원천이다.

'가족'이 일체감에서조차 명백하게 '본성적'이지 않다면, 필수적이고 불가피한 특정 형태가 없음이 분명한 것 같다. 우리가 살펴본 다양성을 보면 서구의 핵가족 형태는 생물학적 경향성 특유의 형태에 토대를 두고 있는 것 같지 않다. 존재하는 대로의 생물학적 경향성은 시간이 지나면서 여러 상이한 방식으로 발현될 수 있다. 독립적인 규범적 탐구도 하지 않은 채 이 기관드 어떤 특정한 형태가 옳고 적절한 형태라고, "그 형태가 본래 여성다운 분야와 기능에 속한다고" 생각할 이유는 더더욱 없다.

4. 국가 행위의 창작으로서 가족

지금까지 법과 국가의 역할에 관해서는 아무 말도 하지 않았다. 내가 서술한 그런 변형들은 원칙적으로 국가 행위와 완전히 분리되어 종교와 문화의 전통에서 기원했을 수 있다. 그러나 사실 가족 구조 형성과 가족 구성원의 특전 및 권리는 분명히 여러 면에서 국가 행위의 인공물이다. 힌두교의 법체계가 소녀에게 주는 재산권이 소년의 재산권과 동등하지 않다면, (이런 법률을 변경하려고 시도할 때 자주 언급되듯이) 이것이 힌두교 가족을 조형한다.[32] 이른바 '부부권리 회복'을 보장받아 남성이 집을 떠난 아내를 결혼 가정으로 강제로 돌아오게 할 수 있도록 하는 법은 여성을 원하지 않는 임신과 가정 폭력에 취약하게 만드는 두드러진 원천이다. 정부가 가정을 경찰이 간섭해서는 안되는 '사적' 영역으로 취급하여 가정 폭력에 대한 법을 집행하는 데 실패할 때 정부는 가정 폭력에 다시 영향을 미친다.[33] 지참금 남용을 규제하지 않고 계속되도록 허용하거나, 지참금 폭력에 대항하는 법을 집행하는 데 실패할 때 정부는 가정 폭력에 다시 영향을 미친다. 인도에서 부부 성폭행이 불법이라는 사실은 이 내밀한 영역에서 법 집행의 원조를 요청할 수 없다고 여성에게 말함으로써 다시 가족 구조를 조형한다. 성차별과 직장 내 성희롱을 규제하는 법들 또한 여성이 집 밖에서 직장을 찾아야 하는 경우 가용할 수 있는 선택지를 형성함으로써 가족을 조형한다. 아동 노동을 규제하고 교육을 의무화하는 법은 자녀의 생활과 자녀에 대한 부모의 통제 본성을 조형한다.

이 지점까지는 가족이 사회에서 국가와 별도로 존재하지만 국가 규제에 의해 외부적으로 제약을 받는 다른 자발적 기관과 비슷하게 보인다. 종교 기관은 종교가 대개 국경을 가로질러 그 정체성을 유지한다는 의미에서 국가의 인공물이 아니다. 로마 가톨릭이 된다는 것을 엄밀하게 정의하면 그 종교가 속해 있는 어떤 특정한 국가에 대해서도 독립적이어야 한다. 그러나 그럼에도 국가는 교회에 무엇이 허용되고 금지되는지를 정하고 자선 단체로서 그것에 세금 혜택을 주는 등의 방식으로 그 교회를 규제한다. 이런 혜택을 얻기 위한 규칙을 제정하고 일반적으로 적용할 수 있는 법칙을 통해 다른 방식으로 교회를 제한하면서 국가는 로마 가톨릭 교회의 형태를 구체화하며 어느 정도는 그 구성원의 특전과 권리에 영향을 미친다. 그렇지만 교회 자체를 국가 행위의 창작이라고 생각하는 것은 잘못으로 보인다.

대학도 마찬가지다. (초기 미국 대학 일부가 그랬던 것처럼) 어떤 주에 있더라도 독립적으로 설립될 수 있다. 그리고 대학 구성원의 자격 규정은 법과 무관하다. 그럼에도 일단 대학이 설립되면 그 주는 대학 구성원의 특전과 권리를 결정하는 일에 관련된 모든 것을 다양한 방식으로 규제하고 제한한다.

그러나 가족은 이런 자발적인 조직보다 훨씬 더 직접적인 의미에서 국가 행위의 인공물이다. 국가가 개입하거나 개입하지 않거나 실제로 '가족'이라는 실체는 없기 때문이다. 사람들은 여러 상이한 방식으로 연합하고, 함께 살고, 서로 사랑하며, 자녀를 갖는다. 이들 중 어디에 '가족'이라는 이름을 부여할 것인지는 단순하게 당사자 자신이 결코 결정할 수 없는 법적이고 정치적인 문제다. 국가는 법을 통해 어느 집단이 가족으로 간주될 수 있는지를 규정하고, 가족 구성원의 특전과 권리를 규정하며, 결혼과 이혼이 무엇인지, 합법성과 부모의 책임이 무엇인지 등을 규정하여 가족 구조를 구성한다. 이런 차이가 차이를 만든다. 국가는 종교 단체나 대학의 경우보다는 덜 명확한 방식으로 시작부터 가족 내에 현전한다. 다시 말해 가족이 무엇**인지**is를 정하고 어떻게 구성원이 되는지를 통제하는 것은 국가다.[34]

이것을 보다 명확하게 알아보기 위해 한 사람을 모임의 구성원으로 규정하는 의례를 따져보자. 대학에는 입학 (나중에는 학위 수여), 종교 단체에는 세례와 개종 또는 이와 유사한 입례, 가족에는 결혼이 있다. 국가가 대학의 입학과 졸업에 그리고 종교의 세례와 개종에 일부 연계되어 있다는 것은 분명하다. 국가는 그 기관이 특정한 면제 지위를 누린다고 규정함으로써, 의례의 요소에서 잔인하거나 다른 불법적인 행위를 금지함으로써,[35] 그리고 등등의 방법으로 외부에서 이런 의례를 관리한다. 그러나 결혼은 시작부터 공적인, 즉 국가 행정적인 의례다. 그것을 규정하는 국가의 법이 있고, 이 법은 그 특전 영역으로의 진입을 제한한다. 국가는 단순히 외부에서 결혼을 관리하는 것이 아니라 사람들을 결혼시킨다. 국가의 기준을 충족하지 못하는 매우 비슷한 어떤 타 사람들은 결혼에 적합한 모든 사적이고 심지어 종교적인 기준을 충족하더라도 결혼한 것으로 간주될 수 없다. (따라서 일부 종교 단체에서 결혼식을 한 동성 커플이 여전히 결혼하지 않은 것이 된다. 국가가 그들에게 면허를 수여하지 않기 때문이다.) 결혼이 항상 국가 의례이었던 것은 아니며 그렇게 되어야 할 필연성도 없다. 그러나 현대 사회에는 그것이 널리 퍼져 있다. 인도에서도 결혼과 이혼이 별도의 종교적인 법체계에 속한 일이며, 이 법체계는 공적 영역의 일환이다. 그것은 사회에서 법과 제도의 기본 구조에 의해 구축되고, 사람들은 공공 규칙 체계에 의해 그것에 할당되며, 개인에게는 이 규칙들과 별도로 자신이 원하는 방식으로 결혼을 맺을 선택지가 없다.

법과 제도가 선호하든 선호하지 않든 모든 인간의 연합은 다양한 방식으로 그것을 구조화하는 법과 제도에 의해 조형된다. 그런데 가족은 바로 그 규정이 법적이고 정치적이라는 의미에서 더 깊고 철저한 방식으로 법에 의해 조형된다. 개인은 그들이 바란다면 스스로를 '가족'이라고 부를 수 있다. 그러나 사회적으로 인정받는다는 의미에서는 그것이 법적 기준을 만족할 때만 가족이 될 수 있다.

5. 여성의 돌봄 제공: '독보적인 인공물'

가족 구조가 역사, 관습, 그리고 법에 의해 조형된다는 것에 논박의 여지가 없다고 보이지만, 광범위하게 상이한 유형의 가족 구조 내에서 여성의 역할을 규정하는 돌봄과 양육이라는 여성성의 능력feminine ability에 관해서는 보통 그만큼의 인정이 주어지지 않았다. 여러 상이한 유형의 가족에서 압도적으로 여성이 자녀를 기르고 집안일을 하며 남성을 돌보고 지원할 것이라고 기대한다. 그러나 같은 방식으로 돌려받는 일은 별로 없다. 이 전통적인 기능 자체가 앞서 언급한 하나 이상의 의미에서 '본성적'이라고 흔히 주장된다. 그리고 돌봄 제공의 전통적 패턴을 뒤흔들려는 어떤 시도도 종종 결과적으로 잘못된 일이라고 추리된다. 그러므로 우리는 가족 구조에 대한 쟁점과 별도로 어느 정도 이 [본성적이라는] 쟁점에 맞서야만 한다. 그것에 대한 우리의 입장은 우리가 가족에 관하여 무엇을 할 수 있고 해야 하는지에 영향을 미칠 것이다.

사랑과 돌봄에 관하여 논의할 때, 우리는 감정에 관해서도, 그리고 욕구뿐만 아니라 습관과 사회 규범에 의해서 매개되는 행동의 복잡한 패턴에 관해서도 논의를 진행한다. 자신의 에너지를 자녀와 가족을 위한 돌봄에 집중하는 여성의 경향성에는 생물학적 뿌리가 있을 수 있다. 한때 선사 시대 인류의 그러한 역할 분담은 적응적 의의가 있었다. 인류에 관한 증거는 확신을 가지고 말하기에는 아직 너무 얇고 비결정적이지만, 적어도 그렇게 생각할 만한 몇 가지 이유가 있기는 하다. 그러나 그런 생물학적 차이가 통용되는 한 생물학적 차이는 경향성에서만 차이가 있다는 것, 그리고 생물학적 차이가 여성에게 전통적 역할을 권장하거나 남성에게 그 역할을 권장하지 않을 이유가 되지 않는다는 것을 시작부터 우리 스스로가 상기해야 한다. 이것은 공격적인 행동을 남성다움으로 추정하는 연결이 (세계 어디에서나 폭력 범죄 통계를 예로 들어 매우 설득력 있게 예증된다.) 형법의 제한을 완화하거나 남성의 공격성을 특수한 방종으로 간주해야 할 이유가 된다는 것 못지않은 일이다. 우리는 남성이 자녀를 사랑하고 돌볼 수 있고 여성이 직장이라는 '바깥' 삶에서 성공할 수 있다는 충분한 증거를 가지고 있다. (실제로 빈곤 여성들이 자녀를 돌보면서도, 그리고 집안일 전부는 아니라도 대부분을 하면서도 항상 그렇게 해 왔다.) 그래서 경향성에 차별적인 부분이 있다고 하더라도, 우리가 기능을 공유하는 사회 규범을 확립하기 원한다면 그 경향성이 그것을 방해할 단한 이유가 되지 않는다. 우리는 우리가 어떤 사람이 되고 싶은지를 물어야만 한다. 우리가 갖추고 있는 장비가 무엇인지를 알 때 그것이 우리에게 무엇이 완전히 불가능한지를 알려 준다. 그러나 무엇이 불가능한지를 알고 있는 이런 경우는 무엇이 최선인지에 관한 우리의 질문에 답이 될 수 있는 선택지가 제한된다. 동등한 분담은 분명히 가능하다. 그것이 예시되어 왔기 때문이다.

게다가 우리에게는 사실 밀이 정확하다는 매우 강력한 증거가 있다. 우리가 현재 알고 있는 '여성의 본성'은 "독보적인 인공물, 즉 어떤 방향에서는 강요된 억압의 결과이고 다른 방향에서는 부자연스러운 자극의 결과이다."[36] 이것은 방대한 주제이지만, 네 가지 논증으로 구분하여 간략하게 접근해 볼 수 있다.

첫 번째는 **개념적 논증**conceptual argument이다. 사랑이라는 감정, 그리고 돌봄과 연합된 욕구 및 행위의 패턴은 단순히 충동이라고 적합하게 이해될 수 없다. 그것은 상당히 많은 사고와 해석, 특히 평가와 연관시킬 때 가장 잘 이해될 수 있다.[37] 사랑은 특정한 방식으로 대상을 보고 그 대상에 관해 다양한 믿음을 갖는 것과 연관된다. 이 믿음은 두드러지게 그 대상의 특별함이나 귀중함에 관한 믿음을 포함한다. 돌봄 패턴은 또한 어떤 사물과 사람이 중요하고 귀중한지, 무엇이 옳고 적절한지, 그리고 규범적 본성이 있는 다른 많은 믿음에 연관된다. 이런 믿음은 단순히 태어날 때부터 있는 것이 아니라 학습되어야 하는 것이다. 그렇다고 해서 학습을 위한 생물학적 기초가 없어도 된다는 의미는 아니다. 예를 들어 인간의 언어 능력은 개발되어야 하지만, 그런 훈련은 선천적인 생물학적 장비를 활성화하는 것이다. 그럼에도 언어와 마찬가지로 돌봄도 학습된다. 유관한 인지적 복잡성의 유형을 알려 주기 위한 훈련이 제 역할을 해야만 사회적 해석과 문화적 다양성이 작용할 수 있는 여지도 많이 제공된다. 그리고 이것은 사랑과 돌봄의 패턴이 모두 적어도 부분적으로는 문화의 구성물로서 이해되어야만 한다는 것을 의미한다. 구성물은 최소한 원칙적으로는 그것이 의존하는 믿음을 변경함으로써 변경될 수 있다.[38]

바산티와 자얌마를 생각해 보자. 내가 시사했듯이 낭만적인 사랑은 그들이 자신들의 결혼에 관하여 말하는 것에, 심지어 자얌마의 경우에 자녀의 결혼에서도 큰 역할을 하지 않는다. 그것 자체가 사랑을 만들어 가는 믿음의 수준에 문화적 조형이 중대하다는 표지다. 두 여성이 돌봄에 관해 말하는 내용은 사실 감정과 행동 퍼턴 둘 다에 영향을 미치는 규범적인 사회적 믿음의 확장된 레퍼토리를 그들이 내면화했음을 보여 준다. 바산티의 사례에서 우리는 숱한 학대를 견뎌 내는 것이 아내의 의무(또는 몫)라는 믿음(나중에 그녀는 이 믿음을 거부한다), 이기적으로 아내에게서 자녀를 빼앗은 남편은 존중을 요구할 자격이 다소 상실된다는 믿음, 적대적인 세상에서 자녀는 여성을 보호하는 주요 원천이라는 믿음을 발견한다. 자얌마의 사례에서는 아내는 하루 종일 돈벌이를 하고 남편은 돈벌이를 하지 않았더라도 모든 집안일을 수행하는 것(또는 자녀들이 수행하도록 집안일을 조정하는 것)은 아내의 일이라는 믿음, 병에 걸린 남편을 돌보는 일은 아내의 의무이지만 병에 걸린 아내를 돌보는 일은 남편의 의무가 아니라는 믿음, 아내의 수입은 온 가족에게 속하지만 남편의 수입은 그에게만 속한다는 믿음을 발견한다. 이러한 믿음은 타고나는 것이 아니다. 확신하건대 그런 믿음을 갖지 않은 여성을 세상에서 많이 발견할 수 있다. 그것은 바로 특정한 사회 질서의 인공물이다. 그런데 므엇을 사랑과 돌봄**이라고** 하는지는 최소한 부분적으로는 그런 믿음의 그물망에 있다. 믿음이 변한다면, 감정과 행동의 패턴도 변할 것이다. 분명히 바산티의 사례에서 이런 일이 일어났다. 그녀가 학대를 견디는 것이 그녀의 몫이라는 믿음을 버렸기 때문이었다.[39] 사랑과 돌봄을 단적으로 천성으로만 취급하는 사람에게 우리는 무엇보다도 그들이 개념을 제대로 이해하지 못했다고 말할 수 있다.[40]

둘째, **문화적 영향의 침투성**pervasiveness of cultural influence 논증이다. 영아를 대상으로 한 실험은 젠더 인식에 따라 아기들이 다르게 대우받는다는 것을 보여 준다. 실제 성별에 차이가 없는 경우에서도, 그리고 동일한 아기를 단순히 다르게 분류한 경우에서도 그렇다. 여아로 지각된 경우 껴안아 주는 반면, 남아로 지각된 경우 공중으로 들어 올리는 경우가 많다. 우는 아기가 여아로 지각된 경우 아기가 놀랐다고 하는 반면, 남아로 지각된 경우에는 아기가 화가 났다고 한다. 그런 식으로, 그리고 다른 경우에도 아이에 대한 성별 지각은 그 또는 그녀의 감정 발달을 활성화하는 요소가 된다.[41] 물론 이것은 보다 일반적인 현상의 한 예에 불과하다. 모든 영역에서 환경은 인격 발달에 원인으로 작용한다. '복제cloning' 현상에 관한 과학자의 글을 보면 유전적으로 동일한 개체는 질적으로 동일한 사람이 된다는 악몽 같은 생각을 논란의 여지 없이 일관되게 거부하는 것 같다.[42] 특히 성별 차이의 영역에서 초년의 문화적 형성에 대한 증거는 상당하다. 우리는 사랑과 돌봄에 관련하여 성별 차이의 생물학적 구성 요소를 배제하기 위해 그런 증거를 이용할 수 없다. 그러나 우리는 여전히 밀이 생각했던 지점에 우리가 있다고 지적할 수 있다. 우리는 절대적으로 무엇이 그 구성 요소가 될 수 있는지 그리고 환경 차이가 얼마나 일찍부터 침투적인지를 알 수 없는 위치에 있다.

셋째, 가족과 마찬가지로 여기에서도 **문화의 변형 논증**argument from cultural variety을 활용할 수 있다. 우리가 감정과 행동 패턴에 관련하여 인간 공동체들 사이에 있는 차이를 주목할 때, 이것은 단일 종 인간에게 역사적·문화적 요인이 작용한다는 꽤 유효한 증거다. 물론 우리는 사랑과 돌봄의 영역에서 젠더 차이를 구성하는 도중에 생겨나는 문화들 사이의 광범위한 변형을 본다. 심지어 한 국가 내에서도 존재하는 그 범위의 일환을 예시하기 위해 다시 바산티와 자얌마의 사례를 대조해 볼 수 있다. 이 사례들은 문화적 차이에 있는 세 가지 뚜렷한 유형을 제시한다. 첫째, 우리는 옳고 적절하다고 생각되는 행동에 차이가 있음을 본다. 바산티는 집 밖에서 일하는 것을 꺼리게 만드는 여성의 정숙이라는 규범을 내면화했다. 그녀는 순종과 정숙이라는 방식으로 처신하도록 배웠다. 예를 들어 사람들의 눈을 바라보기보다는 아래로 향하도록 배웠다. 자얌마에게는 그런 여성의 순종이라는 감각이 없으며, 이런 감각의 부재는 적어도 사회적 계층만큼이나 케랄라 문화에 크게 작용한다. (우리는 단일한 지역 내에서도 눈에 띄는 문화적 차이를 똑같이 발견한다. 예를 들면 힌두 여성과 라자스탄 부족의 여성 사이에서도 그렇다. 전자는 순종에서 바산티를 능가하고, 후자는 단도직입적이고 두려움이 없다는 면에서 자얌마와 같다.) 둘째, 우리는 어떤 감정이 좋고 어떤 감정이 나쁜지에 관한 관점에서도 차이를 본다. 두 여성 모두 낭만적 사랑에는 무관심한데, 이것은 서양 여성에게는 이상하다는 느낌을 준다. 자얌마는 쾌활하고 독립적이며 극히 전투적인 성격을 즐기는 반면 바산티는 보다 온화하고 부드러운 규범을 배웠다. 그녀는 지원받기 위해 남성이든 여성이든 그녀보다 더 강한 누군가에게 의존하는 편이 좋다고 생각하는 것 같다. 그런 차이는 어느 정도는 개인적이지만 문화 규범의 영향을 반영하기도 한다. 셋째, 우리는 다양한 감정의 적절한 대상에 관한 관점에 차이가 있음을 주목한다. 자얌마는 딸의 결혼에 관하여 생각할 때도 카스트 쟁점에 사로잡혀 있다. 바산티는 여성 운동과 연대하는 정황으로 보아 그런 관념이 조금 없어진 것 같다. 자얌마는 누군가에 의해 협박당하는 것이 부적절하다고 생각한다. 바산티는 지금 그런 믿음을 거부하지만, 한때 남편을 두려워하며 사는 것이 그저 여성의 몫이라고 생각했다. 다시 말하자면 이런 다양성은 두 사회의 전통적인 결혼 구조 사이에 있는 상당한 차이와 더불어 사회적 가르침으로 가장 잘 설명된다. 자얌마는 항상 집에 머물면서 집안을 다스렸고, 바산티는 집을 떠나 낯선 환경에서 극도로 취약해졌다.

두 여성이 자신을, 즉 자신의 신체와 움직임과 목소리를 어떻게 양식화하는지 그리고 자신을 어떻게 여성으로 보여 주는지도 생각해 보라. 여기서 우리는 그들을 서구 여성과 분리하는 만큼이나 적어도 그들 서로를 분리하는 카스트와 지역의 문화적 차이를 본다. 바산티의 부드럽게 형성된 신체, 꽤 느긋하고 운동 신경이 없어 보이는 움직임, 힘없는 눈, 부드러운 목소리, 이 모두는 여성의 행동으로서 매력적이고 적절하다고 간주하는 인도 중산층 전통에 친숙한 부분이다. 단정함과 성적 매력이라는 규범 둘 다 비슷한 나이와 계층의 전형적인 미국 페르소나에 비해 덜 민첩하게 움직이고 각진 근육질이 덜하며 덜 대립적인 여성의 페르소나persona를 조형한다. 바산티는 헬스클럽에 가지 않는다. 그리고 공공장소에서 달리거나, **아니면** 벽돌 공장에서 일하는 것이 연상시키는 신체적 자신감과 정숙하지 못하고 흉하게 보이는 모습에 확실히 크게 놀랄 것이다. 게다가 자영업 여성 협회 운동에 참여한 여성들 대부분과 마찬가지로 그녀는 자신에게 관심을 집중시키거나 자신에 관해 말하는 것은 잘못된 처신이라고 생각하도록 양육되었다. 자영업 여성 협회 교육 지도자들은 대개 여성이 자발적으로 일어나서 자신의 이름을 공개적으로 말할 수 있도록 연습시키는 데 하루를 전부 써야만 한다.[43] 바산티의 최근 경험이 그녀를 변화시켰지만, 그런 변화에도 불구하고 그녀가 양육된 모습 또한 볼 수 있다. 이 모든 문화적 조건화는 바산티에게 무엇이 사랑과 돌봄이 될 수 있는지를 결정짓는다.

자얌마는 그렇지 않다. 그녀는 소심함이나 과묵함이 전혀 없었던 것으로 보이며 다른 사람들은 일반적으로 그녀를 호전적인 개인으로 묘사한다. 그녀의 목소리, 신체적 자기-표현, '여성다움the feminine'을 염려하지 않는 다부짐, 이 모든 것은 바산티와 현저한 대조를 이룬다. 자얌마는 어린 시절부터 육체노동을 하며 자랐고 살아남기 위해 엄청나게 강해져야만 했던 것이 분명하다. 가난은 여성다운 우아함을 개발할 선택지를 주지 않았다. 그러나 문화적 쟁점이 연관되었을 가능성이 크다.

다시 한번 인도 내의 이런 차이는 인도와 미국의 규범 차이로 연결된다. 인도에서는 근골이 좋은 탄탄한 신체가 육체노동자 혹은 무용수나 매춘부 둘 중 하나라는 표지로 받아들여진다. 중산층 여성은 이렇게 보이는 것을 피하며 매력적이지 않다고 생각한다. 비노동 계층nonlaboring classes의 활동가들과 함께 비하르의 홍등가를 방문했을 때, 나는 성 노동자들이 나를 일종의 동류로 동일시한다는 것을 알았다. 내 체형이 (부드럽고, 앉아서 일하는) 중산층 인도 여성의 체형보다는 그들과 더 많이 닮았기 때문이었고 미국 여성은 모두 성적으로 문란하다는 고정관념 때문이었다.

물론 사랑과 돌봄과 젠더 표현의 규범에서 이런 문화의 다양성을 본다는 것이 우리가 원한다면 무엇이든 쉽게 바꿀 수 있다는 것을 의미하지는 않는다. 일부 생물학적 문제는 일부 문화적 문제보다 바로잡기가 더 쉽다. 일반적으로 생물학적 기원보다는 오히려 사회적 기원이 변화에 더 용이하다는 체계적 상관성은 없으며, 일부 사회적 관행은, 예를 들어 인도와 방글라데시에서 지참금을 폐지하려는 시도에서 볼 수 있듯이 변화에 심한 저항이 있을 수 있다. 두 나라 모두 지참금을 주고받는 것이 한동안 불법이었고, 1980년대 중반에는 지참금 강요와 연결된 가정 폭력을 단속하기 위해 엄격한 법률이 새로 도입되었다.[44] 그렇지만 살레마 카툰의 사례는 방글라데시나 인도에서 결코 드문 일이 아니다.[45] 게다가 모계인 케랄라 자체에서 지참금이 점점 더 흔한 일이 되고 있다. 그렇다면 관행의 문화적 기원을 규명하는 일이 방해관지 않고 개혁을 밀고 나갈 수 있다는 보증은 아닐 것이다. 그러나 그 규명은 적어도 종종 젠더와 가족에 대한 질문을 둘러싸고 있는 불가피성이라는 거짓 감각을 몰아낸다. 그리고 우리가 어떤 요인들과 싸우고 있는지를 말해줌으로서 우리가 개혁의 쟁점에 어떻게 접근할 수 있는지에 대해 더 나은 감각을 우리에게 제공한다.

6. 정치적 자유주의와 가족: 롤스의 딜레마

다시 요약해보자. 우리는 가족이 인간의 역량을 강화하기도 하고 약화하기도 하는 것을 본다. 우리의 질문은 가족이 역량을 더 촉진하고 덜 방해하도록 법과 공공 정책이 어떻게 지켜줄 수 있는가다. 우리는 가족이 단일한 실체도 아니고 자연적인 출현도 아니라는 점에 주목하면서 논의를 시작했다. 가족은 다원적인 복잡한 사회 구조다. 이런 구조는 여러 면에서 그 자체가 사회적 인공물인 돌봄과 사랑의 영역에 젠더 역할이 들어앉을 자리를 마련하고 더 나아가 그것을 조형한다. 그러나 이제 우리는 한 걸음 물러서서, 사랑과 돌봄의 사적 영역으로서의 가족의 존재가 발생시키는 긴장을 공공 정책이 어떻게 다루어야 하는지를 물으면서 보다 일반적인 방식으로 가족에 대한 질문에 직면해야 한다. 한편으로는 종교의 경우와 마찬가지로 우리는 가족이 지나치게 직접적으로 정치적 정의 이론의 주제가 된다면 개인의 선택이라는 중요한 가치가 희생될 가능성을 진지하게 고려해야만 한다. 다른 한편으로는 가족이 인간 발달에 지대한 영향을 미친다는 명백한 사실을 놓쳐서는 안 된다. 이 영향은 인간 삶의 시작부터 현존한다. 따라서 가족은 사회 기본 구조의 일환으로, 그리고 기본적인 정의의 원칙이 가장 직접적으로 규제하도록 설계된 기관으로 간주되어야 한다는 매우 강력한 주장이 제기된다.

이 딜레마가 자유주의 정치 사상에 얼마나 큰 힘을 발휘하는지에 대한 생생한 감각은 존 롤스의 최근 논문, 「공적 이성의 아이디어 재검토The Idea of Public Reason Revisited」에서[46] 발견할 수 있다. 페미니스트 비평가들의 질문에 답하면서[47] 롤스는 일관성을 유지하기 어려운 두 가지 주장을 한다.[48] 첫째, 그는 『정의론』에서 제시했던 이전 주장을 반복한다. 가족은 사회 기본 구조의 일환이며, 본래 정의의 두 원칙이* 일차적으로 적용되는 기관 중 하나라는 주장이다.[49] 둘째, 그는 정의의 두 원칙이 기본 구조에는 직접적으로 적용되지만 "가족 내부의 삶에는 직접적으로 적용되지" 않는다는 새로운 주장을 한다. 롤스는 이 점에서 가족이 "교회와 대학, 전문가나 학술 협회, 기업이나 노동조합"과 같은 다른 여러 자발적 단체와 같다고 말한다. 정의의 원칙이 교회 통치에 부담을 주는 몇 가지 본질적인 제약을 하기는 하지만 교회 통치가 민주적이어야 한다고 요구하지 않듯이 가족도 마찬가지라는 것이다. 다시 말해 그런 원칙은 내부 통치를 규제하지 않지만, 그에 대해 몇 가지 중요한 제약을 할 뿐이다. 따라서 가족은 자원과 기회의 내적 분배와 관련하여 롤스의 차등 원칙을 지킬 필요가 없고, 기본적인 정치적·종교적 자유와 관련하여 자유 우선성을 지킬 필요도 없다. 한편 가족 구성원이 모든 시민의 삶을 이 두 가지 원칙에

---

* 롤스, 『정의론』, 황경식 옮김, 제46절 참고. 정의의 두 원칙은 다음과 같다. "제1원칙: 각자는 모든 사람의 유사한 자유 체계와 양립할 수 있는 평등한 기본적 자유의 가장 광범위한 전체 체계에 대해 평등한 권리를 가져야 한다. 제2원칙: 사회적·경제적 불평등은 다음 두 가지, 즉 1) 그것이 정의로운 저축 원칙과 양립하면서 최소 수혜자에게 최대 이득이 되고, 2) 공정한 기회 균등의 조건 아래 모든 사람들에게 개방된 직책과 직위가 결부되게끔 편성되어야 한다. 제1우선성 규칙(자유의 우선성): 정의의 원칙들은 축차적 서열로 이루어져야 하고 따라서 기본적 자유는 자유를 위해서만 제한될 수 있다. 제2우선성 규칙(효율성과 복지에 대한 정의의 우선성): 정의의 제2원칙은 서열상으로 효율성 원칙이나 이득의 총량의 극대화 원칙에 우선해야 하며 공정한 기회는 차등의 원칙에 우선해야 한다."

기반한 제도로 통치하는 사회의 부분이라는 사실이 가족 내에서 무엇을 할 수 있고 할 수 없는지를 여러 면으로 규제할 것이다.

정의의 두 가지 원칙에 관한 한, 롤스가 염두에 두고 있다고 보이는 것은 다음과 같은 아이디어다. 사회 전체가 차등의 원칙에 의해 통치되어, 불평등이 최소 수혜자의 수준을 높이는 경우에만 용인된다고 하더라도, 이것이 가족 내부의 소득과 부의 분배가 이러한 패턴을 따라야 한다는 것을 요구하지는 않는다. 자유에 관한 한, 롤스의 신중한 공식이 어떤 제한을 허용하는지 알기에는 약간의 어려움이 있다. 최소한 우리가 성인 여성 시민을 고려하여 가부장 요소가 있는 종교 활동, 연설, 정치적 행위를 절대적으로 금지한다면 공적 자유 원칙과 즉시 충돌하는 것으로 보이기 때문이다. 그러나 아마도 롤스는 예를 들어 한쪽 상대가 다음과 같이 말하는 경우를 생각했을 것이다. "당신이 유대교로 개종한다면 당신과 이혼하겠다." 또는 "당신이 빌 클린턴에게 투표한다면 나는 당신과 함께 살 수 없다." 만약 공무원이 이런 식으로 시민의 자유를 제한한다면 그것은 분명히 불법일 것이다. 반면 가족 내에서의 그런 강압적인 전술은 불쾌하지만 위협받는 당사자가 떠날 수 있고 신체적 위협을 받지 않는 한 기본 정의를 위반하지 않는다(롤스는 이렇게 주장하고 싶을 것이다).

물론 정의의 원칙이 기본 구조를 전체로 취하여 적용되며, 이 원칙이 기본 구조의 부분을 형성하는 기관에 각각 적용되는 것을 직접적으로 수반하지 않는다는 확증이 중요하다. 따라서 가족을 **기본 구조의 일환으로 취하여**taken as part of the basic structure 정의의 원칙을 직접적으로 적용한다는 의미가 무엇인지 그리고 기본 구조의 부분인 기관으로서의 가족에 이 원칙을 직접적으로 적용하는 것과 동일한지를 상상하기에는 약간의 어려움이 있다. 기본 구조의 부분을 형성하는 다른 기관들은 이런 문제를 제기하지 않는다. 오직 헌법과 입법 단계에서만 창출되는 더 구체적인 기관의 형태로 조형될 때까지는 기본 헌법 구조가 원칙을 적용할 수 있는 '내부의' 삶이 없기 때문이다. 그래서 우리는 다음과 같은 질문을 곤란하게 여기지 않는다. 이 원칙이 기본 구조의 부분인 이러한 다른 기관들에 적용된다는 것은 무엇인가? 그리고 이것은 이 원칙이 각각 모든 기관에 적용된다는 것과 동일한가? 그런데 가족은 독특한 질문을 제기한다. 롤스는 교회와 대학 같은 다른 기관으로 선회하는 전략을 취하여 이 질문에 답한다.

롤스가 의식하듯이 가족과 대학을 나란히 놓는 어려움은 가족은 기본 구조의 일환이고 교회와 대학 등은 그렇지 않다는 데 있다.[50] 롤스의 개념으로 말하자면 대학은 확실하게 이런 특성이 없지만, 가족은 처음부터 사람들의 삶의 기회life chances에 침투하여 영향을 미치는 기관의 하나로 판단되어 왔다.[51] 롤스는 분명 가족이 사회 재생산과 시민의 삶의 기회에 근본적이므로 정당한 원조를 받아야 한다는 생각과 우리가 이 특정 기관의 내부적인 일에 그렇게 많이 개입하도록 용인할 수 없다는 똑같이 강력한 생각 사이에서 시달리고 있다.

롤스의 해법은 외부 제약을 충분히 강력하게 만들어 여성에게 시민으로서의 진정한 평등을 실현시키는 것이다. 그는 "정의에서 면제"되는 사적 영역과 같은 것을 부인하며, 시민으로서 여성의 평등 그리고 미래 시민으로서 아동의 평등을 보호하기 위해 법이 개입해야만 한다고 주장한다.[52] "여성의 평등권과 미래 시민인 그들 자녀의 기본권을 박탈할 수 없고 그들이 어디에 있든지 그들을 보호한다. 그런 권리와 자유를 제한하는 젠더 구별은 배제된다."[53] 적어도 우리의 역사적 환경에서[54] 롤스가 승인하는 것으로 보이는 한 가지 구체적인 제안이 있다. 이혼하는 경우에 남편이 결혼 기간에 벌어들인 수입과 결혼 기간에 증가된 자산에 대해 법은 아내가 자녀를 양육한 일을 동등한 몫을 받을 수 있는 권한으로 간주해야 한다는 것이다. 롤스는 다음과 같이 결론을 내린다. "남편은 벌이 능력을 가지고 가족을 떠날 수 있고 아내와 자녀는 이전보다 훨씬 불리한 채로 남겨진다는 것은 용인할 수 없을 정도로 부정의하다." 한편 롤스는 우리가 "완전히 자발적이고 부정의에서 발생하거나 부정의로 이어지지 않는다면" 가족 내 전통적인 젠더 구분의 노동 분업을 허용해야 한다는 주장을 유지한다.[55] 이는 훌륭한 말이지만 현실에 적용하기에는 어렵다.

내가 보기에 롤스의 접근법은 정의가 요구하는 바에 약간 미치지 못하는 것 같다. 가족은 사실상 기본 구조의 일환이다.[56] 자녀는 수년간 기본적인 생존과 잘-살기에 관련된 모든 문제에서 가족의 포로다. 여성은 경제적 비대칭 때문에 자주 가족의 포로가 된다. 아이들이 가족 내에서 하는 일을 "완전히 자발적"이라고[57] 묘사할 수 있는지 알기 어렵다. 게다가 아주 많은 여성, 특히 물질적 지원의 독립된 원천이 없는 여성에게도 물론 그렇다. 그런 단위의 일원이 되는 것은 대학생이 된다거나 가족 압력의 쟁점이 없이 교회 신자가 되는 것과 같은 그런 자발적인 아이의 선택이 전혀 아니다. 그래서 사랑과 돌봄의 문제에서 개인의 선택을 위한 적절한 정도의 공간을 보존하는 것과 양립할 수 있도록 딜레마에 어떻게 대처해야 하는지에 관하여 더 많이 논의할 필요가 있다.

이 딜레마는 우리의 종교적 딜레마와 (밀접하게 관련된 경우가 흔하며) 형태가 유사하다. 우리가 그 지점에서 우리의 틀로 돌아간다면, 결정적인 차이를 발견한다고 해도 딜레마와 씨름하는 데 도움이 될 것이다. 종교의 경우와 마찬가지로 한쪽에는 **내재적 가치 존중**respect for an intrinsic value이 있다. 이 경우에는 사랑과 돌봄의 역량이 귀중하다. 다른 측면에는 (적어도 때로는) **여타 역량에 대한 청구**claim of the other capabilities가 있다. 이는 가족과 그 행위자에 대하여 비판적인 검토를 하도록 촉구한다. 이제 우리에게는 두 가지

정향 원칙이 있다. 종교처럼 가족에 대해서도 우리는 **각인 역량의 원칙**을 지켜야만 한다. 즉 우리는 모든 지점에서 사랑이 보존되는지뿐만 아니라 사랑과 돌봄(그리고 다른 중심 기능)의 적절한 관계를 선별할 수 있는 **각인의 역량** capability of each person이 보존되는지도 물어야만 한다. 타인의 감정의 자유를 대가로 치르고 존속하는 사랑은 타인의 종교적 자유를 압제함으로써 획득한 종교적 자유 이상으로 공적 보호를 받을 자격이 없다. 공적 행위가 그런 유기적 단위organic unit를 보호해야 하는 것도 아니다. 보호해야 하는 것은 그 구성원의 감정과 협력관계 역량이다.

또한 **도덕적 제약의 원칙**도 불러낼 수 있다. 가족 내의 일이라고 해도 잔인하거나 부당한 일은 우리가 가족을 귀중히 여기고 보호한다고 할 때 귀중하게 여겨야 할 것에 포함될 자격이 없다. 가족이 우리의 규범 목록에 어울리는 한 '가족'은 정당하게 도덕 공동체를 상징한다. 학대자는 그런 도덕 공동체 외부에 자기 자신을 놓는다. 따라서 그가 가족이라는 명목을 들어 자신을 변호할 수 있는 자격을 얻지 못한다. 이 정치적 원칙과 함께 종교의 경우처럼 원칙의 비공식적인 사회적 버전도 있다. 즉 가족은 돌봄과 사랑의 상징이라고 정당하게 이해될 수 있다. 따라서 우리는 학대 행위를 가족을 지키는 행위라고 부를 수 있는지 의문을 제기할 수 있다. 바산티와 코킬라가 정보를 주는 대로 조력했던 경찰은 학대하는 남편과 부모보다 더 정당하게 가족의 수호자라고 불릴 수 있다.

이 모두가 자리를 잡으면, 우리에게 원칙에 상당하는 내용은 다음과 같다. 국가는 설득력 있는 이익이 없이는 가족 구성원의 행실에 개입해서는 안 된다. 하지만 그런 설득력 있는 이익은 당연히 사랑과 돌봄의 관계를 선택할 수 있는 개인의 역량을 포함하여 항상 핵심역량의 보호를 충족시켜야 한다.

그런데 이 지점에서 종교적인 경우와의 대칭이 무너지기 시작한다. 우리가 주목했듯이 종교는 대학처럼 국가 외부에서 실존할 수 있지만 가족은 그렇지 않기 때문이다. 가족은 이런 여타 조직보다 훨씬 더 근본적이고 철저한 방식으로 사회적·법적 구성체다.[58] 그래서 한편으로는 시민의 결사의 자유, 다른 한편으로는 다른 역량의 청구 사이에서 딜레마를 해석하는 것이 보다 타당하게 보일 수 있다. 이 딜레마에 대처하기 위해, 나는 국가가 핵심역량이 부과하는 제약 내에서 결사와 자기-규정self-definition의 자유를 가족 관계자들family actors에게 상당히 많이 부여해야 한다고 주장한다. 그것은 가능한 한 가족을 구성하고 규제하는 법적 구조 속에 포함되어야 한다.

롤스와 달리 내 접근법은 이 차이를 인식하고 그것에 주목한다. 국가가 사립대학을 규제하는 방식으로 외부에서 가족을 규제할 수 있다고 밀어붙이는 것은 아무 소용이 없다. 시민이 갖는 기회와 자유에 가족이 전반적인 영향력을 행사하기 때문이기도 하지만 이에 더하여 국가가 결혼에 관련한다는 본성 때문에 가족은 단적으로 사회 기본 구조의 일환이다. 그리고 역량에 기반한 정의의 원칙은 다른 역량, 특히 (결사, 존엄성, 그리고 선택에 관련된) 시민의 개인적 자유에 의해 설정된 한계 내에서 기본 구조의 일환으로서의 가족에 직접적으로 적용되어야 한다.

이 접근법과 롤스의 접근법의 차이를 포착하기는 어렵지만 이 둘은 차이가 있다. 그는 정의에서 면제된 사적 공간이라는 개념을 웅변적으로 전면 비판하지만, 그럼에도 아주 관습적인 방식으로 이해된 '가족'이 기본 구조의 일환으로 남아 사회 재생산에 기본적인 역할을 해야 한다는 가정으로 시작한다. 1997년 논문에서의 그의 언급과 『정의론』에서 설명하는 도덕 발달의 확장을 근거로 판단하자면, 그는 그 단위를 서구식 이성애 핵가족으로 상상하는 것 같다. 그 후의 논문은 여타 핵 단위 배합(예를 들어 동성 커플)을 인정할 수 있는 더 느슨한 공식을 제시한다. 그는 이 단위에 보여 주는 고도의 중심성과 지지를 모호하게 상술한다. 게다가 유사한 이유로 국가의 보호와 지원을 받을 자격이 있는 어떤 다른 협력관계의 배합이 있는지를 결코 묻지 않는다 따라서 그는 사적-공적 구분을 공격하면서도 그 구분을 뒷받침하는 데 자주 사용되는 핵가족 단위로 분할된 사람들의 사회라는 그림을 계속 사용한다. 그는 삶의 영역은 정의에서 면제된 "장소나 공간"이 아니라고 주장하지만, 가족이 전정치적인prepolitical 형태이며 정치가 가족을 근본부터 구성하기보다는 외부에서 규제할 수 있다고 강력히 제안한다. 롤스는 이와 관련하여 국가의 행위action와 부작위inaction 사이의 구분을 계속 사용하는 듯하다. 이 구분은 국가가 가족의 전통적인 형성에 개입하지 않을 때는 행위하지 않는 것이지만 가족 통치의 양태를 바꾸려 한다면 그것이 행위가 될 것이라는 점을 시사한다.

이와는 대조적으로 내 접근법은 각인의 역량과 자유에 초점을 맞추어 시작하고 어느 하나의 협력관계 배합이 그런 역량을 증진하는 더 우선적이거나 중심적이라고 가정하지 않는다. 사람들에게는 사랑과 돌봄, 생식, 성적 표현이 필요하다. 아이들에게는 사랑, 지원 그리고 교육이 필요하다. 사람들은 또한 넓은 범위에서 결사의 자유를 누린다. 그러나 이 지점에서 내 접근법은 개인이 모인 여러 가지 배합들이 어떻게 그런 역량을 증진하는지를 보라고 촉구한다. 자영업 여성 협회 유형의 여성 단체는 여성에게 사랑과 우정을 제공하고 어린이를 돌보며 다른 역량을 육성하는 데 귀중한 역할을 한다. 관습적인 가족conventional families은 종종 그만큼의 역할을 하지 못한다. 자주 일어나는 일이지만 여성 단체가 성적 학대에서 아동을 보호하거나 학대 또는 아동 결혼의 위험에 처한 어린이가 국립 학교를 통해 보호받을 수 있도록 주선할 때는 여성 단체가 핵가족보다 아이에게 더 진정한 가족처럼 보이기도 한다. 기리발라Giribala의 자녀를 보더라도 그들을 보호받지 못하게 고립시키고, 탐욕스러우며 타락한 아버지의 손아귀에 취약하게 만들어 방치하는 핵가족보다는 오히려 여성의 상함women's sangham에서 지원을 받았더라면 대우가 좋았을 것이다. 롤스는 가족의 사생활에 국가의 보호를 제공하는 것처럼 보이지만 여타 협력관계 배합들에는 마찬가지로 보호를 제공하지 않는다. 내 접근법은 이런 선택이 맥락적 선택이 되기를 촉구하며, 해당 역사와 환경에서 공공 정책이 어떻게 인간 역량에 대한 청구를 가장 잘 증진할 수 있는지를 묻는다. 유일하게 국가의 개입을 막을 수 있는 것은 그 사람이고 그 사람의 다양한 자유와 권리다. 이것은 결사의 자유, 부당한 수색과 압수로부터의 자유 등을 포함한다. 가족에게는 마치 그것이 그 구성원의 삶 이상의 신비로운 단일체라도 되는 듯 자체적으로 국가의 개입을 막을 권한이 없다.[59]

마찬가지로 내 접근법은 우리에게 외부와 내부 그리고 행위와 부작위의 구분이 실제로 일관성이 있는지를 질문하라고 촉구한다.[60] 결혼·이혼·의무 교육·상속을 관장하는 법이 있고, 이 모두는 어떤 것이든 가족 내에서 일어날 수 있는 내부의 일이다. 형사법 체계는 형사 범죄를 정의하고 등급을 매길 때 내부와 외부의 구분을 인정해서는 안 된다. 그것이 어디에서 발생하든지 성폭행은 성폭행으로, 폭행은 폭행으로, 강압은 강압으로 다루어야 한다.[61] 사안이 구태를 유지하도록 내버려 두는 것은 완전히 중립적이어서가 아니라 행위의 노선을 선택한 것이다. 요약하자면 시민 각자의 존엄성, 온전함, 잘-살기를 보호하는 일에서 국가의 이익관심은 외양이 어떻든지 가족 구조에 대한 외적 제약으로 단순히 이어지지 않는다. 그것은 항상 가족 제도의 적극적 구축으로 이어진다. 이 구축은 정치적 정의와 양립 가능한 방식으로 이루어져야 한다.

이와 같이 롤스의 입장은 실질적으로 일정한 배합을 기정사실로 받아들이고 그들의 내부의 일에 간섭하지 말라고, 그저 엄격한 외적 제약의 체계로 감시하라고 권한다. 이 접근법은 국가가 어떤 배합을 가족으로 간주하여 규정해야만 하는지 그리고 이 질문에 답하기 위한 시도로 무엇을 고려해야 하는지에 대한 질문에 답하지 않는다. 나는 국가가 기정사실로 전통적인 배합을 추할 이유가 없다고 주장한다. 국가는 인간 역량에 비추어 어떤 배합을 보호하기를 바라는지 그리고 무엇에 기초하기를 바라는지 고려해야 한다. 그리고 나는 더 나아가 국가가 일부 규범이나 다른 규범에 부합하여 가족 단위를 구축하는 것을 실제로 피할 수 있는 길은 없다고 주장했다. 그러므로 고려하는 목표를 전면적으로 자각하면서 의식적으로 그렇게 구축하는 편이 낫다.

실천의 측면에서 역량의 증진이라는 관점으로 보는 내 접근법과 가족에 외적 제약을 충족시키는 것으로서 정치의 두 원칙을 보는 롤스의 접근법은 종종 동일한 대답으로 이어질 것이다. 부부 성폭행에 반대하는 법률, 결혼 동의를 보호하는 법률, 의무 교육을 법적 의무로 하는 법률, 아동 결혼과 아동 노동을 금지하는 법률, 가족에 대한 아내의 경제적 기여에 적절한 물질적 인정을 보장하는 법률, 직업이 있는 어머니를 지원하기 위해 아동 돌봄을 제공하는 법률, 여아의 영양과 건강을 증진하는 법률, 이 모든 법률은 시민과 미래 시민을 위해 국가가 제대로 관심을 표현한 것이기 때문에 우리 들 다 지지할 것이라고 생각한다. 그러나 우리가 그것을 지지하는 근거는 미묘하게 다르다. 롤스는 법을 대학이나 교회를 제약하는 방식처럼 그 자신의 형식이 있는 무언가에 외적 제약을 충족시키는 것으로 간주한다. 그런데 나는 법을 가장 직접적인 의미에서 사회 기본 구조의 일환인 기관의 구성에 기여하는 것으로 간주한다.

더 나아가 롤스처럼 내 접근법은 종교 단체에 어떤 특권과 보호를 제공하듯이 국가가 관습적인 가족 배합에 일정한 특수적 특권special privileges과 보호를 제공하는 것을 허용한다. 가족이 시민의 다른 필요를 충족시킬 뿐 아니라 자녀 양육을 촉진하기 위해 역할을 다하기 때문에 아마도 국가가 여러 경우에 그렇게 할 것이다. 따라서 (3장에서 권장했듯이) 부모가 그들의 자녀와 관련된 선택을 할 때 제한된 종류의 경의를 받게 될 것이다. 그리고 가족 단위가 인간 역량을 증진하는 한 이 단위를 세제 특혜에서 제외하지 않는다. 그러나 내 접근법에서 종교의 경우와 마찬가지로 국가가 그런 정책을 선택하는 이유는 개인의 핵심역량을 보호하는 데 있다. 가족에 대한 규정과 선택된 정책은 이 목표를 고려하여 선택되어야 한다. 롤스는 '가족'이 어떻게 정의되어야 하는지 묻지도 않고 무엇을 기초로 특수적 특권을 가져야 하는지 분명히 하지도 않는다. 미래 시민에 대한 국가의 이익관심이 그런 기초의 하나로 보이기는 하지만 말이다.

무엇보다도 가장 중요한 점은, 롤스는 가족을 기정사실로 받아들이기 때문에, 내 접근법이 우리에게 항상 물어보라고 촉구하는 것, 즉 공적 보호와 지원을 받을 자격이 있는 다른 그 외의 정서적 유대는 무엇인가라고 묻지 않는다는 것이다. 그래서 사회의 기본 구조에 대한 그의 설명에서 여성 단체가 무슨 역할을 할 수 있는지가 전혀 명확하지 않다. 그런 모든 탐구가 맥락적이기는 해야 하지만 내 접근법에서 그런 단체의 역할은 시작부터 내장되어 있다. 어떤 기관을 보호하는 데 목표를 두지 않고, 시민의 결사와 여타 자유에 의해 설정된 한계 내에서 인간 역량을 증진하는 결사 형태를 보호하고 육성하는 데 목표를 두고 있기 때문이다.

여기에서 종교의 경우와 마찬가지로 전통적 형태의 관행에 독점적 특권을 부여하지 않는다는 것을 주목하라. 나는 그 관행이 무슨 역량에 도움이 되는지를 묻고 실행할 수 있는 한에서 그 동일한 역량을 증진하는 다른 유사한 조직으로 특권을 확장한다. 실천적으로 종교에서처럼 그렇게 하는 접근법은 보통 넓은 의미로 가족을 규정하는 것과[62] 특히 여성 단체를 포함하여 주어진 문화적 맥락에서 여성과 아동의 잘-살기를 증진하는 데 중요한 여타 조직을 지원하는 것에 결부된다.

다시 말하지만 내 접근법은 가족 구조 내의 일에 대해 일정한 유형의 간섭을 금지한다. 롤스의 접근법도 그것을 금지할 것이다. 나도 롤스처럼 국가가 가사 노동의 동등한 분담이나 집안일에서 동등한 의사 결정을 법적 의무로 하는 것은 잘못된 일이라고 본다. 그러나 한편으로 이 공유된 결론의 이유는 서로 다르다. 롤스는 국가와 별개로 존재한다고 간주되는 개별 기관의 내적인 일을 간섭하는 것이 잘못이라고 판단한다. 반면 나는 어떤 맥락에서든 시민을 위해 항상 보호되어야 하는 개인의 결사의 자유, 그리고 발언의 자유가 있다고 단적으로 판단한다. (롤스도 자유 우선성에 의존하여 그가 도달한 결론과 유사한 결론에 도달할 수 있었을 텐데, 그가 그 논증을 사용하지 않았다는 것은 주목할 만하다.) 국가가 사람들에게 설거지하는 방법을 지시하며 관여하는 것은 참을 수 없는 자유 침해로 보인다. 실제로 내가 보기에 가족 내에서의 모호한 형태의 행실은 순수하게 자발적인 결사체에 비해 자명한 보호를 받는 길이 덜하다. (어쨌든 어린이에게) 가족은 시작부터 시민의 삶의 기회가 전반적으로 영향을 미치는 비자발적인 기관이기 때문이다. 더욱이 국가는 국가의 보호 아래 있는 미래 시민으로서의 아동에 대해 적법한 이익관심을 갖는다. 교회나 대학 구성원이 되기로 결심한 성인에 대해서는 그런 관심을 갖지 않는다.

광범위한 영역에서 롤스와 나의 접근법은 여러 가지 공동 정책 선택들을 지원할 것이다. 내 접근법에서 핵심역량은 항상 정부 행위의 목적에 맞게 설득력 있는 이익을 보충한다. 따라서 지참금 제도가 여성의 역량 실패의 주요 원천이라는 설득력 있는 증거를 볼 때, 인도에서 지참금을 불법화하는 일이 문제가 되지 않을 것이다. 나는 롤스의 경우 이 법을 정당화하는 데 곤란을 겪었을 것이라고 믿는다. 왜냐하면 그는 가족을 적어도 부분적으로 전정치적이며 지참금은 전정치적 국가prepolitical state에서 선택한 일 중 하나라고 생각하기 때문이다. 이에 비해 나에게 가족은 법과 제도에 의해 구성되며, 물어야 하는 질문 중 하나는 지참금을 주는 일이 가족이 할 일 중 하나로 포함되어야 하는지에 대한 여부다. 지참금 허용은 자율적인 사적 실체를 향한 국가의 중립적인 부작위가 아니다. 그것은 공적 영역의 일부를 구성하는 또 다른 (대안적인) 방식이다. (종교의 경우처럼 내 접근법은 손실의 가능성, 심지어 비극의 가능성도 인정한다. 우리가 지참금을 줄 자유를 중요하게 보호해야 하는 자유라고 판단해야 한다면 그 관행을 제한하는 선택은 비극적 차원이 될 것이다. 그러나 나는 이것이 과세 없이 자녀에게 재산을 물려 주는 자유만큼 보호되어야 하는 자유의 중심핵 영역이 아니라고 생각한다.)

그리고 가족 내의 전통적인 의사 결정 패턴에 대한 간섭은 롤스보다는 내 접근법으로 정당화하기가 훨씬 쉬울 것이다. 안드라프라데시의 마힐라 사마키야Mahila Samakhya 프로젝트를 생각해 보라. 중앙 정부가 자금을 지원하고 운영하는 그 기획은 여성의 자신감과 진취력을 강화하고 고용주, 공무원, 그리고 남편과 협상하는 일에 여성에게 권한을 부여하는 것을 명시적인 목표로 삼는다. 정부가 사회 규범과 지각을 바꾸어 가족을 재구축하려고 시도한다는 데는 의심할 여지가 전혀 없다. 가입을 강요하는 공동체도 개인도 없다. 나는 이러한 조건을 지지한다. 그럼에도 그 기획은 가족 통치라는 특정 개념을 승인하는 방식으로 인해 롤스가 수용할 수 있다고 생각하는 것보다 더 많은 의미를 함축한다. 가르치는 내용과는 별도로 여성의 정서적 삶에 초점을 두는 여성 단체라는 바로 그 존재가 가족을 더 이상 인격적 협력관계의 유일한 원천이 아닌 것으로 만들면서 근원적 변형을 일으킨다. 그와 같은 이유로 롤스가 그런 단체를 위한 정부의 지원을 반대하는 것 같다. 정부의 지원이 하나의 선개념을 다른 개념에 우선하여 승인하는 것으로 간주될 수 있기 때문이다. 음악과 예술을 위한 정부 지원을 반대하는 근거와 거의 마찬가지다. 나는 권한부여 프로그램이 그들에게 물질적·정치적 환경에 대한 통제력을 더 많이 부여하는 데 크게 성공을 거두었다는 사실과 함께 여성의 역량이 그 정도로 위험한 상태에 있다는 사실이 정부가 그런 프로그램을 도입해야 할 설득력 있는 이익관심을 갖게 한다고 본다.

또는 자영업 여성 협회를 보자. 이것은 정부 프로그램은 아니지만, 그렇다고 가정해 보자. 나는 롤스의 입장을 자신감과 리더십을 위한 교육과 함께 여성이 신용과 경제적 자기-충족에 접근할 수 있도록 해 주는 데 초점을 두는 것은 정부가 가족 구조에 허용 불가능한 간섭을 하는 것이라고 짐작한다. 그는 정부가 여성 전용 은행을 지원한다는 바로 그 생각에 매우 회의적일 것이다. 나는 이런 프로그램이 비강제적이라는 것이 매우 중요하다고 생각하는 동시에 정부가 가족을 조형하는 사회 규범을 변화시키고 역량이 부족한 사람들의 역량을 증진하는 데 목표를 두는 방식으로 행하는 것이 상당히 온당한 일이라고 본다. 결국 (이것이 문제의 핵심인데) 정부는 이미 사회 기본 구조의 일환인 가족이라는 기관을 구축하는 일을 하고 있기 때문이다. 정부는 이런 구축 작업에 착수하여 제대로 하는 편이 낫다.

심지어 재산 영역에서도 나에게는 롤스의 접근법이 불확실한 지침을 제공하는 것처럼 보인다. 반면 내 접근법은 명확한 지침을 제공한다. 인도에서 재산권은 전통적으로 유기적 전체로서의 가족에게 속해 있고, 여성은 남성 구성원이 운영하는 가족 단위 또는 '공동 재산'을 거의 또는 전혀 통제하지 못한다. 토지 권리를 위한 여성의 요구는 빈번하게 이 요구가 "가족을 깨뜨리게 될 것이라는" 주장과 맞서왔다.[63] 그리고 그 요구가 받아들여진다면 틀림없이 그것이 가족 구조의 내부 통치를 변형시킬 것이다. 롤스는 여성을 동등한 시민이 되도록 하는 데 변형이 필수적이라고 주장할 수도 있고 그렇지 않을 수도 있다. 그러나 가족 통치의 변화로 가족 내에서 여성의 협상 위치가 동등하게 된다는 사실 자체는 변화를 위한 논증을 제공하기에는 불충분하다. 이에 비해 내 접근법에서는 재산에 대한 통제는 성별에 기초하여 불평등하게 축소될 수 없는 핵심역량의 하나이기 때문에 매우 직접적으로 결론에 도달한다. 롤스가 말할 수 있는 최선은 "이른바 가족의 결렬은 외적 정의를 충족시키는 적절한 제약"이라는 것이다. 나는 이렇게 말하려고 한다. "당신은 당신이 하나의 방식으로 구성해 놓은 재산법 전통에 가족이 그대로 방치되어 있다는 것을 전혀 알지 못했다. 이제 우리는 그것을 또 다른 방식, 즉 여성의 역량을 보호하는 방식으로 구성할 것이다."

두 접근법의 가장 큰 차이는 여아의 대우에서 나타난다. 특히 이 문제에서 내 접근법은 가족 성원권의 침투성과 비자발성을 인식한다. 그리고 주요 영역에서 여아가 완전한 성인 역량을 갖출 수 있도록 발전을 증진하는 방식으로 지각과 행동을 조형하기 위해 국가에 폭넓은 재량을 부여한다. 이것은 아동 결혼의 폐지 그리고 (실천적으로 가능한 경우) 아동 노동뿐만 아니라 (실천적으로 가능한 경우) 어린이 모두를 위한 초중등 의무 교육도 의미한다. 짐작하건대 롤스 역시 이런 변화를 찬성할 것이다. 그것은 또한 여성이 삶의 여러 상이한 역할에 적합하고 정치·경제 공동체의 능동적인 구성원이라는 공적 지각을, 롤스가 선에 대한 규정적 개념을 지나치게 많이 진작한다고 볼 가능성이 높은 무언가를 장려한다는 의미다. 따라서 공교육의 내용은 여성의 선택지 그리고 여성이 불평등에 저항하는 정보를 포함해야 한다. (인도가 현재 안고 있는 한 가지 끔찍한 문제는 정부에 새로운 교재를 구입할 돈이 없다는 것이다. 그 결과 시대에 뒤떨어진 여성의 이미지가 여전히 초등학교에서 사용되고 있다. 그것을 좋아하는 교육자가 거의 없는데도 불구하고 말이다.) 정규 학교 교육 외에 인도 정부는 또한 아동 결혼의 위험에 처한 소녀를 위해, 그들을 집에서 데리고 나와 교육과 직업 훈련을 제공하는 특별 호스텔 프로그램을 지원한다. 소녀가 집을 떠나는 것에 어머니가 동의하는 경우조차 롤스는 이런 프로그램을 가족에 대한 국가의 지나친 개입으로 간주할 가능성이 크다. 결국 정부는 "당신이 이 위험한 구조를 떠난다면 당신을 지원하겠다"라고 말하고 있기 때문이다. 내 접근법은 소녀의 역량 보호가 이러한 개입주의 전략에 권한을 준다고 판단한다.

마지막으로 내 접근법은 또한 남성의 역량을 재조형하기 위한 정부의 노력을 지원할 것이다. 시골 비하르Bihar에서 비정부기구 아디티Adithi는 소녀들처럼 소년들 역시 새로운 노동 분업을 추구할 때까지는 집안일에서 성별 역할에 변화가 생기지 않을 것이라고 판단해서 남성 교사에게 성평등 훈련을 지원한다. 내가 보았던 남성 교사들은 이상주의적이고 낙관적인 강렬한 집단이었다. 그들은 모든 마을의 가정집에서 이제 어린 소년들이 아이를 돌보고, 청소하고 요리하는 것을 보게 되었다고 자랑스럽게 공언했다. 교사들은 소년들에게 이런 역할이 남자에게 수치가 되지 않는다고 확신시켰다. 그렇게 빨리 그들이 이야기하는 정도의 성공을 달성했는지에 대한 여부는 두고 보아야 할 일이다. 그러나 이것은 내 접근법이, 심지어 정부 행위의 측면에서도 합당하게 지원하는 종류의 노력이다. 가족 내 노동 분업을 재고하는 것은 시민으로서 여성의 완전한 평등을 보장하는 결정적인 측면이다.

가족에 대해 롤스의 접근법과 내 접근법은 매우 밀접하다. 우리 둘 다 사람을 분배의 기초로 규정한다. 우리 둘 다 결사와 자기-규정의 자유에 중요한 역할이 있다고 본다. 우리 둘 다 사랑과 돌봄의 내재적 가치를 인식한다. 그러나 내가 생각하기에 롤스는 가족이 "기본적인 사회 구조"의 일환이라는 중요한 아이디어에 대한 인식, 그리고 가족과 여타 자발적 조직 사이의 중요한 비대칭에 대한 인식에 냉담을 유지하고 있다. 나는 핵심역량을 통한 접근법이 가족 사랑과 이 사랑이 산출하는 통찰을 여전히 귀중하게 여기면서도 어떻게 그 아이디어를 포착하는지를 보여 주기 위해 노력했다.

7. 협상 접근법과 여성의 선택지

나는 이런 문제를 다루는 탐구가 유용하기 위해서는 어떤 것이든 맥락적이어야만 한다고, 즉 역량이 구체적인 정치적·역사적 설정에서 어떻게 실현되는지를 이해해야 한다고 주장했다. 그러므로 나는 이 요점을 더 상세히 권고하지 않을 것이다. 대신에 질문이 생길 때 각각의 질문에 접근할 수 있는 방식을 제시하고자 한다.

우리가 가족 구조를 구축하는 국가 행위의 형식에 관하여 구체적인 실천적 질문을 할 때 가족에 대해서는 협상 접근법bargaining approaches으로 도움이 되는 안내를 받을 수 있다. 이 접근법은 여성이 동료 가족 구성원을 상대할 때 그리고 제한적인 사회 규범을 상대할 때 변화가 여성의 협상 위치에 어떻게 영향을 미치는지를 명확하게 생각할 수 있도록 돕는다. 케랄라 정부는 학교에서 영양가 있는 점심을 제공하는 일이 아동 교육을 증가시키고 아동 노동을 감소시키면서 아동의 협상 위치를 강화할 것이라고 정확히 예견했다. 연방 정부는 시골 지역에 여성 협동조합을 도입하는 일이 가정 폭력을 감소시키고 여성의 경제 기여를 강화하면서 남편을 상대하는 여성의 협상 위치를 개선할 것이라고 정확히 예견했다. 또한 여성이 방문 의료, 교사, 정기적인 수도 공급을 요구함에 따라 여성의 새로운 적극성이 지역 정부와 국가 정부의 부패를 견제하는 데 도움이 될 것이라고 예견했다. (아마도 안드라프라데시, 특히 부패하고 무법천지인 지방에 닥쳐오는 저항의 유형을 예견하지는 못했을 것이다. 나를 안내해 준 연방 정부 직원은 그녀의 생명이 위협을 받고 있다고 보고했으며 암살 시도를 충분히 예상했다. 주 수준state level의 법과 질서가 무너졌기 때문에 1999년 2월 국가의national 통제에 놓이게 된 비하르에서도 비슷한 문제가 발생한다.) 문해력 프로그램을 제도화한 정부는 경제적 관련성이 있는 이런 기술이 누가 집 밖에 나갈 수 있고 누가 나갈 수 없는지에 관련한 사회 규범을 규정하기 위해 분투하는 일에서 여성을 유능한 협상 행위자로 만들어 줄 것이라고 정확히 예측했다.[64] 협상 구조에 대한 좋은 설명은 여러 가지 역량들과 이것들이 어떻게 서로를 지원하는지를 충분히 이해하여 구체화하는 까닭에 복잡하고 유연할 수밖에 없다. 그래서 정보가 충분할 때, 협상 접근법이 핵심역량을 증진하기 위해 노력하는 사람들에게 유용한 통찰을 제공한다.

가장 일반적인 방식으로 말하자면, 지침은 항상 무엇보다도 먼저 실천이성과 인간존엄성이라는 관념이 있어야 충족될 것이다. 다시 말해 인간은 각자가 인생 계획자이며, 그래서 각 사람이 목적으로서 대우받아야 하고 누구도 타인의 목적을 위한 단순한 도구여서는 안 된다는 관념이다. 이런 아이디어는 목록에 있는 나머지 역량과 결합하여 공적 행위에 맞는 일련의 목표를 제공한다. 우리의 목표는 시민이 자신의 삶의 능동적 계획자로서 그리고 존엄성 있는 동등자로서 이런 능력과 기회를 가질 수 있도록 하는 데 있다.

이러한 목표를 배경으로 우리는 공적 행위를 안내할 몇몇 일반 원칙을 발전시킬 수 있다.

1) 선택지의 중요성The importance of options

협상 이론에서 매우 분명한 원칙 중 하나는 협동하는 협상 단위의 각 구성원의 '결렬 위치breakdown position'가 그나 그녀의 협상력에서 중요한 결정 요인이라는 것이다.[65] 이것은 여성 평등 증진을 시도하는 정책이라면 특정적으로 필생의vital 원칙이다. 여성은 종종 결혼 생활의 출구 선택지가 매우 열악하다. 바산티는 정확하게 그런 이유로 오랫동안 학대받는 결혼 생활을 버텼다. 그녀는 문맹이었고, 재산이 없었으며, 시장성 있는 기술이 없었다. 그녀는 지원받을 수 있는 관계가 있었고, 그런 면에서 대부분 여성들보다 형편이 나았다. 그렇지 않았다면 그녀는 결코 떠날 수 없었을 것이다. 그러나 그녀의 결렬 위치가 열악했기 때문에 그녀의 남편이 어떤 식으로 분배하려고 하든 참아야 한다는 엄청난 압력을 받았다. 자얌마가 그녀의 착취적인 고용주와 맺은 관계도 비슷하다. 그는 그녀가 기술이 없고 문맹이며 좀 더 규칙적이거나 더 나은 임금을 받는 직업을 구하기 어렵다는 것을 알고 있다. 그래서 그는 그녀를 승진시키지 않으며 그녀의 건강을 돌보지 않고 다른 방법으로 그녀를 착취할 수 있었다.

여성의 역량에 대한 이론으로서 이 아이디어가 만들어 낸 결과는 주목할 만하다. 이러한 성찰은 여성의 경제적 선택지 증가가 가족 내에서 그리고 보다 일반적으로는 그들의 잘-살기를 증진하는 극히 강력한 방식이라고 말해 준다. 그것은 고용과 신용에의 접근성, 토지권, 그리고 문해력이 그것들 자체로 중요할 뿐만 아니라 일반적으로 여성의 역량을 위한 강력한 지원으로서 중요하다는 의미다. 우리가 바산티와 같은 여성이 가정 폭력에서 해방되기를 원한다면 그것에 대항하는 법률을 제정하여 효과적으로 시행하는 것이 물론 첫 번째로 중요하다. 구타당하는 여성을 위한 보호시설(이런 보호시설이 인도에는 전혀 거의 없다)을 세우는 일처럼 이 쟁점과 관련하여 면밀하게 여타 조치를 취하는 것이 중요하다. 그러나 정확히 말하면 출구 선택지를 개선하는 간접적인 작업이 그에 못지않게 중요하다. 그녀가 읽을 수 있다면, 그녀가 대출을 받을 수 있다면, 그녀의 주의를 환기할 수 있는 자영업 협동조합이 있다면, 여성이 학대에 맞서거나, 떠남으로써 학대를 종식할 가능성이 훨씬 더 크다.

선택지는 보다 일반적인 중요성이 있다. 그것은 여성에게 그들이 결혼하기 전에 결혼에 대한 대안을 제공하고, 부적합하거나 바람직하지 않은 고용에 대한 대안을 제공한다. 이런 면에서 인신매매 관행에 대한 강력한 공격과 경제적 선택지를 결합하여 집중하면 매춘 문제를 해결하는 가장 좋은 방법이 될 가능성이 크다. 범죄화는 부당한 대우를 받는 여성들이 경찰에 도움을 요청하러 가기를 꺼리게 만들기 때문에 대개 여성의 처지를 악화시킨다.[66] 예를 들면 뭄바이의 안나푸르나 마힐라 만델은 매춘하는 딸들에게 직업 훈련을 제공하는데, 이것이 그들에게 대안적 미래를 줄 수 있는 가장 좋은 방법이라고 보기 때문이다. 안드라프라데시에서는 비슷한 기술 훈련 프로그램이 아동 결혼과 전투를 벌이고 있다. 이와 관련하여 아동 노동 문제를 해결하는 일은 (케랄라 학교 급식 프로그램이 그렇듯이) 부모에게 경제적 선택지를 주는 것이 요건이다.

2) 지각된 기여의 중요성The importance of perceived contribution

가족 내에서 여성의 협상 위치에 또 다른 중요한 결정 요인은 가정의 안녕에 대한 **지각된 기여**perceived contribution다. 이것은 그들의 실제 경제적·감정적 기여와 같거나 같지 않을 수 있다.[67] 여성의 가사 노동은 자녀와 배우자 돌봄에 들이는 노동처럼 저평가되기 일쑤다. 다른 가족 구성원은 여성의 실제 기여보다는 오히려 지각된 기여에 따라 여성에게 기회와 재화를 할당한다. 예를 들어 자얌마의 집에서는 실제 기여와 지각된 기여 사이에 일정한 격차가 있다. 이 차이는 남편이 주요 수입원이 아니고 가사 노동을 하지 않을 때조차 가족 수입에 대한 남편의 통제력이 더 크다는 것에서 나타난다. 여성이 밖에서 일하지 않을 때는 이 격차가 훨씬 더 심해지기 쉽다. 소녀의 경우 문제는 더욱 복잡하다. 그들의 노동이 남성의 노동보다 덜 중요하다고 지각될 뿐만 아니라 인도 대부분에서 (기리발라가 스스로에게 반복하고 있는 유명한 속담에 기록되었듯이) 딸은 "이미 떠나갔다"는, 자신의 가족이 아니라 다른 누군가의 가족을 돕게 될 것이라는 지각이 있기 때문이다. 더욱이 그녀는 상당한 지참금 비용에 가족을 연루시킨다. 서벵골의 소녀에 대한 자소다라 박치Jasodhara Bagchi의 연구에 따르면 소녀들을 학교에 가지 못하게 하는 가장 공통적인 이유는 문화적 요소와 경제적 요소의 결합에 연관된다. 소녀의 교육이 가족에게 도움이 되지 않는다는 지각과 가족의 가난이 결합한다. (반면 소녀의 가사 노동은 필수로 간주되는 일이 흔하다.)[68]

공공 정책이 여성의 협상 위치에 대한 이 측면을 해결하기 위해 어떤 단계를 취할 수 있는가? 임금 차별에 맞서 싸우는 것이 하나의 단계임은 확실하다. 남성 노동자들과 동등한 임금을 받는다면 자얌마가 하는 일이 보다 쓸모 있게 지각될 것이기 때문이다. 롤스와 오킨이 이미 지적했듯이 이혼법이 합의금을 산정할 때 가사 노동을 고려함으로써 여성이 가사에 기여한 가치에 대한 지각을 바꿀 수 있다. 3장에서 본 것처럼 이것은 인도 현실과는 거리가 멀다. 그러나 추구해야 하는 목표다.

보다 일반적으로는 여성을 대상으로 하는 프로그램이 보통 가족 내에서 그들의 지위를 향상한다. 마사 첸은 BRAC 문해력 프로그램이 여성의 실제 경제적 선택지뿐만 아니라 어느 정도 독립적으로 가족 내 행위자로서 자신의 가치에 대한 지각을 증가시키는 방식을 서술한다. 여성이 기술을 배워 습득할 수 있다는 것을 보여 주었다는 사실로 인해 여성은 자신을 이전에 여겼던 것보다 더 중요하다고 여기게 되었다. 마찬가지로 안드라프라데시에서는 정부가 여성 프로젝트를 실시한 지 불과 6개월 후에 남편들이 여성의 기여를 훨씬 더 진지하게 받아들였다고 여성들이 보고했다. 여성들이 하나의 단체로 조직되는 것을 보고, 지방 정부에 효과적으로 서비스를 요구하는 것을 보고, 게다가 국가 정부 관리들이 마을에 남성이 아니라 여성을 만나러 오는 것을 보고 여성들을 일할 수 있는 힘이 있는 사람으로 여기게 되었다. (여성과 내 주위에 남성들이 둘러서 있을 때, 우리가 바닥에 앉아 이야기를 할 때, 나는 이런 반응을 눈치채지 않을 수가 없었다. 남성들은 외국인 교수가 자신들의 아내와 딸들을 인터뷰하러 왔다는 사실을 받아들이며 멀리서 지켜보았다.) 여성들은 이런 요소들 자체가 그들에 대한 남성의 대우를 변화시켰다고 보고했다. 초기에는 의심과 분개가 있었다. 그러나 여성 단체가 마을 전체를 위해 일을 처리하고 있다는 사실에 남성이 긍정적으로 반응하기 시작했다. 마을을 위해 어느 정도 혜택을 얻어 내는 능동적인 협상 행위자로서 여성을 보게 되면서 그들은 가정에서 그들을 좀 더 존중하기 시작했다. 그들의 의견을 더 자주 묻고 가정 학대가 다소 줄어들었으며, 남성은 정말 자신의 위생과 외모에 좀 더 신경을 쓰게 되었다.

3) 자기 가치감의 중요성The importance of a sense of one's own worth

가족 내에서 여성의 협상 위치를 강화하는 데 세 번째로 주요한 중요성 요소는 자신의 가치와 자신의 기획 가치에 대한 자신의 지각이다. 센이 지적했듯이 많은 것에 자신이 권원이 있다고 생각하지 않는, 그리고 다른 사람이 자신보다 더 가치 있는 목표를 가지고 있다고 믿는 사람은 협상에 나약할 것이다.[69] 2장에서 내가 주장했듯이 그것은 가족 내 여성에게 중대한 문제점이다.

이러한 비권원의 내적 감각inner sense of non-entitlement이 어떻게 효과적으로 퇴치될 수 있을까? 정부 프로그램과 비정부 프로그램 둘 다 전형적으로 여성과 여성의 권리에 관하여, 여성이 정부에게 청구할 권리가 있는 시민이라는 사실에 관하여, 여성 자신의 계획과 기획의 중요성에 관하여 여성에게 이야기하는 데 많은 시간을 할애한다. 그리고 물론 사람들이 여성에게 주목하고 여성을 주요하게 대우한다는 바로 그 사실 자체가 변화를 가져오는 중대한 부분이다. 그러나 더 구체적인 그 외의 전략이 있다. 교육은 여기에서 두 가지 방식으로, 즉 가치와 가능성 이미지의 원천으로서, 그리고 또한 가능성을 현실화하는 기술skills의 원천으로서 분명하게 중요한 역할을 한다. 자영업 여성 협회에서 고안했고 2장에서 서술한 비디오 프로그램 역시 단순히 여성들에게 자신과 같은 다른 여성들이 무엇을 했는지를 보여 줌으로써 자신감과 높은 열망을 산출하는 데 목표를 둔다. 그리고 마지막으로 다른 여성들과 단체로 만나는 것이 힘 있고 효율적인 행위의 감각을 얻는 데 최우선으로 중요하다. 안드라프라데시의 한 여성은 그것을 이렇게 표현한다. "혼자 내는 목소리는 들리지 않는다. 우리는 함께 임금 인상을 요구했고 협상했다." 방글라데시 문해력 프로그램에 참여한 여성은 첸에게 이렇게 말했다. "마음이 우울한 누구라도 모임에 참가한 후에는 마음이 새로워질 것이다."[70] 이 요소의 중요성은 과소평가 될 수 없다. 대체로 고립되어 있는, 별개의 가정에서 각자인 여성들에게 단체 연대의 힘을 발견하는 것은 자기-지각self-perception 변화의 주요 원천이다. 나쁘게 행동하는 남성에 대항하여 행위 할 수 있는 바로 그 단체의 존재가 가정 학대에 대항하는 협상력에 힘을 보태 주는 것은 분명하다. 그렇지만 그것은 또한 여성이 단체에서 얻는 통제력과 존엄성에 대한 감각에 의해서도 강화되며, 이로 인해 전에는 용인했을 수도 있는 학대를 용인하지 않게 된다.

실제로 현재 인도에서 정부가 여성의 가치와 권원에 대한 여성의 감각을 증진하는 가장 효과적인 단일한 방법은 여성 단체를 장려하는 것으로 나타난다. 마힐라 사마키야 프로젝트는 비용이 많이 드는 기획이 아니다. 관련된 직원은 소수이고, 지역 연수생에게 크게 의존한다. 여성이 그들의 삶에 관하여 생각하게 하는 효과는 대단했다. 일단 그런 사고가 시작되면, 그것은 뒤로 물러서기 어렵다. 그리고 그런 단체는 한번 출발하면 그들 자체에 변형시킬 힘을 갖는다. 이들 여성 단체는 결정적인 면에서 여성을 그들의 운명 앞에서 수동적이라고 규정하는 위계적인 공동체라기보다는 오히려 평등과 행위력agency의 공동체다. 게다가 이러한 새로운 돌봄 관계는 여성에게 가정 폭력에 대항하여 협상할 수 있는 새로운 힘을 주고 남편과 아들로부터 새로운 존중을 받게 하면서 가족 관계 내에서 긍정적인 변화를 유도한다. 여성들의 보고에 따르면, 안드라프라데시의 남성은 이제 그들의 아내에게 좋은 인상을 주고 싶어서 좀 더 정기적으로 목욕을 하기 시작했다. 가족 외부의 돌봄 네트워크와 그 기관의 긍정적인 재구조화 사이에 종종 유용한 시너지가 있음이 분명하다. 인도 여성 운동에 널리 퍼져 있는 〈마힐라 사미티Mahila Samiti〉라는 노래에서 그것을 이렇게 표현한다. "모든 가정에는 두려움이 있다. 그 두려움을 없애자. 여성 단체를 세우자."

　　요약하자면 우리는 각 사람이 다른 사람에게 무관심한 채 외로운 사람으로 은둔하는 고립 유형의 개인주의와 위계적이고 여성에게 불공정하기 일쑤인 전통적인 유형의 공동체 사이에서 선택하도록 강요받지 않는다. 정의와 우정이 좋은 동맹이라는 것은 사실이다. 존엄성과 자기-존중이 있는 여성은 그들이 전에 알았던 공동체 못지않게 사랑이 있는, 그리고 종종 훨씬 더 사랑이 있는 공동체 유형을 양식화하도록 도울 수 있다.

8. 국제 페미니즘의 두 가지 논쟁

　　우리가 사회 변화의 방향을 논할 때 이 기본 틀을 사용할 수 있는 구체적인 여러 영역이 있다. 나는 이미 이들 중 일부 즉 매춘, 가정 폭력, 아동 결혼, 결혼 동의, 아동 노동을 간략하게 언급했다.

　　이제 그보다는 최근에 인도의 페미니즘 개발 정책 현장에서 제기되고 있는 두 가지 논쟁, 그리고 더 일반적으로 말하자면 국제 개발의 전형적인 논쟁을 매듭짓는 데 유효한 틀로 그것을 제시하려고 한다. 나는 두 논쟁을 "성애 대 고용sexuality-versus-employment" 논쟁 그리고 "토지 대 교육land-versus-education" 논쟁이라고 부를 것이다.

　　우선 페미니즘 두 진영 사이에 페미니즘의 기본 목표에 관한 열띤 논쟁이 있다. 한 진영을 S라고 하자. 이들에게 페미니즘의 본질은 성별 지배에 대한 비판이고, 변화의 본질은 사회적으로 구축된 젠더 역할의 변화에 있다. 다른 진영을 T라고 하자. 이들에게 페미니즘의 본질은 여성의 경제적 의존성에 대한 비판이고, 가장 바람직한 변화는 여성에게 경제적 선택지를 더 많이 주는 것이다. S의 구성원은 주요 병폐로 가정 폭력, 모든 종류의 성적인 학대, 성희롱, 그리고 매춘에 초점을 맞출 가능성이 크다. 그리고 프로젝트의 초점이 순전히 경제적이기만 하고 의식을 고양하는 주요 구성요소를 포함하지 않는다면 그것은 페미니즘으로서 불충분하다고 비판할 가능성이 크다. 예를 들어 마힐라 사마키야 프로젝트의 이사들은 자신들이 다른 페미니스트들의 비판을 받는다고 내게 말해 주었다. 비판의 이유는 이 프로젝트의 제안이 경제적 선택지를 통한 권한 부여에 프로그램의 초점을 두고 있어서 페미니즘 내용이 부족하다는 것이었다. 이와는 대조적으로 T의 구성원은 가정 폭력과 성별 역할에 관해 이야기하는 것은 비생산적이며 신용, 토지권, 그리고 고용에 관하여 논하는 것이 훨씬 더 생산적이라고 판단할 가능성이 크다. 이들은 S 구성원들이 페미니즘을 위협적으로 보이게 하고 농촌 여성들의 마음에 거의 공명하지 못하는 일들을 말한다고 비판할 가능성이 크다.

어느 지점까지는 여기에 전략적 쟁점이 있을 뿐이라고 생각할 수 있다. 한 진영은 경제적 접근이 덜 위협적이고 따라서 더 효과적이라고 생각한다. 다른 진영은 젠더 위계라는 기본 쟁점과 정면으로 직접 대결하기를 피하는 것은 궁극적으로 비생산적이라고 생각한다. 그들이 전략에 관해서 일치할 때도 있을 수 있다. S 구성원이 여성 불평등의 실제 원천은 다른 곳에 놓여 있고 궁극적으로 논의되어야만 한다고 주장하면서도 비위협적인 경제적 쟁점에 초점을 두고 대화를 시작하는 것이 전략적으로 현명하다는 데 동의할지도 모른다.

그러나 사실 그 분열은 깊은 곳에 놓여 있다. 두 진영은 여성 복종의 근원에 관한 직관이 서로 다르다. S 구성원은 대개 종속은 모두 복종적인 성적 배출구를 원하는 것에 관한 일이고 종속의 경제적 측면은 그다음이라고 생각한다. T 구성원은 여성의 종속은 모두 남성이 수입과 재산을 통제하고 기꺼이 가정의 하인이 되겠다는 사람을 두길 원하는 것에 관한 일이고 여성 종속의 성적 측면은 그다음이라고 생각한다.

두 진영 사이에는 몇 가지 진정한 차이가 있다. S 구성원 대부분은 여성동성애를 남성 지배적인 성적 세계에서 지배에 저항하기를 바라는 여성들에게 맞는 적절한 선택이라고 생각한다. 반면 T 구성원 대부분은 여성의 경제적 자기 충족을 위한 운동에 전념하기는 하지만 여성동성애를 부도덕하다고 믿는 종교적이거나 보수적인 여성이다. (따라서 경제적 권한 부여를 목표로 하는 일부 조직의 지도자들은 성적 지향에 관하여 보수적인 태도를 취한다.) T의 일부 좀 더 보수적인 구성원은 또한 남성의 성애 자체에 잘못된 무언가가 있다고 말하기를 주저하고 성애에 관한 논의를 피하는 것을 선호한다. 아마도 이것이 두 진영 사이에 존재하는 격렬한 적대감의 가장 깊은 원천일 것이다. 남녀 동성애자 모두에게 여전히 세계에서 가장 억압적인 국가에서는 S의 페미니즘 구성원 중 일부가 레즈비언이고 T 구성원에 의해 인격적으로 부당한 대우를 받아 왔다. (안드라프라데시에 있는 마힐라 사마키야의 한 지도자는 여성 프로그램을 계속 진행하기 위해 부패한 지역 관리에 맞서 투쟁하는 일선에 일상적으로 신체 안전을 노출시키는 격렬하고 불같은 페미니스트다. 그 지도자는 나에게 '성도착sexual perversion'이 미국에서 왜 흔하게 되었는지를 물었는데, T 계열 페미니스트 중에는 그것이 흔하지 않다는 태도를 분명히 드러냈다.)

동성애 쟁점은 여성 종속의 근원에 관한 더 큰 쟁점으로부터 쉽게 분리될 수 없다. S 계열 페미니스트는 이분법적 젠더 구분과 '이성애 의무compulsory heterosexuality'가 여성을 경제적으로 억압하는 뿌리에 놓여 있다고, 그래서 레즈비언 선택을 지지하지 않는 어떤 접근법도 궁극적으로는 자기-전복self-subverting이라고 믿는다. 그들은 인도의 동성애 공포증이 그저 우연히 여성에 대한 가부장적 대우에 관련된 것이 아니라고 말한다. 여성이 성적으로 자기 충족적일 수 있고, 따라서 남성을 위한 성적 배출구로서 가용할 수 없다는 두려움이 동성애 공포증을 불러일으킨다는 것이다. 그러므로 동성애 공포증은 드러나지 않은 위협에 대한 가부장제의 반응이다. T 계열의 일부 페미니스트는 이성애 가족 내의 여성 평등 쟁점이 동성애 행실의 도덕성과 전혀 관련이 없다고 주장하면서 이것을 맹렬히 부인한다. 동성애 공포증이 심하지만 여전히 맹렬한 페미니스트일 수 있다는 것이다.

인과성 쟁점에서는 S 페미니즘이 옳다고 생각하는 것이 합당하게 보인다. (세계 대부분에서 그렇듯이) 인도에는 여성을 남성의 성적 재산으로 간주하는 오랜 전통이 있다. 많은 사람이 여성동성애를 두려워하고 증오하는 뿌리에는 이 체계가 뒤집힐 것이라는 두려움이 놓여 있을 가능성이 크다. 길게 보아 여성을 재산으로 취급하는 것은 여성을 성적 재산으로 규정하는 이성애 체계와 맞서 싸우지 않고는 당연히 퇴치될 수 없다. 다시 말하지만 간디처럼 도덕적 성찰을 하는 모범적인 사람조차 그의 아내를 아내 자신의 권리에 따른 성적 행위자가 아니라 성적 도구로 간주했다면, 우리는 이런 태도가 매우 깊숙이 뻗어 있다는, 그리고 어떤 레즈비언 선택이든 많은 사람이 그것을 매으 위협적으로 보기 쉽다는 결론을 내릴 수밖에 없다. 그러므로 T 페미니즘이 궁극적으로 여성 불평등을 이해하는 데 절대적 중심에 있는 쟁점을 논의하기를 거부하고 있다고 보인다.

다행히 전통적인 결혼 생활에서 억압받는 두 여성 사이의 동성애 관계를 다룬 영화인 〈파이어Fire〉의 상영을 둘러싸고 1998년 12월에 시작된 분쟁이 이 쟁점 전체를 열어 보이는 데 도움이 되었다. 영화를 상영하지 못하게 하기 위한 힌두 근본주의자 폭력단의 시도에 거세게 반발하여 예술가, 학자, 그리고 모든 유형의 페미니스트가 영화 제작자의 표현의 자유를 위한 시위에 참여했다. 시위대들 사이에 여전히 차이가 있기는 했다. 일부는 여성동성애가 힌두 문화의 전통적인 특징이라고 주장했고, 일부는 영화의 페미니즘 측면에 초점 맞추기를 선호했다. 그렇지만 전통적인 성적 관계에서 여성의 종속과 동성 관계의 이익관심 사이에 강한 연계가 있다는 것을 더 이상 부인할 수 없었다. 그리고 모든 종류의 페미니즘에 대중이 주목하여 인도 사회의 전 계층에서 레즈비언이라는 이유로 겪는 차별에 새롭게 초점을 맞추게 되었다. 이 주제에 관한 공개 담화는 페미니즘 두 진영 사이의 간극을 없애기로 약속하는 듯 보인다.

그럼에도 여러 측면에서 분쟁 전체가 기이해 보인다. 왜 우리는 여성의 종속이 그저 한 가지에 관한 것이라고 말해야 하는가? 분명히 성이라는 측면도 있고 경제라는 측면도 있다. 이 두 가지 모두 사회적으로 조형되며 각각은 서로를 강화한다. 남성은 여성을 성적 재산으로 보고, 또한 경제적 하인으로도 본다. 기리발라의 남편은 그녀의 신체를 원하지만, 그녀가 렌틸콩을 들고 몇 걸음 뒤에서 걷기를 원하기도 한다. 어떤 경우에는 지배의 성적 관계가 일차적 관계이다. 그러나 기리발라의 경우와 다른 많은 경우에 아마도 경제적 관계가 남성의 이익관심과 통제에 더 두드러진 원천일 것이다. (이 남편들 중 일부는 다른 성적 배출구가 있고, 그래서 상대적으로 아내의 성적 기능에 무관심하다.) 요약하자면 두 유형의 위계 모두 근본적이고, 둘 다 피할 수도 없고 피해서도 안 된다. 실제로 하나를 이해하려면 다른 하나에 대한 이해가 필요한 것 같다. T 페미니즘은 젠더와 성적 역할의 습관적인 구분을 다시 생각하는 것을 거부해서는 안 된다. 그리고 S 페미니즘은 경제적 쟁점이 때때로 자체 추진력이 있고 여성 불평등의 측면 일부에 대해 독립적인 설명을 제공할 수 있다는 것을 부인해서는 안 된다.

우리가 이런 식으로 생각함에 따라 잠재역량 접근법이 협상 접근법과 함께 우리가 무엇을 찾는지를 이해하는 데 도움을 준다. 우리는 고용에 관련된 역량과 (신체 보존, 감정의 건강, 성적 표현 능력과 같이) 성에 관련된 역량 둘 다 축소되어서는 안 되는 근본적인 인간 역량이라는 아이디어로 시작했다. 다음으로 협상 접근법은 두 역량이 서로를 보완하는 여러 방식에 관하여 생각하는 데 도움을 준다. 결혼 생활에서 성적 잔인함이나 착취를 피하고 성적 자율성을 추구하길 바라는 여성은 그들이 강한 협상 위치에 있다면 훨씬 더 쉽게 그렇게 할 수 있다. 그리고 고용, 신용, 토지권은 그들의 협상 위치에 힘을 주는 중요한 원천이다. 동시에 여성은 음탕하고 유치하다는 직관이 마누 법 이후로 적어도 인도 전통에 만연하고 있어서 여성이 구직에 무기력을 느끼게 되고 직장에서는 협상 위치를 약화한다. 그러므로 여성의 성애sexuality에 대한 그런 지각을 바꾸려는 시도는 여성의 경제적 평등 추구에 중요한 동반자다. 이 접근법은 어떤 역량도 다른 것에 종속되어서는 안 되며 두 진영 모두의 공적 행위가 성적 자유와 경제적 자유 둘 다를 증진하는 적법한 방식이라고 말해 준다.

실천 전략에 관한 한 T 페미니즘에는 S 페미니즘이 바로 수긍할 수 있는 강한 지점이 있다. 더 나은 서비스를 장려하고 신용과 고용에 새로운 기회를 확장하겠다고 말하면서 마을에 들어가는 것이 "성별 역할을 바꾸러 왔다"고 말하는 것보다 확실히 덜 위협적이다. (이런 말을 실제로 누가 할까?) 페미니즘 프로그램에 대한 반발을 피하기 위해 적절한 시기에 여성이 그들 자신의 방식으로 성생활에 관한 자신의 결론을 스스로 도출하도록 맡겨두면서 경제적 쟁점에 초점을 맞추는 것이 유용할 수 있다. 한편 그것이 젠더 역할에 관해, 특정적으로 말하자면 가정 폭력 문제에 전적으로 침묵한다는 의미는 아니다. 다른 경우를 보자면 집 밖에서의 직장에 관하여 꽤 양면적인 여성이 그것을 가정 폭력에 대항하는 협상 위치를 개선하는 일이라고 생각하게 되면, 그것이 매력적인 선택지임을 알게 되는 일이 자주 있다. 그러므로 여성의 선택지에 대한 더 적합한 그림을 제시하기 위해 이러한 연계가 논의되어야 한다. 바산티는 학대받는 결혼 생활에서 벗어나는 방법으로 일차적으로 대출과 새로운 재봉틀에 관심이 있었다. 따라서 그 쟁점을 차단하는 어떤 접근법도 그녀의 염려를 해결하지 못했을 것이다. 가정 폭력은 전형적으로 여성이 논의하길 바라는 최우선 쟁점 중 하나다. 안드라프라데시의 (문맹) 여성들이 자신들의 문제를 그림으로 그렸을 때, 매 맞는 아내와 아동 성학대 둘 다 절대적으로 중심을 차지했다. 따라서 경제적 쟁점과의 연계도 지적되어야 하지만, 심지어 전략적 용어에서도 이 질문은 초기부터 주변으로 밀려나서는 안 된다.

요약하자면 역량들은 맞물려 돌아가는 집합이다. 서로를 지원하고, 게다가 방해받은 하나가 나머지를 방해한다. 동일한 통찰이 국제 개발 논의에서 또 다른 논란을 해결하는 데 도움이 된다. 이것은 내 논증의 시작부터 암묵적으로 인정되어 왔다. 여성 문해력 지지자와 지역 규범 지지자 사이의 논란이 그렇다. 한쪽에는 장 드레즈Jean Drèze나 다른 지지자들과 함께 아마르티아 센이 있다. 센은 여성의 협상 위치를 강화하는 데 문해력이 중추적인 역할을 한다고 오랫동안 강조해 왔다. 다른 쪽에는 지역 규범을 따르도록 촉구하고 문해력을 서구에서 기원한 가치로 중상하는 다양한 종류의 사상가들이 있다.[71] 센은 문해력이 여성의 삶에 관한 정보 접근성 그리고 여성이 이전에는 얻지 못했던 고용 유형에 대한 접근성과 상관관계가 높다고 설득력 있게 주장한다.

그는 또한 여성의 문해력 증진이 인구 증가에 대처하는 단일한 최선의 방법이라고 설득력 있는 경험적 논증을 한다. 이 입장은 지금까지 국제 인구 논의에서 널리 받아들여지고 있다.[72] 정부는 문해력 증진을 위해 상당히 많은 일을 할 수 있다. 따라서 이것이 정부 행위의 유용한 출발점 중 하나다. 개발 기획은 보통 그 접근이 '하향식top-down'이므로 그들 자신의 경험에서 나온 삶의 감각이 있는 사람들에게 낯선 가치를 부과하면서 자주 잘못되어 왔다고 말하는 형식을 취하는 반론이 있다. 이에 따라 일반 사람들이 문해력을 요청하지 않는데도 불구하고 그것을 장려하는 일은 그저 잘못된 일이라고 주장한다.

이 논란은 앞의 논란보다 더 피상적인 것으로 보인다. 일단 협상 위치를 조금이라도 고려한다면, 문해력이 몇 번이고 여성이 이미 추구하고 있는 좋음에 대한 접근성을 높이는 데 결정적임을 알 수 있다. 일하는 여성이 토지권과 고용 선택지에 대한 통제력 강화를 추구하고 비슷한 위치에 있는 다른 여성들과 더 많은 접촉을 추구한다는 것을 부인하는 사람은 거의 없을 것이다. 그런데 이것을 인정한다고 해도 문해력이 이 모든 좋음과 연결되는 데 극히 중요하다는 것을 알기 위해서는 결국 경험 문헌을 살펴볼 수밖에 없다. 아가왈Agarwal은 문해력이 토지권 획득을 위한 능력과 상관관계가 있다는 것을 보여 주었다. 그리고 신용 및 구체적인 유형의 고용에 관해서도 유사한 논증들이 있을 수 있다. 방글라데시 농촌의 문해력 프로그램 도입에 대해 자세히 연구한 마사 첸의 『조용한 혁명A Quiet Revolution』은 초기에는 문해력에 관해 회의적이었던 여성조차도 문해력이 가족 내에서 경제적 안정과 지위 향상처럼 그들이 이미 추구하고 있던 삶의 측면으로 나아가는 중요한 경로임을 발견했다는 것을 보여 준다. 여성들은 또한 문해력을 통해 얻은 독서와 정신적인 발달로 인해 새로 발견한 기쁨을 표현하면서 이런 식으로 그들의 마음을 펼쳐 보이는 순전한 즐거움을 알게 되었다. 마침내 그들은 문해력 단체의 다른 여성들과 함께 새로 발견한 연대의 기쁨을 표현했고, 이전에는 알지 못했던 유형인 비위계적인nonhierarchical 공동체를 세울 수 있게 되었다. 이 이야기를 읽은 누구도 문해력이란 낯선 가치가 부과된 것이다라는 결론을 합당한 결론이라고 할 수 있는 사람은 없다. 여성들은 그들 자신의 삶과 자신의 협상 위치로 환산하여 이해하고 나서야 그것을 받아들일 수 있었다.

따라서 센의 논점을 지지하는 사람은 문해력을 중심적인 공공 정책 쟁점으로서 계속 옹호하며 압박하기 위해서 많은 개발 프로그램이 지역 이해에 수반되는 식견에 조야할 정도로 무감각했음을 부인할 필요가 없다. 그들의 주장은 이 역량의 내재적 가치를 당연시하지 않으려는 사람들조차 (그런데 대부분은 그것이 내재적 가치가 있다는 생각을 지지한다.) 광범위한 다른 인간 역량을 지원할 때 이 역량의 전략적 중요성이 대단하다는 데는 여전히 동의할 수 있는 주장이다. 인간 역량 분야를 근대화에 연합된 아이디어가 전통적 가치의 주장과 맞서 싸우는 비극적인 '둘 중 하나either-or'로 간주해서는 안 된다. 대신에 그것은 종속된 집단에게 생소한 역량이 그 집단이 이미 추구하고 있는 기획을 지원하는 방식의 일환이라는 의의를 갖는 '둘 다both-and'가 되어야 한다.

바산티와 자얌마로 돌아가 이 논의를 마치고자 한다. 이 여성들은 가정생활에서 어떻게 사랑과 돌봄을 마주했으며, 여타 역량의 개발과 협력관계의 새로운 형식을 통해 돌봄에 알맞은 새로운 기회를 어떻게 만들어 냈을까? 자얌마의 몫은 '더블 데이'라는 전형적인 여성의 몫이었다. (육체적으로 녹초가 되도록 일한 후에) 자녀와 남편을 돌보는 의무는 시간과 에너지를 고갈시킨다. 중산층 의미에서의 사랑, 다시 말해 놀이, 기쁨, 상상력, 관대한 호혜를 연상시키는 사랑을 위한 시간이 별로 남아 있지 않다. 실제로 자얌마는 다른 영역의 인간 역량을 (특히 영양, 경제적 안전, 그리고 여가를) 박탈당하는 바람에 상대적으로 사랑할 수 없는 삶을 살게 되었고, 따뜻함과 관대함으로 다른 사람에게 쉽게 반응할 수 없는 인격이 만들어졌다. 그녀는 거칠게 승리를 얻은 생존자다. 하지만 전통적인 돌봄 규범과 전통적인 가족 구조가 (상대적으로 여성 친화적인 케랄라의 규범조차) 그녀에게서 여가와 상상력의 자극을 강탈함으로써 그녀의 삶이 사랑에 대립하는 결과를 초래했던 것이다. 다시 한번 이 결과는 우리에게 전통적인 가족 사랑과 역량 강화 사이에 비극적 선택이 있지 않다는 것을 보여 준다. 사람들은 녹초가 되거나 목적을 충족시키기 위해 분투할 때가 아니라 다른 점에서 행복할 때 가장 잘 사랑하기 떄문이다.

　내 생각에 바산티는 삶에서 운이 더 좋았다. 우선 가족이 문화적 특색을 드러내지 않는 방식으로 그녀를 지켜 주었고 어려울 때 그녀를 지원했다. 그녀의 인격이 상당히 부드럽고 따뜻하고 개방적이라고 지각될 수 있을 만든 그녀에게 안정감을 주었다. 남편을 돌보려고 했던 그녀의 욕구는 좌절되었고, 재혼이 드문 문화적 환경으로 보아 아마도 자녀에 대한 그녀의 욕구는 결코 실현되지 않았을 것이다. 그러나 그녀는 여성 친구들과의 관계에서 관대함, 상호성, 그리고 사랑을 경험한다. 게다가 풍부한 자원, 유머, 상상력을 겸비한 그녀의 능력이 이런 비전통적인 환경에서 훨씬 더 활기를 얻는 것을 볼 수 있다. 이전 삶에서 그녀를 지배했던 학대의 두려움에서 해방되었기 때문에 더욱 그러했다. 그런데 그녀의 이야기는 한 가지 면에서 자얌마의 이야기와 동일하다. 그것은 인간 역량이 사랑을 위한 본질적인 지원을 제공한다는 사실을 우리에게 지시한다. 심지어 사랑이 주요 인간 역량 중 하나일 때도 그렇다.

결론

세계 여러 곳에서 여성은 여성이라는 이유로 불이익을 당하고 있다. 여성이 다른 사람의 목적을 위한 부속물이자 하인으로 살아야만 하는 사회에서, 그리고 여성의 사회성이 두려움과 서열에 의해 왜곡되는 사회에서 선택과 사회성에 관련된 여성의 인간적인 능력이 자주 좌절된다. 그렇지만 여성은 인간 역량, 즉 자신의 삶을 실현하고 행복할 기회를 위해 도덕적 청구를 할 수 있는 기본적인 선택 능력의 보유자다. 그러므로 더 높은 수준의 역량을 얻는 데, 즉 중심적인 인간 기능의 선택이 여성에게 실제로 열려 있는 상태에 이르는 데 여성이 불평등하게 실패한다는 사실은 정의의 문제다.

나는 인간 역량과 기능발휘라는 아이디어에 기반한 정치적 접근이 이러한 문제에 관하여 생각하기에 좋은 기초를 제공한다고 주장했다. 그것은 국가가 시민에 의해 유지되어야 한다는 헌법적 보장의 토대로 삼을 수 있는 기본적인 정치적 원리를 구성하는 데 도움을 준다. 나는 또한 역량 틀이 국가를 비교할 때 삶의 질을 비교 측정하는 데 올바른 정향orientation을 제공한다고 주장했다. [정치적 원리 구성과 국가 간 삶의 질 비교라는] 두 영역에서 이 접근법은 효용이나 부유함(1인당 GNP)에 기반한 접근법보다 더 나은 안내를 제공한다. 내가 주장한 접근법은 또한 오늘날 국제 개발에서 직면하고 있는 가장 난해한 두 가지 쟁점, 즉 종교의 법적·정치적 지위와 가족의 법적·정치적 지위에 관하여 정당하게 생각하는 데 도움이 된다.

성별에 기반한 불평등이 정치적 정의에 긴급한 쟁점이라는 합의가 부족하기 때문에 세계 공동체는 여성 문제에 대처하는 데 느리다. 다른 형태의 서열과 불평등은 (예를 들어 인종차별apartheid) 전 세계가 모욕으로 간주했기 때문에 국제 공동체를 결집했다. 수백만의 여성이 매일 겪는 모독 즉 굶주림, 가정 폭력, 아동 성학대와 아동 결혼, 법 앞의 불평등, 빈곤, 존엄성과 자기 존중 부족을 불명예로 간주하는 데는 일률적이지 않았고 국제 공동체가 그것을 인권 침해라고 판단하기까지는 시간이 걸렸다. 그러나 최근에 여러 수준에서 (현지 단체로부터 지역 NGO, 정부 프로그램, 국제기구와 인권 프로그램에 이르기까지) 국제 여성 공동체가 결집하여 여성의 역량 실패를 국내 및 국제 의제로 삼는 데 현실적인 진전을 이루기 시작했다. 정치적 변화에 관심이 있는 사람들은 종종 철학에 관해 의심한다. 그런 추상적이고 냉담한 학문이 고통을 겪는 사람들에게 과연 얼마나 도움이 될 수 있는지를 의아해하면서 말이다. 해결해야 할 실천적인 일이 이렇게 많은데, 우리가 무엇 때문에 개념적 구분을 정확하게 하느라고 그만큼 과도하게 소란을 떨어야 할까? 내 논증에서 이미 도출한 한 가지 대답은 추상적인 규범 이론이 공리주의 경제학 특유의 규범 이론의 형식으로 이미 실천적 역할을 하고 있다는 것이다. 경제학자는 규범 논증 훈련을 받지 않으며, 정치철학에서 수년에 걸쳐 전개된 정치 규범에 관한 복잡한 논쟁에 별로 익숙하지 않다. 그런데 꾸준히 규범적인 문제와 관련하여 논란의 여지가 있는 판단, 즉 종종 암묵적 가정 그리고 논증을 거치지 않은 채 특수화된 중심핵 개념(예를 들어 '개발'의 개념)을 반영한 판단을 내린다. 효용 최대화가 공공 정책 형성에서 규범적 개념으로 사용되는 곳마다, 논란이 되는 경제학의 철학적 개입(삶 전반에 걸친 총합, 삶에서 귀중하게 여기는 구성 요소의 통약가능성)이 정책 형성에 관한 담론에서 그저 당연하게 받아들여질 때마다, 경제학자들이 규범적 이론화에 관여하고 있는 것이다. 나는 여기에서 공리주의 경제학 특유의 규범적 접근이 공공 정책에 부적합한 안내라고 주장했다. 그들이 이미 현장에 있으므로 부적합한 안내를 몰아내기 위해 좋은 이론이 필요하다. 좋은 이론이 필수조건으로 갖추어야 하는 요건은 철학이다. 전통적으로 사회과학이 초점을 두고 상세하게 설명하지 않았던 (선호, 선택, 욕구, 역량과 같이) 토대가 되는 개념을 두고 지속적으로 사고하는 것이 좋은 이론의 요건이기 때문이다.

그러나 단지 개발경제학의 철학적 가정에 대한 균형추로서만 우리에게 철학이 필요한 것은 아니다. 우리는 우리 자신의 직관적 아이디어를 곰곰이 생각하는 것을 돕기 위해, 그것을 비판하기 위해, 그리고 우리가 어떤 아이디어를 기꺼이 붙잡고자 하는지를 파악하기 위해 철학이 필요하다. 사람들은 인간다운 좋음과 옳음에 관하여, 무엇이 가치가 있고 무엇이 그렇지 않은지에 관하여, 선택이 무엇인지에 관하여, 정의와 자비와 침해와 슬픔이 무엇인지에 관하여 견해를 형성하지 않은 채로 삶을 살아가지 않는다. 그들은 이런 일들에 관한 견해를 가지고 그것에 따라 살아간다. 정치 무대에 들어설 때 특히 그렇다. 종종 이런 견해에는 관습이나 종교나 사회 과학에서 파생된 매우 일반적인 이론 조각들이 끼어 있다. 그렇다면 공공 정책이 선택될 때, 그것은 여러 사람의 직관과 이론의 산물일 것이다. 그것들 중 일부는 검토되었고 많은 것들은 검토되지 않았다. 우리가 실제로 어떤 이론을 견지하기를 원하는지에 관하여, 실제로 어떤 직관이 우리의 도덕적 감수성에 가장 깊이 뿌리내리고 있는지에 관하여 숙고하는 것이 현명해 보인다. 그러한 공적 숙고public deliberation가 없다면 가장 영향력 있는 견해는 그저 가장 힘 있는 사람이나 수사학적 효과를 내는 사람이 견지하는 것일 가능성이 크다. 이런 진행 방식은 그 자체로 결함이 있으며, 우리가 힘없는 사람들의 이해interests를 고려한다면 특히 결함이 있다. 힘없는 사람들은 그런 문제에 관하여 그들 자신의 아이디어를 내어 놓을 기회를 거의 얻지 못하는 사람들이다.

철학은 보통의 권력 경쟁 대신에 공적 숙고를 요구한다. 철학은 우리에게 가장 명성 있는 후원자가 있는 견해보다는 논증 테스트를 견딘 견해를 선택하라고, 지지자들이 가장 큰 소리로 외치는 견해보다는 모든 세부 사항을 정합적으로 명확하게 풀어내는 견해를 선택하라고 요구한다. 최상의 상태에 이르면, 유난스러울 만큼 깊이 파고든 철학의 개념은 심층적으로 실천적이다. 그 모든 세부 사항에서 효과를 낼 수 있을 때만 우리가 가지고 있는 대안이 정말로 다른 것보다 반대를 더 잘 견딜 수 있는지 여부를 알게 될 것이며, 때때로 하나의 견해에 대한 치명적인 반대가 상당히 엄밀한 시험을 거친 후에만 분명해진다는 뜻이다. 공적 숙고는 이런 외견상 유난스러운 논쟁에 주의를 기을이는 것이 합당하다. 이것이 우리가 해야 할 일이 무엇인지를 철저히 생각하는 방식이고, 우리가 실제로 지지하기 원하는 것이 무엇인지를 이해하는 방식이기 때문이다.

철학은 종종 그 실제적 관련성에서 사람들에게 감명을 주지 못하는데 때때로 이것은 철학자의 잘못이다. 나는 철학이 경험에 반응하고 주기적으로 그것에 몰두할 때만 실천에 좋은 안내를 제공할 수 있다고 믿는다. 확신하건대 경험은 이론을 위한 미처리 자료가 아니다. 우리는 이론적인 범주를 사용하지 않고는 어떠한 경험도 할 수 없다. 정치 사상에서 우리가 그때까지 그런더로 잘 연구해 왔던 정의와 인간의 선에 대한 그런 이론 전개를 우리의 경험에 불러오지 못한다면 우리는 우리가 마주치는 삶에서 아무것도 배우지 못할 것이다. 그러나 우리의 탐구 역시 우리가 경험에서 발견한 것으로 적절하게 형성되기도 한다. 불충분한 경험 때문에 우리가 무슨 질문을 해야 하는지조차 알지 못할 수도 있다. 철학자들은 그들의 연구에서 경험적 서사를 사용할 수도 있고, 그렇지 않을 수도 있다. 그렇지만 그들의 연구가 경험의 복잡성에 반응하고 성숙한 인간의 복잡성에 대한 감각에 의해 형성되었다는 것을 보여 줄 수 있어야 한다. 페미니스트는 여성의 삶을 다루는 이론이 여성의 종속과 배제 경험에 대한 이해를 보여 줄 것을 정당하게 요구한다. (모든 전통에서) 과거의 철학자들이 여성, 성, 그리고 가족에 관하여 쓴 글의 대부분은 그런 이해를 보여 주지 않는다. 다시 말하지만 빈곤에 관한 글을 쓰는 철학자들에게 그들이 권고하는 사람들의 삶에 있는 행위력agency과 제약의 복잡한 상호관계를 이해하고 있음을 밝혀 달라고 요구하는 것은 정당하다. 다시 말하지만 많은 전통 사상이 순진하거나 냉담하게 이 문제에 접근했다. 그러나 이 문제에 대한 해결책은 철학을 거부하거나 심지어 전통을 거부하는 데 있지 않다. 포용과 엄밀함과 건전한 논증에 더 열정적으로 헌신하여 그것으로부터 배우며 앞으로 나아가는 데 있다.

때때로 정치철학 논문은 그 논증이 매우 실천적인 내용을 수반한다고 하더라도 비전문가의 주의를 끄는 방식으로 쓰여 있지 않다. 이 문제는 이론가들이 스스로 두 가지 상이한 유형의 작품을 쓰거나 실천 문제에 이론의 관련성을 보여 주는 작가와 협업하는 저술 분할로 대처할 수 있다. 이 책에서 나는 전문가와 비전문가 모두를 위해 글을 쓰려고 시도했다. 전문 철학자의 주의를 끌기 위해 내 접근법의 이론적 구조를 충분히 보여 주었고, 철학적 논증이 국제 개발 정책에 무엇을 제안하는지를 알기 원하는 비철학자의 주의를 끌기 위해 구체적인 서사와 경험 자료를 충분히 포함시켰다.[1] 나는 관심 있는 시민이 제시된 일련의 대안을 살펴보는 데 도움이 되는 무언가를, 그리고 잠재 역량 접근법이 그것들 중에서 유용한 접근법이 되는 이유 몇 가지를 제안하고자 했다. 이 접근법은 그 주제에 대한 아이디어가 없는 사람들에게 주는 엘리트 전문가의 권고가 아니다. 여성이 자신의 삶을 어떻게 개선할 수 있는지, 그리고 정부가 그것에 관하여 무엇을 해야 하는지를 물을 때, 여성들이 전 세계에서 추구하고 있는 사고를 체계화하고 이론화하기 위한 의도로 계획했다. 나는 그렇다고 믿는다.

그런 정신으로 나는 안드라프라데시 시골에 있는 여성 단체(sangham)에서의 경험으로 돌아가 결론을 맺는다. 거기에서 내가 방문을 마칠 무렵 화씨 110도 더위에서 한 시간 이상이 지난 후 여성들이 나에게 여성 단체에서 배운 노래를 불러 주기 시작했다. 통역사의 설명에 따르면 그것은 여성의 삶이 슬픔의 삶이라는 생각을 표현한 예전의 여성 노래이다. 그 노래는 "여성이여, 당신은 왜 울고 있는가?"라고 시작하고, 그녀의 삶에서 일어난 나쁜 일들을 열거하면서 이어지곤 했다. 그러나 단체의 여성들은 그 노래를 다시 썼다. 이제 그것은 "여성이여, 당신은 왜 울고 있는가? 당신의 눈물은 당신의 생각이 되어야 한다"로 이어진다. 그다음에 그녀는 삶의 개선을 위한 모든 계획을 말해 준다.

다음은 단체의 연례 보고서가 여성의 계획을 기록하는 방식이다.

"우리는 우리 집 앞에 과일 나무를 심길 원한다."

"우리는 약초 가게를 시작하길 원한다."

"우리는 우리 자신의 집을 지을 것이다."

"우리는 반자르banjar 땅을 경작하길 원한다."

"우리는 우리의 상함Sangham을 등록하길 원한다."

“우리는 여행을 원한다. 우리는 하이데라바드Hyderabad에 있는 우리 사무실을 보길 원한다.”

“우리는 우리 학교를 더 잘 운영하길 원한다.”

“우리 상함은 커져야 한다. 우리는 더 많은 여성이 우리와 합류하길 원한다.”

“우리는 만달Mandal [즉 지역의] 수준에서 모임을 열길 원한다.”

“우리 아이들에게는 우리보다 더 나은 삶이 필요하다. 그들이 새로운 것을 배워야 한다.”

이 계획 목록 옆에 캐노피canopy 아래에서 웨딩드레스를 입은 아이의 그림이 있는데, 그 위에 크게 빨간색 X가 그려져 있다. 다음은 이 그림에 붙어 있는 이야기다. “포툴보가다Potulbogada 마을에 사는 열두 살 스와루파Swarupa는 여름 캠프에 참석한 후 호스텔에 합류했다. 방학 동안 그녀의 부모는 그녀를 결혼시키려고 했다. 그녀는 상함에 도움을 구했고 그들은 함께 그녀가 공부를 계속하도록 허락해 달라고 부모를 설득했다.”

잠재역량 접근법은 바로 그러한 사고와 계획의 체계화와 이론화다. 이 접근법에서 역량을 복수로 사용한 이유는 여성이 얻으려고 애쓰는 것이 환원할 수 없는 구별된 구성요소라는 복수성을 함의하기 때문이다. 여성 자신들도 기회와 선택에 초점을 맞추어 생각하듯이, 이 접근법은 어떤 개인에게 요건이 되는 양식에 따라 기능발휘를 부과하기보다는 오히려 역량이나 권한부여에 초점을 맞춘다. 이 접근법은 여성 자신에게 이미 있는 생각에 다음을 보탠다. 역량 목록과 목록에 포함시킬 후보자를 테스트하는 데 도움을 주는 인간존엄성이라는 기저의 아이디어를 명시적으로 연결하는 일련의 논증을 보탠다. 역

량과 기능발휘라는 이 아이디어가 다양성과 다원주의에 관한 정당한 열려를
어떻게 다루는지를 보여 주는 정치적 접근의 틀을 보탠다. 역량을 헌법 보장
으로 구현될 수 있는 특수한 정치적 원리와 연결하는 논증을 보탠다. 마지막
으로 이 접근법이 유력한 다른 대안들과 양립불가능하다는 것을 매우 명확하
게 보여 주는 논증을 보탠다. 이런 식으로 나는 이 접근법이 젠더 정의를 실천
적으로 추구하는 일에 뚜렷하게 기여한다는 것을 충분히 주장할 수 있다고 생
각한다.

이 책의 번역 작업을 시작하고 얼마 지나지 않아 2년차 초등학교 교사의 안타까운 사망 소식을 접했다. 그리고 분노한 교사와 시민들의 소리가 광장을 메웠다. 초등교육은 학생과 학부모와 교사라는 세 주체의 협력이 없으면 실질적인 효과를 거두기가 어렵다. 그리고 이 협력은 서로에 대한 존중이 없이는 허울에 불과하다. 이 작업이 끝나 가고 있는 지금은 연일 탄핵의 소리가 높아지고 있다. 항의의 소리를 혐오로 왜곡시키는 한편 혐오를 이용한 편 가르기가 사회 곳곳에 균열을 일으키고 있다. 우리가 소리를 내는 것은, 이대로는 삶의 토대가 무너질 수도 있다는 위기감과 인간답게 살 수 있는 사회를 구축해야만 한다는 절박함 때문이다. 이 소리가 더 나은 사회를 건설하는 힘으로 모아질 수 있다면, 그것은 우리 모두가 행복한 삶을 희망하기 때문일 것이다. 그렇다면 우리가 희망하는 행복한 삶은 어떤 모습이고 이를 실현할 수 있는 사회는 어떤 모습이어야 할까? 누스바움에 따르면 인간존엄성에 어울리는 삶, 개인에게 잠재된 능력을 개발하여 발휘할 수 있는 삶이 행복한 삶이다. 그리고 이를 위해 존중의 가치에 기반한 사회적 토대를 나라가 마련해 주어야 한다.

누스바움의 아버지는 세무와 재산에 관련된 일을 맡은 유능한 변호사였다. 어머니는 인테리어에 관련된 일을 하다가 누스바움이 어릴 적에 일을 그만두고 집안일에 전념했다. 누스바움은 아버지로부터 일에 대한 열정과 엄격한 자기관리로 열심히 삶을 주도적으로 살아 내는 기쁨을 배으고, 어머니로부터 계층과 무관하게 사람들을 존중하고 사랑하는 삶의 방식을 배웠다고 한다. 누스바움은 어머니가 철학을 하는 사람은 누군가를 사랑하는 사람이 되지 못할 것이라며 철학자의 냉정함과 초연함을 비판했다고 회고한다. 전형적인 미국의 부유한 중산층이자 성공회 교인의 백인 가정에서 자란 누스바움이 어떻게 소수자와 약자의 삶에 관심을 두고 인간의 필요와 취약함을 인정하는 시민사회의 정치적 원리를 연구하는 철학을 하게 되었을까?

자신이 항상 다소 분노하고 있음을 발견했다는 누스바움의 고백에 그 단초가 있는 것 같다. 감정은 자신이 무엇을 중요하게 여기는지를 알려 주는 역할을 한다. 그 고백에서 부당하다고 생각했던 자신의 경험을 묵과하지 않고 문제의식으로 발전시킬 뿐만 아니라, 분노를 건설적인 방향으로 유도하는 방법을 고민한 학자의 인간다운 견모가 느껴진다. 그는 자신이 자란 계층에서 나타나는 위선적이고 특권적인 행태를 불편하게 여겼을 뿐만 아니라, 아버지의 노골적인 인종 차별적 발언에 대한 반감이 컸다고 한다. 또한 반유대즈의, 성차별, 동성애 반대의 분위기가 만연했던 대학교를 다니던 시절 자신이 견뎌야 했던 개인적인 경험을 술회한다. 그는 남편이 유대인이라는 이유로 주위의 냉소를 받았다. 게다가 누스바움의 아버지는 종교적인 이유로 결혼을 반대했고, 결국 결혼식에 참석하지 않았다. 누스바움은 1983년 여성인 자신을 정교수 임용에서 탈락시킨 학교를 떠나면서 이 일을 계기로 법학을 공부하기로 결심했다고 한다. 이러한 일련의 경험은 누스바움이 인종이나 종교나 성별어 근거한 차별의 부당함에 맞서는 입장에 서게 된 배경이 되었을 것이다. 누스바움은 인간이 인간을 차별하는 근원에 완전성과 영원성에 대한 갈망에서 파생된 비합리적인 욕구가 있음을 간파하고, 인간과 인간 삶의 취약성을 인정하는 일의 중요성을 역설한다. 인간은 자족적인 존재가 아니며 타인의 도움이 필요한 취약한 존재다. 이러한 취약성을 인정할 때 존중과 연대가 가능하다는 것이 그의 생각이다.

누스바움의 연구는 감정론과 정의론을 두 기둥으로 한다. 감정론은 2001년 인지주의 입장에서 감정의 본성을 다룬 『감정의 격동Upheavals of Thought』을 출간한 이후 분노, 혐오와 수치심, 두려움, 자부심 등의 개별 감정을 분석한 저서로 이어진다. 정의론은 2000년에 출간한 『여성을 억압하는 세계Women and Human Development』이후 『정의의 최전선Frontiers of Justice』, 『세계시민주의 전통The Cosmopolitan Tradition』, 그리고 『동물을 위한 정의Justice for Animals』에 이르기까지 서로 다른 영역에서 정치적 원리로서 그리고 사회적 선의 기초로서 잠재역량 접근법을 제안한다. 누스바움에 따르면 인간은 올바른 교육적·물질적 지원이 제공된다면 인간적 기능을 모두 완전히 수행할 수 있는 잠재성이 있는 생명체다. 역량의 공간은 그러한 잠재성을 개발하여 기능으로 전환하고 발휘할 수 있는 자유와 기회를 의미한다. 이런 점에서 역량 공간의 보장은 사회 정의의 문제다. 따라서 잠재역량 접근법은 누스바움의 정의론이다.

이 책은 누스바움이 센과 함께 공동연구로 시작한 역량 접근법에서 분기하여 본격적으로 누스바움 자신의 버전을 구축하는 과정을 보여 준다. 이 책의 주장을 한마디로 요약한다면, 사회는 여성이 자유와 기회에 대한 완전한 선택지를 가지고 살 수 있는 사회적 토대를 마련해야 한다는 것이다. 우리는 누구나 인간다운 삶, 행복한 삶, 존엄성에 어울리는 삶, 자기를 실현하는 삶을 살길 원한다. 이를 위해서 우리 각자가 자신이 처한 부당한 상황을 지각하고 자신에게 더 나은 삶을 살 권리가 있음을 인식할 필요가 있다. 그렇지만 이와 더불어 시급히 필요한 것은 자유와 기회를 보장받을 수 있는 사회적 토대다.

누스바움은 이러한 목적에 가장 적합한 접근법으로 잠재역량 접근법을 제안한다.

이 접근법의 독창성은 크게 세 가지로 요약할 수 있다. 첫째, 이것은 정치적 원리의 기초를 제안하는 규범적이고 철학적인 논증이다. 이 기획 전체의 목표는, 인간존엄성 존중을 위해 모든 국가 정부가 최소한의 수준으로 유의하여 이행해야 할 기본적인 헌법 원칙에 대한 철학적 토대를 제공하는 것이다(서론 2절). 누스바움은 직관적인 보편 가치를 옹호하며 개념적 분석을 통해 실천적 이해를 도출한다. 그에 따르면 보편 가치는 인류 공동체 형성의 핵심 축을 이루며, 둔감한 보편화가 되지 않기 위해서는 다양성과 다원주의에 민감하게 반응할 수 있어야 한다.

둘째, 핵심역량 목록과 역량의 최저 개념을 제안한다. 목록은 인간존엄성에 어울리는 삶을 실현하기 위해 필수적인 항목들로 구성되며, 최저 개념은 각 역량에 대해 사회가 보장해야 하는 최소한을 의미한다. 누스바움은 우리가 행복하기 위해 추구하는 것들은 서로 치환될 수 없는 것임을 분명히 하기 위해 접근법 명명에 역량이라는 단어를 복수로 사용한다. 이 목록은 철저하게 별개의 요소로 구성된 목록이다. 우리는 그중 하나의 필요를 다른 항목에 더 많은 양을 제공하는 방법으로 충족시킬 수 없다. 모든 항목이 중심적인 중요성이 있고 모두 질적으로 구별된다(1장 4절).

셋째, 역량과 기능발휘functioning의 구별을 이 접근법의 근간이 되는 구별로 강조한다. 성인 시민에 관한 한, 기능발휘가 아니라 역량이 적절한 정치적 목표다(1장 5절). 이 접근법은 사람이 실제로 할 수 있고 될 수 있는 것을 성취할 수 있는 사회적·물질적 토대를 사회가 제공해야 한다고 주장한다. 인간다운 삶을 위한 기능발휘는 자신의 능력을 인간다운 방식으로 수행하는 것이며,

이를 위해서는 핵심역량 목록 중 실천이성과 협력관계를 모든 역량에서 가용할 수 있어야 한다. 역량과 기능발휘는 동전의 양면과 같지만, 이 접근법의 핵심은 역량에 있다.

또한 누스바움은 우리에게 이분법의 틀을 벗어나라고 촉구한다. 선호(또는 욕구)와 관련한 논의에서 욕구와 선택 또는 욕구와 이성을 선명하게 구분하지 않는다. 그 대신 욕구와 이성의 연속성을 정립한 아리스토텔레스의 욕구이론을 지지한다. 누스바움은 "감정, 욕구, 그리고 심지어 인간의 육체적 욕구도 모두 그 자체로 중시할 만하며 인간적으로 유의미한 인격의 부분들"이라고 주장한다(2장 5절). 페미니즘 논쟁에서는 두 극단의 양립가능성을 모색한다. 종교 영역의 논의에서 세속적 인본주의자와 전통주의자의 두 극단을 비판적으로 검토하여 전통과 종교가 남녀 모두에게 삶의 가치를 주는 원천을 제공한다는 점에서 그것의 내재적 가치를 인정해야 한다고 주장한다(3장 2절). 가족 영역의 논의에서 인도의 페미니즘 개발 정책 현장에서 제기되는 두 논쟁('성애 대 고용' 논쟁, '토지 대 교육' 논쟁)이 대립적 태도를 지양하기를 촉구한다. 여성의 종속은 성적인 측면과 경제적인 측면에서 모두 사회적으로 조형되며 성적 종속과 경제적 종속이 서로를 강화한다는 것이다. 그리고 이 두 측면을 동시에 해결할 수 있는 방법으로 잠재역량 접근법과 협상 접근법을 제시한다(4장 8절).

사회의 여러 측면에서 빠르게 진행되고 있는 양극화는 이분법적 사고를 고착화하기 쉽고 이러한 사고 틀은 양극화를 가속화하는 촉매로 작용할 가능성이 크다. 누스바움은 직관적인 보편 가치의 실재를 인정하는 가운데 두 극단이 양립할 수 있는 지점을 모색한다. 이러한 사유 방식이 다양성과 다원주의를 표방하면서도 동시에 이분법적인 사고의 틀을 벗어나기 어려운 오늘날 우리의 모습을 성찰하고 극복할 수 있는 하나의 길을 열어 줄 수 있지 않을까?

이 작업을 마치기까지 도움을 주신 분들께 감사를 전하고 싶다. 늦게 다시 시작한 공부가 자기만족에 그치지 않고 세상과 소통할 수 있도록 지도하고 격려해 주신 이진남 교수님과 편상범 교수님께, 그리고 초학자를 믿고 이 책을 번역할 수 있는 길을 열어 주신 이진오 교수님께 감사드린다. 또한 적지 않은 분량임에도 많은 시간을 할애하여 번역 초고를 꼼꼼히 읽고 도움이 되는 조언을 주신 박정선 님과 번역 원고가 물성을 입고 세상에 나올 수 있도록 섬세하게 다듬어 주신 이희도 편집자님께 감사드린다. 이러한 만남이 주어진 것에 마음 깊이 감사하지 않을 수가 없다.

이 책은 2000년에 출판되었다. 요즘처럼 하루가 다르게 변하는 세상에서 20여 년의 시간은 삶의 여러 영역에 거의 변혁과도 같은 변화를 일으키기에 충분한 시간처럼 보인다. 그러나 의식의 층위에서 일정 정도의 변화가 일어났다고 해도 사고 습성이나 내재화된 반응 기제는 여전한 경우가 많다. 의식의 변화가 존재의 변화로 이어지기까지는 일정한 시간이 필요하고, 때로는 지난한 과정을 겪기도 한다. 이것이 이 책이 20년이 지난 지금도 우리에게 유효할 수 있는 이유다. 지금도 우리는 그 변화하는 과정의 한복판에 있기 때문이다. 이 책은 인간 삶을 개선하는 방법에 대한 누스바움의 철학적 이론화 작업이다. 다시 말해 행복한 삶을 실현하기 위해 개념적 분석을 통해 규범적으로 접근하여 현실의 문제를 풀어 가는 방법을 제안한다. 행복은 잘-살기를 희망하는 누구나 고민할 만한 그리고 고민해야 하는 문제다. 그는 자신의 철학을 끊임없는 인간의 필요에 대처하는 "삶의 학문science of life" 즉 치료적 철학이라고 부르며[1] 행복의 조건을 탐구한다.

나는 이 책을 우리말로 옮기면서 내가 이해받고 있다는 위로를 받았다.

나는 가부장적 문화를 배경으로 종교와 가난이라는 구조적인 문제가 빚어내는 불화 속에서 행복하기 위해 애쓰며 성장했다. 물론 내 삶이 그렇게 극적이거나 우여곡절이 심했다고 말할 수는 없다. 그런 내가 위로를 받았다면 어려운 환경에서 전투적인 삶을 살아가며 행복하기 위해 애쓰는 누군가에게 이 책이 위로가 될 것이라고 생각한다. 그리고 이 책이 자신을 더 나은 상황에서 살 권리가 있는 사람으로 인식하며, 무엇을 소중하게 여기고 무엇을 위해 투쟁해야 하는지에 대한 이해를 돕고, 사랑과 돌봄의 가치를 실현하는 가운데 진정으로 인간다운 삶을 살아가는 길을 안내하는 좋은 길잡이가 되길 바란다.

주

서론

1   이러한 불평등에 관한 범례는 3장과 다음 논문 참고. "Religion and Women's Human Rights," in Paul Weithman, ed., *Religion and Contemporary Liberalism* (Notre Dame: University of Notre Dame Press, 1997), 93-137, also in Nussbaum, *Sex and Social Justice* (New York: Oxford University Press, 1999).

2   『1997년 인간 개발 보고서(*Human Development Report 1997*)』, 유엔 개발 계획 (United Nations Development Programme), Oxford and New York: Oxford University Press, 1997), 39.

3   젠더 조정 개발 지수(GDI, the gender-adjusted development index)에서 하위 4개국 (시에라리온, 나이지리아, 부르키나 파소(Burkina Faso), 말리(Mali))은 또한 낮은 기대 수명, 교육 박탈, 영양실조, 안전한 물 및 보건 서비스에 대한 접근성 부족을 포함하는 복합 척도(126-7 참고)인 인간 빈곤 지수(HPI, the Human Poverty Index)에서도 최하위이다. 반면 HPI에서 가장 높은 순위를 차지한 개발도상국 중 3개국(코스타리카, 싱가포르, 트리니다드 토바고)은 또한 GDI에서도 순위가 높은 나라에 속한다. 1997년 보고서 39쪽 참고.

4   인도에 관해서는 1998년 7월 10일 해외 인도인의 성폭행에 관한 특별 보고서 참고. 최근 통계에 따르면 인도에서는 54분마다 한 명의 여성이 성폭행을 당하그, 1990년과 1997년 사이에 성폭행 사건은 32% 증가했다. 이런 증가의 일부는 보고가 많아진 데 기인한다고 하더라도, 모두를 그렇게 보기는 어려운데, 보고 억제 요인이 많기 때문이다. 여성의 성적 내력과 사회 계급은 법정에서 그녀에게 불리하게 사용될 것이 확실하고, 의료적 증거도 거의 신속하게 취해지지 않으며, 전형적으로 경찰의 진정서 처리는 지연되고, 따라서

유죄 판결을 확보하는 일은 극히 까다롭다. 인도법에서 음경 삽입은 여전히 성폭행에 필수 요소이므로, 예를 들어 강제 구강성교와 관련된 사건은 성폭행으로 기소될 수 없다. 성폭행 사건은 기소하는 데 비용이 많이 들며 현재 성폭행 희생자를 위한 무료 법률 지원은 없다. 실제로 법정에 출두한 105건의 성폭행 사건(델리에 본부를 둔 비영리 단체 사크시(Sakshi)가 연구) 중 17건만 유죄 판결을 받았다.

5   사하라 남쪽 아프리카는 선진국을 개발도상국과 비교하는 것이 부적절하다고 생각될 수 있기 때문에 '기준선(baseline)'으로 선택되었다. 유럽과 북미는 남성 대비 여성의 비율이 100/105로 여성이 훨씬 더 높다. 여타 개발도상국에 비해 상대적으로 높은 사하라 남쪽 아프리카의 여성 대 남성 비율은 생산적인 경제 활동에서 여성이 중심적인 역할을 한다는 것으로 설명될 가능성이 높다. 식량이 부족한 시기에 여성에게 식량 청구권을 부여하기 때문이다. 이 쟁점에 관한 고전적 연구는 다음을 참고. Esther Boserup, *Women's Role in Economic Development* (New York: St. Martin's Press, 1970; second edition Aldershot: Gower Publishing, 1986). 보저럽(Boserup)의 연구에 대한 가치 있는 응답은 Persistent Inequalities, ed. Irene Tinker (New York: Oxford University Press, 1990) 참고.

6   이 단락의 통계는 장 드레즈(Jean Drèze)와 아마르티아 센에게서 가져온 것이다. Jean Drèze and Amartya Sen, *Hunger and Public Action* (Oxford: Clarendon Press, 1989) and Drèze and Sen, *India: Economic Development and Social Opportunity* (Delhi: Oxford University Press, 1995), Chapter 7. 센이 추정하는 실종 여성의 수는 전체 1억 명인데, 인도를 다룬 장에서 대체 추정치를 논의한다.

7   Drèze and Sen, *Hunger*, 52 참고.

8   이에 대해서는 내가 쓴 다음 논문을 참고하라. "Public Philosophy and International Feminism," *Ethics* 108 (1998), 770-804; "Why Practice Needs Ethical Theory: Particularism, Principle, and Bad Behavior," forthcoming in *The Path of the Law in the Twentieth Century*, ed. S. Burton, Cambridge University Press; and "Still Worthy of Praise: A Response to Richard A. Posner, The Problematics of Moral and Legal Theory," *Harvard Law Review* 111 (1998), 1776-95.

9   '정치적 자유주의(political liberalism)'와 '중첩적 합의(overlapping consensus)' 그리고 '포괄적 개념(comprehensive conception)'은 다음 저서에서 존 롤스가 사용한 용어다. *Political Liberalism* (expanded paperback edition, New York: Columbia

University Press, 1996). 이것은 이후 *PL*로 표기한다.

10 교육에 대해서는 다음을 참고하라. Drèze and Sen, *India*, Chapter 6; 토지권에 대해서는 다음을 참고하라. Bina Agarwal, *A Field of One's Own: Gender and Land Rights in South Asia* (Cambridge: Cambridge University Press, 1994); 성희롱에 대해서는 다음 내 글을 참고하라. "The Modesty of Mrs. Bajaj: India's Problematic Route to Sexual Harassment Law," in a volume on sexual harassment ed. Reva Siegel and Catharine MacKinnon, forthcoming from Yale University Press.

11 뉴델리에서 행한 1947년 8월 14일 독립 전야 제헌의회 연설.

12 다음의 내 글과 저서를 참고하라. "The Feminist Critique of Liberalism," a Lindley Lecture published in pamphlet form by the University of Kansas Press, and in Nussbaum, *Sex and Social Justice.*

13 3장에서 서로 다른 범례를 사용할 것이다. 바산티는 종교에 관심이 거의 없는 것 같다. 자얌마는 규칙적으로 기도하지만, 종교가 그녀의 환경에서 주요한 역할을 하지는 않는다. 종교적인 법률은 두 사람의 삶에서 상대적으로 역할이 미미했다. 게다가 둘 다 힌두인이다. 나의 목적은 성평등에 영향을 미치는 종교들 사이의 긴장을 탐구하는 데 있다. 결국 종교적 쟁점은 법에 초점을 맞추는 것이 요건이다. 따라서 주목할 만한 법적 사례 중에서 범례를 선별했다.

14 Kalima Rose, *Where Women Are Leaders: The SEWA Movement in India* (Delhi: Vistaar, 1992), 17, 그리고 1997년 3월 엘라 바트와의 개인적인 대화를 참고하라. 자영업의 기회가 없다면 경제 활동에서 소외될 수 있는 사람들에게 존엄성과 긍정적인 지위를 부여한다는 것을 근거로 자영업 여성 협회는 '비공식 부문'이라는 용어보다는 '자영업'이라는 용어를 선호한다. 로즈(Rose)는 아마다바드에서는 노동력의 55% 그리고 콜카타와 뭄바이에서는 50%가 자영업자임을 주목한다.

15 Bhatt, interview, May 1988, reproduced in Rose, *Where Women Are Leaders*, 172-4.

16 우리와 대화를 하는 내내 바산티는 자신을 언급했고, 구자라트 관습에 따라 자신을 바산티벤(Vasantibehn)으로 불렀다.

17 카스트를 알 수 있는 특징은 대개 이름, 말투, 그리고 제한적인 방식으로 직업을 포함한다. 그러나 경제적 기회가 변화하고 있으므로 그것들 중 많은 부분이 전통적인 카스트 직업과 연결되지는 않는다. (바산티의 아버지와 형제의 직업이 예시하듯이) 상위 카스트 남성에게 적절하다고 하는 규범이 상당히 바뀌었다. 여성은 카스트의 적정성 규범에 의해

더욱 빈번하게 제한을 받는다. 따라서 우마 나라얀은 (편지에서) 그녀의 어머니 세대에서 상위 카스트 여성이 유급으로 하는 일에 종사하지 않는다는 것을 주시한다. 그렇지 않고 경제적 필요로 인해 그들이 유급으로 일을 한다면, 그들은 친척들에게 그것을 숨기려고 한다. 오늘날 이것은 거의 쟁점이 되지 않는다.

18 낮은 카스트 힌두인인 코킬라는 '통합' 힌두-무슬림 지역에 살았는데, 그 도시에 종교적 긴장이 고조되는 바람에 순수 힌두 지역으로 이사했다고 말했다.

19 1986년에 형사소송법에 의거하여 빈곤한 여성에게 할당되는 생활유지비는(3장 참고) 매월 180루피였다.

20 미래의 노동조합과 은행 지도자를 위한 전형적인 자영업 여성 협회 교육 프로그램의 첫날은 여성들 각자가 단체 지도자를 똑바로 바라보며 자신의 이름을 말하는 데 전념하도록 시킨다. 그 과정은 비디오로 제작되고, 여성들은 그들 자신을 바라보는 데 익숙해진다. 상당한 어려움이 있기는 하지만, 결국 그들은 정숙과 순종의 규범을 극복하고 그들의 이름을 공개적으로 말할 수 있게 된다.

21 바산티와 달리, 자얌마는 이전에 개발경제학 문헌에서 검토되었다. 다음을 참고하라. "Jayamma, the Brick Worker," in Leela Gulati, *Profiles in Female Poverty: A Study of Five Poor Working Women in Kerala* (Delhi: Hindustan Publishing Company, 1981), and Leela Gulati and Mitu Gulati, "Female Labour in the Unorganised Sector: The Brick Worker Revisited," *Economic and Political Weekly*, May 3, 1997, 968-71, also scheduled for publication in Martha Chen, ed., *Widows and Social Responsibility* (Delhi: Sage, forthcoming). 나는 자얌마와 그 가족에게 나를 소개해 주고 번역해 준 릴라(Leela)에게 매우 감사한다.

22 케랄라에서 가장 큰 종교 단체는 힌두교와 그리스도교다. 케랄라는 (이전에 트라방코르(Travancore)와 코친(Cochin)이 있었던 화려한 지역) 한때 인도에서 가장 큰 유대 공동체의 고장이기도 했지만, 그 유대인 대부분은 그 후 타지로 이주했다.

23 사회적 사다리가 아니다. 자얌마는 그녀의 딸이 풀라야 남성과 결혼한다는 것에 격분했다. 그것이 가족을 위한 정부의 혜택을 의미하는데도 말이다.

24 이러한 기대의 비대칭이 법 자체에 내장되어 있다는 것을 주목하라. 케랄라에서는 모계 공동체들이 많고 이들 중 일부는 처가살이를 한다. 인도 대부분에서보다는 사실상 여성이 친정 가까이에 남아 있을 가능성이 더 크다. 그런 케랄라에서조차 정부는 부양 능력이 있는 딸을 둔 여성에게는 과부 연금을 제공하지만, 부양 능력이 있는 아들을 둔 여성에게

는 제공하지 않는다. (케랄라의 유력 역사가인 사다모니(Sardamoni)는 나와 나눈 대화에서 모계와 처가살이 관습이 11세기까지 거슬러 올라간다고 결론지었다. 처가살이를 하지 않는 공동체 중에서 일부는 남성이 아내와 함께 거주하지 않고 각자의 본가에서 거주하는 '듀오로컬(duolocal)'이다. 다른 사람들은 남편의 외가 근처에 거주하는 '어번큐로컬(avunculocal)'이다. 아가왈(Agarwal)의 『자기만의 땅(A Field of One's Own)』, 141, 505를 참고하라.) 소녀가 불평등한 교육을 받는 이러한 세 가지 이유가 부모의 관점에서는 합리적일 수 있지만 불평등한 교육 관행은 이런 요소들이 분명하게 드러나는 일이 감소할 때조차 지속된다는 것도 주목하라. 케랄라의 여성이 그녀의 어머니를 부양하는 일은 흔하고 남성이 부양하는 일은 흔하지 않다. 그리고 자얌마 역시 전통적인 경로를 따라 그녀의 아들들만 교육시켰다. 릴라 굴라티(Leela Gulati)의 트리반드룸 연구에서 여성이 동등한 교육을 받은 한 가지 사례는 아들은 없고 딸만 둘이 있는 가족의 경우다. 게다가 이례적으로 남편이 가정에 관여하며 열심히 일하는 경우다. 그 연구가 진행될 때(1981년) 두 딸은 고등학교를 마쳤다. 보다 최근에는 정부가 무료 학교 급식 체계를 통해 여성의 초등 교육을 장려하면서 강력히 개입한다. 이제는 양성 청소년 모두의 문해력이 거의 보편적이다.

25 예를 들어 케랄라의 교회는 가족계획에 강력하게 반대하는데, 이것은 그들의 최빈곤층 신도에게 심각한 영향을 미친다. 굴라티(Gulati)의 저서 『여성 빈곤 사례 연구(Profiles)』에 나오는 생선 장사 사라(Sara)가 곤경에 처한 스토리를 참고하라.

26 따라서 그녀에게 유리한 실제 고용은 밖에 나가 남성들을 상대하지 않고 얼마간 남성의 일터에 있지 않으면서 가정에서 그것을 계속 수행할 수 있는 것임이 분명하다.

27 엄밀히 말하자면, 우리가 경제적 의미에서 그 배치(arrangement)가 비합리적이라고 결론을 내리기 전에 더 많은 질문을 한다. 예를 들어 우리는 남성과 여성에게 가용한 여타 고용 기회에 관해 많이 알아야 한다. 더욱이 그 배치가 비합리적이라고 하더라도, 모든 것을 고려했을 때 그것이 (예를 들어 다른 직업들과 남성 노동자를 두고 경쟁해야 하는 필요 때문에) 한때 합리적이었고 습관과 남성의 권력 때문에 유지되었을 가능성이 있다.

28 그런 의미에서 인도 표현으로 하면 서구의 여성은 남성과 더 가깝다. 케랄라의 빈곤 여성에 대한 굴라티(Gulati)의 연구는 먹은 식사 비용을 예상할 때 이 여성들이 남성보다 훨씬 더 정확하다는 것을 보여 준다.

29 이 쟁점에 대한 논의는 내 저서 『성과 사회 정의(Sex and Social Justice)』의 서문을 참고하라. 하급 법원은 동등한 보호와 마찬가지로 사생활 권리를 인용하면서 배상 구제책을

위헌이라고 선언했다. 그러나 대법원은 그 판결을 기각했고 (힌두교 법체계의) 구제책은 유지되었다.

30 헌법의 쟁점에 관한 추가 논의는 3장 참고.

31 나의 글 "The Modesty of Mrs. Bajaj"를 참고하라.

32 이러한 속인법 체계에 대한 논의는 3장을 참고하라. 많은 사람이 이것에 분개했지만, 시크교는 법적인 목적 때문에 힌두교로 정의된다. 유대교와 같이 별도의 법체계가 없는 종교의 구성원들은 세속법을 사용한다.

33 총합은 1991년 보고서에서 설명하는 복잡한 가중치 과정을 포함한다.

34 1994년 자료다.

35 이것들과 여타 통계는 다음을 참고하라. J. Drèze and A. Sen, *India: Economic Development and Social Opportunity*.

36 아디티의 비지 스리니바산(Viji Srinivasan of Adithi)은 개인적인 대화에서 영아 살해의 증거에 대해 내게 말해 주었다. 그것은 성비가 75/100 정도로 낮은 북부 비하르의 회원들이 밝혀 낸 것이다.

37 아디티의 비지 스리니바산과의 개인적인 대화에 의하면, 아디티가 여자 영아가 살해된 광범위한 증거를 발견한 그 지역은 네팔과의 국경 근처인 시타마르히(Sitamarhi) 구역이었다.

38 *India Abroad*, July 10, 1998, 31.

39 이 수치의 출처는 인도의 드레즈와 센이다. 1997년 인간 개발 보고서가 제공한 1994년 자료에 따르면 인도에서 여성은 36.1이고 남성은 64.5이며 중국의 경우 여성은 70.9이고 남성은 89.6이다.

40 V. K. Ramachandran, "Kerala's Development Achievements," in J. Drèze and A. Sen, *Indian Development: Selected Regional Perspectives* (Oxford and Delhi: Oxford University Press, 1996).

41 사르다 자인(Sarda Jain), 자이푸르(Jaipur), 라자스탄(Rajasthan)과 나눈 개인적인 대화.

42 다음을 참고하라. Archana Mehendale, "Compulsory Primary Education in India: The Legal Framework," *From the Lawyers Collective* 13 (April 1998), 4-12. 비하르와 라자스탄의 비정부 교육 프로그램에 관한 귀중한 정보를 제공한 비지 스리니바산(Viji Srinivasan), 사르다 자인 그리고 지니 스리바스타바(Ginny Srivastava)에게 감사한다.

43 헌법 기본권 항목에 21a조항으로 삽입된 수정 제83조. 수정 조항 전문은 다음을 참고하

라. *From the Lawyers Collective* 13 (April 1998), 10.

44 라자스탄(Rajasthan), 마디야프라데시(Madhya Pradesh) 그리고 우타르프라데시(Uttar Pradesh)의 일부 지역에서 아동 결혼은 흔한 일이다. 이 쟁점을 대중적으로 잘 다룬 글은 다음을 참고하라. John F. Burns, "Though Illegal, Child Marriage Is Popular in Part of India," *New York Times*, May 1998. 번즈(Burns)는 4세인 신부와 12세인 신랑이 치르는 의식에 초점을 맞추어 라자스탄의 아동 결혼 집단을 연구했다. 법은 여성의 최소 나이는 18세로 남성의 최소 나이는 21세로 정하고 있다.

45 Sumeet Malik, "Marital Rape," *From the Lawyers Collective* 13 (January 1998), 13-15를 참고하라.

46 최근에 보고된 사례에 대해서는 다음을 참고하라. Hutokshi Rustomfram and Sanjoy Ghose, "Rape: When Victim Is Seen as Villain," *India Abroad*, July 10, 1998; also "Torment over Terror: The Vithura Rape Case," *From the Lawyers Collective* 13 (January 1998), 4-12.

47 다음을 참고하라. "Growing Child Abuse a Worrying Social Phenomenon," *India Abroad*, July 10, 1998, 32.

48 1998년 7월 푠(Pune)에서 열린 인도 여성 협회에서 발표한 통계.

49 이것은 인도의 드레즈(Drèze)와 센(Sen)의 중심 주제다.

50 시카고 법대 학생, 불특정 법대 구성원이 학생에게 지시한 말을 인용함.

1장

1 Bardhan, ed., *Of Women, Outcastes, Peasants, and Rebels: A Selection of Bengali Short Stories* (Berkeley: University of California Press, 1990), 96-109. 이 문헌은 1914년 벵골에서 출판된 것을 칼파나 바르단(Kalpana Bardhan)이 편집 및 번역했다.

2 역량에 대한 내 견해를 명료화한 초기 자료는 다음을 참고하라. "Nature, Function, and Capability: Aristotle on Political Distribution," *Oxford Studies in Ancient Philosophy*, Supplementary Volume I: 1988, 145-84, 이후 NFC로 표기; "Aristotelian Social Democracy," in *Liberalism and the Good*, ed. R. B. Douglass et al. (New York: Routledge, 1990), 203-52, 이후 ASD로 표기; "Non-Relative Virtues: An

Aristotelian Approach," in *The Quality of Life*, ed. M. Nussbaum and A. Sen (Oxford: Clarendon Press, 1993), 이후 NRV로 표기, 총서는 이후 QL로 표기; "Aristotle on Human Nature and the Foundations of Ethics," in *World, Mind and Ethics: Essays on the Ethical Philosophy of Bernard Williams*, ed. J. E. J. Altham and Ross Harrison (Cambridge: Cambridge University Press, 1995), 86-131, 이후 HN으로 표기; "Human Functioning and Social Justice: In Defense of Aristotelian Essentialism," *Political Theory* 20 (1992), 202-46, 이후 HF로 표기; "Human Capabilities, Female Human Beings," in *Women, Culture, and Development*, ed. M. Nussbaum and J. Glover (Oxford: Clarendon Press, 1995), 61-104, 이후 HC로 표기, 총서는 이후 WCD로 표기; "The Good as Discipline, the Good as Freedom," in *Ethics of Consumption: The Good Life, Justice, and Global Stewardship*, ed. David A. Crocker and Toby Linden (Lanham, MD: Rowman and Littlefield, 1997), 312-411, 이후 GDGF로 표기; "Women and Cultural Universals," Chapter 1 in Nussbaum, *Sex and Social Justice* (New York: Oxford University Press, 1999), 29-54, 이후 WC로 표기; and "Capabilities and Human Rights," *Fordham Law Review* 66 (1997), 273-300, 이후 CHR로 표기.

3   버나드 윌리엄스(Bernard Williams)가 이 견해의 일부 측면을 제시한 그의 저서는 다음을 참고하라. *Making Sense of Humanity, Ethics and the Limits of Philosophy*, etc. 이에 대한 나의 논의는 다음을 참고하라. *Ethics* 107 (1997), 526-29, 그리고 "Why Practice Needs Ethical Theory: Particularism, Principle, and Bad Behavior," forthcoming in *The Path of the Law in the Twentieth Century*, ed. S. Burton (Cambridge: Cambridge University Press, 1999). 그러나 윌리엄스는 보다 최근의 저술에서 도덕 이론과 정치적이거나 법적인 이론을 구분하고 전자가 유용하지 않을 때에도 후자가 유용할 수 있다고 시사한다. 이에 대해 그는 철학에서는 아네트 바이어(Annette Baier), 법에서는 리처드 포스너(Richard Posner)와 같은 보다 극단적인 반이론가와는 의견을 달리한다. 다음을 참고하라. "Why Practice" on Baier, and, on Posner, "Still Worthy of Praise: Comments on Richard Posner's 'The Problematics of Legal and Moral Theory,'" *Harvard Law Review* 111 (1998), 1776-95.

4   인도 국민주의를 지지했던 서구 여성에 대한 설명은 다음을 참고하라. Kumari Jayawardena, *The White Woman's Other Burden: Western Women and South Asia*

during British Rule (New York and London: Routledge, 1995) 그녀는 서구 여성이 인도 여성과 여러 면에서 시각을 공유한다는 것과 두 경우 모두 관점에 다중성이 있음을 보여 준다. 벵골 르네상스 시대의 헤어(David Hare)와 베순(Drinkwater Bethune)의 역할에 대해서는 다음을 참고하라. "Introduction" in Kalpana Bardhan, Of Women, Outcastes, 43. 시계 무역상으로 1800년에 콜카타에 왔던 헤어(Hare)는 1816년에 남학교를 세웠다. 1817년에 세운 힌두교인 컬리지는 1855년에 프레지던시 대학교(Presidency College)로 명성을 얻었다. 그가 콜레라로 사망했을 때, 5천 명의 인도인이 그의 영구차 행렬에 참여했다. 수소반 사르카르(Susobhan Sarkar)에 따르면 "프레지던시 대학교 잔디밭에 있는 그의 동상은 그 도시의 외국인에게는 하나의 기념비임에 확실하고 가장 열광적인 국민주의자도 그것을 철거할 꿈을 꾸지 않는다." in A. Gupta, ed., *Studies in the Bengal Renaissance* (Jadavpur, Calcutta: The National Council of Education, 1958), 28.

5   이러한 공격에 대한 탁월한 논의는 다음을 참고하라. "Contesting Cultures" in Uma Narayan, *Dislocating Cultures: Identities, Traditions, and Third World Feminism* (New York: Routledge, 1997).

6   예를 들어 센의 다음 글을 참고하라. "Human Right and Asian Values," *The New Republic*, July 14/21, 1997, 33-41.

7   이를 훌륭하게 개관한 다음 두 글을 참고하라. Barbara Metcalf, "Reading and Writing about Muslim Women in British India," and Faisal Fatehali Devji "Gender and the Politics of Space: The Movement for Women's Reform, 1857-1900," 두 글 모두 다음 문헌에 수록되어 있다. Zoya Hasan, ed., *Forging Identities: Gender, Communities and the State in India* (Delhi: Kali for Women, and Boulder, Co: Westview Press, 1994), 1-21 and 22-37; Imtiaz Ahmad, ed., *Modernization and Social Change among Muslims in India* (Delhi: Manohar, 1983). 람모한 로이의 개혁과 브라모(Brahmo) 운동에서 영향을 받아 다른 지역보다 다소 일찍 진보적인 교육을 발전시킨 벵골의 특수한 상황에 대해서는 다음을 참고하라. Bardhan, "Introduction," 4-11 and 42; and Susobhan Sarkar, On the Bengal Renaissance (Calcutta: Papyrus, 1979). 동부와 서부 벵골 모두 1850년에 이르기까지 여학교가 충분히 설립되었고, 1849년에 개교한 베튠 대학교(Bethune College)는 1888년에 석사 과정까지 여성을 가르칠 수 있는 인도 최초의 컬리지가 되었다.

8 　서론 6절을 참고하라.

9 　다음을 참고하라. Jawaharlal Nehru, *An Autobiography* (Delhi: Oxford University Press, 1936, centenary edition 1989), Appendix A, "Pledge Taken on Independence Day, January 26, 1930": "우리는 그것이 다른 국민들처럼 인도 국민의 양도할 수 없는 권리임을 믿는다. 그것은 자유가 있고, 자신이 수고한 결실을 누리며 삶의 필수품을 소유하는 것이다. 그렇게 함으로써 성장할 수 있는 완전한 기회를 갖는다." (612).

10 　서론 6절을 참고하라.

11 　아프리카 개발 기획의 토대를 침식하는 그런 가정의 임무에 대해서는 다음을 참고하라. Nkiru Nzegwu, "Recovering Igbo Traditions: A Case for Indigenous Women's Organizations in Development," in WCD, 444-66.

12 　다음에서 방글라데시 농촌 진흥 위원회(Bangladesh Rural Advancement Committee)가 조직한 여성 단체에 관한 서술을 참고하라. Martha Alter Chen, *A Quiet Revolution: Women in Transition in Rural Bangladesh* (Cambridge, MA: Schenkman, 1983), 또한 다음을 참고하라. Chen, "A Matter of Survival: Women's Right to Employment in India and Bangladesh," in WCD, 37-57. 또 하나의 그런 기획은 인도의 네 개 지역에 여성 단체를 세우기 위해 정부가 주도한 마힐라 사마키야 프로젝트(Mahila Samakhya Project)다. 여기에서는 여성에게 지역 정부와 고용주에게 그들의 권리를 요구하기 위해 어떻게 결집해야 하는지를 가르친다. 여성 단체의 연대를 위한 유사한 전문 기술이 자영업 여성 협회 (서론 참고) 그리고 그 밖의 여성 고용·신용 단체에서 사용되었다. 이 쟁점은 4장에서 더 논의할 것이다,

13 　다음을 참고하라. "Cross-Cultural Connections, Border-Crossings, and 'Death by Culture,'" in Uma Narayan, *Dislocating Cultures: Identities, Traditions, and Third World Feminism* (New York and London: Routledge, 1997), 41-80.

14 　3장을 참고하라.

15 　힌두교 카스트의 상승 이동에서 흔히 볼 수 있는 첫 번째 사례에 대해서는 다음을 참고하라. Martha A. Chen, "A Matter of Survival," in WCD. 두 번째로 흔한 패턴은 바산티의 삶을 범례로 한다. 4장에서 더 논의할 것이다.

16 　나라얀, 7.

17 　이 여성들은 퍼다를 실천한 적이 없다. 그래서 이런 경우에 대한 반응은 그들의 지역 전통에 대한 비판이 아니다. 그러나 지역의 규범에 대한 비슷한 반박은 흔한 일이다. 다음을

참고하라. Chen, *A Quiet Revolution*.

18 유사한 이야기들에 관해서는 다음을 참고하라. Chen, *A Quiet Revolution*.

19 드라우파디에게는 (판다바 형제들인) 다섯 명의 남편이 있다. 그녀는 "코끼리와 함께 사라스바티(Sarasvati) 강에 있는 것처럼, 영웅적인 다섯 남편과 더없이 만족스럽게 살고 있다." 이 복합적인 사례에 대한 심층 논의는 3장 각주 1을 참고하라. 드라우파디는 재산으로서의 지위에 대해 질문하지 못한다. 남편 중 한 명만 드라우파디에게 손상을 준다는 이유로 주사위 게임 자체에 질문을 제기한다.

20 바트(Bhatt)가 국가 노동 연합에서 축출되고 국가 회의에서 모욕을 당한 일을 서술한 내용은 다음을 참고하라. Rose, *Where Women Are Leaders*, 83-4, and 74-82, 위계질서에 대항하는 여성의 투쟁에 밀접하게 관련된 카스트 쟁점에 대한 갈등이 발생한다. 높은 카스트 의사들은 낮은 카스트 여성을 치료하는 데 관심이 없다. 바트는 농촌 지역의 낮은 카스트 여성을 위한 의료 부족이 관심 밖으로 밀려나자 의과 대학에서 낮은 카스트를 위한 차별 철폐 조치의 쟁점에 대한 모든 타협에 반대한다. 바트(브라만 딸로 낮은 카스트 남성과 결혼한 법관)는 드라우파디의 경험과 자신의 경험을 비교하며 이렇게 말한다. "나는 누구도 나를 위해 소리를 내지 않는 가운데 내가 가장 존경했던 사람들 앞에서 발가벗겨지는 것처럼 느꼈다." 자영업 여성 협회 버전의 그 이야기는 드라우파디가 크리슈나(Krishna)에게 기도하여 승리했다고 한다는 점이 눈에 띈다. 반면 서사의 원형에서는 그녀가 법 관념에 호소하여 승리했다고 한다. 짐작하건대 바트는 법을 통해서는 더 멀리까지 나아가지 못하고 더 높은 능력이 그녀 편에 있을 가능성이 높다고 판단했던 것 같다.

21 인도의 법적 페미니즘에 만연한 문제는 페미니즘의 목표를 위해 싸워야 할 필요게 있다. 예를 들어 성희롱에서 보호받기 위해 어떤 면에서는 여성의 진로게 적대적이며 실제로 영국 빅토리아 시대 법 제정의 유산인 여성의 정숙과 순결이라는 개념을 이용한다. 다음의 내 글을 참고하라. "The Modesty of Mrs. Bajaj: India's Problematic Route to Sexual Harassment Law," forthcoming in a volume on sexual harassment, ed. Reva Siegel and Catharine MacKinnon, Yale University Press.

22 특히 타고르(1861-1941)에게 영향을 미친 사상은 벵골의 사상가이자 사회개혁가인 람모한 로이(1772-1833)의 사상이다. 벵골 르네상스에 관해서는 다음을 참고하라. Kalpana Bardhan, "Introduction," *in Of Women, Outcastes*, 4-8, 42-4; and Suscbhan Sarkar, *On the Bengal Renaissance*.

23 종교 경전에 있는 사티(sati)에 반대하는 타고르의 운동에 기반이 되었던 람모한 트이와

아동 결혼 및 복혼에 반대하고 과부의 재혼에 찬성하는 데 경전 지식을 사용한 이슈와 르찬드라 비디야사가르(Iswarchandra Vidyasagar 1820-92)에 관한 논의는 Bardhan, 42를 참고하라.

24 "Letter from a Wife," trans. Kalpana Bardhan, in Of Women, Outcastes, 109.

25 Rokeya Sakhawat Hossain, *Sultana's Dream and Selections from The Secluded Ones*, ed. and trans. by Roushan Jahan (New York: Feminist Press of the City University of New York, 1988).

26 물론 이것이 전통 전체가 성평등의 전통이라는 것을 내포하지 않는다. 재산권, 이혼권, 그리고 여타 중요한 권리에 있는 강한 불평등은 무슬림의 법적 전통에 깊이 뿌리내리고 있다는 것은 분명하다. 이 책의 3장을 참고하고 아가왈의 논의는 다음을 참고하라. Agarwal, *A Field of One's Own*, Chapter 5.

27 종교 전통의 내부 논쟁에 관한 심화 논의는 3장을 참고하라.

28 이것은 1995년 8월 베이징에서 열린 대규모 모임이 아니라 1995년 6월 포드 재단에서 후원한 소규모 학술 모임이다.

29 다음을 참고하라. Elizabeth A. Mann, "Education, Money, and the Role of Women in Maintaining Minority Identity," and Huma Ahmed-Ghosh, "Preserving Identity: A Case Study of Palitpur," in Hasan, ed., *Forging*, 130-67, 169-87.

30 Nehru, *Autobiography*, 449.

31 In "The Graves of Academe," in *Our Feet Walk the Sky*.

32 Narayan, 26.

33 문화적 평화와 동질성의 공산주의적 환상에 대한 일반적 비판과 함께 이 지점에 대한 매혹적인 범례에 대해서는 다음을 참고하라. Fred Kniss, *Disquiet in the Land: Cultural Conflict in American Mennonite Communities* (New Brunswick: Rutgers University Press, 1997).

34 여러 출전이 있는 일반적인 논의는 다음을 참고하라. M. Nussbaum and Amartya Sen, "Internal Criticism and Indian Rationalist Traditions," in *Relativism: Interpretation and Confrontation*, ed. Michael Krausz (Notre Dame: University of Notre Dame Press, 1989), 299-325.

35 1998년 4월 시카고 대학교의 현대 민주주의의 과제에 대한 회의의 연설에서 센이 인용했다.

36 아리스토텔레스, 『정치학』, 1269a 3-4.

37 이런 오류는 방법론적 오류에서 발생한다. 인류학자는 종종 단일한 "토착민 정보"를 선별하고 이것을 기초로 문화에 대한 그림을 그리기 때문이다.

38 Nehru, *Autobiography*, 534.

39 결혼 생활의 성폭행, 결혼의 불평등한 법조건 등을 고소하지 못하는 데 대한 반론은 다음을 참고하라. *The Subjection of Women*, ed. S. M. Okin (Indianapolis: Hackett, 1988). 포르노그래피에 대해 어느 정도 법적 규제가 있어야 한다는 강한 밀주의(Millean) 사례에 관한 논의는 다음을 참고하라. David Dyzenhaus, "John Stuart Mill and the Harm of Pornography," in *Mill's On Liberty: Critical Essays*, ed. Gerald Dworkin (Lanham: Rowman and Littlefield, 1997), 31-54.

40 엄밀히 말하자면, 이 지역은 반건조 지역으로 지정되었고, 라자스탄의 특정 지역간 "사막"이라고 부른다. 그러나 내 개인적인 경험으로는 이 지역을 미국에서 "사막"이라고 부르는 지역(캘리포니아와 네바다에 있는)과 구별할 수 없다.

41 인도의 성폭행법에서 경찰 구류 성폭행 고소를 위한 입증 책임이 최근에 변경되었다. 피고소인이 공무원인 경우 유죄 추정이 적용된다. 5절을 참고하라. 이런 변화는 여성 수감자가 경찰과 독대하지 않고 참고인 입회하에 증언하도록 보장함으로써 경찰의 비행을 방지한다. 이것은 관련 당사자들이 서로를 보호하기 위해 결탁하지 않는 경우에만 실효성이 있음은 분명하다.

42 성폭행 보고 증가율과 극히 불리한 유죄 선고 확정에 관한 훌륭한 설명은 다음을 참고하라. "Rape: When Victim Is Seen as Villain," lead feature (with a number of different related articles) in *India Abroad*, Friday, July 10, 1998, 1, 30-34.

43 대법원 지침과 여타 법적인 발전에 관해서는 내 글 "The Modesty of Mrs. Bajaj"를 참고하라.

44 유엔 인구 기금의 보고 인용은 다음을 참고하라. *India Abroad* (note 42), 34, 델리에 본부를 두고 있는 비영리단체 사크시(Sakshi)의 연구에 따르면, 조사에 참여한 재판관의 68%가 '선정적인' 옷차림이 성폭행을 유발한다고 생각하며, 55%는 여성의 도덕성이 성폭행 사례와 관련이 있다고 생각한다.

45 몇몇 범례는 내 글 "The Feminist Critique of Liberalism," *Sex and Social Justice*, 55-80을 참고하라.

46 개인주의에 대한 이런 해석은 다음을 참고하라. "The Feminist Critique of Liberalism."

47 Veena Das and Ralph Nicholas, "'Welfare' and 'Well-Being' in South Asian

Societies," ACLS-SSRC Joint Committee on South Asia (New York: Social Science Research Council, 1981); 이 글이 소책자로 배포되기는 했지만 다스는 그것을 출간하지 않았다. 반대 견해에 관해서는 다음을 참고하라. Agarwal, *A Field of One's Own*, 422-38, and "'Bargaining' and Gender Relations: Within and Beyond the Household," *Feminist Economics* 3 (1997), 1-51.

48   In Kalpana Bardhan, ed., *Of Women*, Outcastes, 155.

49   총계 관념에서 불교와 공리주의 사이의 밀접한 관계에 대해서는 다음을 참고하라. Damien Keown, *The Nature of Buddhist Ethics* (New York: St. Martin's Press, 1992), Chapter 7, "Buddhism and Utilitarianism." 고통을 감소시키는 관념은 불교의 정치적 담화에서 중심적인 역할을 하지만, 보다 엄격한 형이상학 형식에는 보통 그렇지 않다. 형이상학에서 개인의 고통은 단순히 지구 전체의 요소로서 다루어진다. 더 엄격한 형식은 건강 돌봄의 공적 제공과 같이 정책에서 급진적인 함의를 갖는다. 불교도 대부분은 그런 정책을 지원하는 데 동의한다.

50   국제 인권 규범이 전제적이라는 비난에 대해서는 다음을 참고하라. Wendy Brown, *States of Injury: Power and Freedom in Late Modernity* (Princeton: Princeton University Press, 1995). 내가 이 주장에 이의를 제기하는 6절에서 분명해질 것이다.

51   *Human Development Report 1997* (Oxford and New York: Oxford University Press, 1997).

52   예를 들어 중산층과 상류층이 고등 교육 체계에 불만족을 느낀다면 그런 수치가 나올 수 있다.

53   이것에 관한 설득력 있는 논증은 다음을 참고하라. the regional comparisons in Drèze and Sen, *India*, and its companion volume of comparative regional studies.

54   Rawls, *A Theory of Justice* (Cambridge, MA: Harvard University Press, 1971), 이후 TJ로 표기, 156-73, 평균 효용의 원칙의 몇 가지 난점(average utility and its difficulties)에 관한 논의.

55   Becker, *A Treatise on the Family* (Cambridge, MA: Harvard University Press, 1981, second edition 1991).

56   "The Economic Way of Looking at Behavior," Nobel address, 1992, in *The Essence of Becker*, ed. Ramón Febrero and Pedro S. Schwartz (Stanford: Hoover Institution, 1995), 648: "나를 포함한 많은 경제학자들은 가족 구성원의 이익관심을 함

께 묶어 주는 이타심에 과도하게 의존하고 있다.” 그는 죄책감, 애정, 의무, 분노, 그리고
신체적 학대에 대한 두려움을 이 설명을 하기 위해 필요한 요소로 언급한다.

57   다음을 참고하라. A. Sen, “Gender and Cooperative Conflicts,” in I. Tinker, ed.,
Persistent Inequalities (New York: Oxford University Press, 1990), 123-49; Partha
Dasgupta, *An Inquiry into Well-Being and Destitution* (Oxford: Clarendon Press,
1993), Chapter 11. 협상 접근법에 대한 여타 유용한 예시는 다음을 참고하라. Agarwal,
A Field of One's Own and “Bargaining”; Shelly Lundberg and Robert A. Pollak,
“Bargaining and Distribution in Marriage,” *Journal of Economic Perspectives* 10
(1996), 139-58; L. Chen, E. Huq, and S. D'Souza, “Sex Bias in the Family Allocation
of Food and Health Care in Rural Bangladesh,” *Population and Development
Review* 7 (1981), 55-70.

58   Rawls, TJ, 62-65, 90-95, 396-7. 보다 최근에 롤스는 주요선에 대한 그의 관점을 수정했
다. 주요선은 모든 것에 목적을 두는 수단이 아니라 ‘도덕 능력’의 개발 및 표현과 연결된
정치적 관점에서 이해한 시민의 필요라고 진술한다. 그는 (삶의 계획을 형성하고 변경하
는) 도덕 능력에 대한 설명 자체가 선에 대한 정치 이론의 중요한 부분이라고 강조한다.
Rawls, PL, 178-90.

59   보다 최근에 롤스는 이동의 자유와 직업 선택의 자유를 추가했다. PL, 181.

60   Rawls, TJ, 396, 440.

61   Rawls, TJ, 97: “[이런] 개인들을 소득과 부의 수준에 의해 특수화하여 다룰 때, 나는 이런
주요 사회적 선이 지수 문제를 피할 수 있을 만큼 능력과 권위의 사회적 선과 충분히 상
관관계가 있다고 가정한다. … 전반적으로 이 가정은 우리의 목적을 위해 충분히 신뢰할
만하다.” 롤스의 입장에서 당사자는 베커의 양식에서는 전체 가구를 대신하여 협상하는
가장이라는 점을 우리가 인식한다면 문제가 훨씬 더 커진다. 가구의 소득이나 부와 여성
의 능력과 기회 사이의 관계가 여전히 매우 불안정하기 때문이다. 자기-존중이 다른 주요
선 모두와 불안정한 상관관계에 있을 수 있다. 이와 같이 여러 사례에서 유럽의 유대인은
소득과 부에서 충분히 좋은 형편에 있지만 자기-존중의 사회적 기반은 매우 열악하다. 후
에 롤스는 이 문제점을 인식하고 “자유 및 부와 같은 것들만을 참고하여 기대에 대한 초
기 규정을 하는 것은 잠정적이다. [초기 규정은] 다른 주요선을 포함하는 것이 필수기고
[다른 주요선은] 더 깊이 있는 질문을 제기한다”(396-7)고 말한다. 그러나 우리는 그 문제
를 어떻게 해결해야 하는지를 전혀 듣지 못했다.

62 다음을 참고하라. Rawls, PL, 4-11, and "The Law of Peoples," in *On Human Rights: The Oxford Amnesty Lectures 1993*, ed. Stephen Shute and Susan Hurley (New York: Basic Books, 1993), 41-72, 50-59. 후기 연구에서, 여성 평등은 롤스가 비교-문화적으로 확증하려고 준비하는 하나의 가치다.

63 1997년 3월에 자영업 여성 협회의 미라이 차터지(Mirai Chatterjee), 레나나 자브발라(Renana Jhabvala), 그리고 엘라 바트(Ela Bhatt)와 나눈 개인적인 대화다. 또한 다음을 참고하라. Rose, *Where Women*, 32. 로즈는 의존성이 두 방향으로 나아갈 수 있다는 점을 주목한다. "간디 자신이 자유 투쟁에 사용했던 책략은 그의 아내와 어머니가 가정에서 그들 자신이 당한 착취에 저항하는 것을 목도했던 책략에 기인한다."

64 *The Subjection of Women* (1869), ed. S. M. Okin (Indianapolis: Hackett, 1988), 이후 SW로 표기, 특히 16-18을 참고; 나의 다음 글을 참고하라. "The Feminist Critique of Liberalism."

65 최초 진술은 다음 글에서 볼 수 있다. Sen, "Equality of What?" in S. McMurrin, ed., *Tanner Lectures on Human Values 1* (Cambridge: Cambridge University Press, 1980), reprinted in Sen, *Choice, Welfare, and Measurement* (Oxford and Cambridge, MA: Basil Blackwell and MIT Press, 1982), 이후 CWM으로 표기; 다음도 참고하라. his various essays in *Resources, Values, and Development* (Oxford and Cambridge, MA: Basil Blackwell and MIT Press, 1984), 이후 RVD로 표기; *Commodities and Capabilities* (Amsterdam: North-Holland, 1985); *Well-Being, Agency, and Freedom: The Dewey Lectures 1984*, *The Journal of Philosophy* 82 (1985); "Capability and Well-Being," in QL, 30-53; "Gender Inequality and Theories of Justice," in WCD, 153-98; Inequality Reexamined (Oxford and Cambridge, MA: Clarendon Press and Harvard University Press, 1992).

66 Human Development Reports: 1993, 1994, 1995, 1996, 1997 (New York: United Nations Development Programme).

67 NFC와 HN 참고.

68 우리의 접근법 사이에 있는 차이점에 대한 논의는 다음을 참고하라. David Crocker, "Functioning and Capability: The Foundations of Sen's and Nussbaum's Development Ethic, Part I," Political Theory 20 (1992), 584-612, and "⋯ Part II," in WCD, 153-98.

69   이 아이디어의 심화 발전에 대해서는 HN을 참고하라. 인간의 경험과 선택의 구별된 경역에 대한 설명에 따라 역량과 기능발휘가 개인화된 방식에 대해서는 NEV를 참고하라.

70   센과 비교하라. Amartya Sen, "Freedoms and Needs," *The New Republic*, January 10/17, 1994, 38: "경제적 필요에 대한 이해를 위한 정치적 권리의 중요성은 궁극적으로 인간을 수동적으로 존재하며 돌봄을 받을 필요가 있는 '떼'나 '무리'의 부분으로가 아니라 권리를 행사하는 사람으로 간주하도록 전환한다." 버드니는 정치적 자유주의보다는 오히려 포괄적인 형식의 기초로서 마르크스의 시각을 옹호하기는 하지만, 현대의 토론에 주는 함의와 함께 이 쟁점에 대한 마르크스의 사상을 탁월하게 다룬다. Daniel Brudney, "Community and Completion." in Reclaiming *the History of Ethics: Essays for John Rawls* (Cambridge: Cambridge University Press, 1997), 388-415.

71   세네카, 『삶의 지혜를 위한 편지(Moral Epistle)』, 41을 참고하라. 그런 사람의 존엄성을 경외를 불러일으키는 자연의 숭고함과 비교한다. 이 단락은 칸트의 유명한 『실천이성비판』의 결론에 영향을 주었을 가능성이 매우 크다.

72   그 아이디어의 이 부분을 정교화한 내용은 다음의 내 글을 참고하라. "Victims and Agents," *The Boston Review* 23 (1998), 21-24, and "Political Animals: Luck, Love, and Dignity," *Metaphilosophy* 29 (1998), 273-87.

73   7절에서 보겠지만, 이 역량을 구현하는 데 국제기구와 국제인권법의 역할을 구상한다. 그러나 국가는 여전히 책임의 근거에서 기본 단위다.

74   이 기능을 유용한 방식으로 수행하기 위해서 목록은 최저 수준에 대해 현재의 형식보다 더 명확하게 구분된 설명이 있어야 한다. 나는 이 절의 후반과 3장 그리고 4장에서 이 쟁점을 논의한다.

75   이 주제 중에 사유 재산과 공공 재산의 역할, 세대 간 정의에 대한 생각, 시민불복종의 역할, 그리고 (7절의 간단한 언급 몇몇을 제외하고) 국가들 사이의 재분배 정의가 있다.

76   Rawls, PL, 133-72 참고.

77   Rawls, PL, 144-5 참고.

78   그러나 모두는 아니다. 다음의 내 글을 참고하라. "Judaism and the Love of Reason," in Marya Bower and Ruth Groenhout, eds., *Among Sophia's Daughters: Philosophy, Feminism, and the Demands of Faith*, forthcoming.

79   HN을 참고하라.

80   물론 나는 우리가 '주요선'의 유사성에 관하여 이야기하고 있다는 사실에 따라 '정의'를

"선함(goodness)"으로 대체하여 롤스 『정의론』의 이 구절을 차용한다.

81 항목들 중 일부는 다른 것들보다 분명히 더욱 영구적이다. 문해력은 현대라는 구체적인 특수성이 있다. 다른 시대와 장소에서는 문해력이 없어도 보다 일반적인 역량이 실현되었다. 내가 주장하지 않거나 주장할 필요가 없지만, 모든 대규모의 일반적인 기준들이 오히려 인간의 삶의 역사를 관통하여 불변의 본질을 표출하는 영구적인 것으로 나타난다.

82 현재 버전의 목록은 내가 인도에서 사람들과 논의한 결과로 작성된 변화를 반영한다. 주요 변화는 신체 보전과 (재산권과 고용 기회를 포함하여) 환경에 대한 통제를 더 많이 강조하고 존엄성과 비-모욕을 새로 강조한 것이다. 이상하게도 인간의 '자기-충족성'과 사람의 존엄성이라는 이런 특징은 종종 '남성적'이고 '서구적'이라는 이유로 서구 페미니스트가 가장 많이 비판하는 특징이다. 목록의 이전 버전에서 그런 특징이 더욱 소리를 내지 못했던 한 가지 이유가 거기에 있다. 내 글 "The Feminist Critique of Liberalism"을 참고하라.

83 1994년 인구와 개발에 관한 국제회의(The 1994 International Conference on Population and Development, ICPD)는 생식 건강의 정의를 채택했다. 그 정의는 이 목록이 안내하는 진정으로 인간다운 기능발휘라는 직관적 아이디어에 잘 맞는다. "생식 건강은 생식 기관과 그 과정에 관련된 모든 문제에서 질병이나 질환이 없기만 한 것이 아니라 완전한 신체적·정신적·사회적 안녕의 상태다. 그러므로 생식 건강은 사람들이 만족스럽고 안전한 성생활을 할 수 있고, 생식을 할 수 있는 역량 및 그 경우 시기와 빈도를 결정할 수 있는 자유가 있다는 함의를 지닌다." 이어서 그 정의는 또한 그들이 선택하는 가족계획 방법에 대한 정보와 접근성을 내포한다. ICPD가 권고하는 개략은 국립연구소(National Research Council)가 설립한 인구 위원회의 생식 건강 위원단(Panel on Reproductive Health of the Committee on Population)에 의해 채택되었다. 생식 건강의 세 가지 요건은 다음과 같다. "1. 모든 성행위는 강압과 감염이 없어야 한다. 2. 모든 임신은 의도된 것이어야 한다. 3. 모든 출산은 건강하게 이루어져야 한다." 다음을 참고하라. Amy O. Tsui, Judith N. Wasserheit, and John G. Haaga, eds., *Reproductive Health in Developing Countries* (Washington, D.C.: National Academy Press, 1997), 13-14.

84 이 조건은 인도 헌법 제15조에 근거한다. (나도 그렇지만) 이것은 정부가 여성에 대한 차별의 역사와 지정 부족 및 카스트에 대한 차별의 역사를 바로잡기 위한 방책을 법률로 제정하지 못하게 하기 위해 사용되어서는 안 된다는 것을 덧붙인다. 성적 지향에 기초한 차

별금지는 인도 헌법에서 보장하지 않고 있다. 나는 이전 버전의 목록에는 그것을 포함하지 않았다. 이 항목에 대한 합의가 특히 인도에서는 너무 적어서 그것을 포함하기에는 시기상조라고 판단했기 때문이다. 동시에 성별에 기초한 차별금지 권리가 그것을 함축한다고 믿는다는 사실을 강조하기는 했지만 말이다. 나는 성적 지향 차별을 성별 차별이 내포하고 있는 성별 사이의 이분법적 구분을 드러내는 수단으로 보기 때문이다. 내 저서 『성과 사회 정의』의 서론과 7장을 참고하라. 그러나 올해 페미니즘 영화 〈다이어(Fire)〉의 중단으로 불거진 논란으로 인해 인도의 매체에서 성적 지향 논의가 훨씬 더 많이 활발해졌다. 그리고 페미니스트 및 여타 자유주의 사상가들이 이 쟁점과 여성의 완전한 평등 사이의 중요한 연결점을 공적 인식으로 이끌었다. 그러므로 나는 중첩적 합의를 도출하리라고 기대할 수 있는 비교-문화 목록에 이 항목을 추가하는 것이 더 이상 시기상조가 아니라고 생각한다. 나는 이 쟁점을 4장에서 심화하여 논의할 것이다.

85 비교-문화 개발의 관점에서 보면 이것은 목록에서 가장 논쟁적인 항목이다. 심화 논의는 2장을 참고하라. 정부는 멸종위기에 처한 종, 동물의 건강과 생명, 그리고 생태에 관련된 정책 선택을 통하여 이 역량에 관해 꽤 많은 일을 할 수 있다. 예를 들어 노르웨이는 이 역량을 엄청나게 강조한다. 오슬로에서는 해변에서 5마일 이내에만 건물을 지을 수 없다. 그 '숲 경계선(forest line)'을 지난 내륙 산간 지역은 사람들이 숲에서 고독을 즐길 수 있는 공간으로 보존하기 위해 거주를 금지한다. 노르웨이인들이 그렇게 지정하듯이 그런 공간은 이 역량의 중심적 측면이다.

86 예를 들어 ASD는, 재산은 인간다운 기능발휘의 도구일 뿐 그 자체가 목적이 아니라는 의미에서 재산권이 발언권과 구별된다고 주장한다. 현재 버전의 목록은 여전히 재산이 더 많다는 사실 자체가 더 낫다는 것은 아니지만 재산권의 역할을 확장할 것을 강조한다. 재산권과 자기-규정 사이의 밀접한 관계를 고려하기 때문이다. 심화 논의는 2장을 참고하라. 무엇보다 분명한 것은 재산권이 현재 일부 인도 속인법 체계에서 시행되고 있듯이 성차별에 기초하여 할당되어서는 안 된다는 것이다. 그런데 또한 여타 귀중한 인간다운 기능발휘 형식을 지원한다는 점에서 재산권의 절대적 가치에 대해 생각하는 것도 중요하다. 따라서 모든 시민은 자신의 이름으로 동산이든 부동산이든 재산을 어느 정도 소유해야 한다. 필수 금액은 각 국가의 경제 상황에 비추어 각 국가가 적절하게 심의할 일이다. 토지는 흔히 자기-규정, 협상 능력, 그리고 경제적 지탱에 특정적으로 귀중한 원천이다. 그러므로 가난한 사람들이 자신의 소유라고 간주하는 것을 그들에게 주기 위하여 부자의 잉여 토지를 수용하는 토지 개혁을 정당화하는 데 이 목록을 활용할 수 있다. 예를 들어

서벵골의 개혁은 이 목적을 위해 부유한 토지소유자들의 별장을 압수했다. CHR을 참고하라.

87 따라서 만약 1인당 GNP의 관점에서 삶의 질을 측정하는 것이 개발 정책에서 지배적이지 않았다면 "싱가포르 성공 스토리"와 같은 문구를 사용하기가 더 곤란했을 수 있다.

88 HN과 ASD를 참고하라.

89 인간으로 오가며 변형하는 신화의 역할에 대해서는 HN을 참고하라.

90 마르크스의 관점에 대해서는 앞서 인용한 브루드니(Brudney)를 참고하라.

91 이것 역시 아리스토텔레스의 시각이라는 내 논증이 수록된 HN을 참고하라.

92 잠재태(dunamis)의 수준을 특성화하는 아리스토텔레스의 방식에 대한 논급이 수록된 NFC를 참고하라.

93 아리스토텔레스가 유사하게 구별하는 논급은 NFC를 참고하라. 기본역량에 대해서는 HC를 참고하라. 실제적으로 센이 진술하는 많은 부분에서 관련된 구별을 추정할 수 있지만, 그는 이러한 세 가지 수준을 명시적으로 사용하지 않는다.

94 이전 글에서는 이것을 "외적역량"이라고 불렀으나 (NFC를 참고), 데이비드 크로커가 외적역량은 내적 상태에 초점이 있기보다는 외적조건에 초점이 있는 것으로 잘못 암시될 수 있다고 나를 설득했다. '내적'과 '외적' 모두의 적절한 결합을 제시하는 것이 내가 진실로 의미하는 바다.

95 다음을 참고하라. Martha A. Chen, *The Lives of Widows in Rural India*, forthcoming; and "A Matter of Survival: Women's Right to Employment in India and Bangladesh," in WCD, 37-57.

96 억압이 충분히 가혹하고 오래 지속되면, 그들도 그런 표현을 할 수 있는 내적역량이 일정 정도 부족해질 수 있다. 이어지는 논의를 참고하라.

97 Rawls, TJ, 204-5, 72-75를 참고하라.

98 그러나 역량 동등성이 필연적으로 자원의 평등을 수반하지는 않는다는 것에 주의하라. 그것은 모두 일단 우리가 최저 수준 이상으로 충분히 도달하면 자원이 어떻게 역량에 영향을 미치는지에 의존한다. 아리스토텔레스는 우리가 부정적인 반환점에 도달한다고 생각했다. 다시 말해 어떤 '한계' 이후에는 부(wealth)는 비생산적이 된다. 즉 중요한 일에서 산만해지게 된다.

99 HN과 마르크스의 논의를 참고하라.

100 다음의 내 글을 참고하라. "Double Moral Standards?" (a reply to Yael Tamir's

"Hands Off Clitoridectomy"), *The Boston Review*, Oct.-Nov. 1996. 확장된 논의는 다음을 참고하라. *Sex and Social Justice*, Chapter 4; and "Religion and Women's Human Rights."

101 TJ, 62.

102 롤스는 "그들의 소유가 기본 구조에 의해 영향을 받는다고 하더라도 그렇게 직접적으로 통제 아래에 있지는 않다(62)"라고 언급한다. 건강에 대해 생각할 때 이것은 물론 참이다. 그러나 건강의 사회적 기초에 대해 생각할 때는 참이 아니다. 나는 정치적 목록에 이 항목들을 올리는 경우가 자기존중의 사회적 기초의 경우와 마찬가지로 설득력이 있다고 본다. 「옳음의 우선성(The Priority of Right)」에서 롤스는 목록에 건강을 올리기를 제안한다.

103 사르다 자인(Sarda Jain)과 개인적으로 대화를 나누고 라자스탄 농촌에서 이런 종류의 기획을 관찰했다.

104 이전에 신앙을 잃었기 때문에 규칙에 심하게 얽매인 종교 질서를 떠났던 대학원생을 가르쳤었다. 그 학생이 철학에서 발견한 것은 권위와 훈련 부담이 너무 약하다는 것이었다. 그는 해군에 입대했고 지금은 고위층 일을 하고 있다.

105 홀로코스트에서 일반 사병이 하는 역할에 관해서는 다음을 참고하라. Christopher Browning, *Ordinary Men* (New York: Harper Collins, 1992).

106 웨스트포인트(West Point)의 미국 사관학교(1992)와 아나폴리스(Annapolis)의 해군 학교(1998)의 지휘관과 나눈 개인 대화. 아나폴리스 윤리 프로그램은 최근에 개설되었고 철학자 낸시 셔먼(Nancy Sherman)의 지도로 제도화되었다. 타일훅(Tailhook) 성희롱 사건과 만연한 부정행위 사건이 그것을 개설한 이유에 포함된다.

107 이런 쟁점은 또한 분명히 미래 세대의 역량을 위한 신탁이라는 곤란한 쟁점을 제기한다. 나는 여기서 그 쟁점을 해결하지 않을 것이다. 환경 쟁점의 다른 측면은 2장에서 논의할 것이다.

108 다음을 참고하라. Amartya Sen, 'Fertility and Coercion," *The University of Chicago Law Review* 63 (1996), 1035-1062.

109 이것은 무규칙 경기의 일종으로 신체의 어떤 부위라도 가격이 용인된다. 미국 여러 주에서 합법이지만, 대부분의 주에서는 불법이다.

110 다음을 참고하라. John Finnis, *Natural Law and Natural Rights* (Oxford: Clarendon, 1980); Robert P. George, *Making Men Moral: Civil Liberties and Public Morality* (Oxford: Clarendon Press, 1992). 그런 의미에서 그의 목록에 있는 모든 기능의 역량이

있다고 해도 (피니스의 목록에 없는) 쾌락에 바치는 삶은 기준 이하의 삶이다. 목록에 있는 항목을 소홀히 하는 것은 더 복잡한 문제다. 피니스가 삶이 너무 짧아서 모든 것을 추구할 수 없다고 인정하기 때문이다. 그래서 그는 항목 중 하나 이상을 소홀히 할 때조차 완전히 가치 있는 삶이 될 수 있다고 허용한다. 사람은 그 항목의 객관적 선을 인정하도록 [섭리로] **갖추어졌기(provided)** 때문이다. "학문, 또는 우정, 또는 신체적 영웅, 또는 고결에 잠재성이 거의 없고 심지어 '취향(taste)'조차 없는 것은 한 가지 사안이다. 이것들이 진정한 선의 형식이 아닌 것처럼 생각하거나 말하거나 행동하는 것은 어리석거나 자의적인 상당히 다른 사안이다." 내 개념은 시민이 유관 **역량**의 선함을 **오직 정치적 목적**만을 위해서 지지하는 것이 유일한 요건이다. 유관 기능의 선함에 관하여 그들이 무엇을 말하거나 생각하든 또한 역량의 형이상학적 근거가 달라도 그것은 완전히 시민의 자유이다. 물론 발언의 자유가 보호되고 있으므로 역량 목록에 반대하는 말을 함으로써 헌법 원리의 철학적 기초에 도전하는 데도 시민은 완전히 자유롭다.

111 ASD를 참고하라.

112 HN을 참고하라.

113 관련된 방식으로 자유와 필요를 연결한 부분은 다음을 참고하라. Sen, "Freedoms and Needs," *The New Republic, January* 10/17, 1994, 31-38, 38. Compare Rawls, PL, 187-8.

114 Sen, *Poverty and Famines: An Essay on Entitlement and Deprivation* (Oxford: Clarendon Press, 1981). 센은 자유로운 언론과 공개적인 정치 토론이 기아가 심해지지 않도록 식량부족을 예방하는 데 결정적인 중요성이 있다고 주장한다.

115 CHR에 이번 절에 대한 더 발전된 자료가 있다.

116 Bernard Williams, "The Standard of Living: Interests and Capabilities," in *The Standard of Living*, ed. G. Hawthorne (Cambridge: Cambridge University Press, 1987), 100.

117 중국에 대해서는 다음을 참고하라. Tu Wei-ming, "A Confucian Perspective of Human Rights," and Joshua Cohen, "Comments on Tu Wei-ming," forthcoming. 인도와 중국에 대해서는 다음을 참고하라. Sen, "Human Rights and Asian Values," *The New Republic*, July 14/21, 1997, 33-41.

118 다음을 참고하라. Sen, "Human Rights and Asian Values." 타고르에 대해서는 다음을 참고하라. Sen, *New York Review of Books*, June 1997; K. Bardhan, Introduction

to *Of Women, Outcastes*. 인도 독립 투쟁의 권리 언어는 다음을 참고하라. Nehru, *Autobiography*, 612.

119 Rawls, TJ, 20-22, 46-53; PL, 28, 45, 381 n.16을 참고하라.

120 다음을 참고하라. Rawls, PL, 384 n.16: "이 평형은 전적으로 상호주관적이다. 다시 말해 시민 각자가 모든 여타 시민의 추론과 주장을 고려한다."

121 마지막 요점의 범례 하나에 대해서는 라자스탄 자그디시 찬드라 보세 호텔(Rajasthan Jagdish Chandra Bose Hostel)의 성폭행 사례에 관한 최근의 의회 토론을 고려하라. 27세 여성이 남성 무리의 조롱과 환호 속에 집단 성폭행을 당했다. 많은 입법자들, 특히 라자스탄의 입법자들은 여성의 도덕성을 공격하고, 피고인을 제시간에 체포하여 피해자의 필수 의료 테스트를 실시하는 데 실패한 경찰을 옹호했다. 다음을 참고하라. "Another traumatized victim in rape-prone Rajasthan," *India Abroad*, July 10, 1998, 31.

122 여기에서 나는 토마스 포게(Thomas Pogge)에 동의한다. Thomas Pogge, *Realizing Rawls* (Ithaca, NY: Cornell University Press, 1989).

123 인도의 여성 보호소의 수는 극히 적다. 사실 없는 것에 가깝다.

124 다음을 참고하라. Drèze and Sen, *India*, and Ramachandran in Drèze and Sen, eds.

2장

1 In Bardhan, *Of Women, Outcastes*, 99.

2 로즈(Rose)가 다음 문헌에 인용한 내용이다. Rose, *Where Women Are Leaders*, 158.

3 Christina Hoff Sommers, *Who Stole Feminism?* (New York: Simon and Schuster, 1994)를 참고하라. 나의 저서 『성과 사회 정의』 5장과 『인간성 수업』 6장에서 이 내용을 논의한다.

4 이들의 연구는 4절에서 상세히 논의할 것이다.

5 다음을 참고하라. Cass R. Sunstein, *The Partial Constitution* (Cambridge, MA: Harvard University Press, 1993), Chapter 5, 162-66.

6 그런 공리주의 관점의 그림은 다음을 참고하라. Amartya Sen, "Plural Utility," Proceedings of the Aristotelian Society 81 (1980/81), 193-215.

7 이것은 플라톤이 견지하는 입장일 수도 아닐 수도 있다. 플라톤은 가치에 대한 그의 설명

에서 경험으로 주어진 선택이 어떤 역할을 한다고 보는 것 같다. 그 역할이 무엇인지 말하기는 어렵지만 말이다. (그것이 정당화하는 역할이 아니라 단지 발견적 역할이라면, 플라톤도 마찬가지로 내가 의미하는 플라톤주의자일 것이다.)

8   예를 들면 다음이 있다. Milton Friedman, "The Methodology of Positive Economics," in Daniel M. Hausman, ed., *The Philosophy of Economics* (Cambridge: Cambridge University Press, 1984), 210-24; 보다 최근의 그런 시각은 다음이 있다. Robert Bork, *The Tempting of America: The Political Seduction of the Law* (New York: 1990), 251-9. 소머스(Sommers)도 『누가 페미니즘을 훔쳤는가?(*Who Stole Feminism?*)』에서 그런 견해를 주장하는 것 같다.

9   이런 용어에 대해서는 다음을 참고하라. Thomas Scanlon, "Value, Desire, and Quality of Life," in QL, 201- 207. 스캔론은 실제로 "실질적 목록"이라는 용어를 사용한다. 그러나 그 용어가 정합적인 시각보다는 세탁물 목록처럼 관련성 없는 것들에 관해 말하는 듯한 암시를 준다는 점에서 다소 위험을 내포하고 있음을 주목하라.

10 In *A Mind of One's Own: Feminist Essays on Reason and Objectivity*, ed. Louise M. Antony and Charlotte Witt (Boulder: Westview Press, 1993), 227-56.

11 이 접근법은 심리학의 행동주의와 강하게 연결되어 있다. 따라서 (처음에는 그 접근법을 승인하지 않았으나 후에 그것을 포용한) 존 힉스(John Hicks)는 그 접근법이 우리가 인간을 "단지 한정된 시장 행동패턴을 가지고 있는 실체, 즉 주장도 없고, 가장(pretence)도 없고, 머릿속을 볼 수 있는 실체로서" 연구하도록 허용한다고 진술한다. *A Revision of Demand Theory* (Oxford: Clarendon Press, 1956), 6. 순수한 행동주의자의 접근법은 심리주의자의 접근법(mentalist approach)보다 상당히 과학적이라는 아이디어를 보여 주는 다른 예는 다음을 참고하라. Sen, "Internal Consistency of Choice," Econometrica 61 (1993), 495-521.

12 인지심리학에서 행동주의의 종말에 대한 훌륭한 논의 하나는 다음을 참고하라. Richard Lazarus, *Emotion and Adaptation* (New York: Oxford University Press, 1991).

13 다음을 참고하라. Amartya Sen, "Internal Consistency of Choice"; and the earlier "Choice Functions and Revealed Preference," *Review of Economic Studies* 38 (1971), 307-17, reprinted in CWM, and "Behaviour and the Concept of a Preference," *Economica* 40 (August 1973), 241-59, reprinted in CWM, 54-73.

14 Sen, "Internal Consistency."

15 특히 다음을 참고하라. Martin Seligman, *Helplessness* (New York: W. H. Freeman, 1975); 그리고 철학에서는 다음을 참고하라. Charles Taylor, *The Explanation of Behaviour* (London: Routledge, 1964).

16 다음의 내 글을 참고하라. "Flawed Foundations: The Philosophical Critique of (a Certain Type of) Economics,' *University of Chicago Law Review* 64 (1997), 1197-1214.

17 예를 들어 다음을 참고하라. G. H. von Wright, *The Varieties of Goodness* (London: Routledge, 1963); Donald Davidson, *Essays on Actions and Events* (Oxford: Clarendon, 1980)

18 다음을 참고하라. Michael E. Bratman, *Intentions, Plans, and Practical Reason* (Cambridge, MA: Harvard University Press, 1987). 다음도 참고하라. G. E. M. Anscombe, *Intention* (Ithaca: Cor- nell University Press, second edition 1969).

19 다음을 참고하라. Harry Frankfurt, "Freedom of the Will and the Concept of a Person," *Journal of Philosophy* 67 (1971), 5-20; G. Dworkin, *The Theory and Practice of Autonomy* (Cambridge: Cambridge University Press, 1988), 14-20; Gary Watson, "Free Agency," *Journal of Philosophy* 72 (1975), 205-20; Jean Hampton, "The Failure of Expected Utility Theory as a Theory of Reason," *Economics and Philosophy* 10 (1994), 195- 242.

20 다음을 참고하라. Sen, "Rational Fools: A Critique of the Behavioural Foundations of Economic Theory," in CWM, 84-108; J. Elster, *Ulysses and the Sirens* (Cambridge: Cambridge University Press, 1979); G. Dworkin, *The Theory and Practice*, 14-15.

21 이 쟁점에 대해서는 다음을 참고하라. Warren Quinn, "Rationality and the Human Good," in *Morality and Action* (Cambridge: Cambridge University Press, 1993), 210-27. 이 지점은 매우 오래되었다. 아리스토텔레스는 육체적 욕구조차 "현상적 선(the apparent good)"으로 생각하고, 때때로 적어도 윤리적·사회적 훈련에 대한 반응으로 생각한다. 에피쿠로스주의와 스토아학파 같은 헬레니즘 철학자는 이 쟁점을 대단한 궤변으로 논쟁한다. 예를 들어 음식에 대한 필요, 그리고 일부 일반적인 음식 욕구는 선천적이고 제거할 수 없지만, 실질적으로 사회적 훈련으로 인해 사람들이 욕구할 만한 음식의 종류가 형성된다고 주장한다. 에피쿠로스주의는 육식 욕구를 전적으로 사회적 학습의 산물이

라고 주장한다.

22 Friedman, "The Methodology of Positive Economics," 210.

23 Bork, *The Tempting of America*, 252, 258; 다음 문헌도 참고하라. "Neutral Principles and Some First Amendment Problems," *Indiana Law Journal* 47 (1971), 1, 6 ('가치 선택 법정(value-choosing Court)'이 민주적 과정에 부합한다는 논증).

24 흄은 『인간 본성에 관한 논고(*A Treatise of Human Nature*)』 2권 3부 3절에서 "내 손가락의 상처보다 전 세계의 파멸을 선호한다는 것은 이성과 상충하지 않는다." 라는 유명한 판단으로 결론을 내린다.

25 Christopher Bliss, "Lifestyle and the Standard of Living," in QL, 415-36의 418-19를 참고하라.

26 Bliss, 419.

27 John C. Harsanyi, "Morality and the Theory of Rational Behavior," in *Utilitarianism and Beyond*, ed. Amartya Sen and Bernard Williams (Cambridge: Cambridge University Press, 1982), 39-62.

28 Harsanyi, 55.

29 같은 책.

30 같은 책.

31 같은 책.

32 Harsanyi, 40-41.

33 Gary Becker, "The Economic Way of Looking at Behavior," in *The Essence of Becker*, ed. Ramón Febrero and Pedro S. Schwartz (Stanford, CA: Hoover Institution Press, 1995), 633-58의 634를 참고하라.

34 여기에서 선호가 왜곡되었는지 여부 또는 여성이 실제로 선호하는 것과는 반대로 선택하도록 유도되었는지 여부는 분명하지 않다(폴 새뮤얼슨 및 선택에 대한 "현시 선호" 관점의 여타 옹호자들과는 달리 베커는 선호와 선택 사이에 개념적 구분을 하고 있기 때문이다). 아마도 일반성을 두 수준으로 구별할 수도 있을 것이다. 보다 일반적인 수준에서 행복한 삶을 위한 여성의 선호가 왜곡된 것은 아니지만 그녀의 비생산적인 선택으로 인해 좌절된다. 그러나 보다 구체적인 수준에서 별로 (행복한 삶을 이루기 위해 가용할 수 있는 최상의 경로로 보일 수 있는) 교육을 받지 않은 까닭에 갖게 된 선호는 그녀가 품고 있는 거짓 믿음에 의해 왜곡된 채로 유지될 수 있다.

35 다음을 참고하라. "Why the Third World Should Stress the Three R's" and "Let's Defuse the Population Bomb-with Free Markets," reprinted in Gary S. Becker and Guity Nashat Becker, *The Economics of Life* (New York: McGraw Hill, 1996) 67-8, 287-9. 앞의 글은 브라질과 여타 개발도상국의 가난한 사람을 위해 교육과 건강에 공적 지출이 증가된 것을 옹호한다. 뒤의 글은 교육이 인구 증가를 억제하는 열쇠라는 이제는 친숙한 요점의 반향이다.

36 부분적으로 이것은 그가 쾌락주의(hedonism)와 무어의 이상적인 다음 상태 이론, 이 두 규범적인 이론만 논의 대상이라고 자신했기 때문이다. 그래서 그는 이들 중 어느 것도 아주 그럴듯하다고 생각하지 못한다. 다음을 참고하라. Harsanyi, 54.

37 Harsanyi, 56, 규범적 공리주의 이론의 스마트(J. J. C. Smart) 버전을 쟁점으로 취한다.

38 같은 책.

39 Harsanyi, 39-40. 그는 공리주의에 진 빚이 "지대하다"고 말하지만, 칸트와 스미스도 상당히 강조한다. 그는 칸트로부터 "수혜를 입었다"고 한다. 그는 또한 당대의 칸트주의 이론인 헤어(R. M. Hare)도 언급한다. 헤어가 미친 영향이 칸트주의와 공리주의를 대립자보다는 오히려 동맹으로 생각하는 하사니의 경향을 잘 설명해 준다.

40 Richard B. Brandt, *A Theory of the Good and the Right* (Oxford: Clarendon Press, 1979).

41 롤스 이론에 대한 논의는 234-45를 참고하라.

42 여기에서 논증은 두 단계로 이루어진다. 첫째, 치료된 욕구는 개인의 선을 규정하는 데 사용하고, 그다음에 무엇이 도덕적으로 옳은지를 규정하는 데 사용한다. 두 논증을 연결하는 열쇠는 행위자의 효용이나 선의 관점에서 도덕성을 평가하는 것이 적절하다는 브랜트의 가정이다(184).

43 같은 책., 113.

44 남아시아 여성의 일상 저항의 증거에 대한 논의는 다음을 참고하라. Agarwal, *A Field of One's Own*, 422-38. 그리고 말레이시아의 증거를 제시하는 논의는 다음을 참고하라. J. C. Scott, *Weapons of the Weak: Everyday Forms of Peasant Resistance* (New Haven: Yale University Press, 1976).

45 Brandt, 115-26.

46 나는 두 번째와 세 번째의 범주 순서를 바꾸었다. 브랜트의 세 번째 범주는 단도직입적이고 두 번째가 논란의 소지가 크기 때문이다.

47 Brandt, 122-26.

48 같은 책, 123. 먹을 것을 박탈당했던 쥐는 먹을 것이 풍부할 때 대량을 비축함으로써 대응
    한다.

49 R. B. Brandt, "The Morality and Rationality of Suicide," in James Rachels, ed.,
    Moral Problems (N.Y.: Harper and Row, 1975), 363-87.

50 Kenneth Arrow, *Social Choice and Individual Values* (New York: Wiley, 1951; 2nd
    ed. 1963); 애로우의 역설에 대한 심화 논의와 그것이 생성한 불가능성 결과의 광역은 다
    음을 참고하라. Amartya Sen, "Social Choice Theory: A Re-Examination," in Sen,
    CWM, 158-200 (based on a paper published in Econometrica 45 (1977), 58- 89);
    나는 그 정리의 1963년 버전에 있는 센의 논의를 따른다. 페르시안 자유주의 역설에 대
    해서는 다음을 참고하라. Amartya Sen, "The Impossibility of a Paretian Liberal,"
    Journal of Political Economy 78 (1970), 152-7, reprinted in Sen, CWM, 285-90;
    "Liberty, Unanimity and Rights," *Economica* 43 (1976), 271-45, reprinted in CWM,
    291-326; 센의 역설을 다룬 다수의 문헌에 대한 센의 비평은 다음을 참고하라. CWM,
    Introduction, 25-8.

51 이런 식의 대법원 사생활 판결을 비판하는 범례에 대해서는 다음을 참고하라. *The
    Economics of Justice* (Cambridge, MA: Harvard University Press, 1981): 선도적인
    사례들을 '전도된 세계'라고 부르는 내용은 329-347을 참고하라. 포스너는 매우 다양한
    시각의 사생활 사례를 접하고 사생활 권리에 대한 인식을 갖게 된다. 다음을 참고하라.
    Sex and Reason (Cambridge, MA: Harvard University Press, 1991).

52 모든 인용의 출처는 다음이다. Richard A. Posner, *Overcoming Law* (Cambridge, MA:
    Harvard University Press, 1995), 23.

53 관련된 시각은 다음을 참고하라. Thomas E. Hill, Jr., "Servility and Self-Respect"
    와 "Self-Respect Reconsidered," in *Autonomy and Self-Respect* (Cambridge:
    Cambridge University Press, 1991), 4-24.

54 Gerald Dworkin, "The Nature of Autonomy," in Dworkin, *The Theory and Practice
    of Autonomy*, 3-20; Jon Elster, "Sour Grapes," in Sen and Williams, 219-38, 그리고
    논문과 동일한 표제의 저서. 이어지는 내용의 참고문헌도 이와 같다.

55 여기에서 우리는 엘스터가 욕구에 대해 비인지적 개념을 작동시키고 있음을 주목해야 한
    다. 이 경우 욕구가 지향적 내용을 별로 많이 담고 있지 않기 때문에 욕구와 지각이 아주

깔끔하게 분리될 수 있다. 욕구와 감정에 관해 그가 틀렸다면 (나는 그가 틀렸다고 믿는다), 이 구별을 유지하기는 훨씬 더 어렵다.

56 다음과 대조하라. Derek Parfit, *Reasons and Persons* (Oxford: Oxford University Press, 1984), 122. 파핏(Parfit)은 합리적 욕구의 패러다임으로 날기의 예를 사용한다. "이것은 욕구할만한 가치가 있는 일이다. 우리는 합리적으로 새를 부러워할 수 있기 때문이다" 나는 내가 여기에서 제시한 지점, 즉 그런 욕구를 포기하는 것이 필연적으로 나쁜 일은 아니라는 지점을 해명하기 위해 새를 부러워하는 것이 합리적이라고 할 수 있음을 부인하지 않겠다.

57 228-9를 참고하라: "우리는 최소한 한 가지 비자율적인 욕망을, 다른 말로 하면 적응적 선호를 상황이 다르다면 할 수 있는 자유를 요건에 포함시킴으로써 조작적으로 배제할 수 있다. 만약 내가 X를 하기 원하고 X를 하지 않을 자유가 있다면, 나의 원함은 돌연에 의해 형성될 수 없다. … 그래서 우리는 다른 일들이 동등하다면 개인의 자유는 사람이 그 일을 (1) 하기 원하고 (2) 할 자유가 있고 (3) 하지 않을 자유가 있는 일의 수와 중요성의 함수라고 결론을 내린다."

58 228쪽의 엘스터와 대조하라. 엘스터는 개인의 자율성 정도는 할 수 있는 자유에 있지 않고 하기를 원하는 일의 수에 의해 측정될 수 있다고 주장한다. 그런 비현실적인 욕망은 그 사람의 선호-구조가 "일반적으로 적응적 선호 형성에 의해 조형되지 않는다"는 것을 보여 주기 때문이다.

59 예를 들어 다음을 참고하라. "Gender Inequality and Theories of Justice," in WCD, 259-73; "Rights and Capabilities," in RVD, 307-24; 센이 그 현상을 논의한 여타 논문은 많이 있다. 인도의 과부시절에 연관된 박탈에 대해서는 다음을 참고하라. Martha Chen, *Permanent Moving: Widowhood in Rural India* (Delhi and Philadelphia: Oxford University Press and University of Pennsylvania Press, 1999).

60 키 163cm의 머그시 보그스(Muggsy Bogues)는 샬롯 호네츠 프로 농구팀의 비범한 선수이다. 점프와 스피드와 기민함으로 팀을 성공으로 이끄는 데 핵심이 되었다.

61 Mill, SW, 15-16.

62 다음의 내 글을 참고하라. "Rage and Reason," *The New Republic*, August 11 and 18, 1997, 36-42, and Chapter 9 in *Sex and Social Justice*.

63 SW, 86.

64 John Stuart Mill, *On Liberty* (1859) (Indianapolis: Bobbs Merrill, 1956), 76, 72.

65 같은 책., 71, 75.

66 John Rawls, PL, 269.

67 Sunstein, *The Partial Constitution*, Chapter 6: "Democracy, Aspirations, Preference"'; also "Preferences and Politics," *Philosophy and Public Affairs 20* (1991), 3-34, reprinted in revised form in *Free Markets and Social Justice* (New York: Oxford University Press, 1997), 13-31.

68 Sunstein, *Partial Constitution*, 168. 선스타인은 "사회적 조건이 개인성의 개발을 제한하고 비틀며 거의 방해할 수 있다"고 주장하며, 기존 선호에 대해 유사한 비판을 하는 다른 사상가로서 존 듀이를 언급한다. 듀이는 "적합한 법적·정치적·경제적 제도의 적극적 구축"을 요청한다 (Sunstein, *Partial Constitution*, 176, citing "The Future of Liberalism").

69 Sunstein, *Partial Constitution*, 177.

70 센의 다음 글을 참고하라, "Family and Food: Sex Bias in Poverty," in RVD, 346-65의 363.

71 힐러리 퍼트남(Hilary Putnam)의 "Pragmatism and Moral Objectivity," in WCD, 199-224과 *Pragmatism: An Open Question* (Oxford and Cambridge, MA: Blackwell, 1995), 57-75를 참고하라.

72 각주 9와 다음을 참고하라. Scanlon, *What We Owe to Each Other* (Cambridge, MA: Harvard University Press, 1999), 41-49.

73 Thomas Scanlon, "Preference and Urgency," *The Journal of Philosophy* 72 (1975), 655-69.

74 이 논문을 QL의 논문과 함께 논의하기에는 두 논문의 기본적인 개념 범주가 상이하기 때문에 문제가 있다. 이 논문은 "주관적"과 "객관적"을 조작적으로 대조하는 반면 QL의 논문은 정보에 입각한 욕구 접근법과 "실질적 선" 접근법을 대조한다.

75 "높은 객관적 가치"는 개인이 그들 자신의 선호와 관심을 개발할 수 있게 허용하고 사회 정책 결정에서 이것들을 느낄 수 있는 필수가 되는 조건을 제공하는 데 부여된다. … 그러나 내가 객관주의자 입장에서 중심으로 여기는 것은 … 단지 그들이 제시하는 주관적 선호의 강도만이 아니라 관심의 중요성에 대한 객관적 평가가 있고 그 평가가 실제적 관련성이 있다는 아이디어다.(658)

76 감정, 육체적 욕구, 그리고 욕구에 대한 내 자신의 설명은 다음을 참고하라. *Upheavals*

of Thought: A Theory of the Emotions (Cambridge: Cambridge University Press, forthcoming); 실제로 그런 논의는 내가 위에 언급했던 풍부한 도덕 심리학이 필요하고, 이 세 가지 개념 사이의 구별이 필요하다. 내가 지지하는 욕구 설명에 대해서는 다음을 참고하라. Warren Quinn, "Rationality and the Human Good" and "Putting Rationality in Its Place," in Quinn, *Morality and Action* (Cambridge: Cambridge University Press, 1993), 210-55.

77 또한 다음을 참고하라. "Putting Desire and Irrationality in Their Places," paper delivered at a memorial conference for Warren Quinn, UCLA, April 15, 1995. QL의 논문에서 스캔론은 욕구에 대한 주관주의 설명이 욕구 내부의 "평가(evaluation)" 요소를 탈락시켜 "빈약해진다"는 퀸에게 동의한다. 그리고 스캔론은 그런 논의에서 많이 사용했던 "욕구"라는 용어가 미끄러지기 쉽고 모호한 용어라고 결론을 내린다. 일부 욕구는 비교적 실천이성에 독립적이지만 일부는 그렇지 않다. "욕구 만족" 모델은 위험을 감오하고 그런 구별을 무시한다.

78 1장 6절과 CHR을 참고하라.

79 기본적인 자유와 기회, 그리고 사람의 존엄성과 동등성은 모두 기본역량에 포함된다.

80 목록은 내적역량뿐만 아니라 결합역량에도 관련된다는 것을 상기하라(1장 참고). 따라서 관련된 원리는 일정한 목적과 목표를 추구하기 위해 단순히 사람들의 내적 잠재성을 조정하는 것이 아니라 그들에게 있는 실제 선택지도 고려할 것이다. 이 쟁점의 중요성에 대해서는 다음을 참고하라. Joseph Raz, *The Morality of Freedom* (Oxford: Clarendon Press, 1986), 373-5.

81 Nehru, Autobiography, 417.

82 같은 책., 612: 1장을 참고하라.

83 인권에 대한 하버마스의 최근 논의는 특히 이 차이를 평이하게 설명한다. 하버마스는 다양한 학대로부터 자유로울 여성의 권리가 정치적 참여의 필수 전제조건으로 정당화되어야만 한다고 생각한다. 나 자신의 관점에서 보면 이것은 지나치게 간접적이고 신뢰할만하지 않으며 일의 순서를 잘못 놓고 있다. 예를 들어 다음을 참고하라. "On the Internal Relation between the Rule of Law and Democracy," *European Journal of Philosophy* 3 (1995), 12-20. 하버마스는 이 답변이 전통적인 시민권에는 가장 그럴듯하다고 인정하지만 여타 문제에 대해서는 별로 그렇지 않다고 한다. 그는 여타 권리 역시 "내재적 가치가 있고, 그렇지 않더라도 최소한 민주적 의지-형성(will-formation)의 도구

적 가치로 환원될 수 없다고 인정한다"(17). 그러나 이 통찰이 하버마스 절차주의의 주요 방식에서 벗어나지 않고 궁극적으로 어떻게 포착될 것인지는 명확하지 않다.

84 이 수렴에 대해서는 다음을 참고하라. James Griffin, *Well-Being: Its Meaning, Measurement and Moral Importance* (Oxford: Clarendon, 1986), 33.

85 Hampton, "The Failure of Expected-Utility Theory."

86 Mill, SW, 53. 그는 머리말에서 다음과 같이 진술한다. "나는 그들에게 있는 그 밖의 결함은 오직 가정생활에서의 종속을 유지하기 위해 매달리는 것이라고 믿는다."

87 바드한(Bardhan) 번역, *Of Women*, Outcastes, 84-96.

3장

1 『마하바라타(The Mahābhārata)』, II.62, trans. J. A. B. van Buitenen, vol. 2 (Chicago: University of Chicago Press, 1975), 148. 드라우파디의 남편 유디슈티라는 주사위 내기에 집착했다. 드라우파디는 많은 물질적 대상들과 마찬가지로 내기의 대상이 되었다. 이 에피소드에서 해결되지 않는 의문은 그가 그녀를 내기 대상으로 삼을 권리가 있는가 하는 점이다. (드타라쉬트라 왕은 아들 두료다나가 요청한 주사위 게임을 마지못해 허가했다.) 경쟁 상대인 두 집단의 현명한 숙부인 비두라는 유디슈티라가 그녀를 내기 대상으로 삼는 것을 보고 유디슈티라가 더 이상 정신이 온전하지 않다고 주장한다. 판두와 드타라쉬트라의 숙부(따라서 두 경쟁 집단의 종조부)이자 나이든 비쉬마가 아내는 남편의 소유라고 고집했다(60). 재산이 없는 사람은 다른 사람의 재산을 내기 대상으로 삼을 수 없고, 유디슈티라는 이미 그의 재산을 모두 탕진했으며, 드라우파디는 판다바의 다섯 형제 모두의 소유인데도 말이다. 그래서 그는 명확한 법적 해결책이 없다고 말한다. 당연히 드라우파디는 이런 대처에 만족하지 않았다. 그녀의 둘째 남편 비마는 매춘부조차 도박에서 상품으로 사용하지 않는다고 지적하며 격렬하게 항의한다(61). 그는 유디슈티라가 드라우파디를 내기 대상으로 삼을 권리가 없다는 입장을 취한다. 그 자신의 재산으로서의 이익 때문이 아니라 드라우파디 자신의 곤경에 대한 연민 때문이었다. 그는 아루주나가 그를 제지할 때까지 그의 동생을 폭행하겠다고 협박한다. 그러나 아내가 재산이라는 관점은 어디에서도 명시적으로 반박되지 않는다.

2 Nawaz, "Towards Uniformity" (a defense of a uniform civil code) in Indira Jaising,

ed., *Justice for Women: Personal Laws, Women's Rights and Law Reform* (Mapusa, Goa: The Other India Press, 1996).

3   제14조 모든 사람에게 법의 평등한 보호를 보장한다. 제15조 종교, 인종, 카스트, 성별, 또는 출생지에 근거한 차별을 금지한다. 제16조 고용에 관련한 문제에서 모든 시민의 평등을 보장하고, 종교, 인종, 카스트, 성별, 혈통, 출생지, 그리고 거주에 기초한 고용 차별을 금지한다. 제17조 불가촉천민을 폐지한다. "어떤 형태로든 그와 관련한 관행을 금지한다." 제19조 모든 시민에게 자유로운 언론과 표현, 집회, 결사, 자유로운 이동, 거주 선택, 직업 선택의 권리를 보장한다. 제21조는 (부부 성폭행과 부부 권리 회복에 관련된 소송에서 사생활 보호의 법적 기초) 법의 절차 없이는 "어떤 시민도 생명이나 개인의 자유를 박탈당해서는 안 된다"고 규정한다. 제25조 모든 시민은 "양심의 자유와 종교를 고백하고, 실천하며 전파할 자유로운 권리에 대해 동등한 자격이 있다"고 명시한다. 이러한 명시적인 자격 규정이 있다고 해도 정부가 카스트 체계를 폐지하고 "힌두의 모든 계층과 관할에 대해 공적 성질이 있는 힌두교 기관을 자유화"하는 것을 방해하지 못한다. 제26조 종교 종파에게 "공공질서, 도덕성, 그리고 보건에 종속되는 한" 그들 자신의 실무를 관리하고 재산을 취득할 권리를 부여한다. 제28조 종교 학교에 출석할 자유를 보장한다. 주적으로 그 주의 기금을 받는 기관은 종교 교육을 실시해서는 안 된다고 명시한다. 또한 주 기금의 보조를 받는 학교는 종교 의식을 수행하도록 강요할 수 없다. 제13조 이런 모든 기본권에 충돌하는 모든 "시행 중인 법률"을 무효로 하고 그 주가 기본권을 박탈하거나 축소하는 새로운 법률을 제정하는 것을 금지한다. (그러나 후속 판결은 "시행 중인 법률은 종교적인 속인법 체계를 포함하지 않는다"고 선언한다. 다음을 참고하라. State of Bombay v. Narasu Appa Mali, 1952.) 관련된 헌법 논의는 다음의 내 글을 참고하라. "Religion and Women's Human Rights," in *Religion and Contemporary Liberalism*, ed. Paul Weithman (Notre Dame: University of Notre Dame Press, 1997), 93-137, and, in a revised form, my *Sex and Social Justice* (New York: Oxford University Press, 1999).

4   Mrs. Mary Roy v. State of Kerala and Others, AIR 1986 SC 1011. (메리 로이는 부커상 수상자인 소설가 아룬다티 로이(Arundhati Roy)의 어머니다.) 이 사례에 대한 논의는 다음을 참고하라. Bina Agarwal, *A Field of One's Own: Gender and Land Rights in South Asia* (Cambridge: Cambridge University Press, 1994), 224-6, and Archana Parashar, *Women and Family Law Reform in India: Uniform Civil Code and*

Gender Equality (Delhi: Sage, 1992), 190-2. 속인법 체계의 일반적인 서술은 이어지는 논의를 참고하라.

5 공적 진술을 위한 개인 의원 법안 작성자는 쿠리엔(P. J. Kurien)이다.

6 Indian Express, June 20, 1986.

7 E. D. Devadasan, Christian Law in India (Delhi: DSI Publications, 1974).

8 여러 참고 문헌과 함께 이 논쟁을 논의한 다음을 참고하라. Shahida Lateef, "Defining Women through Legislation," in Zoya Hasan, ed., Forging Identities: Gender, Communities, and the State in India (Boulder: Westview, 1994), 38-58. 이 쟁점은 이미 1929년 아동 결혼 제한법에서 해결되었다. 인도 여성 운동이 입법에 성공한 첫 번째 경우이다. 이 법은 이제 새로운 공화국의 개혁을 담은 보다 포괄적인 법안에 포함된다.

9 1937년에 샤리아법(Shariat Act)이 통과되었다. 이 법은 재산을 모두 남성 상속자에게 남기는 관습을 중단하고 무슬림 공동체를 관습법에서 샤리아 규정으로 돌려놓았다(그러나 여성은 완전히 동등한 몫을 갖지 못한다). 이 법안은 성평등에 근거하여 진나(JInnah)의 지지를 받았다. 진나는 "여성의 경제적 지위는 여성이 남성과 동등하게 인정받고 최대한으로 남성의 삶을 공유하는 토대다"라고 발표했다. 그럼에도 이 법안은 명시적으로 농지를 제외시켰다. 따라서 불평등한 많은 부분이 해결되지 않은 채로 남아 있다. 다음을 참고하라. Parashar, 145-50; Agarwal, A Field of One's Own, 98-9, 227-37; Agarwal, "Women and Legal Rights in Agricultural Land," Economic and Political Weekly, March 25, 1995.

10 1997년 5월 26일 AFP(프랑스 통신사, Agence-France Press)는 "인도에서 아동은 여전히 결혼에 내몰린다"는 제목으로 라자스탄에서 7세 여성이 대규모 의례에 참여하고, 압도적인 공동체 정서의 지지를 받고 있는 모습을 묘사한다. 또한 1998년 5월 뉴욕 타임스의 "불법이지만, 인도 일부에서 아동 결혼은 인기가 있다"는 기사를 참고하라. 경찰은 진정서를 내는 사람이 없으면 누구도 체포할 수 없다고 말한다. 아동 결혼은 초야를 필수로 함축하지 않으며, 보통 사춘기 이후로 미루어진다. 그럼에도 아동 신부는 친정을 떠나 시댁의 권력으로 양도된다. 대개 이 시점에서 학교교육이 끝난다.

11 뭄바이 상류사회에서 개종과 재혼을 묘사하는 다음 문헌을 참고하라. Indira Jaising, "Towards an Egalitarian Civil Code," in Jaising, ed., Justice, 24, 그러나 6개월 후에 대법원은 새로운 결혼을 무효라고 선언하고 남편이 중혼으로 기소될 수 있다고 판결했다.

12 현재 브라만 종교 의례의 모든 단계가 수행되어야만 한다는 것이 요건이다. 많은 커플

이 한 단계 혹은 두 단계를 생략한다. 일부 경우는 여성의 종속에 반대를 표시하기 위해서이다. 지역의 형식을 따르거나 단순히 주례 앞에서 결혼하는 사람들도 있다. 이런 경우는 모두 결혼이 무효로 선언되어 왔다. 다음에 있는 사례 논의를 참고하라. Saurya, "Bigamous Marriages by Hindu Men: Myths and Realities," in Jaising, *Justice*, 27-33. 첫 번째 결혼이 무효로 되는 경우도 있고 두 번째가 무효로 되는 경우도 있다. 무효화의 위험은 첫 번째 아내가 기소를 단념하게 된다는 것이고, 중혼으로 기소하는 데 필요한 증거를 모으는 일이 훨씬 더 어려워졌다는 것이다.

13 1973년 125항에 따라 전처를 친족에 포함하는 것을 인정하는 그 자체가 논란이 되었다. 로크 사바(Lok Sabha)에서 수정안이 논의되었을 때 무슬림 구성원들은 자유로운 종교 활동을 침해한다고 주장하며 반대했다. 초기에 정부는 어떤 종교적 쟁점도 부인했다. 수정안의 목적은 단순히 인도주의적이었다. 그러나 이후에 정부가 새로운 수정안의 적용 대상에서 이혼한 무슬림 여성을 제외하는 수정안을 추가하면서 입장을 바꾸었다. 그럼에도 무슬림 여성은 법원에 계속 청원을 제출했고, 대법원은 그들에게 적용 대상이 될 권원이 있다는 중요한 판결 두 가지를 명시적으로 발표했다. 법의 목적은 궁핍한 여성을 돕는 데 있고, 그 조항은 이런 사회적 목적에 부합하도록 해석되어야 한다는 것이다. 다음을 참고하라. Bai Tahira v. Ali Hussain, 1979 (2) Supreme Court Reporter, 75, and AIR 1980 Supreme Court 1930. 따라서 대법원과 무슬림 지도자 사이의 분쟁은 오래 지속되었다.

14 의견서는 다음과 같다.

"이 항소는 헌법적 중요성에 어떤 질문도 제기하지 않는다. 그러나 그 사실이 중요성에 어떤 질문도 수반하지 않는다는 의미는 아니다. 보통의 민법과 형법에서 제기하는 몇 가지 질문은 전통적으로 부당한 대우를 받아 온 사회의 주요 부문에 광범위한 영향을 미친다. 여성은 그러한 부문 중 하나다. 입법자 마누가 **여성은 자유로울 자격이 없다**(*Na stree swatantramarhati*)고 말했다. 즉 여성은 독립적인 존재가 될 자격이 없다는 것이다. 이것은 '이슬람의 운명을 결정하는 지점이 여성을 격하하는 데 있다'는 믿기지 않는 주장이다. [각주 참고는 쿠란에 대한 에드워드 레인의 영국 주해다.] 예언자의 것으로 보이는 희망적이면서도 부당한 진술은 다음과 같다. '여성은 구부러진 갈비뼈로 만들어졌다. 당신이 그것을 휘어 곧게 만들고자 하면 그것은 부러질 것이다. 그러므로 당신의 아내를 친절하게 대하라.'"

"형사소송법 125항에 따라 이혼한 무슬림 여성이 생활유지비를 위해 작성한 신청서에서 비롯된 이 항소는 단지 무슬림 여성이나 일반 여성뿐만 아니라 남성과 여성이 동등한 사회를 창설하겠다는 열망으로 인류가 그 방향에서 괄목할 만한 진보를 성취했다는 믿음에 스스로 빠져있는 모든 사람에게 공통적인 이익관심에 관한 단도직입적인 쟁점을 제기한다.” 이 말들만으로 보면 진보적인 용기와 의견 전체를 특징짓는 (이슬람에 대한 영국의 비평을 참고한) 정치적 둔감함을 이상하게 결합한 감각을 느낄 수 있다.

15   Mohammed Ahmed Khan v. Shah Bano Begum & Others SCR (1985). 이 유명한 사례는 여러 곳에서 논의되어 왔다. 중심적인 문서는 다음 문헌에 정리되어 있다. Asghar Ali Engineer, ed., *The Shah Bano Controversy* (Delhi: Ajanta Publishers, 1987). 또한 다음을 참고하라. Veena Das, *Critical Events* (Delhi: Oxford University Press, 1992), Chapter 4; Kavita R. Khory, “The Shah Bano Case: Some Political Implications,” in Robert Baird, ed., *Religion and Law in Independent India* (Delhi: Manohar, 1993), 121-37; Amartya Sen, “Secularism and Its Discontents,” in *Unravelling the Nation*, ed. Kaushik Basu and Sanjay Subrahmanyam, 1995; Parashar, 173-89 (이슬람 공동체 내의 상이한 태도에 대한 이례적으로 포괄적인 설명); Zoya Hasan, “Minority Identity, State Policy and the Political Process,” in Hasan, ed., *Forging*, 59-73; Danial Latifi, “After Shah Bano,” in Jaising, ed., *Justice*, 213-15, and “Women, Family Law, and Social Changes,” 216-22 (대법원 판결에 반대하는 무슬림을 비판함). 인도 법체계와 그 역사에 관한 일반적인 쟁점에 대해서는 다음을 참고하라. John H. Mansfield, “The Personal Laws or a Uniform Civil Code?” in Baird, ed., *Religion and Law; Tahir Mahmood, Muslim Personal Law, Role of the State in the Indian Subcontinent* (Nagpur, second edition 1983).

16   세속적 인본주의 페미니즘은 페미니스트들 사이에서 매우 일반적인 입장이다. 아마 미국 철학에서 가장 흔한 입장일 것이다. 그러나 오늘날 세속 철학자는 거의 종교를 명시적으로 공격한 버트란트 러셀을 범례로 추종하지 않는다. 대신에 종교를 경시하는 경향이 있고, 따라서 철학에서 세속적 인본주의자는 종교에 관해 거의 저술하지 않는다. 페미니즘 정치철학의 여러 주요 연구는 종교 논의를 전혀 포함하지 않는다. 두 가지 예를 인용하면 다음과 같다. Alison Jaggar’s *Feminist Politics and Human Nature* (Totowa, N.J.: Rowman and Littlefield, 1988) and Catharine MacKinnon’s *Toward a Feminist Theory of the State* (Cambridge, MA: Harvard University Press, 1989). 페미니즘 사회 정치 사상 중 으뜸인 최근 선집은 환경주의와 채식주의처럼 여성주의에 부수적으

로 연결된 여러 주제들만 논의할 뿐 종교에 공간을 할당하지 않는다. Alison Jaggar's *Living With Contradictions: Controversies in Feminist Social Ethics* (Boulder: Westview, 1994) and Diana Meyer's *Feminist Social Thought: A Reader* (New York: Routledge, 1997). 법학에서 페미니스트는 종교를 보다 자주 거론한다. 종교가 법의 자료가 되기 때문이다. 예를 들면 이 점에서 나는 메리 베커의 훌륭한 논문을 세속적 인본주의 입장을 눈에 띄게 대표하는 하나로 기억한다. "The Politics of Women's Wrongs and the Bill of 'Rights': A Bicentennial Perspective," *The University of Chicago Law Review* 59 (1992), 453-517. 나는 이 논문을 비판받는 입장의 중심적인 예로 사용할 것이다. 부분적으로는 내가 그 글을 높이 평가하기 때문이다. 그것이 완벽한 예가 되지는 않는다. 왜냐하면 그 논문은 그 논증이 제시하려는 것보다 현재 정책에 대해 덜 급진적인 변화를 제안하는 데 그치기 때문이다. 거기에는 전체적으로는 아니지만 대체로 실제적인 정치적 이유가 있다.

베커의 주장에 밀접하게 관련된 곤점은 오킨이 다음 논문에서 발전시킨다. Susan Okin, "Is Multi-culturalism Bad for Women?", first published in *The Boston Review*, October/November 1997, 25-28. and now in *Is Multiculturalism Bad for Women?*, ed. J. Cohen, M. Howard, and M. Nussbaum (Princeton: Princeton University Press, 1999), 7-26: 같은 책에 있는 내 응답은 다음을 참고하라. "A Plea for Difficulty," 105-14. 오킨의 입장은 베커의 입장보다 좀 더 암시적이다. 오킨이 여성의 역량이 진정으로 지독하게 침해받은 사례에 초점을 두는 한 우리의 실천적 결론은 매우 유사하다.

17 베커는 "모든 사람은 정부 외에 권위의 원천이 필요하다"는 것을 주목한다(486). 그리고 그런 필요가 종교에 너무 많이 재갈을 물리지 않아야 할 이유라고 생각한다. 그러나 베커의 다른 일반적인 종교에 관한 진술은 심하게 부정적이다. "종교는 여성의 종속을 영속화하고 강화한다. 그리고 종교의 자유는 개혁을 방해한다"(459) "종교는 … 종교 공동체의 위계 내에서 뿐만 아니라 더 넓게는 문화에서도 여성의 종속적 지위에 기여한다."(460) "모든 미국의 주요 종교 전통은 경이로운 여성의 생식 능력을 남신에 의한 창조 스토리로 대체한다."(461) "종교는 여성에게 평등을 주장하여 불안정을 조장하기보다는 오히려 현상을 유지하며 살아가기를 장려한다." 오킨은 다양한 주요 종교의 "진보적이고 개혁적인 버전"을 종교의 "보다 정통적인 근본주의 버전"과 대조하며 보다 미묘한 입장을 취한다. 그러나 이런 입장이면서도 많은 질문을 회피한다. 개량 유대교는 유대주의의 중심핵을 영구적인 도덕적 아이디어로 이해한다. 이 아이디어는 성경적·법적 텍스트에서 불완전하

게 포착되고 있다. 따라서 자신의 버전을 스스로 '정통적'이라고 부르는 이들보다 개량 유대교의 버전을 덜 '정통적'이라고 인정하지 않는다. 그리고 개량 유대교는 '개량'이라는 용어가 원초적 유대주의에서 '개량된' 종교를 주창한다는 의미를 함축하지 않는다고 이해한다. 오히려 유대주의를 완전하게 실현하는 방향에서 결함 있는 역사적 관행의 개혁을 주창한다. 물론 로마 가톨릭과 주류 프로테스탄트도 '근본주의' 버전이 더 원초적이거나 진정성이 있다거나 그들 자신의 입장이 고유의 원초적 입장에서 '개량된' 입장이라고 인정하지 않는다.

18 다음 문헌에서 조셉 라즈의 포괄적 자유주의는 제한된 범위의 종교적 자유가 자율성에 대해 공유하는 포괄적인 관점에 의해 설정된다는 비슷한 귀결로 나타난다. Joseph Raz, *The Morality of Freedom* (Oxford: Clarendon Press, 1986) 밀과 달리 라즈는 종교를 간략하게만 논의하고(251-2) 종교적 자유를 변론하기만 한다. 오킨은 『다문화주의가 여성에게 나쁜가?(Is Multiculturalism Bad for Women?)』에서 이 질문에 대한 그녀의 견해를 논의한다. 129-30.

19 이 입장에 대한 범례는 다음을 포함한다. Stephen A. and Frédérique Marglin, eds., *Dominating Knowledge: Development, Culture, and Resistance* (Oxford: Clarendon Press, 1988), esp. essays by the Marglins and A. Nandy; in the American context, Christina Sommers, *Who Stole Feminism?* (New York: Simon and Schuster, 1994); Elizabeth Fox-Genovese, "Feminism Is Not the Story of My Life" (New York: Doubleday, 1996).

20 마글린스(Marglins)와 아시스 낸디(Ashis Nandy) 같은 이들이다. 이 그룹은 어린이 사원 매춘에 대한 향수를 불러일으키는 것으로 알려져 있다. 다음을 참고하라. F. Marglin, *Wives of the God-King: The Rituals of the Devadasis of Puri* (Delhi: Oxford University Press, 1985). 사티의 긍정적 가치에 관한 애매한 진술에 대해서는 다음을 참고하라. Ashis Nandy, article on the Roop Kanwar sati in *Mainstream*, February 1988, reprinted in M.R. Anand, ed., Sati (Delhi: B.R. Publishing Corporation, 1989). 데바다시(*devadasis*)에 관한 상이한 견해에 대해서는 다음을 참고하라. Gail Omvedt, "Devadasi Custom and the Fight Against It," *Manushi* 4 (Nov.-Dec. 1983), 16-19. 사티에 대한 낸디의 입장을 비판한 글은 다음을 참고하라. Sanjukta Gupta and Richard Gombrich, "Another View of Widow-Burning and Womanliness in Indian Public Culture," *Journal of Commonwealth and Comparative Politics* 22 (1984), 262-

74, and Imrana Qadeer and Zoya Hasan, "Deadly Politics of the State and Its Apologists," *Economic and Political Weekly* 22 (1987), 1946-49. 사티 찬양을 금지하는 법에 대한 논의는 다음의 내 글을 참고하라. "Religion and Women's Human Rights" (note 3).

21 이것은 본질적으로 마일즈의 입장이다. Judith C. Miles, "Beyond Bob Jones: Toward the Elimination of Governmental Subsidy of Discrimination by Religious Institutions," *Harvard Women's Law Journal* 8 (1985), 31-58. 마일즈는 성평등에 근거하여 차별적 관행이 있는 종교 기관뿐만 아니라 종교 기관에 주어지는 모든 세금 혜택과 (우편료 등) 여타 관련된 혜택을 종료할 것을 택한다. 베커는 이 접근법에 동감하지만, 결국 그것을 택하지는 않는다. 베커는 여성에게 지도자 지위를 부여하지 않는 그런 종교에만 세금 면제와 우편 보조금을 금지할 것이다.

22 그러나 대법원장이 완전한 세속적 인본주의자는 아니었다. 그가 종교 법정 폐쇄를 변호하기는 하지만 종교에 대한 특수한 헌법 보호 폐지를 변호하지는 않는다.

23 예를 들어 다음을 참고하라. Kalima Rose, *Where Women are Leaders*, 83-4, 여기에서 드라우파디가 크리슈나에게 기도하는 이야기는 엘라 바트의 삶에 삽화로 예시되곤 한다. 바트는 나와 나눈 대화에서 명망 있는 브라만 판사인 그녀의 아버지가 죽었을 때 종교적인 죽음 의례를 행하고 싶다는 그녀의 바람을 그녀의 가족이 (그녀의 카스트에서는 이례적인 조치로) 들어주었다고 말했다. 죽음 의례는 전통적으로 남성에게 할당된 일이었다.

24 나는 이후에 4절에서 균형 테스트를 옹호하기 위해 이 난해함을 설명한다.

25 Maritain, "Truth and Human Fellowship," in *On the Uses of Philosophy: Three Essays* (Princeton: Princeton University Press, 1961), 24.

26 베커는 "유대인 결혼과 이혼법은 여성과 남성을 동등하게 대우하지 않으며" (464) 거다가 "예배 정족수에 … 여성을 전혀 계수하지 않는다" (464) 라고 진술한다. 이 진술은 19세기 초부터 이 두 가지 특징 모두 도전을 받았고 대다수의 미국 회중이 그러한 관행을 거부했다는 사실을 무시한 것이다. 이와 유사하게 베커는 남성이 여성으로 태어나지 않았다고 하나님께 감사하는 기도(464)를 유대교 전체로 돌린다. 이것 역시 19세기 초에 많은 사람들에 의해 거부되었고, 지금은 비교적 드문 일이다. 다시 말하지만, 그녀는 "유대인 신앙은 여성을 중요한 영적 삶이 있는 생명체로 인식하기보다는 다른 사람들에게 봉사하는 일로 여성을 분류한다"고 주장한다(464) [이것은] 미국의 4개 주요 지류 중 3개가 영적인 문제뿐만 아니라 전례적·정치적 문제에서 완전히 동등하게 여성을 대우하는 전통을

고려할 때 정확하지 않다. 네 번째(정교회)도 다만 남성의 방식과 다를 뿐 여성도 매우 중요한 영적 삶이 있다고 주장하므로 확실히 이런 특성화를 거부할 것이다. (베커의 설명은 때때로 따라가기 어렵다. 왜냐하면 그녀는 '정교회' 여성이 하는 것에 대한 주장과 '유대교'와 '유대인 신앙'에 대한 주장을 구분하지 않고 대체하기 때문이다.) "고통에 대한 그리스도교적 가치는 여성들이 학대를 받아들이도록 장려하며" (465), 게다가 여성의 성애에 대한 그리스도교적 견해는 일관되게 부정적이라는 (466-7) 오킨의 주장은 마찬가지로 일면적이다. 오킨이 유대교의 평등주의 버전을 논란의 여지가 상당한 (그리고 내 생각에는 잘못된) 정통 형태의 주장이기보다는 "개량된" 버전으로 더 많이 이해하기는 하지만, 그래도 그는 내적 다양성을 강조한다.

27 이전 각주의 베커에 대한 언급을 참고하라. 오킨은 일반적으로 덜 논쟁적이지만 그리스도교, 유대교, 그리고 이슬람 전통에서 신이 남성이라는 것을 단적으로 확증한다. 다시 말하지만 이 주장은 (가장 명백한 자유주의자뿐만 아니라) 이들 전통의 신자들 대부분에 의해 거부될 것이다. 신자 대부분은 초월적 존재를 전적으로 젠더를 초월하여 이해하는 것이 올바르다고, 그리고 남성으로서의 신이라는 신화적 의인화는 종교적 개념의 중심핵에 해당하지 않는다고 강하게 주장할 것이다.

28 이것은 상대적으로 주류 문화에서 분리된 소규모 공동체에도 해당한다. 주류 문화는 종종 향수에 젖은 동질성과 조화의 지대로서 묘사되어 왔다. 하나의 종교 전통 내에서의 내적 다양성과 갈등에 대한 흥미로운 설명은 다음을 참고하라. Fred Kniss, Disquiet in *the Land: Cultural Conflict in American Mennonite Communities* (New Brunswick: Rutgers University Press, 1997).

29 다음의 내 글을 참고하라. "Judaism and the Love of Reason," forthcoming in Marya Bower and Ruth Groenhout, eds., *Among Sophia's Daughters: Reflections on Philosophy, Feminism, and Faith* (Indiana University Press).

30 혹자는 정통파 유대인이 실제로 비정통파를 유대인으로 받아들이지 않는다고 답할 수 있다. 따라서 나는 단순히 이 논쟁의 한쪽 편에서 그들의 시각을 거짓이라고 보는 것이다. 이에 대해 나는 두 가지로 답할 수 있다. 첫째, 분리된 종교로서의 다른 분파, 즉 그리스도교의 유비로 취급하기 때문이든, 또는 유대교를 유대인으로 인식하기 때문이든 어떤 식으로든 유대교의 전개에 대한 역사적 실재를 인정하지 않고 거부한다면, 이것은 단적으로 정직하지 못한 것이다. 이스라엘 상황에 이의를 제기한다는 것은 위의 두 가지 중 어떤 경로도 취하지 않는 것이므로, 그리스도교인이 개량 유대인과 보수파 유대인보다 훨

씬 더 많은 권리를 갖는다. 둘째, 정통파 유대인이 개량 유대인과 보수파 유대인을 유대인으로 인정하지 않고 인정할 수 없다는 것은 결코 참이 아니다. 극히 소수의 정통파 유대인, 또는 정통파 랍비조차 그렇게 판단한다. 나는 나의 실천이 정통적이지 않다는 것을 알고 있는 정통파 랍비를 통해 개종했다. 그는 내가 정통파 실천을 고려해야 하는 몇 몇 이유가 있다고 하면서도 그것을 반대하는 나의 이유도 정중하게 경청했다. 결국 우리는 여타 부분에서 이견이 있기는 하지만 중심핵이 되는 헌신을 공유하기로 합의했다. 그는 개종 의례를 집전했고, 이 개종이 사실상 나를 유대인으로 만들었다고 내 약혼자의 어머니에게 강력하게 피력했다. 이것은 일반적인 입장이다. 다른 유대인의 유대인 됨에 대한 존중은 정통주의가 유대인이 되는 유일하게 올바른 길이라는 아이디어에 대한 개인적인 헌신과 완벽하게 양립한다. 정말로 미국에서 흔한 입장은 상이한 포괄적 견해를 지닌 구성원들이 롤즈의 정치적 자유주의 내에서 형성되었다고 상상할 수 있는 일종의 정치적 합의와 닮아 있다. 예를 들어 시카고 힐렐 대학교의 이사인 데이비드 토젠버 그는 정통파 랍비다. 그는 랍비 자격으로 그의 유대교 실천 유형이 최고라고 믿는다. 주목할 만한 그의 진술에서 보듯이 힐렐의 이사 자격으로 그는 유대인으로서 게이와 레즈비언 유대인 학생과 다른 많은 사람을 포함하여 모든 유형의 유대교 개인과 단체들을 인정하고, 존중하며, 함께 일하는 데 열심이다. 그는 이렇게 하는 핵심은 분명하게 단순한 생활 방식 이상에 연관된다는 정치적 태도를 밝혔다. 유대인 전통의 페미니즘에 대한 귀중한 논의는 다음을 참고하라. Judith Plaskow, *Standing Again at Sinai: Judaism from a Feminist Perspective* (San Francisco: Harper San Francisco, 1990); Rachel Adler, *Engendering Judaism: An Inclusive Theology and Ethics* (Philadelphia and Jerusalem: The Jewish Publication Society, 1998).

31 그리스도교 페미니즘에 대해 명확하고, 균형 잡히고, 훌륭하게 다룬 논증은 다음을 참고하라. Lisa Cahill, *Sex, Gender, and Christian Ethics* (Cambridge: Cambridge University Press, 1996). 시카고 주교인 프랭크 트레이시 그리스월드가 미국 성공회 주임 주교로 선출된 최근 선거는 역동성에 관한 요점을 탁월하게 예시한다. (그리스월드는 교회 내에서 여성의 역할이 흐름을 타기 오래전에 여성의 역할을 강력하게 옹호했다. 그는 내가 어렸을 때 출석했던 브르이언 마워의 구세군 교회에서 젊은 부목사로 재직했다.) 그리스월드는 게이 사제를 공개적으로 임명하기 위해 보다 신중하게 지원을 표명했을 뿐만 아니라 사제직에 있는 여성을 지원한 오랫동안의 기록으로 선거 운동을 벌였다. 그의 반대자인 아프리카계 미국인은 두 쟁점 모두에서 더 보수적인 입장을 취했다. 그리스월

드가 이겼고, 투표 기관은 다음과 같이 결정했다. 그들은 교회가 이 방향으로 나아가기를 원한다. 그의 반대자는 현재 그를 '이단자'라고 말한다. 다음을 참고하라. "The Bishop Moves Up a Rank," Chicago Tribune, December 30, 1997, section 5, 1, 10; 그러나 (현재 제2차 바티칸 공회에서 도입된 자국어 미사와 다른 변화를 거부하는 로마 가톨릭의 경우에서 보듯이) 역사는 반대자의 견해를 기이한 견해라고 판단할 가능성이 높다.

32 힌두교는 이단 개념이 없고 항상 지역적 변형을 많이 드러내며 관행의 제도화가 느슨하기 때문에 역사적 허위가 오히려 그들의 특허다. 이것은 힌두 법률 체계에도 해당한다. 영국이 국가 전체에 법률 제도를 체계화하기로 결정할 때까지 그랬다. 당대의 힌두 근본주의는 최근의 사회 구성물이다. 그것은 팻 로버트슨(Pat Robertson)의 견해가 그리스도교 전체를 대표한다는 것 이상의 대표성을 의미하지 않는다.

33 해석과 변화에 대한 이슬람의 입장을 다룬 귀중한 일반 주해는 다음을 참고하라. (오킨이 이슬람을 다룬 것을 비판한다.) Azizah Y. al-Hibri, "Is Western Patriarchal Feminism Bad for Third World/Minority Women?" in *Is Multiculturalism Bad for Women?*, 41-6. 무슬림 여성 운동에서 동등한 본성이라는 아이디어의 역할에 대해서는 다음을 참고하라. Barbara Metcalf, "Reading and Writing about Muslim Women in British India," in Hasan, ed., *Forging*, 1-21. 스스로를 위대한 고대 문화를 대표한다고 여기며 '종합적 전통(synthetic traditions)'을 구축한 내용에 대해서는 다음을 참고하라. 그러나 이것은 그 모든 복잡성 속의 전통을 정확하게 대표하지 못한다. Hannah Papanek, "Afterword: Caging the Lion, a Fable for Our Time," in Rokeya Sakhwat Hossain, *Sultana's Dream*, ed. 퍼다와 관련한 이슬람 관행을 폭넓게 논의한 다음을 참고하라. Roushan Jahan (New York: The Feminist Press at the City University of New York, 1988), 58-85, 61. 인도 시아파 이슬람의 형성에서 영향력 있는 여성들의 창의적 역할에 대해서는 다음을 참고하라. Juan R. I. Cole, "Shi'ite Noblewomen and Religious Innovation in Awadh," in Violette Graf, ed., *Luck-now: Memories of a City* (Delhi: Oxford University Press, 1997), 83-90. 콜은 여성이 종교 지도자의 아이디어에 여성의 생식 역할을 새겨 넣는 데 성공했기 때문에 남성 지도자들이 새로운 의례를 창출하기 위해 여성의 젠더 모델을 채택해야 했다는 것을 보여 준다. 창의적인 여성 종교 지도자 바드샤 베굼(Badshah Begum)의 아들은 1820년대 범례의 하나다. "이맘(Imams)이 태어나던 날 그는 분만 중인 여성처럼 행동하며 출산의 진통을 겪는 척했다 … 선발된 시종들이 분만 중인 여성이 사용하는 그릇을 준비했고 왕에게 그것들을 바쳤다."

34   물론 이것들은 전혀 같지 않을 수 있다. 유대교, 힌두교, 이슬람, 그리고 그리스도교를 포함한 많은 종교에서 초기 관행이 후기 관행보다 훨씬 덜 가부장적이라는 증거가 있다. 드라우파디는 마누 법전에 알려지지 않았지만 지위를 누렸고, 데보라는 최근까지 유대 여성들 사이에서 알려지지 않았지만 예언자 역할을 했고, 그리고 초기 그리스도교 공동체는 바울 이후의 공동체보다 더 평등주의적이었던 것으로 보인다. 마찬가지로 많은 이슬람 페미니스트는 대부분은 아니지만 아주 억압적인 가부장적 요소가 해석 전통에서 도입되었으며 쿠란과 하디스에 두고 있는 기반은 탄탄하지 않다고 믿는다.

35   다시 말하지만, 이것이 실제로 전통이 무엇인지에 관한 모든 종류의 질문을 불러일으키지 않기 때문에 "가장 오래된" 또는 "가장 정통적인"이라고도 말해서는 안 된다. 예를 들어 바라티야 자나타당(Bharatiya Janata Party, BJP)이 지지하는 힌두교 버전은 완전히 새롭다. 게다가 많은 자유주의 종교 사상가는 가장 오래된 시대의 종교가 가장 중요하거나 본질적이라는 것을 부인한다.

36   따라서 마글린(F. Marglin)은 데바다시(devadasi) 문화에 들어오는 어린 소녀들, 또는 그들의 삶에 있는 물질적 조건으로 인해 가해지는 제약에는 거의 관심이 없는 것 같다. 이 책은 신체 보전이나 건강과 같은 쟁점에 관하여 묻지 않고 꽤 향수에 젖은 방식으로 춤의 전통, 상징주의, 의례에 초점을 맞춘다. 마글리는 스스로 인도 고전 무용을 훈련하며 데바다시스(devadasis) 연구를 주도했다고 말한다. 그리고 그녀는 철저하게 사원 매춘의 삶을 심미적 활동으로 간주하고, 이런 형식의 매춘에 대한 비판은 서구 가치관에서 영감을 받은 것이라고 공격하는 경향이 있다. 그럼에도 그 관행은 인도 토착 여성 운동의 강력한 반대를 받았다. 예를 들어 연방 정부의 마힐라 사마키야(Mahila Samakhya) 프로그램은 이런 삶에 딸을 팔아넘기라는 압력에 대한 가난한 시골 여성들의 저항을 문서화하고 지원한다. 부분적으로는 위험에 처해 있다고 생각되는 소녀들에게 무료 기숙학교를 제공한다(마힐라 사마키야의 안드라프라데시 사무실에서 예들라 파드마바티(Yedla Padmavathi)와 나눈 개인적인 대화) 수많은 유사한 프로그램이 나라 전체에서 시행되고 있다. 나는 1997년에 안드라프라데시의 극도로 열악한 시골 사막 지역을 방문했고, 글을 모르는 여성들에게 그들이 원하는 것을 그림으로 그려달라는 요청을 했을 때, 그들은 데바다시 옷차림을 한 어린 소녀를 그리고 그 그림 전체에 붉은색으로 크게 X를 그려 넣었다.

37   이것은 위스콘신 대 요더 사례에서 우세했던 논증 유형이다. 7절을 참고하라. 16세까지 아이들을 학교에 출석하라는 요건은 공동체 자체의 미래를 위태롭게 함으로써 성인 구성원의 자유로운 종교 활동에 손상을 준다는 주장이었다.

38 아리스토텔레스는 이미 『정치학』 1261b16-27에서 '모두'에 대한 공동 의미와 분배 의미를 구분한다. 플라톤의 이상 국가에서 전체로서 '모두의(all)' 국가에 '나의 것'과 '나의 것이 아닌'이라는 용어를 같은 방식으로 사용한다는 것은 아마도 사실일 것이다. 그러나 '그들 각자(each one of them)'가 동일한 대상에 '나의 것'과 '나의 것이 아닌'이라는 용어를 사용한다는 의미에서는 사실이 아닐 것이다.

39 이슬람이 입양을 허용하지 않는다는 이유로 인도에서 법적 입양에 대한 저항이 있는 것과 유사하다. 자세한 내용은 다음을 참고하라. "Religion and Women's Human Rights."

40 Wisconsin v. Yoder, 뒤에 나오는 위스콘신 대 요더(Wisconsin v. Yoder) 사례에서 논의할 것이다.

41 U.S. vs. Seeger and Thomas v. Review Board는 각주 72에서 논의할 것이다.

42 Bob Jones University v. United States 461 U.S. 574, 103 S. Ct. 2017 (1983). 법원은 인종 차별적인 입학 정책을 시행하는 종교 기관에 대한 세금면제 지위를 거부한 국세청의 편에 섰다. 특정 교파에 소속되지는 않았지만 그 학교가 명시한 목적은 "성경에 계시된 그리스도 종교와 윤리를 특별히 강조하고 … 배우는 기관을 운영한다"는 것이다(2922). 이 기관의 일차적 초점은 인종간 데이트를 방지하는 데 있다. 1973년까지 이 기관은 흑인 학생의 입학을 전면 거부했다. 1971년부터 1975년까지 "같은 인종 내에서 결혼한" 흑인 학생만 입학을 허가하고, 장기 근무한 교직원에게는 약간의 예외를 두었다. 1975년 이후로 결혼하지 않은 흑인 학생의 입학이 허가되었다. 그러나 인종 간 데이트와 결혼은 규율로 금지했고, 위반자는 퇴학시킨다고 명시했다. 법원은 교육에서 인종 차별을 근절하려는 정부의 근본적인 우세한 이익관심이 세금 혜택의 거부로 인해 청원자들의 종교적인 믿음의 실행에 미치는 부담을 실질적으로 능가한다고 주장했다. "청원자들이 확증하는 이익관심은 그런 설득력 있는 정부 이익을 도모할 수 없고, 그리고 정부의 이익을 성취하기 위해 그 이상의 제한적 수단을 가용할 수 있다." 의견서는 인종 차별 기관은 확립된 국세 기준의 취지에서 볼 때 '자선 기관'이 아니라고 결론을 내렸다. 의견서는 세금 면제 지위의 거부가 종교적 기반의 운영에 부담을 부과한다는 것을 부인하지 않았다. (따라서 그것은 내가 의미하는 도덕적 중심핵의 원칙을 정확히 표현하지는 않는다.) 그러나 인종 차별을 근절하려는 설득력 있는 국가 이익은 그 부담을 정당화한다고 주장했다. 이것은 정부가 편의를 제공해야 하는 사례라는 맥코넬의 주장은 다음을 참고하라. McConnell, in "Free Exercise Revisionism and the Smith Decision," *University of Chicago Law*

Review 57 (1990), 1109-53. 맥코넬의 주장은 다음과 같다. 만약 위해가 같은 종교가 아닌 사람들에게 타격을 준다면, 그것은 단지 그 기관의 공격적인 발언을 통해서이며, 이 발언은 수정헌법 제1조 발언의 자유 조항에 의해 보호된다. 금지의 "직접적인 효력"은 "순수하게 종교 집단 내부의 일이다." 이 주장을 평가하기 어려운 이유 하나는 그 학교가 교파에 속해있지 않기 때문에 결정적인 해당 '종교 집단'이 없다는 것이다. 두 번째 어려움은 영향을 받은 당사자 대부분이 미성년자라는 사실로 인해 생겨난다. 미성년자는 밥 존스에 입학하기로 선택하지 않을 수 없고 그 관행을 따르기 싫다고 해도 그 상황에서 스스로 쉽게 빠져나올 수 없다. (짐작하건대 흑인 부모는 다양한 경제적·지리적 이유로 그런 학교를 선택하려고 한다. 부모 자신이 그 기관의 직장인이라는 사실이 두드러진 이유이기도 하다. 자녀가 계속 교육받기를 바란다고 해도 자녀들은 그 문제에 대해 발언권이 거의 없을 수 있다.) 맥코넬은 이런 관행의 해악이 외부인에게 가해진다고 주장한다. 만약 세금 면제가 보장된다면, 학교 목적의 명시는 수정헌법 제1조 발언의 자유 조항이 보호하는 발언 형식이 될 것이기 때문이다. 이것은 매우 모호하다. 해당 질문은 기관의 발언이 아니라 (확실히 그들이 표현하는 경영 방침이 불법인지에 대해 결코 어떤 의문도 없다.) 오히려 그 기관에 호의적인 지위를 부여하는 정부의 조치다. 연방 정부가 세금 면제를 보장함으로써 차별 기관에 혜택을 준다면, 인종 차별을 지지하거나 최소한 묵인하는 입장에 연방 정부를 결부시키게 된다.

43 따라서 사티는 전적으로 종교 전통 내에서 실천할 때조차 항상 회의적이다. 일반적으로 그 자발성이 의심되기 때문이다. 완전한 동의를 받은 경우조차 1장에서 논의한 적응성 원칙에 따라 불법이 될 수 있다. 국가는 특수한 상황을 제외하고 시민의 생명과 (일정한 면에서) 건강의 박탈을 방지할 이유가 있기 때문이다. 마찬가지로 여성이 일을 구하러 밖에 나가는 것을 허용하지 않는 것은 문제가 있다. 여성은 규범으로 인해 정숙을 선택하는 것이 아니라 경제적 의존, 협박 등의 이유로 이런 관행을 강요당한다. 같은 종교인에게 미치는 해악과 타인에게 미치는 해악의 구별을 흥미롭게 발전시킨 논의는 다음을 참고하라. McConnell, "Free Exercise Revisionism," 1145, 여기에서 맥코넬은 정부의 이 관심이 종교 공동체의 구성원을 "종교적 선택의 귀결로부터" 보호하는 데까지 확장되지 않아야 한다고 주장한다. 따라서 그는 신의 영광을 위해 무임금으로 일하도록 촉구하는 종파에 대한 최저 임금/최대 시간 법의 면제를 옹호한다(Alamo Foundation v. Secretary of Labor, 471 US 290 1985). 이 관행이 비구성원에게 끼치는 해가 없는지는 확실히 질문해야 하는 일이다. 이에 대해서는 다음을 참고하라. William P. Marshall, "In Defense of

Smith and Free Exercise Revisionism," *The University of Chicago Law Review* 58 (1991), 308-28, 314. 여기에서 마샬은 재단이 감소시킨 노동 비용으로 인해 경쟁업체가 불공정한 불이익을 받는다고 주장한다. 그러나 우리는 또한 그 관행의 자발성에 관한 질문을 해야 한다. 구성원의 피부양자와 여성 구성원을 포함하여 그 재단의 구성원들이 무임금 노동을 강요받고 있는가? 그들이 얼마나 자유롭게 떠날 수 있는가? 힘없는 사람들을 착취할 잠재력이 너무 크기 때문에 나는 그런 면제를 결코 보장해서는 안 된다고 생각하는 쪽으로 기운다. 인정되어야 하는 종교 내부의 관행에 대해 맥코넬이 제시하는 다른 중심적인 범례는 밥 존스의 사례인데, 나중에 논의할 것이다.

44 이슬람에 대해서는, 쿠란의 두 시대를 구분한 다음을 참고하라. Abdullahi An-Na'im, *Toward an Islamic Reformation: Civil Liberties*, *Human Rights and International Law* (Syracuse: Syracuse University Press, 1990); 여기에서 아지아 알히브리(Azizah Al'Hibri)는 비판 없이 보존되어야만 하는 쿠란과 이후의 해석 학파를 구분한다. 퍼다에 대한 쿠란의 원천에 대한 귀중한 논의는 다음을 참고하라. 남성의 순결과 정숙이라는 대칭적 규범을 의무화한다는 거의 언급되지 않는 인접 구절이 있다. Huma Ahmed-Gosh, "Preserving Identity: A Case Study of Palitpur," in Hasan, *Forging*, 169-87; 관련된 구절은 이후 각주 49에서 인용한다.

45 이에 대한 범례, 그리고 판결을 내려야 할 때의 범례에 대해서는 다음을 참고하라. K. Greenawalt, "Five Questions about Religion Judges Are Afraid to Ask," forthcoming in Nancy Rosenblum, ed., *Law and Religion: Obligations of Citizenship and Demands of Faith* (Princeton: Princeton University Press, 1999). 또한 다음을 참고하라. Michael McConnell, "Free Exercise Revisionism"

46 Edict XII.

47 Lincoln, in *The Viking Portable Lincoln* (New York: Viking, 1992), 321.

48 나는 "우리가 판단 받지 않는다고 판단하지 말라"는 말은 무죄에 대해서라기보다는 자비에 대해서라고 생각한다. 링컨의 말은 어떤 것이 잘못되었다고 말하지 말라는 의미가 아니라 그 당시에 너무 쉽게 사람들을 움직이게 만들었던 징벌적이고 보복적인 태도를 억누르라는 뜻이었다. 이 해석은 올바른 일에 단호함을 유지하고 악의를 버리라는 그 유명한 연설의 결론("누구에게도 악의를 갖지 말고, 모두에게 자비로 대하라")에 의거한다. 링컨의 요점은 "올바른 일에 단호함"이 우리를 보복적인 태도로 이끌도록 해서는 안 된다는 것이다. 보복적인 태도는 우리가 "국가의 상처를 싸매기 위해" 함께 하나가 될 수 있는

능력을 손상시킨다.

49 여성의 베일 의무화를 옹호하기 위해 종종 쿠란 24.31이 인용된다. "그리고 믿는 여성들에게 시선을 아래로 향하고 정숙을 지키라고 말하라. 일상적으로 해야만 하는 용모 등장 외에 미용과 장신구로 치장해서는 안 된다." 그런데 바로 앞에 24.30이 있다. "믿는 남성들에게 시선을 아래로 향하고 정숙을 지키라고 말하라. 그것이 그들을 위해 더 큰 순결을 가져다줄 것이다. 그리고 신은 그들이 하는 모든 것을 알고 있다." 앞에서 인용한 아메드고쉬(Ahmed-Gosh)를 참고하라.

50 다음을 참고하라. Rokeya, *Sultana's Dream and Selections from The Secluded Ones*, ed. Roushan Jahan (New York: Feminist Press of the City University of New York, 1988). 특히 로케야는 이 책에서 퍼다의 도덕적 위해에 초점을 맞춘다. 로케야는 전통이 여성들은 남성에게 보여서는 안 된다는 규범을 극단으로 밀어붙인 탓에 여성의 건강과 심지어 생명까지 위해를 받는다는 점을 지적한다.

51 신의 목적이 역사의 과정에서 점진적으로 우리에게 계시된다는 의미의 "계속되는 계시"가 이 교회의 교리다. 이 교리는 1978년 6월에 아프리카 혈통인 남성을 사제로 인정하는 것을 정당화하기 위해 발동되었다.

52 374 U.S. 398 (1963).

53 그러나 스미스 판결의 반대자와 비판자 둘 다 "실제에서 대법원이 일부 매우 강력한 청구자가 있음에도 불구하고 자유로운 종교 활동 청구에 결국 좀처럼 편을 들지 않는다"는 데 동의한다(McConnell, "Free Exercise Revisionism," 1110). 보통은 자유로운 종교 활동 권리에 부담이 되지 않거나 정부의 이익이 설득력이 있거나 둘 중 하나라고 밝혀지기 때문이다(McConnell, 1110, 1127-8; Marshall, "Free Exercise Revisionism," 310-11). 결과적으로 실제에서 테스트는 정부가 이례적인 상황에서만 종교적 청구를 능가할 수 있도록 허용하는 "설득력 있는 이익"에 대한 보통의 이해보다 더 약하다. 고도로 면밀한 검토 유형이 적용되지만, 유관 기준이 전혀 명확하게 명료화되지 않고 있다. 또한 문화를 선점하고 있는 종교 전통에 긴밀하게 관련된 것으로 보이는 종교의 청구자가 기이하게 보이는 종교의 청구자보다 문제 해결에서 용이함은 매우 분명하다. 윌리엄 마샬에 의하면 "따라서 그녀는 토요일에 근무를 못하게 되어 있다는 셔버트의 청구는 적법하다고 받아들여질 가능성이 높다. 반면 법정에 갈 때 닭처럼 옷을 입어야만 한다는 호지스의 청구는 그렇지 않다." (311, citing State v. Hodges, 695 SW2d 171 (Tenn. 1985), 법정 모독죄로 기소된 피고는 법정에서 닭처럼 옷을 입는 것이 "그의 영적 복장과 종교적 신념"이라고 고

수했다.) RFRA 이전의 종교 보호의 약점에 대해서는 다음을 참고하라. C. Eisgruber and L. Sager, "Why the Religious Freedom Restoration Act Is Unconstitutional," *N.Y.U. Law Review* 69 (1994), 437- 52.

54   110 S. Ct. 1595 (1990).

55   다른 점에서 보면 뜻밖으로 대법원의 정치적인 면면을 설명하는 데 이 재판이 도움을 준다. 스칼리아 판사와 통상 종교에 동감하는 다른 보수파가 종교적 자유의 영역을 협소화하는 방향에서 정착된 판례(이미 논의했듯이 관행이 아니기는 하지만)를 현저하게 벗어나는 것을 지원하기 때문이다. 반면 마샬, 브레넌, 그리고 블랙먼, 이 세 명의 자유주의 판사는 보다 전통적인 종교의 자유지상주의 경로를 지원한다. (중도주의자 오코너는 전통적인 자유로운 종교 활동 법리로부터 급격하게 이론적으로 벗어난다고 비난하며 제도 반대자에 동의했다. 특정 사건에서 그 판결에 의견 일치를 보이기도 하지만 말이다.) 그러나 제도 적격성 쟁점과 사법적 재량권 제한에 초점을 맞춘다면 스칼리아의 주장은 그리 놀랄 만하지 않다. 이 분야는 스칼리아의 법리에서 두드러진 주제 중 하나다.

56   이 소송에 대한 상세한 서술은 다음을 참고하라. McConnell, "Free Exercise Revisionism," 1111-1114. 원고는 약물 재활 병원의 아메리카 원주민 직원들이었다. 그들은 아메리카 원주민 교회에서 의례 중에 성찬으로 페요테를 마셨다는 이유로 해고된 후에 실업 수당을 신청했다. 오레곤 대법원은 페요테의 성찬 사용이 불법인 것은 실업 수당 결정에 실제적 관련성이 없다고 반복해서 주장했다. 종교적 동기라면 수정 헌법 제1조에 따라 그 행실은 업무와 관련된 '위법행실'로 취급될 수 없기 때문이다. 따라서 무엇보다도 이 법의 합헌성 질문이 대법원에 상정된 것은 뜻밖의 일이었다.

57   게다가 23개 주가 특수하게 페요테의 종교적 사용을 약물복용법에서 면제한다. 연방 정부는 페요테를 면제할 뿐만 아니라 그것의 생산과 수입을 허가한다. 그리고 오레곤주 자체는 그것에 관한 자체 법률을 시행하지 않는다.

58   스칼리아는 그런 요건이 "일반적으로 적용할 수 있는 법을 무시하는 사적 권리"를 산출할 것이며, 따라서 "헌법적인 이례"를 창출할 수 있다고 적시한다. 세 명의 자유주의 판사는 정착된 수정 헌법 제1조 법리에서 이탈했다는 설득력 있는 근거가 없다고 주장하며 반대했다. 주요 의견서의 선례에 대한 논의는 전적으로 설득력이 없고, 모든 측면에서 맹렬한 비판을 받고 있다. 맥코넬은 "충격받을 만큼 곤란하고 골치 아픈" 일이라고 결론 내린다. (1120; 세부 분석은 1120-27); 마샬은 주요 의견서의 "선례 사용은 거의 의제[본질은 같지 않지만 법률에서 다룰 때는 동일한 것으로 처리하여 동일한 효과를 주는 일, 국립국

어원]이다"고 말한다. (309).

59   주요 의견서는 이런 위험성을 인정하며 "널리 행해지지 않는 그러한 종교적 관행이 상대적인 불이익에 처하는 것"에 관해 말한다.

60   문서화에 대해서는 다음을 참고하라. McConnell, "Institutions and Interpretation: ACritique of City of Boerne v. Flores," *Harvard Law Review* 111 (1997), 153-95, 59.

61   RFRA 통과를 진행하던 중의 토론에 대해 그것이 진정한 숙고였는지 아니면 단지 이익집단의 조작이었는지에 관련된 상당한 분석이 있다. 이 질문은 내 제안에 실제적 관련성이 없기 때문에 그냥 지나칠 것이다.

62   City of Boerne v. Flores, 117 S. Ct. 2157 (1997). 투표는 6-3이었고, 주요 의견서는 케네디 판사가 작성했다. 그 소송은 전체 신자가 동시에 미사를 드릴 수 있도록 건물을 증축하기 원하는 가톨릭 교회와 건물의 정면이 역사 지구 내에 위치하는 경우 그 건물의 변경을 금지하는 역사적 건축물 보존을 위한 법률 사이의 충돌에 관한 것이다. (교회의 계획은 옛날 스페인 양식의 구조를 유지한 채 뒤쪽 벽을 확장하는 것이었다. 그러나 시는 역사 지구의 안쪽이나 바깥쪽 어느 부분이든 교회 건물의 일부를 철거할 필요가 있는 어떤 확장 계획도 허가하지 않았다.) 1997년 8월, 교회와 시는 뒤쪽에 850석의 예배당을 짓고 이로 인해 부분적으로 가려지는 원래 건축물의 수리와 보존에 드는 비용 대부분을 교회가 부담하기로 합의했다.

63   나는 핵심역량만 그런 설득력 있는 이익을 제공한다고 말하는 것이 아니다. 각각의 켭적 전통의 전개에 따라 다듬어 나가도록 남겨 둔다는 뜻이다. 미국에서 이런 이익관심이 대한 설명은 RFRA의 종결에 앞서 전개되었다. "실질적 부담"에 대한 관대한 정의를 제안하지만, 연방 교도소의 질서 유지가 설득력 있는 국가 이익이라고 주장한 예는 다음을 참고하라. Mack v. O'Leary (80 F. 3d 1175), 1996. 수감 중에 종교적 장신구 착용을 제한하는 것은 어떤 설득력 있는 국가 이익으로도 정당화되지 않으며 RFRA 위반이라고 주장한 예는 다음을 참고하라. Sasnett v. Sullivan (91 F. 3d 1018), 1996.

64   Contrast Goldman v. Weinberger, 475 US 503 (1986).

65   각주 58을 참고하라.

66   Hunafa v. Murphy, 907 F 2d 67 (7th Cir. 1990), 돼지고기로 오염도지 않은 음식을 제공받을 무슬림 수감자의 권리를 지지하고 정부의 이익관심에 대한 진상 조사를 위해 파기환송한다. 법원은 스미스의 결정을 중재하는 것은 파기환송이 제기될 수 있고 결과가 바뀔 수 있다는 것에 주목한다. 여타 관련된 스미스 이전 사례에 대한 논의는 맥코넬,

"Free Exercise Revisionism" 1142 n.143을 참고하라.

67 그 소송과 편의 수용에 대한 맥코넬의 주장에 대한 논의는 각주 42를 참고하라.

68 다음을 참고하라. Becker, "Women's Wrongs," 484-86. 베커는 밥 존스 접근법(국가의 혜택 거부)이 아마도 인종 소송에서 (단지 허용 가능한 문제가 아니라) 헌법적으로 설득력 있고 성별 소송에서도 설득력이 있다고 간주한다고 주장한다. 베커는 여성에게 지도자 위치를 닫아 놓은 종교 조직에 대한 세금 면제와 우편료 보조금과 정부 계약 체결을 금지하는 것을 지원한다. 베커는 그런 보조금을 종결하거나, 또는 성차별을 제거하기 위해 종교에 대한 국가 규제를 요구하는 것을 조금도 찬성하지 않는다. 나중에 명확해지겠지만, 나는 교육 기관에 관한 한 베커의 입장을 지지한다. 그러나 종교적 기능의 할당에 관해서는 지지하지 않는다.

69 이것은 맥코넬이 다음 글에서 제시한 주장이다. "Free Exercise Revisionism."

70 다음을 참고하라. Marshall, "Free Exercise Revisionism," 마샬은 스미스 사례의 주장을 옹호하지 않고 오직 결과만 지지한다.

71 Thomas v. Review Board, 450 US 707, 713 (1981).

72 Marshall, 320. 맥코넬은 그 특정한 주장을 받아들이지 않는 동시에 또한 두 조항의 균형 효과에 주목한다. 그는 종교가 설립 맥락에서 호의를 받지 못하기 때문에 자유로운 종교 활동의 맥락에서 호의를 받는 것이 불공정하지 않다고 주장한다. 다음을 참고하라. "A Response to Professor Marshall," *The University of Chicago Law Review* 58 (1991), 329-32. 맥코넬은 일부 지역에서 설립 조항에 의거한 종교에 대한 불평등 대우를 완화하고자 한다. 다음을 참고하라. Rosenberger v. Rector and Visitors of the University of Virginia, 115 S. Ct. 2510 (1995).

73 United States v. Seeger, 380 US 163 (1965). 대법원은 "본질적으로 정치적, 사회적, 또는 철학적인 견해"와 "종교적 훈련과 믿음"을 명시적으로 구분한다. 제안된 테스트는 "면제를 받을 만한 자격을 분명하게 갖춘 정통 신앙으로 채워진 해당 믿음이 신앙인의 삶에서 진정성 있고 의미 있는 자리를 차지하는 해당 믿음과 병행하는지의 여부"다. 시거의 믿음이 그런 역할을 하는지를 규명할 때, 대법원은 시거의 "'믿음과 선함에 대한 헌신과 선함 자체의 덕성, 그리고 순수하게 윤리적인 신조의 종교적 충성'"에 주목했다. 그의 믿음(그리고 시거 자신이 언급한 플라톤, 아리스토텔레스, 그리고 스피노자)에 있는 체계성, 다시 말해 힌두교, 불교, 그리고 폴 틸리히의 그리스도교 신학의 측면에서 그가 가지고 있는 비유일신적인 윤리적 신조의 유사성에 주목했다. 대법원은 믿음의 체계가 제안된 테

스트를 통과한다면 그 믿음은 "단지 개인적인 도덕 규칙"일뿐 양심적 거부의 적법한 기초가 될 수 없다고 이미 거부당했던 그런 의미에서의 믿음이 아닌 것이 틀림없다는 결론을 내렸다. 다음을 참고하라. Thomas v. Review Board, 450 U.S. 707 (1981). "법원은 신자가 그의 입장을 '고민하고 있다'는 것을 인정하기 때문에 또는 신자의 믿음이 보다 현학적인 사람들에게 해당하는 명확함과 정밀함으로 명료화되지 않기 때문에 종교적 믿음을 조사해서는 안 된다."

74 '표현적 이익관심'과 자유로운 발언 법리에 대해 내가 대체로 동의하는 입장은 다음을 참고하라. Joshua Cohen, "Freedom of Expression," *Philosophy and Public Affairs* 22 (1993), 207-63.

75 이런 역사, 그리고 법체계의 이후 변화에 대한 포괄적 설명은 아카나 파라샤(Archana Parashar)에서 볼 수 있다. 또한 다음을 참고하라. Barbara D. Metcalf, "Reading and Writing about Muslim Women in British India," in Hasan, ed., 1-21; Kirti Singh, "The Constitution and Muslim Personal Law," in Hasan, 96-107; Maitrayee Mukhopadhyay, "Between Community and State: The Question of Women's Rights and Personal Laws," 108- 129; Indira Jaising, ed., *Justice.*

76 인도에 유대인 인구가 많았던 때가 있었다. 특히 코친-트라반코르라는 왕족의 주가 그랬다. 대부분은 이제 이스라엘로 이주했고, 코친의 유일하게 온전한 회당은 현재 예루살렘의 이스라엘 박물관에서 전시하고 있다. 다음을 참고하라. Orpa Slapak, ed., *The Jews of India* (Jerusalem: Israel Museum Publications, 1995).

77 통일 법전에 우호적인 설득력 있는 무슬림 주장은 다음을 참고하라. 샤 바노 사례와 힌두 근본주의의 부상 이전 시기의 주장이다. Mohammed A. *Qureshi, Marriage and Matrimonial Remedies: A Uniform Civil Code for India* (Delhi: Concept Publishing Company, 1978).

78 당대의 여러 법체계에 대해 포괄적이고 상세하며 법적 이의제기에 대한 여러 논의를 담은 최고의 설명은 다음을 참고하라. Jaising, ed., *Justice.* 저자는 방갈로(Bangalore) 큽대와 협력관계에 있는 공적 이익 단체인 변호사 집단의 구성원이다. 그 집단의 이사인 제이싱(Jaising)은 인도 대법원의 상급 변호사이며, 나라의 다양한 지역에서 몇몇 성평등 소송에 대해 논쟁한다.

79 Jaising, *Justice*, 24-6.

80 힌두교에서 개종하는 경우 카스트는 모두 상실한다. '지정 카스트'를 위해 확립한 적극

적 우대조치 프로그램을 감안하면 상당한 법적 관련성이 있다. 힌두교에서 불교로 개종하고 여전히 이런 혜택을 청구하는 경우와 관련된 법적 소송에 대한 논의는 다음을 참고하라. Marc Galanter, *Law and Society in Modern India* (Oxford: Oxford University Press, 1989), part 4. 적극적 우대조치 프로그램에 대한 포괄적인 설명은 다음을 참고하라. Galanter, *Competing Equalities: Law and the Backward Castes in India* (Delhi: Oxford University Press, 1984, paperback edition 1991).

81 케랄라는 1976년에 가족 공동 재산을 폐지했다. 카르나타카(Karnataka), 타밀 나두(Tamil Nadu), 안드라프라데시(Andhra Pradesh)와 마하라쉬트라(Maharashtra) 주는 가족 공동 재산에서 아들과 동일하게 '공동상속자'로서 딸을 포함하기 위해 모두 힌두승계법을 수정했다. 남부 인도 대부분에서 1937년의 무슬림 샤리아법은 소유지에 농지를 포함하기 위해 개정되었다. (나는 비나 아가왈에게 이에 관한 자료를 빚지고 있다.)

82 별도 체계를 보유하기 위해 무슬림이 거론하는 타당한 근거는 세속 법정이 극히 느리고 비효율적이라는 데 있다. 다음을 참고하라. Danial Latifi, "Women, Family Law and Social Changes," in Jaising, *Justice*, 216-22.

83 내 글, "The Modesty of Mrs. Bajaj"을 참고하라.

84 앞의 Bob Jones v. U.S., 사례를 참고하라.

85 Agarwal, *A Field of One's Own*.

86 나는 그 체계에서 벗어날 출구를 바로 가용할 수 있는 한, 종교 체계가 받아들여지기 위해 이혼을 허가해야 하는 이유를 알 수 없다. 그러나 종교가 남성에게 이혼을 허가한다면 여성에게도 허가해야만 한다. 앞의 논의를 참고하라.

87 1944-1945 전체 인도 여성 회의의 출판물과 논의는 다음을 참고하라. Shahida Lateef, "Defining Women through Legislation," in Hasan, 49; and Parashar, Chapter 3.

88 심화 쟁점은 '힌두교인'의 정의를 극도로 넓히는 데 있다. 그 정의는 자이나교인, 불교인, 시크교인을 포함하지만 이들을 많이 포함하지는 않는다. 이들 소수 종교인들이 무슬림, 그리스도교인, 파시스(parsis), 그리고 유대교인과 같은 여타 소수 종교인들에 적용되지 않는 강경한 개혁에 의해 차별을 받는다고 느낄만하다.

89 September 22, 1951.

90 The Statesman, September 21, 1951.

91 AIR (1983) A. P. 356. 나는 『성과 사회 정의』의 서론과 3장에서 사리타(Sareetha)의 사례를 논의한다. 사리타는 남편을 떠난 후에 유명한 영화 배우가 되었고, 남편의 [소송] 동

기는 분명하게 재정적인 문제였다. 법에 따르면 여성은 벌금을 지불하고 강제 귀환을 피할 수 있다. 그래서 사리타는 결국 소송에서 패하기는 했지만 신체적 위험에 처하지는 않았다. 빈곤 여성은 실제 상황에 취약한 상태에 있다.

92 Nelly Zaman v. Ghiyasuddin, 34 D. L. R. 221 (1982). 의견서의 인용과 논의는 다음을 참고하라. "Religion and Women's Human Rights." 재평가된 내용은 『성과 사회 정의』 3장에서 찾아볼 수 있다.

93 하산이 편집한 묵호파디야이(Mukhopadhyay)의 사례 연구를 참고하라.

94 Hasan in Hasan, ed., 62.

95 예시는 다음을 참고하라. Susheela Gopalan and Others v. Union of India, Writ Petition No. 1055 of 1986.

96 다음 문헌에 제시된 증거를 참고하라. Hasan's essay in Hasan, *Forging*.

97 Hasan, 68. 보수적인 이슬람 법학자의 추론을 비판한 내용은 다음을 참고하라. Danial Latifi, "After Shah Bano," in Jaising, ed., *Justice*, 213-15, and "Women, Family Law and Social Changes," 216-22.

98 Both interviews by Maitrayee Mukhopadhyay, in "Between Community and State: The Question of Women's Rights and Personal Laws," in Hasan, ed., 108-29. 묵호파디야이는 힌두교에서는 복혼이 불법임에도 사실상 힌두교인 남성(5.8%)과 무슬림 남성(5.7%)의 복혼 사례가 거의 같다는 점을 주목한다.

99 "Religion and Women's Human Rights."

100 서론을 참고하라.

101 예시는 앞의 논의를 참고하라.

102 각주 98을 참고하라.

103 268 U.S. 510 (1925).

104 대법원의 주장은 다소 불투명하다. 수정헌법 제1조의 자유로운 종교 활동에 근거하기보다는 적법 절차에 근거하기 때문에 수정헌법 제14조의 법률을 무효화한다. 그럼에도 기본적 원리가 수정헌법 제1조의 후속 사례에서 적용되었다.

105 John Rawls, PL, 199.

106 예를 들어 종교가 남성과 여성은 더 깊은 형이상학적 의미에서 동등하기 때문에 정치적 개념이 그 동등성을 인정한다는 것을 가르칠 수 있다. 또는 형이상학적 의미에서 남성과 여성이 궁극적으로 동등하지 않다고 하더라도 우리가 일정한 정치적 목적을 위해서 그들

이 동등하다고 간주하는 데 동의한다고 가르칠 수 있다. 많은 종교가 남성에게 보장하는 일정한 특권과 기회를 여성에게 주는 것을 거부하기는 하지만, 주요 종교 중에서 실제로 남성과 여성이 '불평등'하다고 고수하는 입장이 있는지 여부는 확실하지 않다.

107　406 U.S. 205 (1972).

108　공적 교육 요건의 마지막 2년이 시민성 능력, 특히 권위에 의문을 제기하는 능력을 개발하는 데 결정적 중요성이 있다고 주장하는 관련된 논증은 다음을 참고하라. Richard Arneson and IanShapiro, "Democratic Autonomy and Religious Freedom: A Critique of Wisconsin v. Yoder," in Ian Shapiro, *Democracy's Place* (Ithaca: Cornell University Press, 1996), 137-74.

109　321 U.S. 158 (1944).

110　대법원은 이 질문이 주 법원의 노동에 대한 정의로 인해 사라 프린스의 패소로 해결되었다는 데 주목하고, 그들의 권한으로 더 이상 재고하지 않았다.

111　파파넥은 하미다 칼라를 오랫동안 알아 왔다. 하미다는 1970년대 후반에 있었던 그녀의 스토리를 여러 날에 걸쳐 전해 주었다. 다음을 참고하라. Papanek, in "Afterword," in Rokeya Hossain, *Sultana's Dream*, 72-6.

112　Papanek, 77에서 그들의 물건을 팔아주는 중개인과 거래하기 위해 중개물로서 그들의 자녀를 팔아넘기는 무슬림 가사 노동자를 묘사한다. 또한 다음을 참고하라. Cornelia Sorabji, *India Calling* (London: Nisbet and Co., 1934). 여기에서 소랍지는 인도의 최초 여성 변호사(그리고 옥스퍼드 법대에 입학한 첫 번째 여성)로서 자신의 투쟁을 서술한다. 그녀는 남성 친척에게 기만당하고 변호사 접견을 금지당한 퍼다를 지키는 여성을 돕는다. 변호사는 모두 남성이다. 소랍지의 삶에서 시도했던 많은 일들은 문제의 규모를 알 수 있는 증거가 된다.

113　"Shah Bano's Open Letter to Muslims," published in *Inquilab*, November 3, 1985, and translated into English by A. Karim Shaikh. Reprinted in Engineer, ed., 211-12. 샤 바노는 1992년 89세의 나이로 인도르(Indore)에서 사망했다.

4장

1　바드한(Bardhan)이 편역한 벵골어 단편 소설집, *Of Women, Outcastes*, 274.

2   38 D.L.R. (*Dhaka Law Reports*) (1986). 이것은 방글라데시의 사례이지만, 인도에서도 흔하게 일어나는 지참금 강탈 현상의 전형이다. 지참금 남용의 흐름을 막기 위한 법적 노력은 양국에서 매우 유사했다. 이 사건은 묘한 역사적 유사점이 있다. 즉, 『에라토스테네스에 대하여(Against Eratosthenes)』에서 리시아스(Lysias)는 폴레마르쿠스의 아내에게 가한 폭군 30명의 공격을 묘사한다. 여기에서도, 그 여성은 마당으로 끌려 나온다. 리시아스는 가해자들이 그녀의 귀에서 금귀고리를 빼앗았다는 사실이 탐욕의 극한을 보여 준다고 지적한다.

3   그 이야기는 일차적으로 남편이 또한 딸을 그가 사용하는 물품으로 보고 두 딸을 매춘부로 파는 결혼 후반에 있었던 일과 관련이 있다. (항상 가족의 주요 경제적 행위자였던) 기리발라는 그가 셋째를 팔기 전에 그를 떠난다. "기리발라는 오직 그녀가 미리 이렇게 하지 않았다는 것을 후회했을 뿐이다. 자신이 더 일찍 떠났다면, 벨리를 잃지 않았을 것이고, 그 다음에 포리를 잃지도 않았을 것이다. 자신이 더 일찍 용기를 가졌더라면, 자신의 두 딸을 구출했을 것이다. 이 생각이 그녀의 뇌리에서 끈질기게 되풀이되며 커져가자, 뜨거운 눈물이 홍수가 되어 그녀의 시야를 흐렸다. 하지만 그녀는 눈물을 닦아내기 위해서조차 멈추지 않았다. 그녀는 그냥 계속 걸었다."

4   Mill, SW, 87.

5   가족을 낭만화한 당대 이론가에 대한 해당 비판과 함께 이 지점을 탁월하게 정교화한 내용은 다음을 참고하라. Susan M. Okin, *Justice, Gender, and the Family* (New York: Basic Books, 1989).

6   다음의 내 글을 참고하라. "The Feminist Critique of Liberalism," in *Sex and Social Justice*.

7   쇼펜하우어에 대해, 그리고 자혜와 지식의 결합보다 원초적 입장과 무지의 베일 구성을 선호한 이유는 다음을 참고하라. Rawls, "Kantian Constructivism in Moral Theory," the Dewey Lectures 1980, *The Journal of Philosophy* 77 (1980), 530-32; cf. TJ, 147-9. 롤스의 모델에 대한 날카로운 비판, 그리고 일부 페미니스트의 비판에 대한 응답은 다음을 참고하라. Susan Okin, "Reason and Feeling in Thinking About Justice," in *Feminism and Political Theory*, ed. Cass R. Sunstein (Chicago: University of Chicago Press, 1990), 15-35, originally in *Ethics* 99 (1989). 다음의 내 글도 참고하라. "Rawls and Feminism" forthcoming in *The Cambridge Companion to Rawls*, ed. Samuel Freeman (New York: Cambridge University Press).

8   TJ, Part 3, Chapter 8; 귀중한 비판이 있는 다음도 참고하라. Okin, "Reason and Feeling."

9   이 전체 논증의 확장된 버전은 다음을 참고하라. "The Feminist Critique of Liberalism."

10   Sen, "Gender and Cooperative Conflicts," in I. Tinker, ed., *Persistent Inequalities* (New York: Oxford University Press, 1991), 123-49; Bina Agarwal, "'Bargaining' and Gender Relations: Within and Beyond the Household," *Feminist Economics* 3 (1997), 1-51; Shelly Lundberg and Robert A. Pollak, "Bargaining and Distribution in Marriage," *Journal of Economic Perspectives* 10 (1996), 139-58. 아가왈은 풍부한 질적 협상 **접근법**인 복수-가치(plural-valued)를 주장하며 표준 협상 모델에 대한 설득력 있는 비판을 한다.

11   다시 말하지만, 해당 논의와 비판은 오킨의 "Reason and Feeling"을 참고하라. 강한 감정의 관점에서 롤스의 "숙고된 판단(considered judgment)"의 정의에 대해서는 TJ 47을 참고하라.

12   Rawls, TJ, 62.

13   Okin, "Reason and Feeling."

14   나는 다른 곳에서 옹호했던 관점, 즉 감정은 인지적 차원이 있고 사회적 선택 과정에서 귀중한 안내자라는 관점에 의존한다. *Poetic Justice: The Literary Imagination and Public Life* (Boston: Beacon Press, 1997) and *Upheavals of Thought: A Theory of the Emotions* (Cambridge: Cambridge University Press, forth- coming) 참고.

15   밀이 세 가지 오류 모두를 비판한 내용은 우리가 검토할 것이다. 여성의 역할에 관한 자연주의에 대해서 비판한 여타 귀중한 일반 비판은 다음을 참고하라. Susan Moller Okin, *Women in Western Political Thought* (Princeton: Princeton University Press, 1979), and *Justice, Gender, and the Family*; Catharine MacKinnon, *Toward a Feminist Theory of the State* (Cambridge, MA: Harvard University Press, 1989). 가족에 대해서는 특히 다음을 참고하라. Frances Olsen, "The Family and the Market: A Study of Ideology and Legal Reform," *Harvard Law Review* 96 (1983), 1497-1577, and "The Myth of State Intervention in the Family," *University of Michigan Journal of Law Reform* 18 (1985), 835-64; and Martha Minow, "All in the Family and in All Families: Membership, Loving, and Owing," in D. Estlund and M. Nussbaum, eds., *Sex, Preference, and Family: Essays on Law and Nature* (New York: Oxford

University Press, 1997), 249-76. 폭력에서 여성을 보호하지 않는 변명으로써 '사적 영역'의 신화에 대한 최근의 탁월한 공격은 다음을 참고하라. Reva B. Siegel, " 'The Rule of Love': Wife Beating as Prerogative and Privacy," *The Yale Law Journal* 105 (1996), 2117-2207. 돌봄 제공자로서의 여성의 역할 및 그것과 정의와의 관계에 대해서는 다음을 참고하라. Virginia Held, ed., *Justice and Care* (Boulder, CO: Westview Press, 1995), and Diemut Bubeck, *Care, Gender, and Justice* (Oxford: Clarendon Press, 1995).

16 Bradwell v. Illinois, 83 U.S. (16 Wall.) 130 (1873).

17 Vyas Samhita sl. 19, 20, cited in Roop Rekha Verma, "Feminirity, Equality, and Personhood," in *Women, Culture, and Development*, ed. Nussbaum and Glover, 433-43, 관련된 예시들이 많이 수록되어 있다.

18 이 쟁점에 대한 탁월한 논의는 다음을 참고하라. Minow, "All in the Family."

19 다음을 참고하라. Amartya Sen and Sunil Sengupta, "Malnutrition of Rural Children and the Sex Bias," *Economic and Political Weekly* 18 (1983); Sen, "Family and Food: Sex Bias in Poverty," in Sen, *Resources, Values, and Development* (Oxford: Blackwell, 1984) (here in after RVD), 346-68; Pranab Bardhan, "On Life and Death Problems," *Economic and Political Weekly* 32-34 (August 1974), 1293-1308; Kumudini Dandekar. "Why Has the Proportion of Women in India's Population Been Declining?" *Economic and Political Weekly* 9 (October 18, 1975), 1663-87.

20 From *Together We Forge a Path*, publication of the Mahila Samakhya Project, Andhra Pradesh.

21 다음에서 인용한 벵골 속담이다. Jasodhara Bagchi et al., *Loved and Unloved. The Girl Child in the Family* (Calcutta: Stree, 1997), 17. 박치는 여성이 쓴 여성에 관한 소설뿐만 아니라 벵골 개혁가 램모한 로이와 이슈와르찬드라 비디야사가르의 글에서 이 시각에 대한 역사적 비판을 탁월하게 논의한다.

22 Bagchi, 17-18.

23 Bagchi, 7-8에 인용됨. 여기에서 박치는 그녀 자신이 비디야스가르에 대해 더 확장하여 연구한 내용을 인용한다. published in Bengali as *Vidyasagar o kanyasmishu* (Vidyasagar and the girl child), special number of *Eksathe*, April 1992.

24 Bagchi, 8-9.

25 수반되는 내용은 케랄라의 선도적인 역사가인 사르다모니(Sardamoni)와의 토론을 기반

으로 하며, 그의 학술 저술의 대부분은 현지 언어로 되어 있다.

26   미노우(Minow)를 참고하라.

27   인도의 자녀 양육 관행에 대한 연구는 다음을 참고하라. Stanley J .Kurtz, *All the Mothers Are One: Hindu India and the Cultural Reshaping of Psychoanalysis* (New York: Columbia University Press, 1992).

28   Gulati, *Profiles of Female Poverty*.

29   바드한(Bardhan)의 문집에 나오는 이야기는 이따금 타고르의 "하이만티"처럼(2장 참고) 예외적인 운명을 늘어놓으며 이 문제를 반복해서 끄집어낸다. 또한 낭만적인 사랑에 관한 중산층 힌두 문화의 회의주의를 생생하게 묘사하는 다음을 참고하라. Vikram Seth's *A Suitable Boy*.

30   Kurtz, *All the Mothers*.

31   Chen, *A Quiet Revolution*, 216.

32   Bina Agarwal, "Bargaining," and, on protests against change, *A Field of One's Own*.

33   Siegel, "'The Rule of Love.'"

34   이민 및 귀화 서비스(Immigration and Naturalization Service)가 이민을 제한하기 위해 '가족'의 정의를 어떻게 이용하고 있는지에 대해 주의를 끌 만한 여러 실례는 다음을 참고하라. Minow, "All in the Family,"; Olsen, "The Family and the Market" and "The Myth of State Intervention."

35   종교 의례의 약물 사용에 대한 딜레마는 3장을 참고하라.

36   Mill, SW, 22.

37   이에 관한 논증은 출간 예정인 다음을 참고하라. *Upheavals of Thought: A Theory of the Emotions*.

38   *Upheavals*, chapter 3.

39   우리는 데비(Devi)의 이야기에 나오는 "기리발라"에서 동일한 태도 변화를 볼 수 있다. 남편은 결국 선을 넘어 그의 딸들을 매춘부로 팔아넘겼다.

40   이에 관한 전체 쟁점에 대한 심화 확장 논의는 다음을 참고하라. Nussbaum, "Constructing Love, Desire, and Care," in Estlund and Nussbaum, 17-43, reprinted in revised form in Nussbaum, *Sex and Social Justice*.

41   실험 연구에 대한 서술은 다음을 참고하라. Anne Fausto Sterling, *Myths of Gender* (New York: Basic Books, second edition 1985).

42 누스바움과 선스타인이 편집한 *Clones and Clones: Facts and Fantasies about Human Cloning* (New York: Norton, 1998) 중 드와킨(R. Dawkins)·S. J. Gould and의 논문을 참고하고 엡스타인(R. Epstein) 논문의 참고문헌을 참고하라.

43 1997년 3월 자영업 여성 협회 사무실에서 나눈 개인적인 대화

44 인도에서는 (입법부가 지참금 금지법을 통과시킨) 1961년 이후 지참금이 불법이다. 방글라데시에서는 1980년 이후 불법이다. 양국은 형벌을 한층 더 추가했다. 1983년에 인도는 지참금과 관련하여 남편이나 그의 친척들의 잔인함에 대한 형벌을 도입했다. 1984년에 더 엄격한 처벌을 도입하기 위해 지참금 금지법이 개정되었고, 1986년에 인도 헌법전은 지참금 폭력의 문제를 해결하기 위해 개정되었다. 결혼 7년 이내에 화상이나 신체 상해로 인한 의심스러운 죽음이 사망 전 잔인함이나 괴롭힘의 증거를 수반하면 '지참금 살해'로 정의되고, 남편이나 친척이 사망의 원인으로 간주된다. 따라서 증거의 부담을 이동시킴으로써, 유죄 판결이 더 많이 이루어질 수 있는 법적 체계가 되었다.

45 최근 연구는 다음을 참고하라. Roushan Jahan, "Hidden Wounds, Visible Scars: Violence against Women in Bangladesh," in Bina Agarwal, ed., *Structures of Patriarchy: State, Community, and Household in Modernising Asia* (New Delhi: Kali for Women, 1988), 199-227. 다음 문헌도 참고하라. Indira Jaising, "Violence Against Women: The Indian Perspective," in Julie Peters and Andrea Wolper, eds., *Women's Rights, Human Rights* (New York and London: Routledge, 1995), 51-56.

46 *University of Chicago Law Review* 64 (1997), 765-807.

47 특히 Rawls is responding to Susan Okin's *Justice, Gender, and the Family*.

48 다음 논문의 5절을 참고하라. "On the Family as Part of the Basic Structure," 787-794. 롤스의 견해에 대해 내가 논의한 전체 내용은 다음을 참고하라. "Rawls and Feminism," in *The Cambridge Companion to Rawls*, ed. Samuel Freeman (Cambridge: Cambridge University Press, forthcoming).

49 788을 참고하라. "가족은 기본 구조의 일환이다. 그 주요 역할 중 하나가 한 세대에서 다음 세대로 이어지는 사회와 문화의 질서 있는 생산과 재생산의 기초가 되는 것이기 때문이다.'

50 롤스는 교회와 대학이 기본 구조라는 것을 어디에서도 제시하지 않았으며, 아마도 그러한 아이디어에 강하게 반대할 것이다. 기본 구조의 부분에 해당하는 기관들은 국가의 보조금을 받을 수 있으며, 그는 교회와 대학에 대한 국가 보조금에 반대하는 것처럼 보인다. 이 모든 문제에 대한 훌륭한 논의는 다음에 있다. G. A. Cohen, "Where the Action Is:

On the Site of Distributive Justice," *Philosophy and Public Affairs* 26 (1997), 3-30. 코헨은 가족과 시장을 사람들이 참여하지 않을 수 없고 처음부터 그들의 삶의 기회에 침투하여 영향을 미치는 침투적 기관의 두 예로 논한다. 하지만 롤스는 그것들을 정의의 원칙이 직접적으로 통제하는 제도적 틀 밖에 있는 것으로 다룬다.

51 교회 안에서 아이가 태어난다면 교회도 그럴 수 있다. 그런 의미에서 그 경우는 중간 형태다. 그러나 그 경우도 여전히 가족과는 차이가 있다. 태어나는 모든 아이가 생존과 잘-살기의 기본적인 문제에서 수년 동안 가족의 자비에 의존하기 때문이다.

52 "Public Reason," 791: "그렇다면 이른바 분야(domain), 또는 삶의 영역은 정치적인 정의의 개념과 별도로 미리 주어지는 무언가가 아니다. 분야는 정치적 정의의 원리가 기본 구조에는 직접적으로 그리고 구조 내의 연합체에는 간접적으로 적용되는 공간, 또는 장소 같은 종류가 아니라 단순히 [그런 적용의] 결과, 또는 결론이다. 시민의 동등한 기본적 자유와 기회를 규정하는 원리는 항상 이른바 분야 내에서 분야를 통해 유지된다. 여성의 평등권과 미래 시민으로서 여성의 자녀들의 기본권은 박탈할 수 없고 그들이 어디에 있든지 그들을 보호한다. 그런 권리와 자유를 제한하는 젠더 구분은 배제된다. … 이른바 사적 영역을 정의에서 면제되는 공간이라고 내세운다면, 그런 영역은 없다."

53 같은 책.

54 "Public Reason," 793. 이것은 오킨이 다음 책에서 제안했다. Susan M. Okin in *Justice, Gender, and the Family*.

55 "Public Reason," 792.

56 791쪽에서 "기본 구조만으로 정의의 일차적인 주제가 된다면 정의의 원칙은 가족과 여타 모든 단체에 대한 본질적 제한을 할 수 있다"고 하는 것을 보면 롤스는 이 질문에 대해 주저하는 것 같다.

57 On 792 n.68, 롤스는 자발성이라는 아이디어를 종교에 적용할 때 미끄러지는 비탈길을 주목한다. 그리고 주관적 조건이 아니라 '객관적 조건'의 관점에서만 종교적 선택을 자발적이라고 서술한다고 진술한다. 그러나 객관적이라고 해도 가족 내에서 자녀의 성원권은 자발적이지 않다.

58 4절의 논의, 그리고 다음을 참고하라. Minow, "All in the Family"; Olsen, "The Family and the Market."

59 (모든 면에서는 아니지만) 이런 면에서 내 접근법은 동성 결혼과 대리모에 관한 리처드 엡스타인(Richard Epstein)의 논문에서 보듯이 그의 접근 방식에 가깝다. "Caste

and the Civil Rights Laws: From Jim Crow to Same-Sex Marriages," *Michigan Law Review* 92 (1994), 2456-78, and "Surrogacy: The Case for Full Contractual Enforcement," *Virginia Law Review* 81 (1995), 2305-41를 참고하라.

60 Cass R. Sunstein, *The Partial Constitution* (Cambridge, MA: Harvard University Press, 1993).

61 이것은 당사자 사이의 관계가 형사 재판에서 유관 증거가 될 수 없다는 말이 아니다. 예를 들어 심슨(O. J. Simpson)이 피해자와 별거 중인 남편이라는 사실이 진술된 살인의 동기를 충족하는 데 유관 증거가 될 수 있다.

62 미노우의 "All in the Family"에 나오는 제안을 참고하라. 미노우는 사회적 실재를 반영하기보다는 협의의 정의를 유지하는데, 그것이 단순하게 이민을 제한하는 장치가 되는 일이 흔하다.

63 아가왈이 인용한 농림부 장관의 진술을 참고하라. Bina Agarwal, "'Bargaining' and Gender Relations: Within and beyond the Household," 3.

64 다음을 참고하라. Chen, *A Quiet Revolution; Agarwal*, "Bargaining." 아가왈은 일부 협상 모델의 협소하게 축소된 특성을 낱낱이 비판하면서 보다 유연한 "협상 접근법"을 옹호한다.

65 이 원칙을 "와해된 잘-살기 반응(break-down well-being response)"이라고 부르는 것은 다음을 참고하라. Sen, "Gender and Cooperative Conflicts," 135.

66 내 글을 참고하라. "'Whether from Reason or Prejudice': Taking Money for Bodily Services," in *Sex and Social Justice*. 이 요점에 대한 생생한 사례 연구는 다음을 참고하라. *A Modern Form of Slavery: Trafficking of Burmese Women and Girls into Brothels in Thailand*, a publication of Asia Watch Women's Rights Project, a division of Human Rights Watch (New York: Human Rights Watch, 1993). 이 보고서는 태국법에 의거한 매춘의 범죄 지위가 (여성이 강제로 매춘을 하게 된 경우에도 면제되지 않는다.) 가정부로 취직시켜 주겠다는 약속으로 인해 매춘에 속아 넘어간 버마 여성들을 훼방하는 주요한 요소가 된다고 주장한다.

67 다음을 참고하라. Sen, 136-7, the "perceived contribution response."

68 다음을 참고하라. Bagchi, 87-121. 박치의 연구는 여아의 삶을 더 악화하는 다른 문제점을 지적한다. 특정적으로 소녀들이 집에서 책을 읽을 수 있고 학교를 그만둔 후에도 책을 읽을 수 있도록 해주는 지역 도서관이 거의 완전히 없다는 것이다.

69 다음을 참고하라. Sen, 136, the "perceived interest response"; 다음에 나오는 작품과 예시를 참고하라. Agarwal, "Bargaining."

70 *A Quiet Revolution*, 155.

71 예를 들어 지역 전통 관점에 대해서는 다음을 참고하라. *Dominating Knowledge: Development, Culture, and Resistance*, ed. F. A. Marglin and S. A. Marglin (Oxford: Clarendon Press, 1990); 그런 접근법은 수많은 장소에서 문해력을 공공 정책의 중심 목표로 삼는 아이디어를 중상하도록 유도한다. 일부 활동가는 일반 사람들의 사고에 이미 표상되어 있지 않은 어떤 가치도 그들에게 전해 줄 수 없다고 주장한다. 정부 관계자가 이런 아이디어를 유도할 때가 있다. 예를 들어 라지브 간디는 1980년대 후반 하버드 연설에서 그렇게 했다. 그의 정부가 왜 여성의 문해력을 그렇게 조금밖에 증가시키지 못했는지에 관한 질문을 받았을 때, 그는 일반 사람들이 글을 읽을 수 있는 사람들보다 뒤떨어지지 않으면서 차이가 나는 지혜를 가지고 있다고 답변했다.

72 다음을 참고하라. Sen, "Fertility and Coercion," *University of Chicago Law Review* 63(1996), 1035- 61; "Population: Delusion and Reality," *The New York Review of Books*, September 22, 1994.

결론

1 더 전문적인 다른 이론적 저술에서 나는 이 제안들을 심화하여 수행할 계획이다. 서문의 언급을 참고하라.

옮긴이의 말

1 레이첼 아비브(Rachel Aviv), "The Philosopher of Feelings", *The New Yorker*, July. 2016.

주제

ㄱ

가족 모델 103
가톨릭 300, 342
각인 목적의 원칙 32, 115, 324, 325
각인 역량의 원칙 32, 115, 271, 323, 329, 357
감정 121, 124, 138, 175, 327
개인주의 376
개입주의 88-93, 223
결렬 위치 370
결합역량 127, 143, 431
결혼특별법 283
고용부 대 스미스 267
공동 상속 288
공리주의 101-103, 171, 182, 199, 387
「공적 이성의 아이디어 재검토」 353
구자라트 45, 51, 52, 64
국교 274, 278
국민 국가 89
균형 279, 280
그리스도교 118, 282, 287
기능발휘 108, 113, 116, 126, 129, 133, 136, 137
기대수명 29
기본 구조 322, 353, 354, 356, 358
기본역량 126, 127

ㄴ

낭만적 사랑 349
내재적 가치 201-203, 205, 220, 356
내적역량 127

ㄷ

다양성 74, 86, 87, 349, 351
다양성의 선 논증 86, 98
다원주의 130, 150, 153
다중 실현가능성 152
단일한 실체 336, 352
도구적 28, 141, 219, 324
도덕적 제약의 원칙 291, 294, 297, 357
독립적인 도덕관념 125
돌봄 318, 321, 323, 328, 344, 372, 375, 384, 385
동등성 129
동성애 378, 380

ㄹ

라자스탄 61

ㅁ

『마하바라타』 79, 432
마힐라 사마키야 프로젝트 375, 377, 410
모르몬교 301